U0055449

Knowledge House & Walnut Tree Publishing

Knowledge House & Walnut Tree Publishing

從貧弱到富強——中國復興之路

卷三：改革

盧潔　總主編
尹航　武茂昌
王兵　編著

卷首語

「文革」結束後，中國向何處去？這是全世界普遍關注的一個問題。一九七八年十二月，中共十一屆三中全會在北京召開。大會宣佈：「全黨工作的著重點應該從一九七九年轉移到社會主義現代化建設上來。」大會作出了改革開放的戰略決策，開啟了中國社會主義現代化建設新的征程，也開啟了一次劃時代的歷史轉折。以一九七八年的中共十一屆三中全會為歷史起點，中國從此步入了新時期的改革元年。

隨後，包產到戶等家庭聯產承包責任制在農村興起和推廣，中國的鄉鎮企業開始遍地開花，整個中國煥發出勃勃生機。但二十世紀八〇年代末九〇年代初，世界局勢風雲突變，蘇東劇變等一系列重大事件接踵而至，令世人驚心，令世界震撼。世界由此進入新的格局時代。大變局帶來新變化，蘇東劇變以及劇變後的一系列影響，又一次使全世界、全人類來到了一個歷史岔路口。

中國的社會主義事業也再次面臨著一系列尖銳的問題。中國能否繼續堅持改革，繼續以經濟建設為中心，繼續擴大改革開放，成為國際國內廣泛關注的焦點。在這種情況下，中國將走什麼樣的道路，中國的改革將走向何方，這一系列問題中國共產黨必須回答。幾乎整個世界都把目光投向了中國，而此時此刻，中國即將迎來一個充滿希望的春天。

一九九二年的春天，中國又迎來了一次思想的大解放。曾經爭議難決的社會主義市場經濟，在一九九二年鄧小平「南方談話」和中共十四大之後終於得到正名，隨之載入中共黨章和國家憲法。一年後的中共十四屆三中全會，制定了一個全面而又具體指導進一步深化改革、擴大開放、建立起社會主義市場經濟體制的綱領性文件。此時，「堅冰已經打破，航道已經開通，道路已經指明」。一九九七年召開的中共十五大，鮮明地回答了基本經濟制度、所有制、股份制等重大而敏感的問題，為中國的經濟發展道路掃除了體制機制障礙，思想解放的春風又一次推動著改革大潮的湧動。

但改革發展的征途不可能一帆風順，必然會有大風大浪。亞洲金融危機、特大洪水、國企改革、炸館事件等重大考驗接踵而至。中國共產黨以「乘風破浪會有時，直掛雲帆濟滄海」的魄力戰勝了一個又一個困難。

歷史的鐘擺永不停歇，轉眼二十世紀結束，新的世紀到來。面對世紀之交，中國在思考自己的發展問題時，必須想得大一些，想得久遠些。大一些，就是要在經濟全球化和世界多極化這種大趨勢下，把中國的問題放在世界全局中來考慮；久遠些，就是不能只把眼光局限在當前的問題，而要站在面向二十一世紀的高度，考慮今後的佈局，多想幾步，想得更遠才能走得更遠。

新的世紀，更加精彩，充滿新的機遇，新的挑戰。中國以前所未有的姿態投入世界發展的大潮中，改革的雄風更加強勁有力。中辦奧運會、加入世界貿易組織、西部大開發，這是中國共產黨人的大氣魄和遠見卓識，是前無古人的重大舉措。

人類告別二十世紀，迎來新世紀新千年。新的時代呼喚新的理論，新的理論指導新的實踐。世界正處在大發展大變革大調整時期，中國發展呈現出一系列新的階段性特徵，出現一系列新情況新問題，世情、國情、黨情的深刻變化對黨的建設提出了新的要求。「三個代表」重要思想呼之欲出。

二〇〇三年春天，一場由非典型性肺炎引起的嚴重疫情，猶如不測風雲，突然襲來。這段令人擔憂、舉國抗擊「非典」的日子，給人們留下了難以磨滅的印象；這場不同尋常的「考試」，促使中國新一屆中央領導集體對什麼是發展、發展為了什麼、怎樣實現發展這些問題進行了深刻思考。

此時，中國經濟社會展現出新的階段性特徵，如何更好地代表全體人民的根本利益、協調不同社會群體的具體利益，如何有效整合社會關係、促進各種社會力量良性互動，如何認識和把握新形勢下人民內部矛盾的特點和規律，如何切實維護和實現社會公平和正義、保障全體社會成員共享改革發展成果，是中國共產黨無可迴避的重大理論和現實問題。構建社會主義和諧社會，正是在這個大背景下提出來的。

二〇〇八年和二〇一〇年，北京奧運會、上海世博會接連成功舉辦，實現了中華民族的百年夢想，得到國內外高度讚譽。這一時期，我們遇到了汶川特大地震這樣的自然災害，也遇到了國際金融危機這樣的嚴峻考驗。但是，中國共產黨總是能夠帶領中國各族人民，攻堅克難，勇往直前，交出一份份出色的答卷，以峰迴路轉寫下絢麗篇章。

歷史的車輪，總是在永不停息的前進中留下人類社會發展新印記。宏偉的事業，總是在一代代中國共產黨人的奮鬥中不斷開創出新局面。中共十八大以來，以習近平為總書記的中共中央，圍繞堅持和發展中國特色社會主義、實現中華民族偉大復興的中國夢，提出了許多新思想、新觀點、新論斷、新要求，帶領全黨全國各族人民與時俱進、頑強奮鬥，繼續解放思想，堅持改革開放，推動社會主義經濟建設、政治建設、文化建設、社會建設以及生態文明建設和黨的建設取得新的豐碩成果，在中華民族偉大復興征途上鐫刻下新的歷史標記。中國夢昭示著國家富強、民族振興、人民幸福的美好前景，表達了全體中華兒女的共同理想，點燃了億萬炎黃子孫的心中激情，成為中國走向未來的鮮明指引。

時至今日，中國改革開放走過了三十八年波瀾壯闊的歷程。三十八年，在歷史的長河中只是短短的一瞬，但它卻影響和改變了許許多多中國人一生的前途和命運，影響和改變了中國這個具有五千年文明史的國家的前途和命運。回顧和總結過去，是為了展望和更好地走向未來。

目錄

Contents

Contents

Contents

Contents

Contents

Contents

Contents

Contents

Contents

第一章

新的開端

一九七八年十一月十日至十二月十三日，中共中央在北京京西賓館召開中央工作會議。在這次參會人員兩百一十二人、會期三十餘天的會議上，參會人員突破了會議的既有議題，就很多重大的歷史遺留問題作了深入討論。

十二月十三日，在中央工作會議閉幕會上，鄧小平發表了〈解放思想，實事求是，團結一致向前看〉的著名講話。鄧小平指出：「一個黨，一個國家，一個民族，如果一切從本本出發，思想僵化，迷信盛行，那它就不能前進，它的生機就停止了，就要亡黨亡國。」

這篇講話也成為隨後召開的中共十一屆三中全會的主題報告。中共十一屆三中全會結束了「以階級鬥爭為綱」的錯誤路線，將中國共產黨和國家的工作重心轉移到社會主義經濟建設上來。以中共十一屆三中全會為歷史起點，開啟了中國社會主義現代化事業的新開端。

第一節 「文革」結束後的中國

「文化大革命」結束後，中國將向何處去是全世界普遍關注的一個問題。一九七七年七月，鄧小平正式復出，引起了全世界主要媒體的高度關注。鄧小平的復出，也明確回答了中國將向何處去的問題。復出後的鄧小平主管教育和科技，一九七七年的冬天，中國恢復了高考；一九七八年三月，全國科學大會召開，迎來了科學的春天。在鄧小平復出後的短短一年的時間裡，中國的教育和科技面貌為之一新，廣大中國人民也看到了中國未來的希望。

一、鄧小平第三次復出

一九七六年十月，華國鋒、葉劍英等代表中共中央政治局一舉粉碎了「四人幫」，結束了長達十年的「文化大革命」。當粉碎「四人幫」的消息於十月二十一日傳達到全國之後，整個中國都沸騰了。

從十月二十一日起連續三天，北京一百五十萬軍民走上街頭，載歌載舞，熱烈慶祝粉碎「四人幫」的偉大勝利。十月下旬，中國二十九個省區市數千萬軍民舉行了慶祝集會和

一九七六年十月二十四日，首都各界群眾在天安門廣場集會，熱烈慶祝粉碎「四人幫」的勝利

遊行。

十年動亂結束了，「四人幫」退出了歷史舞台，人們急切地希望結束「文化大革命」時期錯誤的路線政策，渴望國家的經濟、政治、文化生活等各個方面很快出現新的局面。然而，事實卻沒有像人們所預想的那樣進展，而是又經歷了一個艱難的徘徊時期。

一九七七年七月十七日，中共十屆三中全會通過了《關於恢復鄧小平同志職務的決議》，決定恢復鄧小平中共中央委員、中央政治局委員、中央政治局常委、中共中央副主席、中共中央軍委副主席、國務院副總理、中國人民解放軍總參謀長等職務。七月二十一日，七十三歲的鄧小平在全會上講話，表明了自己對出來工作的態度。他說：

> 坦率地說，出來工作，可以有兩種態度，一個是做官，一個是做點工作。我想，誰叫你當共產黨人呢，既然當了，就不能夠做官，就不能夠有私心雜念，不能夠有別的選擇，應該老老實實地履行黨員的責任，聽從黨的安排。

一九七七年七月三十日，在北京工人體育場舉行了一場國際足球友好邀請賽，鄧小平出人意料出現在主席台上，並觀看了比賽。這是鄧小平在中國政壇沉寂一年多之後，第一次在公眾場合露面，全場十萬觀眾起立，以熱烈的掌聲歡迎他重新出來工作。

日本共同社描述道：「數萬觀眾撇開比賽，霎時都站立起來，向他報以狂熱的掌聲。」法國法新社則說：「這是外國人在公眾場合第一次看到他。……看上去他比實際年齡要年輕十歲。」美國《新聞週刊》提前出版，發表了一篇題為〈鄧的復職〉的評論，認為「在經濟事務方面，預計他將逐漸發揮關鍵作用」。

鄧小平在一九七五年第二次復出時，對中國瀕臨崩潰的國民經濟進行強力整頓，改善了人民的生活。此次鄧小平重新出來工作，對於經歷了「文化大革命」動亂歲月的人們來說，使他們重新看到了改變現狀的希望。

二、恢復高考

持續十年之久的「文化大革命」，嚴重影響了中國科學教育事業的正常發展，拉大了中國科技與世界先進水準的差距。重新復出工作的鄧小平主動要求主管教育和科技的工作。

一九七七年五月，還沒有復出工作的鄧小平已經開始思考中國國家發展的長遠大計。鄧小平從當時世界發展的大趨勢出發，看到了中國的落後，也看到了中國擺脫落後、實現現代化的前進方向。鄧小平指出：

> 我們要實現現代化，關鍵是科學技術要能上去。發展科學技術，不抓教育不行。靠空講不能實現現代化，必須有知識，有人才。沒有知識，沒有人才，怎麼上得去？科學技術這麼落後怎麼行，要承認落後，承認落後就有希望了。

一九七七年七月三十日，鄧小平出席在北京工人體育場舉行的北京國際足球友好邀請賽閉幕式，觀看香港足球隊同中國青年足球隊的比賽。這是鄧小平復出後第一次公開在公眾場合露面

長達十年的「文化大革命」對中國的教育事業是一次沉重的打擊。當中國的知識分子在田間地頭接受改造的時候，以電子計算機和資訊技術為標誌的第三次工業革命正在世界迅速興起，科學技術日益成為經濟增長的源泉。

鄧小平很清楚，同已開發國家相比，「中國的科學技術與教育落後了整整二十年」；而且，在中國「文化大革命」時期，我們的周邊國家也在第三次工業革命的浪潮中迅速崛起。

鄧小平對中國的科技教育情況非常擔心。五月二十四日，他對中共中央的兩位同志說：「日本人從明治維新就開始注意科技，注意教育，花了很大力氣。明治維新是新興資產階級幹的現代化，我們是無產階級，應該也可能幹得比他們好。」鄧小平對中國的落後狀況憂心忡忡，他覺得不能再耽誤下去了。

七月十九日，鄧小平與中國科學院副院長方毅商定，要召開一次科學和教育工作座談會。七月二十三日，鄧小平又召集一所高校的負責人聽取匯報。他特別談道：「我們國家六〇年代和國際上差距還比較小，七〇年代差距就比較大了。」「科學技術人員，這些年接不上茬，十年啦。科技人員真正出成果是在三十多歲到四十多歲。對技術人員，只要努力鑽技術，在技術上有貢獻的，就應支持。」「大學要從工農兵中招生，重點學校可以從應屆高中畢業生中招。」

一九七七年八月四日至八日，鄧小平主持召開科學和教育工作座談會，邀請三十三位科學家和教育工作者一起座談，當面聽取他們對科學和教育工作的意見。大家一致要求：澄清對教育戰線「兩個估計」的是非；重新樹立全民族尊重知識、尊重文明的風尚；改善科技人員的生活和工作待遇；解決科技人員後繼乏人的問題；改革高等學校現行招生制度，立即恢復文化考試。而此前，教育部剛剛在山西太原召開了全國高等學校招生工作會議，由於受到「兩個凡是」方針的影響，會議仍決定繼續維持「文化大革命」中的舊的招生辦法。

八月六日下午，在座談會上，武漢大學化學系查全性副教授批評了當時的招生制度，呼籲恢復高考，即恢復通過入學考試從應屆高中生中直接招收學生的辦法。他的發言引起了與會者的共鳴，也引起了鄧小平的注意。

查全性的發言結束後，鄧小平問教育部部長劉西堯：「今年改恐怕已經來不及了吧？」查全性插話說：「還來得及！今年的招生寧可晚兩個月，不然又招二十多萬不合格的。」劉西堯說：「推遲開學，今年就恢復還來得及！」鄧小平做了一個手勢，說：「今年就改，看準了的，不能等，重新再召開一次招生會議就是了。」

八月十三日，根據鄧小平的指示，教育部再次召開全國高等學校招生工作會議。

但是，就在全國高校招生工作會議召開的前一天，中共十一大召開，而中共十一大對「文化大革命」作了肯定的評價，這使得招生工作突破「文化大革命」條條框框的設想阻力重重，招生工作會議從一開始就陷入了激烈的爭論之中，要不要恢復高考的議題使會期一再延長。目睹這一情況，參加過一九七一年全國教育工作會議的幾位同志十分焦急，經過商議，由《人民日報》記者專門把一九七一年《全國教育工作會議紀要》關於「兩個估計」的形成經過寫成材料，以《情況彙編》（特刊）的形式報送中央。

鄧小平對這次會議十分關注，九月六日，他就高校招生問題專門致信華國鋒、葉劍英、李先念、汪東興，提出「至少百分之八十的大學生，須在社會上招考，才能保證質量」。

鄧小平看了《情況彙編》（特刊）後，於九月十九日找教育部負責同志談話，嚴肅地指出：「紀要是姚文元修改、張春橋定稿的。毛澤東同志畫了圈，但不等於說裡面就沒有是非問題了。」「兩個估計」是不符合實際的。我們怎麼能把幾百萬、上千萬知識分子一棍子打死呢？我們現在的人才，大部分還不是一七年培養出來的？現在群眾勁頭起來了，教育部不要成為阻力。「要解放思想，爭取主動。過去講錯了的，再講一下，改過來。撥亂反正，語言要明確，含糊其辭不行。」

在鄧小平的大力推動下，全國高等學校招生工作會議到九月二十五日終於有了結果。會議通過了《關於一九七七年高等學校招生工作的意見》。十月五日，中共中央政治局討論並通過了這一意見。十月十二日，中國國務院批轉了這一意見，正式決定從當年起，改變「文化大革命」期間高等學校招生不考試的做法，採取自願報名、統一考試、擇優錄取的辦法。

一九七七年的冬天，全國五百七十萬考生走進了考場。一九七八年的春天，他們中的二十七萬人步入了大學校園。高校招生制度的恢復改變了整整一代人的命運，也改變了整個國家的價值取向和社會風尚。

恢復高考是教育領域撥亂反正取得勝利的一個重要標誌；同時，恢復高考的意義又遠遠超出了教育領域，它成為粉碎「文化大革命」思想枷鎖和全國思想解放的先聲。有人說，粉碎「四人幫」以後，高考遲早會恢復。但是，在破除「兩個凡是」束縛，重新確立實事求是的思想路線之前，恢復高考只有鄧小平這樣偉大的政治家才能做到。

三、「科學的春天」

一九七八年一月，《人民文學》發表了徐遲的長篇報告文學〈哥德巴赫猜想〉，這篇作品顛覆了以往以工農兵為主角的「高大全」形象，「臭老九」第一次成為了報告文學的

一九七七年底，全國有五百七十萬名青年參加了高校招生考試。二十七萬人成為新時期的第一批大學生。圖為參加高考的考生正在認真地答卷

主角。性格內向、不修邊幅的陳景潤突然成為科學的代名詞、受人尊敬的明星人物。科學家也一夜之間成為人們尊敬和嚮往的職業，「學好數理化，走遍天下都不怕」又重新掛到了人們的嘴邊。在陳景潤的影響下，許多從「文化大革命」中走出來的青年人踏上了追求知識、追求科學的道路。

人們爭相傳閱陳景潤的傳奇故事，陳景潤迅速成為家喻戶曉的新聞人物，在那個年代裡，陳景潤對國家和民族的貢獻已遠遠超出了學術領域，他影響了一個時代和一代人。

英國路透社發表評論文章說：「有一名中國數學家，在中國已被提高到民族英雄的地位。報紙上對陳景潤的報導，將使西方電影明星和政治家感到妒忌。……關於他身世的報導，不僅可以使人瞭解中國人心目中的人情味是什麼，而且展示了中國的科學在『文化大革命』時代以後的大轉變。」

科學的春天到來了，知識和科學重新得到了應有的尊重。

一九七八年三月十八日，中共中央在人民大會堂召開了全國科學大會，陳景潤和五千五百八十六名科技代表一起出席全國科學大會。陳景潤和他的老師華羅庚先生一起坐在大會主席台上。中國科學院院長郭沫若坐著輪椅帶病出席了會議，鄧小平在這次大會上提出了「科學技術是生產力」的觀點。他說：

一九七八年三月十八日至二十一日全國科學大會在北京舉行。圖為大會會場

現代科學技術的發展使科學與生產力的關係越來越密切了。科學技術作為生產力，越來越顯示出巨大的作用。……為了實現科學研究計劃，為了把科學研究工作搞上去，我願意當大家的後勤部長。

鄧小平還說：

四個現代化，關鍵是科學技術的現代化。沒有現代科學技術，就不可能建設現代農業、現代工業、現代國防。沒有科學技術的高速度發展，也就不可能有國民經濟的高速度發展。

這次會議上，重病中的中國科學院院長郭沫若以〈科學的春天〉為題，作了長篇書面發言。他的發言充滿著詩意：

既異想天開，又實事求是，這是科學工作者特有的風格，讓我們在無窮的宇宙長河中去探索無窮的真理吧！春分剛剛過去，清明即將到來，「日出江花紅勝火，春來江水綠如藍」。

這是革命的春天，這是人民的春天，這是科學的春天！讓我們張開雙臂，熱烈地擁抱這個春天吧！

一九七八年三月，鄧小平接見出席全國科學大會的代表。圖為鄧小平與陳景潤握手

這次中國科學大會制定了《一九七八—一九八五年全國科學技術發展規劃綱要（草案）》，確定了科技戰線的工作任務，表彰了八百二十六個先進集體和一千一百九十二名先進個人，獎勵了七千六百五十七項優秀成果。

第二節　思想冰封的解凍

「文化大革命」雖已結束，但是「兩個凡是」的錯誤觀點依然禁錮著人們的思想。為打破「兩個凡是」的精神枷鎖，一場關於真理標準問題的大討論在全國展開。一九七八年五月十一日，《光明日報》頭版刊登出〈實踐是檢驗真理的唯一標準〉，發出了振聾發聵的時代聲音。同樣是在一九七八年，鄧小平的「北方談話」號召人們解放思想，破除僵化，讓廣大幹部群眾耳目一新。一九七八年鄧小平出訪日本，更使他對現代化、對中國與世界的差距有了切膚之感，一個關於中國發展的大戰略也正在他的頭腦中萌發。

一、真理標準大討論

「文化大革命」結束後，中國共產黨和國家面臨著政治、思想和組織等多領域全面撥亂反正的任務。但在涉及指導思想方面的根本問題時，幾乎都與「兩個凡是」發生尖銳衝突。

「文化大革命」結束後，仍然堅持「以階級鬥爭為綱」，甚至提出「兩個凡是」觀點，與時代潮流的發展顯得格格不入。於是，歷史的發展出現了在徘徊中前進的局面。

要澄清思想混亂，糾正「文化大革命」中的錯誤，首先必須解決應當如何正確對待毛澤東晚年的指示和決策、判定真理的標準到底是什麼等根本問題。針對「兩個凡是」的思想禁錮，鄧小平提出，「兩個凡是」不符合馬克思主義，要準確地完整地理解毛澤東思想。

要怎樣衝破「兩個凡是」的思想禁錮，衝破這制約中國發展的障礙？

一九七七年九月，在毛澤東逝世一週年之際，聶榮臻、徐向前、張鼎丞、陳雲等接連在《人民日報》發表紀念文章，宣傳毛澤東長期倡導的實事求是的優良作風的重要性，在實際上批評了「兩個凡是」的錯誤方針。

一九七七年十月，葉劍英在中共中央黨校復校開學典禮上講話指出：「一定要從實際出發。如果理論不能指導實際，不受實際檢驗，那算什麼理論！決不能把理論同空談、吹牛甚至撒謊混為一談。」此後，根據中共中央的要求，當時主持中央黨校常務工作的副校長胡耀邦組織幹部集中討論「文化大革命」以來的黨史問題。胡耀邦提出了兩條指導原則：一是應當完整地準確地運用馬列主義、毛澤東思想的基本原理；二是應當以實踐為檢驗真理、辨別路線是非的標準。當時在中共中央黨校學習的八百多名中高級幹部在討論中活躍了思想，觸及了「文化大革命」歷史中的一些重大的是非問題。

一九七八年四月初，剛從中共中央黨校學習回來的《光明日報》新任總編輯楊西光，在《光明日報》哲學專刊上看到南京大學哲學系講師胡福明撰寫的題為〈實踐是檢驗真理的標準〉的文章。他敏銳地意識到這篇文章所討論問題的重要性，於是決定從哲學專刊上撤下來，組織力量進行修改，加強文章的現實針對性，放到第一版發表。四月十日左右，楊西光得知中共中央黨校理論研究室的孫長江也在寫相同主題的文章，恰好這時胡福明來北京參加理論討論會。於是，四月十三日晚楊西光約請孫長江、胡福明等一起討論文章的修改。

文章的題目最後改為〈實踐是檢驗真理的唯一標準〉，經胡耀邦親自審定後，一九七八年五月十日先在中共中央黨校《理論動態》第六十期上發表。五月十一日，《光明日報》在第一版和第二版全文刊出。當天，新華通訊社將文章轉發。五月十二日，《人民日報》、《解放軍報》等七家報紙轉載了該文章。隨後，中國二十多個省區市的黨報也相繼轉載這篇文章。

文章的開篇就指出：「檢驗真理的標準只能是社會實踐。」針對「兩個凡是」對人們思想的束縛，文章指出：

當前仍然存在著「聖經上載了的才是對的」錯誤傾向。……現在，「四人幫」及其資產階級幫派體系已被摧毀，但是，「四人幫」加在人們身上的精神枷鎖，還遠沒有完全粉碎。……無論在理論上或實際工作中，「四人幫」都設置了不少禁錮人們思想的「禁區」，對於這些「禁區」，我們要敢於去觸及，敢於去弄清是非。科學無禁區。凡有超越於實踐並自奉為絕對的「禁區」的地方，就沒有科學，就沒有真正的馬列主義、毛澤東思想，而只有蒙昧主義、唯心主義、文化專制主義。……躺在馬列主義毛澤東思想的現成條文上，甚至拿現成的公式去限制、宰割、剪裁無限豐富的飛速發展的革命實踐，這種態度是錯誤的。

這篇文章通過一個簡單的哲學原理，表達出一個鮮明的觀點，即社會實踐是檢驗真理的標準，而且是唯一的標準，「兩個凡是」的方針不符合馬克思主義原理。這篇文章說出了許多人想說又不敢說的話，發出了那個時代裡震撼心靈的強音。從這篇文章的發表開始，一場轟轟烈烈的真理標準大討論拉開了序幕。

大討論一開始，這篇文章就受到一些人的壓制，有人指責這篇文章是反對毛主席的，是違反社會主義原則的。當時一位主管宣傳工作的領導說，〈實踐是檢驗真理的唯一標準〉這篇文章「理論上是荒謬的，思想上是反動的，政治上是砍旗幟的」。

關於〈實踐是檢驗真理的唯一標準〉這篇文章的爭論，也引起了鄧小平的注意。五月三十日，鄧小平在一次談話中指出：

> 現在發生了一個問題，連實踐是檢驗真理的標準都成了問題，簡直是莫名其妙！現在我們的外貿、我們的管理、我們的經濟政策，都受到這些思想的影響，自己把自己的手腳束縛起來，很多事情都不敢搞。腦子裡還都是些老東西，不會研究現在的問題，不從現在的實際出發來提出問題，解決問題。這樣天天講四個現代化，講來講去都會是空的。

六月二日，鄧小平在全軍政治工作會議上公開批評了「兩個凡是」的觀點，有力地支持了「實踐是檢驗真理的唯一標準」的觀點。他說：

> 我們也有一些同志天天講毛澤東思想，卻往往忘記、拋棄甚至反對毛澤東同志的實事求是、一切從實際出發、理論與實踐相結合的這樣一個馬克思主義的根本觀點，根本方

实践是检验真理的唯一标准

本报特约评论员

一九七八年五月十一日《光明日報》以特約評論員的名義公開發表〈實踐是檢驗真理的唯一標準〉

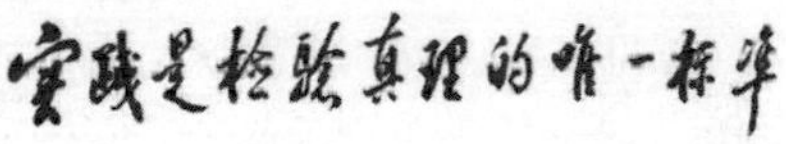

鄧小平題字

法。不但如此，有的人還認為誰要是堅持實事求是，從實際出發，理論和實踐相結合，誰就是犯了彌天大罪。他們的觀點，實質上是主張只要照抄馬克思、列寧、毛澤東同志的原話，照抄照轉照搬就行了。要不然，就說這是違反馬列主義、毛澤東思想，違反了這樣精神。他們提出的這個問題不是小問題，而是涉及到怎麼看待馬列主義、毛澤東思想的問題。

……

我們一定要肅清林彪、「四人幫」的流毒，撥亂反正，打破精神枷鎖，使我們的思想來個大解放，這確實是一個十分嚴重的任務。

鄧小平對這場討論給予了及時而有力的支持，使這場討論迅速發展成中共黨內和社會各界廣泛參與的思想解放運動，一場關於真理標準問題的大討論以不可阻擋之勢在全國展開了。

一九七八年六月三日，依據新華社電訊稿，《人民日報》在頭版以「鄧副主席精闢闡述毛主席實事求是光輝思想」的通欄標題，《解放軍報》在頭版用套紅的大標題，詳細報導了鄧小平在全軍政治工作會議上的重要講話。六月六日，《人民日報》和《解放軍報》又在第一版全文發表了這篇講話。鄧小平的這篇講話，闡明了真理標準問題討論的重大意義，揭示出「兩個凡是」違反馬列主義、毛澤東思想的實質，使堅持實踐標準的同志深受鼓舞，從而有力地支持了這場剛剛興起的討論。

鄧小平的講話發表之後，產生了巨大的影響，全國上下轟轟烈烈地展開了一場規模宏大的關於真理標準問題的大討論。真理標準問題討論的蓬勃開展，很快形成一股思想解放的洪流，對「兩個凡是」的禁區形成了強大衝擊，從而加快了中國共產黨和國家走出「文化大革命」陰影，實現歷史性轉折的步伐。

當然，固守「兩個凡是」的阻力依然存在。一九七八年六月十五日，當時中共分管宣傳工作的一位領導人，召集中央宣傳部和中央直屬新聞單位的負責人開會。他主要針對〈實踐是檢驗真理的唯一標準〉和《人民日報》五月五日發表的文章〈貫徹按勞分配的社會主義原則〉，指責《人民日報》、《光明日報》、新華社等單位負責人黨性不強，把關不嚴。他提出「黨性不強，接受教訓，下不為例」的方針，實際上是下了禁令。

一九七八年七月二十一日，鄧小平對中共中央宣傳部負責人說：「你不要再下禁令、設禁區了，不要把剛剛開始的生動活潑的政治局面向後拉。」八月十九日，鄧小平在同文化部負責人談話中指出：「我說過〈實踐是檢驗真理的唯一標準〉這篇文章是馬克思主義的，是駁不倒的，我是同意這篇文章的觀點的。」

老一輩革命家葉劍英、陳雲、聶榮臻、徐向前等都表態支持展開真理標準討論。八月，《紅旗》雜誌約請譚震林寫一篇回憶毛澤東領導井岡山鬥爭的文章。譚震林表現出了實事求是的態度，他表示：「要我寫文章，我就要寫實踐是檢驗真理的唯一標準，說明毛澤東思想是從實踐中來，又經過革命實踐檢驗的科學真理。」十月下旬，文章初稿完成後，編輯部負責人還是有所顧慮，譚震林堅定地表示：文章的觀點不能動，「這樣做丟不了黨籍，住不了牛棚」。李先念、鄧小平、華國鋒、葉劍英在先後看過文章後，均表示同意發表。這篇文章終於刊登在當年出版的《紅旗》雜誌第十二期上。

一九七八年九月九日，李先念在中國國務院務虛會上講話，對真理標準問題的討論表示支持。他說：「實踐是檢驗真理的標準是正確的。這是我們一向堅持的觀點。」

真理越辯越明。九月份，中共中央各部門，全國各省區市，以及各大軍區的負責人紛紛發表文章或講話支持和響應這場大討論。截至年底，中共中央和各省級報刊相繼刊登關於真理標準問題討論的文章近六百五十多篇，形成了一場聲勢浩大的全國討論熱潮。

這場大討論，後來被稱為中國現代思想史上的一次思想大解放運動，為改革開放以來的道路探索、理論創新、實踐發展奠定了基石。鄧小平後來表示，解決了這個問題，實現四個現代化才有真正的思想基礎。這個問題的意義實在太大了。

二、鄧小平「北方談話」

一九七八年九月，從朝鮮（北韓）訪問回國的鄧小平，對東北三省、唐山、天津等地進行了一次不同尋常的視察。鄧小平行程數千里，一路走一路講，他號召各地負責同志要解放思想，破除僵化。九月十六日，鄧小平在聽取中共吉林省委常委的工作匯報後，發表了重要講話。他尖銳地指出：

怎麼樣高舉毛澤東思想旗幟，是個大問題。現在黨內外、國內外很多人都贊成高舉毛澤東思想旗幟。什麼叫高舉？怎麼樣高舉？大家知道，有一種議論，叫做「兩個凡是」，不是很出名嗎？凡是毛澤東同志圈閱的文件都不能動，凡是毛澤東同志做過的、說過的都不能動。這是不是叫高舉毛澤東思想的旗幟呢？不是！這樣搞下去，要損害毛澤東思想。

鄧小平指出，毛澤東思想的基本點就是實事求是，毛澤東思想的精髓就是這四個字。他指出：

所謂理論要通過實踐來檢驗，也是這樣一個問題。現在對這樣的問題還要引起爭論，可見思想僵化。

鄧小平說：「經過幾年的努力，有了今天這樣的、比過去好得多的國際條件，使我們能夠吸收國際先進技術和經營管理經驗，吸收他們的資金。這是毛澤東同志在世的時候所沒有的條件。……如果毛澤東同志沒有說過的我們都不能幹，現在就不能下這個決心。……如果只是毛澤東同志講過的才能做，那我們現在怎麼辦？馬克思主義要發展嘛！毛澤東思想也要發展嘛！否則就會僵化嘛！」

他指出：「現在擺在我們面前的問題，關鍵還是實事求是、理論與實際相結合、一切從實際出發。這是政治問題，是思想問題，也是我們實現四個現代化的現實問題。」

鄧小平反覆強調，現在中國面臨的最迫切的任務就是發展生產力。「我們太窮了，太落後了，老實說對不起人民。」

鄧小平視察東北等地的講話後來被稱作「北方談話」。可以說，這些話都是鄧小平思考良久、如鯁在喉、不吐不快的話。時任中共黑龍江省委書記的李力安回憶說：「從小平同志的談話中，我們也慢慢明白了，社會主義首先要搞生產，要搞經濟建設。」

一九七八年十月八日，鄧小平在中國工會第九次全國代表大會致辭時，進一步闡明了他北方之行的談話思想。他提出，揭批「四人幫」的鬥爭在全國已經取得決定性的勝利，「我們已經能夠在這一勝利的基礎上開始新的戰鬥任務」。現在中共中央、國務院要求加快實現四個現代化的步伐，「這是一場根本改變我國經濟和技術落後面貌，進一步鞏固

一九七八年九月，鄧小平先後視察了黑龍江、吉林、遼寧、天津等地，繼續批評「兩個凡是」的錯誤，支持真理標準問題的討論，大聲疾呼解放思想，打破「禁區」，恢復毛澤東樹立的實事求是的優良傳統和作風。圖為鄧小平在吉林視察

無產階級專政的偉大革命」。

但是，當時一部分人仍然固守在「兩個凡是」的方針上，認為實現四個現代化，「必須堅持以階級鬥爭為綱，把階級鬥爭、生產鬥爭和科學實驗三大革命運動一起抓起來」。而多數同志則認識到，進行現代化建設，必須堅持實事求是的指導思想，首先進行撥亂反正。這一指導思想上的分歧，使得對於工作重點轉移問題的討論，不可避免地引起一場激烈的思想交鋒。

從一九七八年十月開始，鄧小平開始頻繁出國訪問。兩個月內，他訪問了日本、泰國、馬來西亞、新加坡、緬甸等五個國家。

鄧小平十月份首先訪問了日本。這次訪問中，鄧小平安排出大量的時間參觀考察日本的工廠企業。十月二十五日，鄧小平在與日本經團聯合會會長土光敏夫談話時說：「中國荒廢了十年，在此期間，日本等其他國家進步了。因此，裡外落後了二十年。」當看到日本工廠生產汽車的能力是中國長春一汽生產能力的幾十倍時，鄧小平說：「我懂得了什麼是現代化了。」十月二十六日下午，鄧小平乘坐時速兩百一十公里的新幹線列車前往京都訪問。當被問及乘坐新幹線的感受時，鄧小平說：「就感覺到快，有催人跑的意思，所以我們現在更合適了，坐這個車。我們現在正合適坐這樣的車。」

鄧小平乘坐新幹線超特快列車前往京都

鄧小平對現代化有了直觀的感受，奮起直追的緊迫感溢於言表。在「文化大革命」中，中國耽誤了十年的時間，中國與世界的距離進一步拉大了。世界經濟的迅速發展，引起了鄧小平對中國發展道路問題的進一步思考，改革開放的大戰略在他頭腦中開始形成。

第三節　改革元年的開啟

一九七八年十二月，中共十一屆三中全會在北京召開。大會宣佈：「全黨工作的著重點應該從一九七九年轉移到社會主義現代化建設上來。」大會作出了改革開放的戰略決策，開啟了中國社會主義現代化建設新的征程。這次會議被稱為「新時期的遵義會議」，它開啟了一次劃時代的歷史轉折，以一九七八年的中共十一屆三中全會為歷史起點，中國從此步入了新時期的改革元年。

一、中央工作會議議題的轉變

一九七八年十一月十日下午，中共中央工作會議在北京京西賓館舉行。參加會議的有中共中央各部門、各省區市、各大軍區的主要負責同志兩百一十二人。會議按區域分為六個組：東北組、華北組、西北組、西南組、中南組和華南組。

在開幕式上，華國鋒發表講話，他代表中共中央政治局宣佈這次會議的三項主要議題：

（一）討論如何進一步貫徹執行以農業為基礎的方針，盡快把農業生產搞上去的問題。討論《關於加快農業發展速度的決定》和《農村人民公社工作條例（試行草案）》。

（二）商定一九七九年、一九八〇年兩年國民經濟計劃的安排。

（三）討論李先念在國務院務虛會上的講話。

會前，中共中央政治局決定，會議先用三天時間討論從一九七九年起把全黨工作重點轉移到社會主義現代化建設上來的問題。

實行工作重點的轉移是大家熱烈擁護、一致贊同的。但是，會議議程中沒有提及真理標準問題討論、思想路線轉變的問題，也沒有提當時普遍關心的一系列冤假錯案的平反問題。並且，提交會議討論的農業文件草案，仍然堅持「文化大革命」時期的「抓革命、促生產」和「農業學大寨」的思路。如果大是大非的問題不解決，是不可能真正實現工作重心轉移的。所以，與會的許多同志不滿意會議議題的安排。

十一月十一日，在分組討論中，有人就提出了「天安門事件」等重大錯案的平反問題。十一月十二日，在東北組討論中，陳雲第一次發言就突破了原定的議題，陳雲說，實現四個現代化是全黨和全國人民的迫切願望，安定團結也是全黨和全國人民關心的事。為了保證安定團結，「對有些遺留的問題，影響大或者涉及面很廣的問題，是需要由中央考慮和作出決定的」。接著，陳雲提出了為「薄一波等六十一人叛徒集團」案平反，為「天安門事件」平反和關於陶鑄、彭德懷的結論等六個重大歷史遺留問題。

陳雲的發言引起了強烈反響。第二天陳雲發言的簡報發到了代表手中，人們紛紛敞開思想，講出了憋在心裡多年的真話，會議氣氛立即隨之活躍，各組發言的重點集中到平反冤假錯案問題，特別是為「天安門事件」平反的問題上。而原定二十天的會議，開了整整三十六天。會議簡報出了五百多期。胡耀邦後來說，這次會議的發言簡報估計有一百五十多萬字，相當於兩部《紅樓夢》、近三部《三國演義》。

一九七八年十二月二十四日，中國共產黨和國家的卓越領導人彭德懷、陶鑄追悼會在北京舉行。中共中央對彭德懷、陶鑄作出了全面、公正的評價，為他們恢復了名譽

對於陳雲在歷史轉折中的重要作用和突出貢獻，二〇一五年六月十二日，中共總書記習近平在紀

念陳雲誕辰一百一十週年座談會上講話指出：「在改革開放和社會主義現代化建設新時期，陳雲同志為我們黨開創中國特色社會主義道路作出了卓越貢獻。一九七八年底，在黨的十一屆三中全會之前的中央工作會議上，陳雲同志以馬克思主義的勇氣和膽識提出，要把黨和國家工作重點轉移到社會主義建設上來，必須解決好歷史遺留的若干重大問題。他的發言受到與會同志積極響應，為突破「兩個凡是」的思想禁錮、實現偉大的歷史轉折起到了重要作用。」

二、「天安門事件」的平反

中共中央工作會議期間，話劇《於無聲處》在全國各地上演。這部以歌頌一九七六年清明節首都人民在天安門廣場悼念周恩來總理、同「四人幫」作鬥爭為創作背景的話劇，猶如一聲驚雷，發出了為「天安門事件」平反的最強音。

一九七八年十一月十四日，經中共中央批准同意，中共北京市委常委擴大會議正式通過了為「天安門事件」平反的決定。十一月十五日，《北京日報》公佈了這個決定，指出：

> 一九七六年清明節，廣大群眾到天安門廣場悼念我們敬愛的周總理，完全是出於對周總理的無限愛戴、無限懷念和深切哀悼的心情；完全是出於對「四人幫」禍國殃民的滔天罪行的深切痛恨，它反映的是全國億萬人民的心願。廣大群眾沉痛悼

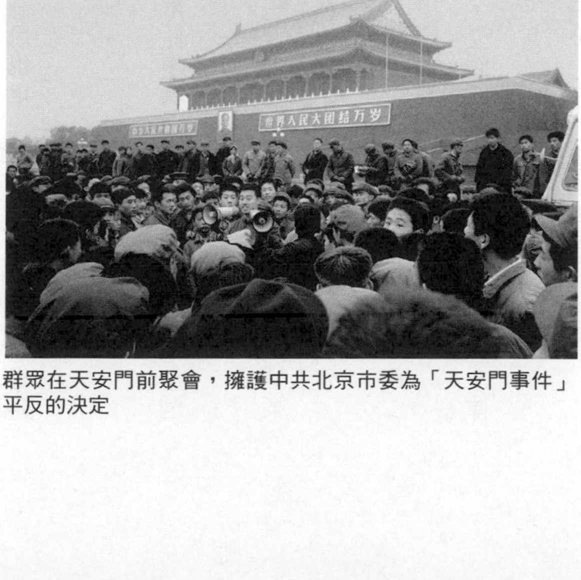

群眾在天安門前聚會，擁護中共北京市委為「天安門事件」平反的決定

念敬愛的周總理，憤怒聲討「四人幫」，完全是革命行動。對於因悼念周總理、反對「四人幫」而受到迫害的同志要一律平反，恢復名譽。

十一月十六日，《人民日報》、《光明日報》等各大報刊登了新華社題為〈「天安門事件」完全是革命行動〉的報導。

中共中央工作會議也提出了為其他一些重大錯案平反的問題，如「二月逆流」、「反擊右傾翻案風」等錯案的平反問題。在大家的強烈要求下，中共中央政治局常委討論了上述錯案，並作出決定。十一月二十五日，華國鋒代表中央政治局在會上宣佈：

（一）「天安門事件」完全是革命的群眾行動，應該為「天安門事件」公開徹底平反。

（二）為因所謂「二月逆流」受到冤屈的所有同志一律恢復名譽，受到牽連和處分的所有同志一律平反。

（三）已經查明「薄一波等六十一人案件」是一起重大錯案，應為這一重大錯案平反。

（四）彭德懷曾擔任過黨政軍的重要領導職務，對黨和人民作出過重大貢獻，懷疑彭德懷裡通外國是沒有根據的，應予否定。

（五）陶鑄在幾十年的工作中對黨對人民是有貢獻的。經過複查，過去將他定為叛徒是不對的，應予平反。

（六）將楊尚昆定為陰謀反黨、裡通外國是不對的，應予平反。

（七）康生、謝富治有很大的民憤，對他們進行揭發批判是合情合理的。

（八）一些地方性的重大事件，一律由各省、市、自治區黨委根據情況實事求是地予以處理。

此外，中共中央還決定，中共中央專案組結束工作，全部案件移交中共中央組織部。

這次會議後，與會者認為對「反擊右傾翻案風」問題，中共中央也應有個說法。十二月十四日，會議印發華國鋒這次講話的定稿本，增加了一條內容：「實踐證明，反擊右傾翻案風是錯誤的」，將一九七五年至一九七六年連續下發的十二個有關「反擊右傾翻案風」的中央文件全部予以撤銷。

「天安門事件」等歷史錯案的平反，贏得了全國人民的擁護，在社會上引起強烈反響。十二月二十一日，《人民日報》發表特約評論員文章〈人民萬歲——論天安門廣場革命群眾運動〉，肯定了「天安門事件」的徹底平反，是深入揭批林彪、「四人幫」的偉大勝利，是人民力量的偉大勝利，是馬克思主義真理的偉大勝利。

三、鄧小平的「主題報告」

中央工作會議的順利進行、「天安門事件」的平反，使思想解放迎來了大好的時機。

根據會議進程，鄧小平決定重新起草他在會議上的講話。他親筆擬出了三頁紙四百多字的講話提綱，第一個問題就是「解放思想、開動機器」，還有改革制度，發揚民主，權力下放，用經濟的辦法管理經濟，允許一部分人先富起來，引進項目等等。

一九七八年十二月十三日，在中共中央工作會議閉幕會上，鄧小平發表了〈解放思想，實事求是，團結一致向前看〉的著名講話。鄧小平說：

> 解放思想，開動腦筋，實事求是，團結一致向前看，首先是解放思想。只有思想解放了，我們才能正確地以馬列主義、毛澤東思想為指導，解決過去遺留的問題，解決新出現的一系列問題，正確地改革

同生產力迅速發展不相適應的生產關係和上層建築，根據中國的實際情況，確定實現四個現代化的具體道路、方針、方法和措施。

鄧小平高度評價了關於實踐是檢驗真理的唯一標準問題的討論，他強調：

不打破思想僵化，不大大解放幹部和群眾的思想，四個現代化就沒有希望。目前進行的關於實踐是檢驗真理的唯一標準問題的討論，實際上也是要不要解放思想的爭論。大家認為進行這個爭論很有必要，意義很大。從爭論的情況來看，越看越重要。一個黨，一個國家，一個民族，如果一切從本本出發，思想僵化，迷信盛行，那它就不能前進，它的生機就停止了，就要亡黨亡國。這是毛澤東同志在整風運動中反覆講過的。只有解放思想，堅持實事求是，一切從實際出發，理論聯繫實際，我們的社會主義現代化建設才能順利進行，我們黨的馬列主義、毛澤東思想的理論也才能順利發展。從這個意義上說，關於真理標準問題的爭論，的確是個思想路線問題，是個政治問題，是個關係到黨和國家的前途和命運的問題。

鄧小平提出民主是解放思想的重要條件，他指出：

解放思想，開動腦筋，一個十分重要的條件就是要真正實行無產階級的民主集中制。我們需要集中統一的領導，但是必須有充分的民主，才能做到正確的集中。

結合民主，鄧小平又強調了法制的重要性：

為了保障人民民主，必須加強法制。必須使民主制度化、法律化，使這種制度和法律不因領導人的改變而改變，不因領導人的看法和注意力的改變而改變。

關於人們普遍關心的對歷史遺留問題的處理，鄧小平提出要「向前看」，他指出：

這次會議，解決了一些過去遺留下來的問題，分清了一些人的功過，糾正了一批重大的冤案、錯案、假案。這是解放思想的需要，也是安定團結的需要。目的正是為了向前看，正是為了順利實現全黨工作重心的轉變。

我們的原則是「有錯必糾」。凡是過去搞錯了的東西，統統應該改正。有的問題不能夠一下子解決，要放到會後去繼續解決。但是要盡快實事求是地解決，乾脆利落地解決，不要拖泥帶水。對過去遺留的問題，應當解決好。不解決不好，犯錯誤的同志不做自我批評不好，對他們不作適當的處理不好。但是，不可能也不應該要求解決得十分完滿。要大處著眼，可以粗一點，每個細節都弄清不可能，也不必要。

鄧小平還提出要研究新情況，解決新問題：

人民日報
RENMIN RIBAO
中国共产党第十一届中央委员会
第三次全体会议公报

一九七八年十二月二十四日，《人民日報》發表中共十一屆三中全會公報要向前看，就要及時地研究新情況和解決新問題，否則我們就不可能順利前進。各方面的新情況都要研究，各方面的新問題都要解決，尤其要注意研究和解決管理方法、管理制度、經濟政策這三方面的問題。

鄧小平的這篇講話實際上成為隨後召開的中共十一屆三中全會的主題報告。

在中央工作會議取得的重大成果基礎上，一九七八年十二月十八日至二十二日，中共十一屆三中全會在北京京西賓館舉行。由於已經有了之前中央工作會議的充分準備，這次具有歷史轉折意義的重要會議只開了五天，順利得令人吃驚，彷彿是瓜熟蒂落、水到渠成。

十二月二十二日，大會宣佈：「全黨工作的著重點應該從一九七九年轉移到社會主義現代化建設上來。」這一決定徹底結束了「以階級鬥爭為綱」的錯誤方針。大會作出了改革開放的戰略決策，開啟了中國社會主義現代化建設新的征程。

這次會議被稱為「新時期的遵義會議」。這次會議實際上形成了以鄧小平為核心的第二代領導集體，最終完成了從「兩個凡是」到實事求是，從「以階級鬥爭為綱」到以經濟建設為中心，從封閉和墨守成規到改革開放的三個歷史性轉變。

這是一次劃時代的轉變，以中共十一屆三中全會為歷史起點，中國從此開始了一場改變貧困落後面貌的新革命。

二〇一四年八月二十日，習近平總書記在紀念鄧小平誕辰一百一十週年座談會上，對鄧小平和這段激盪人心的歷史作出了這樣的評價：「在改革開放新時期，鄧小平同志成為黨的第二代中央領導集體的核心，為開創中國特色社會主義作出了歷史性貢獻。『文化大革命』結束，『中國向何處去』又成為擺在中國人民面前頭等重要的問題。鄧小平同志以他的遠見卓識、豐富政治經驗、高超領導藝術，強調實事求是是毛澤東思想的精髓，旗幟鮮明反對「兩個凡是」的錯誤觀點，支持和領導開展真理標準問題的討論，推動進行各方面的撥亂反正。在鄧小平同志指導下，一九七八年十二月召開的黨的十一屆三中全會，重新確立了解放思想、實事求是的思想路線，停止使用『以階級鬥爭為綱』的錯誤提法，確定把全黨工作的著重點轉移到社會主義現代化建設上來，作出實行改革開放的重大決策，實現了黨的歷史上具有深遠意義的偉大轉折。」

第四節　撥亂反正

中共十一屆三中全會之後，全面的撥亂反正工作進一步深入展開，在多方的共同努力下，為新中國成立以來出現的重大冤假錯案做了平反。一九八一年六月，中共十一屆六中全會召開，全會一致通過了《關於建國以來黨的若干歷史問題的決議》，這是對我們黨建國以來若干重大歷史問題的深刻總結，是對毛澤東思想的全面深刻的認識，進一步統一了思想。

一、理論工作務虛會

中共十一屆三中全會結束後的二十多天，一九七九年一月十八日，中共中央在北京召開了理論工作務虛會。

這次會議是由葉劍英提議召開的。一九七八年五月十一日，《光明日報》發表特約評論員文章〈實踐是檢驗真理的唯一標準〉，由此開啟了關於真理標準問題的大討論。而一九七八年九月，《紅旗》雜誌社撰寫的一篇題為〈重溫〈實踐論〉——論實踐標準是馬克思主義認識論的基礎〉的文章的觀點與〈實踐是檢驗真理的唯一標準〉形成了鮮明的對立，並反對宣傳「實踐是檢驗真理的唯一標準」。這篇文章得到了汪東興的認可。九月十九日，文章送給中央常委審閱。

鑑於在真理標準問題討論過程中出現的思想分歧和爭論，一九七八年九月下旬，中共中央副主席葉劍英向中央政治局常委會提議，按照中國國務院務虛會的辦法，召開一次理論工作務虛會，「大家把不同的意見擺出來，在充分民主討論的基礎上，統一認識，把這個問題解決一下」。

葉劍英的提議得到中共中央政治局常委的同意，大家普遍認為召開這樣一個會議很有必要。一九七八年十月十四日，鄧小平在同韋國清談話時也提到：「葉劍英提議召開理論工作務虛會，索性擺開來講，免得背後講，這樣好。」

一九七八年十二月底，胡耀邦出任中央秘書長兼中央宣傳部部長。在胡耀邦的主持下，理論工作務虛會開始了籌備工作。

一九七九年一月十八日，理論工作務虛會正式開始。理論務虛會分為兩個階段，第一階段由中共中央宣傳部和中國社會科學院聯合召開，參加會議的有思想理論界、新聞界、文藝界和科技界的一百六十多名代表，主要是開小組會。會期從一九七九年一月十八日到二月十五日，中間從一月二十六日起有五天的春節假期。會前，給與會代表印發了胡耀邦的〈理論工作務虛會引言〉、胡喬木的〈關於社會主義時期階級鬥爭的一些提法問題〉。

胡耀邦在〈理論工作務虛會引言〉中說：「粉碎『四人幫』以後，我們的思想理論戰線面臨撥亂反正、正本清源的工作。」他鼓勵大家解放思想，開動腦筋，暢所欲言。胡耀邦提出召開理論工作務虛會的兩個主要目的：第一，要總結理論宣傳戰線的基本經驗教訓；第二，要研究工作重心轉移之後理論宣傳戰線的根本任務。

在理論工作務虛會開幕會上，胡耀邦以〈理論工作務虛會引言〉為主要內容發表了講話：

我們這次理論工作務虛會，是在全黨工作重心轉移的時候召開的，應當著重討論一下理論宣傳工作怎樣適應這個偉大的戰略轉變。

我提出一個初步的考慮，全黨工作重心轉移之後理論宣傳工作的根本任務，是不是可以歸納為這樣幾句話：把馬克思列寧主義、毛澤東思想的普遍真理同實現四個現代化的偉大實踐密切結合起來，研究新問題，解決新問題，盡可能地使我們的思想理論工作走在實際工作的前頭，使馬克思列寧主義、毛澤東思想在實踐中不斷豐富和發展，指導我們奪取新長征的勝利。

對於馬克思列寧主義、毛澤東思想的普遍真理，在任何時候，在任何一條戰線上，都是不能背離的。我們要堅決捍衛馬列主義、毛澤東思想的基本原理，繼續警惕以「左」的或右的形式出現的修正主義傾向。當前，我們同林彪、「四人幫」的以極左形式出現的修正主義的鬥爭並沒有結束，必須花很大的氣力，從思想理論上繼續深入批判林彪、「四人幫」，從各個方面肅清他們的流毒，這是順利實現偉大轉變的思想條件。

胡耀邦還指出，今天擺在理論宣傳工作者面前的，有兩方面任務：一方面是繼續掃清我們前進道路上的思想障礙；另一個更重要的方面，是研究和解決偉大轉變中層出不窮的新問題，把馬克思列寧主義、毛澤東思想同新的實踐密切結合起來，使理論工作從實際出發又能走到億萬人民實現四個現代化的偉大實踐的前頭，生氣勃勃地指導我們的實際工作飛躍前進。這就是全黨工作重心轉移以後理論宣傳工作的根本任務。我們要認真地討論清楚這個問題，使理論宣傳工作者從思想上來一個轉變，面向四個現代化的實際。

胡喬木在〈關於社會主義時期階級鬥爭的一些提法問題〉中指出，思想理論工作正處在一個重要的歷史時期。由於林彪、「四人幫」的長期干擾，有些舊的說法需要繼續清理。我們應當有足夠的理論上的勇氣，敢於提出問題，解決問題。要有遠見，能夠看到我們所處的歷史條件將向著什麼方向發展，使我們的思想理論工作，適合於歷史發展的需要。對有些重大的理論問題的提法，要繼續進行討論和研究，弄清楚它們的客觀意義和科學涵義。

胡喬木提出了幾個重要問題，比如，「無產階級專政下繼續革命」這個口號，究竟是什麼涵義，它的科學根據是什麼，繼續使用好不好，就值得重新研究。這不僅是一個理論問題，而且是一個現實問題。又比如，「以階級鬥爭為綱」，應當怎樣理解？這個提法，要看在什麼意義上、在什麼範圍內講才有意義。不講清楚就會引起思想上和實際工作中的混亂。人們會認為，只要還有殘餘形態的階級鬥爭，這種鬥爭就還是社會前進的動力。這樣勢必造成階級鬥爭的人為的擴大化。還有，與階級鬥爭相聯繫的一個問題，是黨的發展問題、黨的歷史問題。黨內鬥爭是否都是社會階級鬥爭的反映，都是路線鬥爭？黨的歷史是否只是路線鬥爭的歷史？

從一月十九日開始進行分組討論。一月二十二日，胡耀邦向大會傳達了鄧小平對理論工作務虛會的幾點意見：要敞開思想談；真理標準問題還有多少談的，可以談得快些；理論問題很多，沒有說清楚，例如：民主、法制問題，經濟管理問題；「文化大革命」也可以談，「無產階級專政下繼續革命」的問題也可以討論；今後不要提「高舉毛主席的旗幟」，應提「高舉毛澤東思想的旗幟」。

胡耀邦根據鄧小平的指示精神，同時結合各分組討論後匯報的情況，又歸納出若干問題，提交大會深入思考研究。如，怎樣深入討論真理標準問題；社會主義時期的階級鬥爭、黨的基本路線是怎麼來的；建國以來理論工作的經驗教訓；對「文化大革命」的評價，它的性質、要求、教訓等；社會主義民主問題，從十月革命到現在都沒有解決好，民主是集體的行為；康生問題——他究竟是馬列主義理論家還是假馬列的騙子；突出宣傳個人問題；對馬列毛能否一分為二，對馬列主義、毛澤東思想能否一分為二等等。

胡耀邦在會上再三強調：「這次會不強調什麼人都檢討，不開成批判人的會。檢討也可以，但要講出道理來。」「敞開思想談，三不主義，但不要向外擴散，使用的材料一定要準確。」

隨後，會議的討論更加熱烈。會議第一階段共印發簡報兩百六十六期，及時而充分地交流了五個分組的討論情況。雖然胡耀邦要求「不要向外擴散」，但會議簡報的傳閱者很多，散發範圍很廣，逐漸在社會上形成了影響。

在理論工作務虛會的影響下，山東、上海、福建、廣東、遼寧、湖南、江蘇等省市也自動召開了本地的理論務虛會，形成了上下呼應、此起彼伏的情形。

會議的第一階段於二月十六日結束，與會代表們紛紛表示，這次會議是三十年來理論戰線上最生動活潑的一個會議，大家敞開思想，衝破禁區，說真心話，說實在話，對長期以來未能觸及而影響很大的理論問題和實踐問題敢於發表意見，這是多年來未曾有過的可喜現象，也是理論工作開始富有生氣的實際體現。

理論工作務虛會在充分討論的基礎上形成豐厚的成果，其一，會議討論中用大量事實批評了部分理論部門負責人堅持「兩個凡是」、反對真理標準問題討論的錯誤。相關部門的負責人也都在理論工作務虛會上作出了不同程度的檢討，使會議真正做到了總結經驗教訓，達到了會議預期的目的。其二，會議打破了禁區，提出和討論了許多重大理論問題和實際問題。如社會主義民主和法制問題、經濟管理問題、關於「文化大革命」的評價、社會主義時期的階級和階級鬥爭、「無產階級專政下繼續革命的理論」等問題。與會者對這些重大問題廣泛而深入的討論，對解放思想、撥亂反正具有積極意義。

二、要不要評價毛澤東？如何評價毛澤東？

理論工作務虛會的討論氣氛十分活躍，最開始是集中批評「兩個凡是」的錯誤方針，然後發展為分清理論是非，再進一步，會議討論的議題轉到了其他重大理論問題上，包括社會主義民主問題、經濟理論和實際問題、社會主義時期的階級鬥爭問題，還有黨史問題、國際問題、文藝問題等等，而所有這些都不可避免地涉及對毛澤東和毛澤東思想的評價。因此，在這次長達兩個半月的理論工作務虛會上，如何評價毛澤東的歷史地位和毛澤東思想成為人們討論的焦點。

絕大多數與會者認為，全面、正確評價毛澤東和毛澤東思想的問題已經擺在黨的議事日程上，評價毛澤東和毛澤東思想不應成為禁區，這不是「非毛化」，而是「非神化」。

理論工作務虛會公開討論關於評價毛澤東和毛澤東思想的問題，這是粉碎「四人幫」以來的第一次，在全黨和全社會產生巨大影響。與會者強調，全面、正確地評價毛澤東和毛澤東思想是「迫切的要求」，是「神聖的職責」，是「艱巨的工作」。與會者認為，全面、正確地評價毛澤東和毛澤東思想，既是總結新中國成立以來黨的歷史的最重大問題，也是開始新的實踐任務的現實要求。

會議在全面、正確評價毛澤東和毛澤東思想的討論中，形成了多方面的認識成果。關於要不要評價毛澤東的問題，有的與會者認為：從討論的情況來看，還有不少禁區要繼續打破，而最大的禁區就是對毛澤東的評價問題。許多禁區問題都涉及這個根本問題。毛澤東在中國半個多世紀的革命歷史上立下的偉大功勳是永遠不可磨滅的。毛澤東思想是我們黨和中國革命的指導思想，今天是，將來仍然是我們進行社會主義現代化建設的指導思想。這方面絕不能動搖，而且應該實事求是地加強宣傳。但是，另一方面也必須對毛澤東理論上的一些錯誤作出實事求是的評價。

關於是否存在所謂「非毛化」的問題，有的與會者指出：宣傳和討論實踐是檢驗真理的唯一標準，怎麼會是「非毛化」？也根本不可能由此而出現「非毛化」。恰恰相反，在我們黨的歷史上，從來沒有像現在這樣強調完整地、準確地掌握毛澤東思想體系。

關於毛澤東的思想理論，有的與會者認為：對於經過實踐檢驗屬於普遍真理的東西，應當繼承、保衛；對於一些有待實踐進一步檢驗的東西，也應當細心地辨別它的合理內核；對於經過實踐檢驗已充分證明是錯誤的東西，就要實事求是指出來。

在討論中，與會者普遍認為，關於評價毛澤東和毛澤東思想的根本問題，就是我們是用馬列主義的態度對待毛澤東思想、毛澤東指示，還是以「兩個凡是」的態度對待毛澤東思想、毛澤東指示。馬列主義、毛澤東思想過去是，現在是，將來仍然是我們革命和建設的指導思想，這是毫無疑義的。問題是，馬列主義、毛澤東思想是不是要在新的歷史條件下向前發展？毛主席的偉大功績是不可磨滅的，是我們應當永遠銘記在心裡的。有革命經歷的人，還應當在青少年當中，多用事實來宣傳毛主席的偉大功績。但是，我們不能把毛主席「神化」，不能要求一個革命領袖沒有缺點和錯誤。

總體來看，通過理論工作務虛會的討論，提出了對毛澤東歷史地位和毛澤東思想的評價問題，討論中也形成了一些有價值的思想觀點，但由於缺乏充分的理論準備，也由於對這個問題的特殊性缺乏深刻認識和穩妥把握，致使討論中也出現了一些偏差。例如，關於毛澤東思想的評價，許多與會者還不能夠明確區分毛澤東思想與「毛澤東本人思想」在概念上的差異，在部分與會者的認識中，「毛主席本人思想」就是毛澤東思想。再有，很多與會者還不能把毛澤東晚年錯誤和毛澤東思想嚴格區分開來，以致提出了「對毛澤東思想要採取一分為二態度」，「對毛澤東思想也要進行撥亂反正」。我們只擁護「正確的毛澤東思想」，而不擁護「錯誤的毛澤東思想」等等似是而非甚至存在嚴重偏差的觀點。在評價毛澤東歷史地位時，與會者的認識角度多側重於毛澤東晚年錯誤部分，因此得出了一些以偏概全的不正確結論。對毛澤東的評價，對毛澤東思想的闡述，不僅僅涉及毛澤東本人歷史功過問題，而且是一個同黨和國家歷史密切相關的重大的、全局性的問題，因此，尤其需要秉持科學嚴謹的態度。

全面、正確地評價毛澤東和毛澤東思想，是非常複雜的問題。理論工作務虛會在討論毛澤東的歷史地位和毛澤東思想的過程中出現的問題，說明全面、正確地評價毛澤東和毛澤東思想的問題亟待解決。

三、堅持四項基本原則

理論工作務虛會氣氛活躍，大家暢所欲言，在討論中相互啟發，對許多重大問題進行了深入的探討。但是，會上也出現了一種現象：有些人思想偏激，從一個極端走向另一個極端，發表了一些錯誤的意見。

那時，社會正處於歷史轉折和大變動時期，社會上也出現了一些思想混亂的現象，出現了一些錯誤的思潮，並形成了不安定的因素。當時，林彪、「四人幫」的流毒，特別是派性和無政府主義的流毒，同一些懷疑社會主義、懷疑無產階級專政、懷疑黨的領導、懷疑馬列主義毛澤東思想的思潮相結合，開始在一小部分人中間蔓延。這些現象，相當集中地表現在北京所謂「西單民主牆」的一些大字報當中。

一九七八年十一月，北京西單牆貼出了一批申訴冤情的大字報，批判「兩個凡是」和思想僵化，

「西單民主牆」由此形成。但很快其性質便急劇右轉，一批私自編印的刊物開始出現，不少是鼓吹西方民主自由、純粹政治性的刊物。一九七九年元旦，在中美正式建交的當天，「西單民主牆」上貼出署名「一個中國青年工人」的寫給美國總統卡特的信，要求美國總統「關懷」中國的「人權」問題。有些壞分子還提出目前不可能實現或者根本不合理的要求，煽動、誘騙一部分群眾衝擊黨政機關，佔領辦公室，實行靜坐絕食，阻斷交通，嚴重破壞了社會秩序。

當時，北京市公園服務管理處的工人魏京生，在「西單民主牆」張貼大字報，並私自編印和散發油印刊物《探索》。這個刊物登載文章，誹謗馬列主義、毛澤東思想「是比江湖騙子的膏藥更高明一些的膏藥」，污蔑中國無產階級專政的國家制度「是披著社會主義外衣的封建君主制」，煽動群眾「不要再相信獨裁者的『安定團結』」，「把怒火集中在製造人民悲慘境遇的罪惡制度上」，煽動要「把權力從這些老爺們手裡奪過來」。貴陽有些人到北京成立了「啟蒙社」、「解凍社」等組織，公開宣揚反對無產階級專政的言論，誣蔑無產階級專政「是分裂人類」。在上海，有些人成立了「民主討論會」（也叫「振興社」）、「社會主義民主制度促進會」等非法組織，鼓吹要「堅決徹底批判中國共產黨」、誹謗「萬惡之源是無產階級專政」，聲稱要「徹底摧毀社會（主義）制度」，「用資本主義管理國家」。其中有些人打出大幅標語誣蔑毛澤東，有的人秘密同境外特務機構聯繫，策劃破壞活動。此外，武漢、廣州的市中心也出現類似北京「西單民主牆」的場所。國外敵對勢力將中國發生的事態稱之為「北京之春」，企圖讓一九六八年春的布拉格事件在北京重演。

社會上的錯誤思潮在不斷蔓延、擴散，理論工作務虛會上也出現了一些思想認識上的偏差，部分與會者對社會上的錯誤思潮也沒有給予正確認識，這些情況使會議的第二階段難以按照原計劃進行下去。

一九七九年二月上旬，訪美歸來的鄧小平，開始更多地關注理論工作務虛會的情況，他看了理論工作務虛會的簡報，敏銳地覺察到了錯誤思潮的氾濫，感到問題已相當嚴重；同時，他也瞭解了社會上錯誤思潮蔓延的情況，決定要在理論工作務虛會上對這些錯誤思潮作出明確的回答。

三月二十八日，理論工作務虛會復會。會議改由中共中央主持，名稱前加上了「全國」二字，稱為「全國理論工作務虛會」。出席會議的有四百多人，除第一階段的與會者外，增加了地方和軍隊主管宣傳工作的幹部。

三月三十日，鄧小平在人民大會堂代表中共中央作了重要講話，即著名的〈堅持四項基本原則〉。與會者除了出席全國理論工作務虛會的同志以外，還有中央、國家機關和北京市的幹部。

鄧小平在講話中肯定了理論工作務虛會所取得的成績，同時，對理論工作務虛會中出現的錯誤的思想觀點提出了批評。對於當時社會上出現的否定社會主義道路、無產階級專政、共產黨領導和馬列主義毛澤東思想的錯誤思潮，鄧小平在講話中鄭重提出必須堅持四項基本原則。他毫不含糊地說：

> 中央認為，我們要在中國實現四個現代化，必須在思想政治上堅持四項基本原則。這是實現四個現代化的根本前提。這四項是：
>
> 第一，必須堅持社會主義道路；
>
> 第二，必須堅持無產階級專政；
>
> 第三，必須堅持共產黨的領導；
>
> 第四，必須堅持馬列主義、毛澤東思想。
>
> ……
>
> 中央認為，今天必須反覆強調堅持這四項基本原則，因為某些人（哪怕只是極少數人）企圖動搖這

些基本原則。這是決不許可的。每個共產黨員，更不必說每個黨的思想理論工作者，決不允許在這個根本立場上有絲毫動搖。如果動搖了這四項基本原則中的任何一項，那就動搖了整個社會主義事業，整個現代化建設事業。

……

以上所說的，同三中全會的精神有沒有不一致的地方？沒有。這裡所說的一切，都是為貫徹執行三中全會各項方針政策所必須採取的措施。再說一遍，不採取這些措施，三中全會的方針政策就要落空，工作著重點的轉移就要落空，四個現代化建設就要落空，黨內外民主生活的發展也要落空。

鄧小平提出堅持四項基本原則意義重大，深刻地指出了當時全黨工作中，特別是思想理論戰線上的一些根本性問題，對於堅定不移地貫徹中共十一屆三中全會的方針具有重大指導意義。

四、平反冤假錯案

思想解放的大潮衝開了新時代的大門，開創了通向未來的道路，也在沖刷、拷問著過去，對於許多人來說，思想的束縛解除了，但歷史的包袱卻仍然壓得他們喘不過氣來。對歷史進行客觀、公正的評價成為時代的呼喚，撥亂反正的高潮來臨了。

早在一九七七年三月，胡耀邦被任命為中共中央黨校主管常務工作的副校長時，他就把平反冤假錯案工作提上了日程。一九七七年十二月，胡耀邦被任命為中共中央組織部部長，他進一步加大了平反冤假錯案的力度。中共十一屆三中全會以後，平反冤假錯案工作進入了一個新的階段，大規模清理冤假錯案的工作掀起了新的高潮。

一九七八年十一月二十六日，鄧小平在會見外賓時說：

有錯必糾是毛主席歷來提倡的。對天安門事件處理錯了，當然應該糾正。如果還有別的事情過去處理不正確，也應該實事求是地加以糾正。勇於糾正錯誤，這是有信心的表現。當然，解決這樣複雜的問題總要有一個過程，現在時機成熟了。

鄧小平還說，我們處理這些問題就是要把過去的問題了結一下，使全國人民向前看。所有錯案、冤案，人民和幹部不滿意的事，一起解決。了結了這些問題，大家心情就舒暢了，一心一意向前看，搞四個現代化。

一九七八年十二月二十七日，中央任命宋任窮為中組部部長。宋任窮一上任，即將平反冤假錯案工作確定為中央組織部當前最緊迫的任務，提出本著實事求是、「有錯必糾」、「全錯的全平，部分錯的部分平，不錯的不平」的原則，抓緊落實幹部政策。

一九七九年一月二十六日，中共中央紀律檢查委員會第一次全會通告指出：

冤案、錯案、假案一經發現，就要堅決糾正。一切不實之詞，一切不正確的結論，一切錯誤的處理，不論是什麼時候、什麼情況下作出的，不論是哪一級組織、哪個領導人批准的，都要糾正過來。全錯的全平，部分錯的部分平，不錯的不平。有錯必糾是一條原則，有錯不糾是沒有黨性的表現。對確實沒有判錯的正確的結論，不加分析地全盤否定，和不尊重客觀事實，只憑「長官意志」辦事，為了維護個人尊嚴而知錯不改，都是嚴重的錯誤，都必須堅決糾正。

大規模的平反冤假錯案工作全面展開後，黨、政、軍的一些高級幹部陸續得到平反昭雪，全國數千萬人的命運得到改變。

一九七九年二月十七日，中共中央發出《關於為彭真同志平反的通知》，「文化大革命」初期強加給彭真的一切污蔑不實之詞都被推翻。六月八日，中共中央轉發了中央組織部的報告，為原中共中央宣傳部部長陸定一平反，恢復名譽。八月二十五日，中共中央為八屆中央政治局候補委員、遵義會議後任中央總書記的張聞天在北京舉行追悼會。華國鋒、葉劍英、鄧小平、李先念、陳雲、汪東興出席。追悼會由陳雲主持，鄧小平致悼詞，對張聞天的一生給予高度評價，為他平反，恢復「中國共產黨優秀黨員、老一輩無產階級革命家」的名譽。

一九八〇年二月二十五日，中共中央發出通知，為所謂「習仲勳反黨集團」案平反。七月二十八日，中共中央批轉總政治部《關於黃克誠同志的複查結論》，宣佈給黃克誠徹底平反，恢復名譽。十月二十三日，中共中央書記處批准中央辦公廳《關於為原中央辦公廳和楊尚昆等同志平反問題的請示報告》。

……

在整個平反冤假錯案的工作中，影響最大的事件是為劉少奇平反昭雪。劉少奇冤案的平反經歷了一個曲折的過程。

粉碎「四人幫」以後，黨內就有許多人向中共中央建議，要求對劉少奇的案件進行複查，實事求是地弄清事實。但是，當時黨內一些領導對為劉少奇平反的問題持消極和反對的態度，理由是劉少奇的案件是毛澤東親自定的。

為劉少奇平反的問題，直接涉及如何看待和評價「文化大革命」的問題，也不可避免地牽扯到對毛澤東在「文化大革命」中作用的評價問題。這些問題在當時都還是不能討論的禁區。

一九七八年十二月二十四日，鄧小平對一封要求為劉少奇平反的人民來信作出批示：「政治局各同志閱，中組部研究。」鄧小平的這一批示，把複查劉少奇案的問題提到了中共中央政治局。

在鄧小平、陳雲等的努力推動下，一九七九年二月，中共中央作出決定，由中央紀律檢查委員會和中央組織部聯合對劉少奇一案進行複查。中央紀委和中組部組織人員組成「劉少奇案件複查組」，對劉少奇的案件進行調查核實。一九七九年三月，中組部對與劉少奇一案直接相關的王光美的問題進行複查後作出結論：「王光美同志政治歷史清楚，沒有問題。」

經過近十個月的調查研究、核對材料，一九七九年十一月，「劉少奇案件複查組」取得了大量確鑿的證據，最終形成了《關於劉少奇同志案件的複查報告》。複查報告說明，「文化大革命」中以中共中央名義作出的《關於叛徒、內奸、工賊劉少奇罪行的審查報告》，是江青、康生、謝富治一夥通過虛構材料、偽造證據等惡劣手段編造而成的。審查報告中強加給劉少奇的種種罪名，沒有一項是符合事實的。

鄧小平、陳雲、鄧穎超、胡耀邦等中央同志認真審閱了複查報告，並表示認可。鄧小平還提議，可考慮將這一報告作為中央對劉少奇案件的平反決定。在鄧小平、陳雲、葉劍英、李先念等同志的努力下，爭取到華國鋒的基本同意後，政治局常委對劉少奇平反問題取得了基本一致的態度。同時，中共中央政治局和中央軍委也分別派胡耀邦、鄧穎超、黃克誠、韋國清等，與持反對意見的少數同志談話，克服來自政治局內部的阻力。經過一系列的努力，為劉少奇平反的條件已基本成熟。

一九八〇年一月十六日，鄧小平在中共中央召集的幹部會議上發表〈目前的形勢和任務〉的講話，正式宣佈：中央「不久就要為劉少奇同志恢復名譽」。

中共十一屆五中全會前，中共中央政治局在人民大會堂召開會議，主要討論即將提交十一屆五中全會審議通過的議題和文件。其中，為劉少奇平反是最重要的內容之一。華國鋒在會上明確表態，支持為劉少奇平反。

一九八〇年二月二十三日至二十九日，中共十一屆五中全會在北京召開，會議一致通過了《關於為劉少奇同志平反的決議》。中共十一屆五中全會公報指出：

「文化大革命」前夕，由於對黨內和國內形勢作了違反實際的估計，提出了黨內存在一條反革命修正主義路線，隨後又提出了存在一個以劉少奇同志為首的所謂資產階級司令部，這些論斷是完全錯誤和不能成立的。林彪、「四人幫」一夥出於篡奪黨和國家最高領導權、顛覆無產階級專政的反革命目的，利用這種情況，捏造材料，蓄意對劉少奇同志進行政治陷害和人身迫害，並把一大批黨政軍領導幹部誣為劉少奇的代理人，統統打倒，造成了極其嚴重的後果。這是我黨歷史上最大的冤案，必須徹底平反。

……

五中全會莊嚴地向全黨和全國人民宣告：為劉少奇同志平反，表明中國共產黨是一個實事求是、有錯必糾、嚴肅認真、光明磊落的馬克思主義革命黨。

五月十七日，中共中央、全國人大、國務院、中央軍委、全國政協等在北京為劉少奇舉行隆重的追悼會。華國鋒、葉劍英、鄧小平、李先念、陳雲以及首都各方面代表一萬多人參加追悼會。追悼會由華國鋒主持，鄧小平代表中共中央致悼詞，對劉少奇的一生作了全面的、公正的評價，徹底推倒強加在劉少奇身上的罪名，鄭重地為他平反昭雪，恢復名譽。

追悼大會結束後，鄧小平走到劉少奇夫人王光美面前，緊緊握住她的手說：「是好事，是勝利。」劉少奇說過：「好在歷史是人民來寫的。」劉少奇冤案的平反，是人民的勝利。

與此同時，中共中央還採取了一系列措施，調整各方面的社會關係，以調動全社會的積極因素。從一九七九年一月起，開始摘掉地主、富農分子的帽子，給予他們以農村人民公社社員的待遇；同時還為國民黨起義、投誠人員落實政策；並在全面複查的基礎上，進行了錯劃右派的改正工作。

思想路線、政治路線、組織路線上一系列的撥亂反正，使中國從「文化大革命」後的一片混亂中，重新理出頭緒，走上了正常發展的軌道。這是進行社會主義現代化建設、實行改革開放所必需的前提。這些問題不解決，別的都無從談起。

劉少奇的骨灰一九八〇年五月十四日下午從河南鄭州由專機接回北京

一九八〇年五月十七日，中共中央在北京為劉少奇舉行隆重的追悼大會

五、天安門城樓上的毛主席像，要永遠保留下去

粉碎「四人幫」，結束「文化大革命」之後，不可避免地產生了一個要對新中國成立以來的歷史經驗進行總結的問題。在一九七九年初召開的理論工作務虛會上，人們在對重大理論問題的討論中，在談到社會主義民主問題、社會主義時期的階級鬥爭問題、黨史問題時，都不可避免地要涉及如何評價毛澤東的歷史地位和毛澤東思想這一焦點問題。因此，在理論務虛會上，有人提出可以按照關於若干歷史問題的決議的形式，作出一個建國以來若干歷史問題的決議，對建國以來三十年的歷史做一個總結，正確評價毛澤東和毛澤東思想，全面評價「文化大革命」，以便統一全黨的思想認識。其後，在理論工作務虛會和社會上出現的錯誤思潮蔓延的情況，也使這個問題顯得更為緊要。

一九七九年國慶之後，中共中央把起草歷史決議正式提上了工作日程。一九七九年十月下旬，中共中央政治局常委決定著手起草建國以來黨的若干歷史問題的決議。起草工作由鄧小平主持，胡耀邦、胡喬木、鄧力群組織實施，胡喬木主要負責。

從一九八〇年三月到一九八一年九月，鄧小平先後十一次對決議的起草和修改提出自己的意見。歷史決議從起草到形成，反覆修改了幾十次。鄧小平指出，決議的中心問題是確立毛澤東的歷史地位，給毛澤東一個公正的評價。如果這一條寫不好，就沒有必要作這個決議。鄧小平說：

> 講錯誤，不應該只講毛澤東同志，中央許多負責同志都有錯誤。「大躍進」，毛澤東同志頭腦發熱，我們不發熱？劉少奇同志、周恩來同志和我都沒有反對，陳雲同志沒有說話。在這些問題上要公正，不要造成一種印象，別的人都正確，只有一個人犯錯誤。這不符合事實。中央犯錯誤，不是一個人

負責，是集體負責。在這些方面，要運用馬列主義結合我們的實際進行分析，有所貢獻，有所發展。

一九八〇年八月，就在歷史決議起草緊鑼密鼓地進行的時候，鄧小平會見了義大利記者奧琳埃娜・法拉奇。面對以提問尖銳而著稱的法拉奇，鄧小平說：

> 毛主席的錯誤和林彪、「四人幫」問題的性質是不同的。毛主席一生中大部分時間是做了非常好的事情的，他多次從危機中把黨和國家挽救過來。沒有毛主席，至少我們中國人民還要在黑暗中摸索更長的時間。……但是，由於勝利，他不夠謹慎了，在他晚年有些不健康的因素、不健康的思想逐漸露頭，主要是一些「左」的思想。有相當部分違背了他原來的思想，違背了他原來十分好的正確主張，包括他的工作作風。……
>
> ……毛澤東同志犯的有些錯誤，我也有份，只是可以說，也是好心犯的錯誤。不犯錯誤的人沒有。不能把過去的錯誤都算成是毛主席一個人的。所以我們對毛主席的評價要非常客觀，第一他是有功的，第二才是過。毛主席的許多好的思想，我們要繼承下來，他的錯誤也要講清楚。

在採訪中，法拉奇問道：「天安門上的毛主席像，是否要永遠保留下去？」鄧小平回答說：「永遠要保留下去。儘管毛主席過去有段時間也犯了錯誤，但他終究

一九八〇年八月，鄧小平在人民大會堂連續兩次接受義大利女記者奧琳埃娜・法拉奇的採訪，明確表示：天安門上的毛主席像，要永遠保留下去

是中國共產黨、中華人民共和國的主要締造者。拿他的功和過來說，錯誤畢竟是第二位的。他為中國人民做的事情是不能抹殺的。從我們中國人民的感情來說，我們永遠把他作為我們黨和國家的締造者來紀念。」

鄧小平還說，我們要對毛主席一生的功過作客觀的評價。我們要實事求是地講毛主席後期的錯誤。我們還要繼續堅持毛澤東思想。我們不但要把毛主席的像永遠掛在天安門前，作為我們國家的象徵，而且還要堅持毛澤東思想。我們不會像赫魯曉夫對待斯大林那樣對待毛主席。

法拉奇採訪鄧小平的談話記錄很快就在八月三十一日和九月三日美國《華盛頓郵報》上分兩次全文發表，很多國家的報紙轉載。鄧小平在接受採訪中談到的「天安門上的毛主席像，要永遠保留下去永遠保留下去」，也成為人們廣為熟知的鮮明觀點。

一九八一年六月二十七日至二十九日，中共十一屆六中全會召開。六月二十七日的全體會議一致通過了《關於建國以來黨的若干歷史問題的決議》。會議公報指出：「決議的通過和發表，對於統一全黨、全軍、全國各族人民的思想認識，同心同德地為實現新的歷史任務而奮鬥，必將產生偉大的深遠的影響。」

六月二十九日，在中共十一屆六中全會閉幕會上，鄧小平作了重要講話。他說：

> 我確信，我們這次全會解決的兩個問題，解決得非常好。

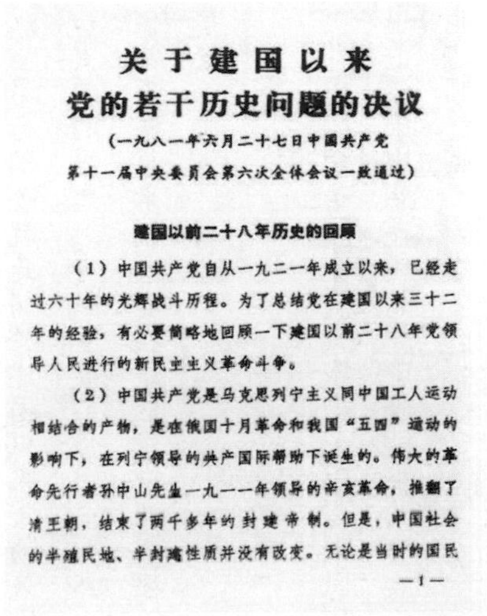

关于建国以来
党的若干历史问题的决议

（一九八一年六月二十七日中国共产党
第十一届中央委员会第六次全体会议一致通过）

建国以前二十八年历史的回顾

（1）中国共产党自从一九二一年成立以来，已经走过六十年的光辉战斗历程。为了总结党在建国以来三十二年的经验，有必要简略地回顾一下建国以前二十八年党领导人民进行的新民主主义革命斗争。

（2）中国共产党是马克思列宁主义同中国工人运动相结合的产物，是在俄国十月革命和我国"五四"运动的影响下，在列宁领导的共产国际帮助下诞生的。伟大的革命先行者孙中山先生一九一一年领导的辛亥革命，推翻了清王朝，结束了两千多年的封建帝制。但是，中国社会的半殖民地、半封建性质并没有改变。无论是当时的国民

—1—

中共十一屆六中全會上印發的《關於建國以來黨的若干歷史問題的決議》文本

第一個，就是關於建國以來黨的若干歷史問題的決議，真正是達到了我們原來的要求。這對我們統一黨內的思想，有很重要的作用。當然，胡耀邦同志說，統一思想還要一年的工作。但是，今後作為一個共產黨員來說，要在這個統一的口徑下來講話。思想不通，組織服從。相信這個決議能夠經得住歷史考驗。

可以說，歷史決議恢復了毛澤東思想的本來面目，是對毛澤東思想認識的深化，從某種意義上說也是毛澤東思想在新的歷史條件下的發展。這證明中國共產黨具有理論創新的能力，具有自我改正錯誤的能力和勇氣。

至此，撥亂反正的歷史任務徹底完成了。拋掉了歷史包袱的中國人，開始用自己的雙手開創中華民族復興之路上的又一個輝煌。

第二章 石破天驚

一九七八年十一月的一個冬夜，安徽鳳陽縣小崗村的十八個農民，借助一盞昏暗的煤油燈，冒著巨大的風險簽下了分田到戶的契約，並且人人發誓：寧願坐牢殺頭，也要分田到戶搞包幹。這十八個農民歪歪斜斜地蓋滿紅手印的契約書，歷史性地成為飽受饑寒困擾的中國農民的宣言書。誰也沒有想到中國農村改革的大幕會由此拉開。事實再一次證明，歷史是由人民創造的。

中國農民的創造還不止於此。實行了包產到戶的中國農村，生產力得到極大的解放，解決了溫飽的中國農民又幹起了鄉鎮企業，進一步繁榮了農村經濟，鄧小平將其稱讚為「異軍突起」。中國農民這些石破天驚之舉深刻地改變了中國農村的面貌。

第一節　農村改革的突破

二十世紀五〇年代中期，一套不符合中國農村實際的經濟政策和政治體制硬性推行，從合作化到人民公社，農民的生產、生活活動由公社統一管理，農民的生產經營自主權完全喪失。這些不符合農村實際的政策嚴重挫傷了農民生產的積極性，造成農村生產力的嚴重萎縮。「大鍋飯」的結果是飯越吃越少、人越吃越窮，趕上災年，情況就更加嚴重。

二十世紀七〇年代末，安徽農村部分農民自發地搞起了包產到組、包產到戶，並取得了立竿見影的成效。然而，打破一個舊的體制絕非易事，總是會遇到這樣那樣的困難，中國農民的這些新做法不可避免地引起了極大的爭論。關鍵時刻，鄧小平三次出面支持安徽農村改革，為廣大農民吃下了「定心丸」。從一九八二年到一九八六年，中共中央連續發出五個「一號文件」，反覆肯定了包產到戶這一聯產承包責任制的生產形式。

一、從「借地種麥」到「包產到戶」

一九七八年中共十一屆三中全會以後，中國的改革率先從農村開啟，而農村改革取得歷史性的突破又是從安徽首先開始的。

安徽是一個農業大省，但由於長期受到「左」的政策的影響，農業和農村經濟發展十分緩慢，農民生活普遍貧困。在二十世紀五〇年代末六〇年代初的「三年困難時期」，安徽發生的飢餓、死亡情況也比周圍鄰省更加嚴重。部分生活困難的農民，不得不唱著「鳳陽花鼓」在長江、淮河、黃河沿岸的城鄉乞討，以此來渡過災荒。當時的安徽省委領導人曾希聖曾採取「責任田」的辦法改善安徽的農業生產，但是，這種方式後來被指責為「復辟資本主義」，被壓制了下去。

一九七七年六月二十日，中共中央改組安徽省委，任命萬里為安徽省委第一書記。萬里上任伊始，便下到各縣農村進行調查研究。作為中國糧食的主產區之一，安徽農村給他的第一印象，不是貧困，就是飢餓。萬里後來回顧說：

> 我這個長期在城市工作的幹部，雖然不能說對農村的貧困毫無所聞，但是到農村一具體接觸，還是非常受刺激。原來農民的生活水準這麼低啊，吃不飽，穿不暖，住的房子不像個房子的樣子。真是家徒四壁呀。我真沒想到，解放幾十年了，不少農村還這麼窮！我不能不問自己，這是什麼原因？這能算是社會主義嗎？人民公社到底有什麼問題？為什麼農民的積極性都沒有啦？當然，人民公社是上了憲法的，我也不能亂說，但我心裡已經認定，看來從安徽的實際情況出發，最重要的是怎麼調動農民的積極性，否則連肚子也吃不飽，一切無從談起。

歷史上鳳陽地區災荒不斷，許多人被迫背井離鄉，以打花鼓唱曲乞討為生。因此，花鼓也成了鳳陽人貧窮的象徵

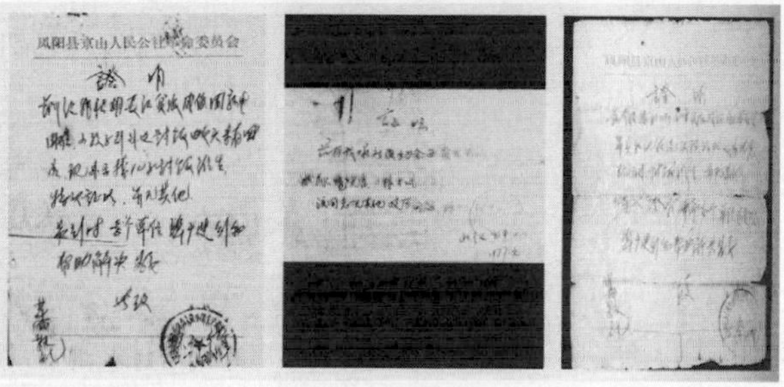

圖為鳳陽農民以往外出討飯時用的證明

經過三個月的調查研究，一九七七年十一月安徽召開全省農村工作會議，在萬里的主持下，中共安徽省委制定了《關於當前農村經濟政策幾

個問題的決定》，即後來人們通常所說的「省委六條」，「省委六條」於十一月下旬下發到安徽全省執行。雖然「省委六條」的規定中照例寫了要維護人民公社「一大二公」，不搞聯繫產量責任制，逐步實行所有制過渡的條文，但本質上是尊重農民自主權，允許社員根據不同的農活組成作業組，定任務、定質量、定時間、定工分，同時提出因地制宜，合理安排農、林、牧、副、漁；允許和鼓勵社員搞家庭副業，他們的產品可以到集市上出售，等等。這在當時還沒有撥亂反正的情況下，已經非常難能可貴了。

「省委六條」吸收了群眾的創造，允許生產隊下分作業組，以組包產，聯繫產量計算勞動報酬，簡稱「聯產計酬」。廣大農民感到「大鍋飯」變小了，手腳也鬆了鬆綁，對此十分認同，安徽全省農村開始出現了生機與活力。

然而，就在「省委六條」實施的第一年——一九七八年，安徽發生了百年不遇的特大旱災，大部分地區秋天沒有下雨，除了長江、淮河流域外，全省絕大部分河川斷流，土地龜裂，全省受災農田六千多畝，四百多萬人口地區的人畜用水出現困難，甚至連皖南的黃山都沒水吃。持續的乾旱，使不少地方糧食大幅減產，甚至顆粒無收。

時任肥西縣山南鎮黃花大隊黨支部書記的解紹德，對這一年的災情記憶深刻，他回憶說：「一九七八年老天百日沒有下雨，百年沒有遇到這個大旱，田里莊稼禾苗都乾死了，都能夠點著火，莊稼之後就沒有收。」

入秋後，旱情更加嚴重，秋種難以正常進行，大量農民紛紛踏上了逃荒路。如不採取果斷措施，大片的土地將被拋荒。

為了戰勝災荒，盡快扭轉被動形勢，安徽省委領導在深入調查研究的基礎上，於九月一日召開緊急會議。省委第一書記萬里在會上指出：「必須盡一切力量，千方百計地搞好秋種，爭取明年夏季有個好收成。」「我們不能眼看農村大片土地撂荒，那樣明年的生活會更困難。與其拋荒，倒不如讓農民個人耕種，充分發揮各自潛力，盡量多種『保命麥』渡過災荒。」

經過討論和激烈的鬥爭，安徽省委作出了「借地種麥」的決定：將凡是集體無法耕種的土地，借給社員種麥種菜；鼓勵多開荒，誰種誰收，國家不徵統購糧，不分配統購任務。

「借地種麥」雖然是戰勝農業災害的特殊辦法，但在當時越公越好的社會氛圍下，在「左」的思想還佔主導的情況下，是要冒極大的政治風險的。

「借地度荒」好比是遊走在體制邊緣的一記「擦邊球」。最初，這只是一種臨時性的變通辦法，但一個「借」字既已出口，猶如覆水難收，在廣大農村會激起什麼樣的連鎖反應，又將產生什麼樣的後果，當時的省委是無法預見的。事實上，在「借」地的過程中，一些地方的農民和基層幹部突破了舊體制的限制，大膽嘗試包幹到組、包產到戶，而包幹到組和包產到戶等做法，也直接誘發了農村生產經營的變革。中國農村改革的歷史，就這樣拉開了帷幕。

安徽省委作出「借地種麥」的決策後，在離合肥不遠的肥西縣山南鎮黃花村率先開始了實踐。一九七八年九月十五日，在黃花村蹲點的山南區區委書記湯茂林主持召開了會議，討論黃花村如何在一九七九年多打點糧食渡過饑荒。湯茂林在會議上佈置「借地種麥」的秋種方案，並提出了「四定一獎」的辦法：定任務（每人承包一畝地麥、半畝地油菜）、定上繳（麥子每畝上繳兩百二十斤，油菜籽每畝上繳一百斤）、定工分（每畝耕地記兩百個工分）、定成本（每畝地生產成本五元）；超產全獎；減產全賠。社員們對這一方案表現出極大的積極性，紛紛表示贊同。當晚就包產到戶。第二天天還沒亮，不用吹上工哨，社員們就下地播種。其後，社員們在借種的土地上日夜勞作，不遠數里挑水點麥。

「四定一獎」的做法，克服了生產上的瞎指揮和分配上的平均主義，實質上就是包產到戶。湯茂林用「四定一獎」的辦法推廣「借地度荒」，打開了包產到戶的口子。萬里送給他一個綽號——「湯大膽」。

在黃花村幾公里外的小井莊聽說黃花村的做法後，在全村人員的支持下，乾脆把地包了，先幹一年再說。

「四定一獎」的辦法在黃花村試點後，緊接著在整個山南區推廣。僅僅一個月的時間，山南全區近十萬人播種小麥八萬畝、大麥兩萬畝、油菜近五萬畝，總計約十五萬畝，比上級下達的任務多播種九萬畝。第二年，小麥、油菜都獲得了大豐收。由此，肥西縣山南區在全省乃至全國首開實行家庭聯產承包責任制之先河。

在貫徹「借地度荒」決定的過程中，肥西縣山南鎮悄悄地搞起來包產到戶，這在當時的政策環境下，不可避免地會引來各種非議與爭論。在山南鎮的街道，在小井莊的牆上，一時間都貼滿了大字報。消息傳到合肥，省直機關有些人強烈反對，指責此舉違反中央文件，省委的方向、路線出了問題。一封狀告山南區委書記湯茂林的信也送到了安徽省委書記萬里的手上：〈湯茂林領導十萬人到何處去？〉。

對此，安徽省委書記萬里強調，要理解整個中央文件的精神實質，關鍵在於調動群眾的積極性。他讓省農委派工作組去考察，專門開常委會討論，決定把山南作為省裡的試點，「不制止、不宣傳、不登報」。後來，萬里兩次親自去山南鎮考察，表示支持。

山南試點，肥西普遍開花。一九七九年包產到戶就這樣勢不可擋地蔓延開去。其實，對安徽農民來說，包產到戶早就輕車熟路。雖然幾起幾落，但只要政策有鬆動，上面不壓制，便會頑強地再生長起來。

二、「中國農村改革的宣言書」

同樣在安徽，相距肥西縣山南鎮幾十公里外的鳳陽縣小崗村，幾十年來也一直飽受飢餓的困擾。

鳳陽縣梨園公社小崗生產隊，農業合作化時，全村共有三十四戶，一百七十五人，三十頭牲畜，一千一百畝耕地，平均年產糧食十八萬斤左右。隨著人民公社化運動，糧食逐年成倍下降，社員越來越窮，人口越來越少，地裡野草越長越高。一九五八年到一九六〇年的三年間，全隊餓死了六十七口人，死絕了六戶。一九六〇年，全隊只剩下十戶三十九人，一頭牲畜，一百多畝耕地。「文化大革命」又給小崗生產隊帶來巨大災難。一九六八年，全隊只收了兩萬斤糧食，人均口糧一百零五斤，人均分配十五元。一九七四年，一支十八人的宣傳隊進駐只有十九戶的小崗生產隊，宣傳「抓革命，促生產」，結果糧食繼續減產。

實行「大集體」之後，「大呼隆」、「大鍋飯」的弊端不斷顯現，小崗生產隊「吃糧靠返銷，用錢靠救濟，生產靠貸款」，人們的怨言在私下裡擴散。

一九七八年大旱，夏收時節小崗生產隊分麥子，每個勞動力才分到七斤。幹了一季的活，糊不了三天的嘴巴！

這一年，鳳陽開始「分包到組」，試圖改變糧食產量低下的狀況。當年秋天，嚴俊昌當上了小崗生產隊隊長。十月份，時值秋種之際，為了不使勞動力再外流，把麥子種下去，保證全村來年有飯吃，小崗生產隊隊長嚴俊昌、副隊長嚴宏昌經商量後，搞起了包產到組。一開始，他們嘗試將全隊二十戶人家一百一十五人分成兩個組，但沒見效果；隨後，又分成四個組，仍然合不攏；接著，又分成八個組，且多為父子組、兄弟組，可還是不行。

「包產到組」仍然不行，怎麼辦？為了保命，隊裡的三個幹部嚴俊昌、嚴宏昌、嚴立學一起商量，決心「大包幹」，分田單幹。村裡的老人們為嚴俊昌等幾個幹部擔心了：「這樣下去是要犯事的。犯了事，坐了牢，孩子誰養？老婆誰養？讓大伙開個會，立個誓，萬一你們犯了事，讓大伙管你們的老婆孩子。」這樣，一九七八年十一月二十四日的冬夜，小崗生產隊隊長嚴俊昌、副隊長嚴宏昌把全村十八家農民的戶主召集到會計嚴立華家。

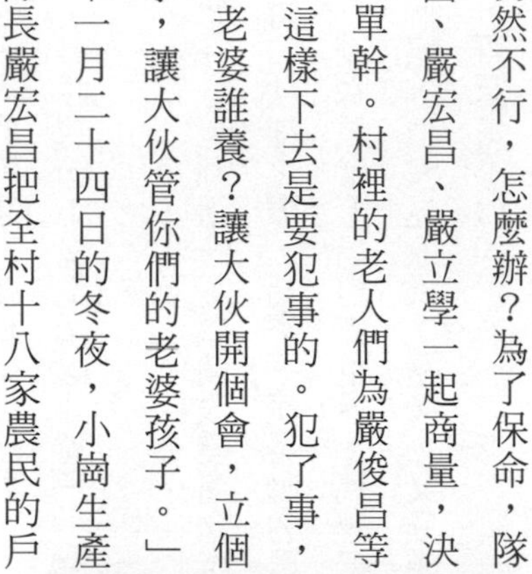

鳳陽小崗村「大包幹」帶頭人分別於二〇〇八年和「大包幹」初期在小崗村牌樓前與茅草屋前的合影

當時的政策規定：「不許包產到戶，不許分田單幹。」小崗人知道問題的嚴重性。因此，即便是私下都同意了，在會上也不敢貿然提出來。

最終，副隊長嚴宏昌打破沉默：「我們隊委會三個碰了個頭，打算分田到戶，瞞上不瞞下，但有一條，各家要保證交足公糧……」窗戶紙捅破後，現場熱鬧起來。「誰要說出去，就不是他娘養的！」嚴金昌和大家一起詛咒。老農嚴家芝說：「萬一被上頭發現了，你們幾個幹部弄不好要坐班房，你們的大人小孩怎麼辦啊？」「你們是為我們村民出的事，到時候，我們誰也不能裝孬，全村湊錢湊糧，把你們的小孩養到十八歲！」另一位年長的村民答道。這一提議得到村民的附和。

隨後，嚴宏昌將他起草的一張分田到戶「契約」念給大家聽：

我們分田到戶，家家戶主簽字蓋章，如以後能幹，每戶保證完成每戶的全年上交（繳）和公糧，

> 不在（再）向國家伸手要錢要糧。如不成，我們幹部作（坐）牢殺頭也幹（甘）心，大家社員也保證把我們的小孩養活到十八歲。

借助一盞昏暗的煤油燈，十八個衣衫襤褸的農民在這張契約上按下血紅的指印，並且人人發誓：寧願坐牢殺頭，也要分田到戶搞包幹。

讓這十八戶農民沒有想到的是，這張歪歪斜斜地蓋滿紅手印的「契約」，成為了中國農村改革的宣言書。

分田到戶後，沒有人再偷懶，全是一家老小沒日沒夜地在田里幹活。

紙包不住火，小崗人的秘密並沒能維持多久，周圍生產隊的農民很快發現，小崗人幹活儘是一家一戶的。於是，小崗村「分田單幹」的消息不脛而走，消息很快傳到了縣裡。這時，鳳陽縣也開始搞責任

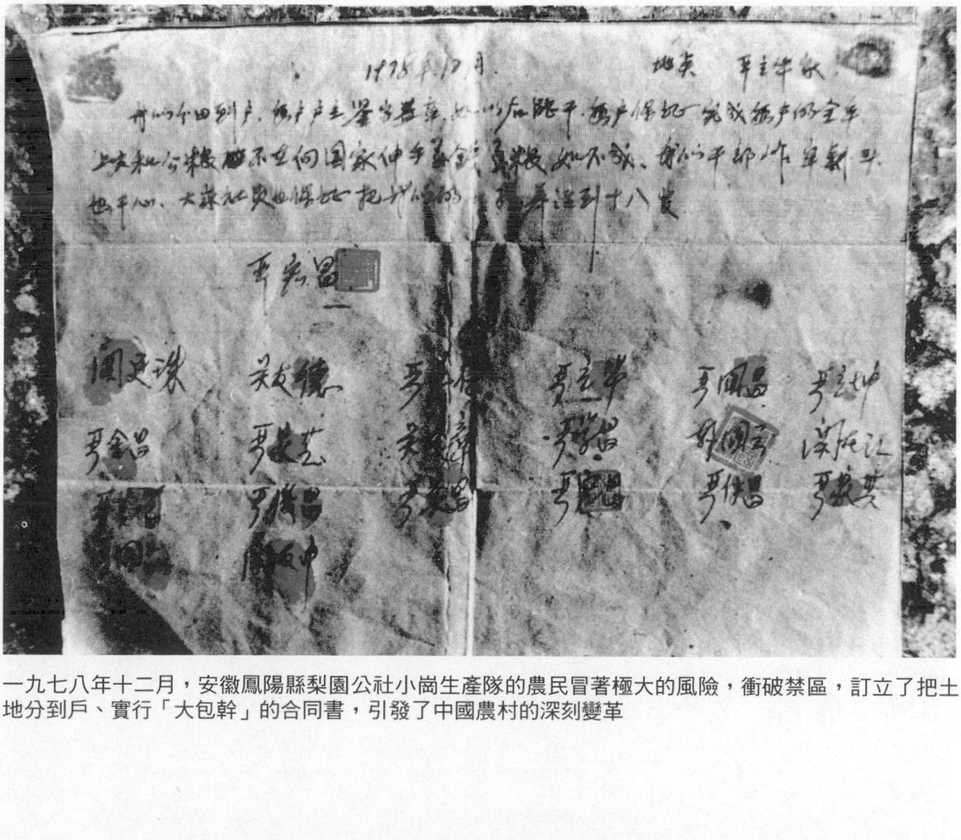

一九七八年十二月，安徽鳳陽縣梨園公社小崗生產隊的農民冒著極大的風險，衝破禁區，訂立了把土地分到戶、實行「大包幹」的合同書，引發了中國農村的深刻變革

制，但絕大多數是聯產到組，分田單幹絕對是「犯天條」的。小崗村不可避免地成為了人們關注的焦點，縣裡各級領導都往小崗村跑。據老隊長嚴俊昌回憶，領導態度各不相同，有公開支持的，有沉默不語的，也有非常惱怒的。比如公社主要領導認為小崗簡直是在開歷史倒車，立即停了小崗村化肥等農用物資的供應，理由是共產黨的東西不能用來搞資本主義。

時任鳳陽縣委書記的陳庭元也來到小崗村瞭解情況。瞭解情況後，他感到小崗村年年吃返銷糧，不如分戶幹、多打點糧食，也減少國家的負擔，便同意他們幹一年試試看，並答應為他們「保密」。直到後來，中央逐漸承認了包產到戶，小崗的大包幹才風靡起來：「大包幹，大包幹，直來直去不拐彎，繳夠國家的，留夠集體的，剩下全是自己的。」鳳陽農民編的順口溜很快傳遍了全國。

三、鄧小平給「包產到戶」吃了「定心丸」

一九七九年二月一日，時任安徽省農委主任的周曰禮來到肥西縣山南公社，他此行的目的是向幹部群眾宣講中共十一屆三中全會同意下發的兩個農業文件，即《中共中央關於加快農業發展若干問題的決定（草案）》和《農村人民公社工作條例（試行草案）》。

以中共十一屆三中全會為標誌，中國進入了社會主義現代化建設和改革開放的歷史新時期。然而，雖然已經明確廢止了以階級鬥爭為綱的口號，但「左」的思想影響已年深日久，並不是輕易可以消除的。新的農業文件，即《中共中央關於加快農業發展若干問題的決定》，作為草案下發試行。這個文件總的說來是很好的，總結了經驗教訓，實際是批判「左」傾錯誤在農業方面的表現；又提出許多加快農業發展的政策措施。但是，文件並沒有完全消除「左」的影響，文件中依然還存在「三個可以」、「兩個不許」。「三個可以」，即可以按定額記工分，可以按時記工分加評議，也可以在生產隊統一核算和分配的前提下，包工到作業組，聯繫產量計算勞動報酬，實行超產獎勵；「兩個不許」，即不許分田單幹，不許包產到戶。

周曰禮向幹部群眾宣講了這兩個文件，幹部群眾展開了熱烈討論。大家對生產責任制問題最感興趣，普遍要求實行包產到戶。對包產到戶，不僅群眾擁護，黨員、幹部也擁護，不僅勞力強的擁護，勞力弱的，甚至連五保戶都擁護。

在討論中，幹部群眾提出了不少意見。有人失望地說，早也盼，晚也盼，盼到現在搞了兩個不許幹。有的說，上面讓我們解放思想，我們看中央的思想也沒真正解放，一邊強調生產隊自主權，一邊又強調「兩個不許」。還有的說，這次是省、縣、區、社直接給我們宣講中央文件，我們要求包產到戶，如果這一炮打不響，就沒有希望了；這不光是生產搞不上去，我們也不能真正當家作主，心裡感到憋氣。大家紛紛要求中央修改兩個文件時把「兩個不許」去掉。

周曰禮曾擔任過曾希聖的秘書，在一九六一年參加搞過「責任田」的試點和推行，他深知「責任田」的好處，對農民的心理、感情、要求非常理解和支持，但由於中央文件明確規定「兩個不許」，他感到很無奈。一九七九年二月四日晚，周曰禮趕回合肥。第二天，他將宣講的情況向萬里作了口頭匯報。萬里說，這不是一件小事，明天我們開常委會再說，看大家的意見怎麼樣。

二月六日，省委第一書記萬里召開省委常委會議，專門討論包產到戶問題。會上周曰禮首先匯報了省委工作隊在肥西縣山南公社宣講中央兩個文件的情況和幹部群眾的意見。會上，意見不一。有人提出，按中央文件上講不准幹，我們要表態同意農民幹，這是違反組織原則的問題。有人建議，如果同意農民幹，首先要向中央報告請示，中央同意後，我們再表態。討論了一上午，意見統一不起來。下午繼續開會，安徽省委書記王光宇在會上回顧了一九六一年安徽推行「責任田」的情況，他說，「責任田」對恢復和發展農業生產，克服農村困難局面，改善農民生活水準，確實起了很大作用。現在一講起「責任田」農民都非常懷念，說「責任田」是「救命田」。他表示，可以有領導、有步驟地推行，至少在生產落後、經濟困難的地方可以先試行。

王光宇發言後，萬里作為省委第一書記談了自己的意見。他說，包產到戶問題，過去批了十幾年，許多幹部批怕了，一講到包產到戶，就心有餘悸，談「包」色變。但是，「過去批判過的東西，不一定是錯誤的；過去提倡的東西，不一定就是正確的，都要用實踐來檢驗」。最後，萬里下了決心，提出一條建議：把山南公社作為省委的試點，進行（包產到戶）試驗，搞一年。年底總結，這個辦法好，我們就搞；不好，我們就收回來。如果滑到資本主義道路上去，也不用怕，我們有辦法把它拉回來。

對萬里的提議，參會的同志紛紛表示同意，最終形成一致決議：由周曰禮率一批幹部在山南公社搞試點，暫不宣傳、不登報、不推廣。

二月六日晚上，周曰禮又回到山南公社，第二天向社隊幹部傳達了省委試點的意見。幹部群眾得知省委在山南公社進行包產到戶試點的消息後，無不歡欣鼓舞。山南公社搞包產到戶的消息在肥西縣不脛而走，包產到戶是捂也捂不住，全縣很快就有一半以上的生產隊搞了包產到戶。其他一些地方聽說後，也自動跟著學。省委有的同志覺得面搞得這麼大，怕不好辦，萬里認為這是順應了群眾要求，堅持不動搖。

省委在肥西縣山南公社進行包產到戶試點，直接推動了肥西縣包產到戶迅猛發展。一九七九年春耕時，全縣包產到戶生產隊佔百分之十一，麥收時佔百分之二十三，雙搶時佔百分之五十，秋種時發展到百分之九十三。山南公社和肥西縣的包產到戶，對全省影響很大，它像一副催化劑，啟動著人們思考問題，想方設法推動農業生產盡快發展。尤其是包產到戶，得到了更多群眾的歡迎。一九七九年，推行包產到戶較多的有宣城、蕪湖、東至、無為、肥東、長豐、穎上、固鎮、來安、全椒、嘉山、阜南、六安等十三個縣。包產到戶對全國影響也很大，中央黨、政、軍二十多個單位負責同志，全國二十三個省市負責農業的領導先後到肥西縣考察。

從中共十一屆三中全會後農村改革的情況看，貫徹解放思想、實事求是的精神並不是一帆風順，最大的阻力是留存在人們頭腦中「左」的框框和藩籬。一九七九年三月十二日至二十四日，國家農委邀請廣東、湖南、四川、江蘇、安徽、河北、吉林七省農村工作部門和安徽全椒、廣東博羅、四川廣漢三縣負責人在北京開座談會，討論建立健全農業生產責任制問題。安徽農委主任周曰禮在會上匯報了一天，列舉了包產到戶的做法和諸多好處，結果在會上引起了強烈的反對，爭論得非常激烈。多數代表認為，包產到戶和分田單幹沒有區別，表示堅決反對。

座談會開到第三天，三月十五日，《人民日報》在頭版頭條發表了署名張浩的群眾來信，這篇題為《「三級所有，隊為基礎」應當穩定》的文章配發了編者按，對「分田到組」、「包產到組」進行了公開批判，指出應當堅決糾正這些錯誤做法。文章指出：「分田到組、包產到組肯定會削弱和動搖隊為基礎。」「現在實行的『三級所有，隊為基礎』，符合當前農村的實際情況，應充分穩定，不能隨便變更。在條件不成熟時，輕易地搞大隊核算，是脫離群眾，不得人心的，會挫傷幹部、群眾的積極性，給生產造成危害。另一方面，輕易地從『隊為基礎』退回去，搞分田到組、包產到組，也是脫離群眾、不得人心的。同樣會搞亂『三級所有，隊為基礎』的體制，搞亂幹部、群眾的思想，挫傷積極性，給生產造成危害，對搞農業機械化也是不利的。」

這給全國實行責任制的地區特別是安徽造成了極大的思想混亂。「張浩來信」發表之際，萬里正在滁縣地區考察。面對因「張浩來信」引起焦慮不安的幹部群眾，萬里說：「報紙像公共汽車，他可以打票乘車，你也可以打票乘車，他寫稿登了，你也可以寫稿。」根據省委的指示，安徽省農委的同志給《人民日報》寫了一篇題為〈正確看待聯繫產量的責任制〉的來信。三月三十日，《人民日報》在頭版顯著位置發表了這封信，同時也配發了長篇按語，承認「張浩來信」及按語中有些提法不夠準確。省委特別是萬里的明確表態，使許多人受到鼓舞，避免了「張浩來信」可能造成的一些不可收拾的後果。

一九七九年五月二十一日，萬里來到最早實行包產到戶的肥西縣山南公社，此時正值農民開鐮收割，一派豐收景象。萬里緊緊握住山南公社黨委書記王立恆的手，問道：「搞包產到戶，你怕不怕？」王立恆說：「是有點怕。」萬里說：「不要怕，在你們公社搞包產到戶試點，我是點過頭的！搞錯了，不要你負責。」在和小井莊群眾交談中，萬里果斷地對群眾說：「大膽地幹吧！省委支持你們。」並再三囑託：「一定要把生產搞好，待秋季取得大豐收，再來山南看望大家。」萬里此次山南之行，給山南等肥西縣的幹部、群眾以及躊躇不安的探索者們以巨大的鼓舞和支持。

一九七九年六月初，萬里乘車前往鳳陽考察。縣委書記陳庭元向他匯報了大包幹的情況，並引用了農民歌謠：「大包幹，真正好，幹部群眾都想搞。只要准搞三五年，吃陳糧，燒陳草。」萬里聽後，當即表態：「好！我批准你們縣幹三五年。」陳庭元反映有些人還有顧慮，主要是幹部怕錯，群眾怕變。萬里說：「只要能增產，什麼都不要怕！」「不管哪種形式的責任制，只要能夠增產增收，對國家有利，對集體有利，對農民有利，群眾願意，就要堅持下去。」

春華秋實。一九七九年，實行「包幹到戶」的小崗生產隊獲得了大豐收，糧食產量達十三萬兩千斤，是一九六六年至一九七〇年五年的總和；油料達到三萬五千斤，是過去二十年的總和。全隊糧食徵購任務為兩千八百斤，實際向國家交售兩萬五千斤，超過任務七倍多；油料統購任務三百斤，實際向國家交售兩萬五千斤，超過任務八十多倍，結束了二十多年未向國家交售一粒糧的歷史。小崗生產隊由原來的「討飯隊」一躍成為「冒尖隊」，大包幹的名聲迅速傳開。

一九八〇年春節前夕，萬里來到鳳陽縣小崗村，挨家挨戶看了一遍，看到戶戶糧滿囤，十分高興。在場的人告訴他說有人指責小崗村「開倒車」，他當即表示：「只要能對國家多貢獻，對集體能夠多提留，社員生活能有改善，幹一輩子也不能算開倒車。」

從農村回來不久，萬里到北京參加五屆全國人大二次會議。他把安徽實行責任制和在農村目睹的情況，專門向鄧小平作了匯報，也反映了各方面的壓力和不同看法。鄧小平聽後，果斷地說：「不要爭論，你就這麼幹下去！」這是鄧小平對安徽試行的聯產承包責任制的第一次表態支持。

可是，關於包產到戶的爭論卻並未因此而停止。一九八〇年一月下旬，全國農村人民公社經營管理會議在北京召開。安徽代表在會上介紹了安徽實行聯產承包責任制，特別是經濟落後地區農民要求實行包產到戶的情況，還是引起了極大的爭論。爭論的焦點是包產到戶到底姓「資」姓「社」的問題，大部分人對安徽的做法持反對意見。國家農委的領導也表示要按照中央文件規定辦，「不許分田單幹」，「不許包產到戶」。這次會議之後，出現了對安徽推行的包產到戶進行公開批判的

經濟體制改革首先在農村取得突破。一九七八年十二月，安徽鳳陽小崗生產隊社員自發訂立大包幹合同。在中共中央支持推動下，家庭聯產承包責任制在全國迅速推廣。圖為安徽鳳陽農民喜交公糧

情況，指責包產到戶違背了《中共中央關於加快農業發展若干問題的決定》和憲法上「三級所有，隊為基礎」的規定。這些紛至沓來的對包產到戶的批判，對安徽形成了強大的壓力，也引起了省內對包產到戶的意見分歧。

一九八〇年三月，萬里調到中央工作後，圍繞包產到戶問題，安徽又出現了一次全省的爭論。有的人認為「包產到戶的關鍵是分而不是包，是分田單幹，不僅退到了資本主義，而且退到了封建主義，倒退了幾千年」；有的人歎息，包產到戶導致農村「辛辛苦苦幾十年，一夜退到解放前」；還有的人心有餘悸，表態說：「寧願遲發財，也不能摔跤子。」

關於包產到戶、大包幹的爭論，使得很多人無所適從。一九八〇年四月二日，鄧小平特地把胡耀邦、萬里、姚依林、鄧力群找來談話。在談到農業問題時，鄧小平說，對地廣人稀、經濟落後、生活貧窮的地區，政策要放寬，要使每家每戶都自己想辦法，多找門路，增加生產，增加收入。有的可包給組，有的可包給個人，這個不用怕，這不會影響我們制度的社會主義性質。在這個問題上要解放思想，不要怕。這次談話，是鄧小平對安徽試行的聯產承包責任制的第二次表態支持。

緊接著，一九八〇年五月三十一日鄧小平在同胡喬木、鄧力群談話中，著重談了關於農村政策問題。他說：「農村政策放寬以後，一些適宜搞包產到戶的地方搞了包產到戶，效果很好，變化很快。安徽肥西縣絕大多數生產隊搞了包產到戶，增產幅度很大。『鳳陽花鼓』中唱的那個鳳陽縣，絕大多數生產隊搞了大包幹，也是一年翻身，改變面貌。有的同志擔心，這樣搞會不會影響集體經濟。我看這種擔心是不必要的。我們總的方向是發展集體經濟。實行包產到戶的地方，經濟的主體現在也還是生產隊。這些地方將來會怎麼樣呢？可以肯定，只要生產發展了，農村的社會分工和商品經濟發展了，低水準的集體化就會發展到高水準的集體化，集體經濟不鞏固的也會鞏固起來。關鍵是發展生產力，要在這方面為集體化的進一步發展創造條件。」鄧小平這次談話，是對安徽實行大包幹、包產到戶和農業生產責任制的極大支持與鼓舞，給廣大幹部和群眾吃了定心丸，也為幾年來關於包產到戶的爭論徹底畫上了句號。

一九八〇年九月，中共中央頒發了《關於進一步加強和完善農業生產責任制的幾個問題》的文件，指出：「實行包產到戶，是聯繫群眾，發展生產，解決溫飽問題的一種必要的措施」，「是依存於社會主義經濟，而不會脫離社會主義軌道的，沒有什麼復辟資本主義的危險，因而並不可怕」。這一文件初步為包產到戶定了性。

一九八二年一月，在中國共產黨的歷史上第一次以「一號文件」形式發出的農村工作文件《全國農村工作會議紀要》指出：「目前實行的各種責任制，包括小段包工定額計酬，專業承包聯產計酬，聯產到勞，包產到戶、到組，包幹到戶、到組，等等，都是社會主義集體經濟的生產責任制。」中央以文件形式明確地給包產到戶、包幹到戶正了名，明確地肯定它姓「社」又姓「公」。從此，包產到戶、包幹到戶等生產責任制在全國更廣的推展開來。

一九八二年至一九八六年，中共中央連續五年發出了五個有關農村政策的「一號文件」，推動了中國農村改革的不斷深化，受到農民的熱烈擁護

從一九八二年到一九八六年，中共中央連續發出五個「一號文件」，反覆肯定了包產到戶這一聯產承包責任制的生產形式。

一九八二年十二月，五屆全國人大五次會議審議通過的《中華人民共和國憲法》明確規定改革農村人民公社政社合一的體制，設立鄉政府。

一九八三年十月，《中共中央、國務院關於實行政社分開建立鄉政府的通知》下發，要求各地有領導、有步驟地搞好農村政社分開的改革。

一九八四年十月一日，在中華人民共和國建國三十五週年的慶典上，滿心歡喜的中國農民簇擁著「一號文件」和「聯產承包好」的彩車出現在天安門廣場。

到一九八四年底，中國各地建立了九萬一千個鄉鎮政府、九十二萬六千個村民委員會。吃大鍋飯，搞平均主義，損害了群眾利益和社員積極性，自然解決不了農村生產力發展的問題，至此，實行了二十多年的人民公社制終於退出了歷史舞台。中國農村百分之九十九的生產隊選擇了家庭聯產承包責任制，統分結合的農業經濟新體制在全國逐步形成。

第二節　鄉鎮企業異軍突起

包產到戶等家庭聯產承包責任制在農村的興起和推廣，使農村和農業經濟獲得快速發展的同時，也極大地解放了農村的生產力。「無工不富」的道理在中國家喻戶曉，迅速解決了溫飽的中國農民，開始了更高的追求。二十世紀七〇年代末八〇年代初，中國的鄉鎮企業開始遍地開花。

一、「中國第一村」

與安徽省鳳陽縣小崗村不同的是，當小崗村村民正在為吃飯發愁之時，與之相距數百公里的華西村的固定資產已達一百萬元，銀行存款一百萬元，另外還存有三年的口糧。這些數字在當時即使放在全國

在一九八四年慶祝新中國成立三十五週年時，北京郊區農民以「聯產承包好」的標語為前導參加遊行

也是令人羨慕的。

但兩個村有一點卻是相同的，小崗村的「大包幹」是偷偷進行的，華西村起家的五金小工廠也處於「地下」狀態，二者都要冒不小的風險。

華西村，位於長江三角洲中腹的江蘇省江陰市華士鎮。華西村的領頭人叫吳仁寶，在他的帶領下，早在二十世紀六〇年代，華西就是全國「農業學大寨」的典型。但是，吳仁寶心裡始終裝著「無工不富」的想法，他沒有停留在解決溫飽的層面上，總想讓華西的農民早點富起來。一九六九年，正是「文化大革命」風頭最勁的時候，全國農村都在貫徹「以糧為綱」，吳仁寶卻「冒天下之大不韙」，提出要創辦一家小五金廠。他抽調了二十人在村裡偷偷地辦起了小五金廠。在當時的社會氛圍下，很多人擔心被指責為「搞資本主義」，但吳仁寶堅定地說：「辦廠是為了共同富裕，別的地方遲早要走這條路。」

為了保密，吳仁寶將工廠四周壘起高高的圍牆，掛上厚厚的窗簾，對外守口如瓶。

「當時可千萬不能讓外面知道，正是割資本主義尾巴的時候呢。」後來頂替吳仁寶擔任華西村黨委書記的吳仁寶的四兒子吳協恩回憶說：「田裡紅旗飄飄、喇叭聲聲，檢查的同志走了，我們轉身也進了工廠。」「為什麼冒險搞工業？因為種田實在掙不到錢。」吳協恩感慨道。

對於華西村的情況，吳仁寶再瞭解不過了。一九六一年，江陰

圖為華西人花三千元首辦的小五金廠（一九六九年八月攝）

縣第十七大隊拆分為四個村子，華西村正式成立。那時的華西，村莊東一攤，西一簇，零零落落；星羅棋佈的墳堆，蚯蚓一般彎彎的小河小濱，把七高八低的農田分割得支離破碎；糧食產量上不去，農民填不飽肚皮，欠國家貸款一萬五千元。「窮夠了！窮透了！」六個字濃縮了華西的全部歷史。

也就是在一九六一年，吳仁寶開始擔任新組建的華西村黨支部書記，當年三十出頭的吳仁寶暗下決心，決定要率領眾人改變華西貧窮落後的面貌。

一九六四年，吳仁寶和黨支部「一班人」制訂了華西十五年發展規劃，開始了改造山河的戰鬥。在他們的帶領下，華西人不分春夏秋冬，不分白天黑夜地挑河挖溝，平整土地。華西被村外人稱為「做煞村」（又苦又累）。付出終有回報，不到十年的奮鬥，華西村變樣了，地平似鏡，田塊成方，樹木成行。

但是，在辛勤努力改變華西面貌的同時，吳仁寶也深切地感到，以華西村的人均耕地面積，單搞農業只能維持溫飽和簡單再生產，農民要真正富起來，過上城裡人的好日子，非發展工業不可。因此，吳仁寶冒著巨大的風險搞起了小五金廠。

在「文化大革命」歲月裡，精明而務實的吳仁寶一方面高調學大寨，另一方面在「地下」堅持辦小五金廠。只有二十人的華西村小五金廠三年後就達到了二十四萬元的產值。

高調學大寨，是政治需要，因此吳仁寶認真學。華西村成為學大寨的「一面紅旗」，是全國聞名的「農業學大寨」樣板大隊。吳仁寶這位充滿傳奇色彩的「農民政治家」，有著非凡的人生智慧，他從不「頂風作案」，領導讓他幹什麼，他總是滿口應承，讓領導滿意而歸。他說：「領導滿意，也就不會再來了；領導不滿意，他會盯著你不放。因此，形式主義是對付官僚主義的好辦法。你能避過風，也就沒有險了。領導颳的風，能逮耗子，我就幹，逮不到耗子，我就哄你幾天，再想逮耗子的辦法。」

一九七八年改革開放前夕，吳仁寶盤點過華西村的家底，共有固定資產一百萬元，銀行存款一百萬元，另外還存有三年的口糧，這在全國的數千鄉村中可謂富甲一時。當時《人民日報》在頭版頭條的顯赫位置報導了華西村，題目是〈農民熱愛這樣的社會主義〉，同時還配發了「本報評論員」文章〈華西的經驗說明了什麼〉。這是當年《人民日報》對全國鄉村最高規格的報導。

中共十一屆三中全會之後，政策環境發生巨大變化。吳仁寶的「地下」小五金廠終於可以轉為地上了，華西五金廠也正式掛起了牌子。

一九七九年之後，中國各地紛紛效仿安徽包產到戶、包幹到戶的做法，搞起了分田到戶、土地承包的改革。歷史又一次將華西村推到了十字路口，華西村該如何選擇？為此，吳仁寶專門外出考察了一圈，考察回來後，吳仁寶決定還是不把村裡的田分給個人。

吳仁寶當時想，按華西的家當，每個人可分得四千元。但那樣一分，這集體就可能垮台。中國這麼大，各地情況千差萬別，為啥要搞成一個樣？

吳仁寶找來了黨支部成員，說出了自己的想法。他說，按華西村人均耕地很少的情況，再怎麼分田調動積極性也沒法致富。

黨支部的意見是一致的。華西集體力量比較雄厚，工業已佔主導地位，大部分勞力已轉進工廠，農業機械化

江蘇華西實業總公司董事長吳仁寶，從一九六一年開始擔任華西大隊黨支部書記。改革開放後，他帶領農民衝破單一農業經營的束縛，走出一條農副工綜合發展的道路，把華西村建成為江蘇最大的村級鄉鎮企業集團。華西村的發展成為中國眾多鄉村走向共同富裕的一個縮影

也達到了較高水準。在這種情況下，跟著人家去搞分田到戶，不利於發揮集體經濟和機械化的優勢，不利於專業化生產。華西不包幹，不是僵化，而是從實際出發。黨支部又反覆徵求群眾意見，發動全村男女老少都來討論這種做法到底對不對？村裡的老人們說，華西每人只有半畝地，若是人人都種田，能富得起來？村裡的青年人表示，分田到各家各戶，哪裡還稱得上專業化？結果沒一個人同意分田到戶。

獲得了群眾支持，村黨支部心裡有了底。吳仁寶說：「人家那裡土地多，工業一時又上不去，分田是為了調動大家種田的積極性。我們這裡工業發達，集體家底厚實，分田反而分了眾人的心。人家分是實事求是，我們不分也是實事求是。」

華西村沒有分田，遭到了來自四面八方的非難，有人指責華西不分田是極「左」的典型，吳仁寶是「思想僵化」、「不合時宜」。作為一名農村基層幹部，吳仁寶承受的壓力是可想而知的。

華西村雖然沒有分田，但是吳仁寶並沒有停止改革創新的腳步。事實上，進入改革開放的年代，吳仁寶更是如虎添翼。他首先決定創辦一個噴灑農藥用的噴霧器廠。一九八四年，光這一個廠，淨賺兩百萬元。同時，吳仁寶大膽調整了華西村的產業結構：全村六百畝田由七名種田能手集體承包，其餘農業勞動力轉移到工業上去。從此，華西村真正走出了一條農副工綜合發展的道路。

到一九九〇年，華西工農業總產值就突破一億元，成了江蘇第一個「億元村」。

中華人民共和國農業部授予吳仁寶「全國優秀鄉鎮企業家稱號」的證書

二、從田野走向世界：魯冠球和他的萬向節

同樣是在一九六九年，杭州市蕭山縣寧圍鄉年僅二十四歲的魯冠球和另外六個農民東拼西湊出四千

元人民幣，開創了寧圍鄉農機廠。

錢塘江畔寧圍鄉和長江邊華西村情況很相似，在人多地少的江南農村，僅僅依靠農業耕作只能獲得溫飽，無法實現農村最樸素的致富夢想。魯冠球和吳仁寶一樣，在鄉鎮企業的敲敲打打聲中尋找著中國農民的致富之路。

早在一九六五年，二十歲的魯冠球就開始了創辦企業的嘗試。那一年，在蕭山縣鐵業社當了三年打鐵學徒的魯冠球回到了寧圍鄉。當時寧圍鄉的農民要走上七八里地到集鎮上磨米麵，很不方便。獨具眼光的魯冠球湊了三千元，買了一台磨麵機、一台碾米機，辦起了米麵加工廠。米麵加工廠沒敢起名字，更不敢四處宣揚。但就靠鄉親們的口口相傳，也引來不少生意。

但是，好景不長，沒過多久，魯冠球的小加工廠就被發現了，並被扣上了「地下黑工廠」的帽子，被迫關閉。所有機器設備被強行賤賣。最後，魯冠球不得不將剛過世的祖父留下的三間老房子變賣，才好不容易還清了辦廠時所欠下的外債。

第一次創業幾乎讓魯冠球傾家蕩產，他很長時間都吃不下飯、睡不好覺，整日閉門不出。讓他感到特別痛苦的是，父母血汗換來的錢就這樣化為烏有，他成了敗家子的典型。不過，他也在第一次創業中找到了「感覺」，不服輸的他一直在等待機會的出現。

一九六九年，蟄伏多年的魯冠球終於等到了機會。「當時，國家批准每個人民公社可以開辦一家農機廠，我一聽到這個消息就立刻去申請了。」一年僅二十四歲的魯冠球再一次躍躍欲試。

終於，魯冠球借了四千元錢，帶領六個農民一起辦起了寧圍公社農機廠。起初，沒有地方買原材料，魯冠球就蹬著一輛自行車每天過江到杭州城，走街串巷收廢舊鋼材。在那個鐵桶般的計劃經濟年代，生產什麼，購買什麼，銷售什麼，都由國家下達指標，指標之外的物品流通都屬「非法」。

好在聰明的魯冠球有過米麵廠的痛苦經歷，他吸取經驗東鑽西闖，好不容易找到了一條能夠讓農機廠活下來的縫隙——為周邊公社的農具提供配套生產，比如飼料機上的鎯頭、打板，拖拉機上的尾輪叉，柴油機上的油嘴，要什麼做什麼。

之後的十年間，魯冠球就是靠作坊式生產，生產犁刀、鐵耙、萬向節、失蠟鑄鋼等五花八門的產品，艱難地完成了最初的原始積累。一九七八年，農機廠竟已有四百多人，年產值三百餘萬元，廠門口更掛上了寧圍農機廠、寧圍軸承廠、寧圍鏈條廠、寧圍失蠟鑄鋼廠等多塊牌子。到這一年的秋天，他將寧圍萬向節廠改名為蕭山萬向節廠。這也成為今天萬向集團的前身。

其間，除了管理工廠，他還辦起了農場、養鰻場、蛇場。總之，只要是他認為能賺錢、做得了的營生，他都想嘗試一下。

中共十一屆三中全會實現了偉大的歷史轉折，為中國農民提供了展現創造才能的機遇。解開束縛的中國農民可以放開手腳搞生產、辦企業了。而這時，已經領先一步搶佔了商機的魯冠球，看到的卻不僅僅是機遇，還有挑戰。

一九八三年，在深圳創業成功的魯冠球（中）和第一批進他創辦的廠工作的大學生交談

一九七九年，機械工業部要在全國五十多個生產萬向節的工廠中，選擇三個整頓得最好的，作為國家定點生產萬向節的工廠。鄉鎮企業不歸中央有關部門管，魯冠球所在的工廠連整頓企業的文件也拿不

到。鄉鎮企業進不了「考場」，也看不到「考題」，當然也就沒有同國營廠競爭當國家定點廠的資格。

就在這個關頭，魯冠球想出了個「怪」辦法：他悄悄地派出了個「密使」，用人託人的辦法，以國營對國營的名義，把那個整頓企業的條例弄到了手，來了個「考場」外面答考題。

在整頓企業的四百個「考題」中，難度最大的是產品質量問題。魯冠球解答這道難題的同時也展現出他驚人的魄力。

一九八〇年初秋，廠長魯冠球把從各科室、車間精心挑選的三十名生產技術骨幹請到廠部辦公室，嚴肅地對他們說：「前幾年，我們廠生產了不少不合格的萬向節，大約有三萬套。現在派你們到全國各地去，把它背回來。」

大家聽了，疑惑不解，心裡在說：「文化大革命」中一些國營大廠不生產萬向節，用戶從我們這兒能買到萬向節，他們感到心滿意足，到現在也沒聽說用戶嫌質量不好要求退貨。即使質量不合格，下不為例就行了，怎麼要派人上門把不合格的產品背回來？可是多年的經驗告訴他們，廠長做事雖然常常使人難以理解，實踐的結果卻往往證明他是對的，這一次廠長的決定肯定有道理。大夥兒心照不宣地相視一笑，回去後陸續出發了。不出一個月，他們把三萬套已經賣出去的萬向節，從全國各用戶單位給「背」了回來，擺放到倉庫裡。魯冠球還讓人在倉庫門前立了一塊「廢品現場會」的大字牌子，讓全廠職工到這裡來參觀評議。

「這些萬向節將就用用還可以嘛，有些還挺不錯……」人們竊竊私語。然而，魯冠球嚴肅地告訴大家：全國的形勢發展了，「不要以為我們是鄉鎮企業，產品能做出來就行，能賣出去就好。要知道，『亂中取勝』的時代已經過去了」。「將就」的產品將來吃不開了。「今後我們的競爭對手是國營大廠，在質量面前人人平等，誰的質量好，誰的牌子就吃香，用戶不會因為我們是鄉辦廠就原諒我們。我們要有創造第一等質量的志氣！我宣佈：從今天起，一切只能將就用用的產品，一律作廢品處理。」說完，魯冠球當場下令把三萬套萬向節裝車運往廢品公司，六分錢一斤，一個不剩。

這一舉措，讓萬向節廠損失了至少三四十萬元。同時，由於產品質量要求高，有一段時間產量和利潤下降了，全廠職工曾一連六個月沒有發一分錢獎金。

但是，魯冠球用這些暫時的損失換來的是先進的裝備和工藝流程，是創造更大財富的現代化的企業素質。幾個月後，萬向節廠的產品工序合格率從百分之八十五．五提高到百分之九十八．八，廢品率從百分之二十四．五下降到百分之三；有六個產品榮獲部頒優質產品證書，並被浙江省汽車工業公司批准為免檢產品。產品暢銷全國二十九個省區市，魯冠球的萬向節廠成為中國二十多家萬向節廠中產量最高、品種最多、成本

一九九一年，英國基爾大學中國貿易研究中心主任羅賓 · 玻德博士（左二）一行到浙江杭州萬向節廠參觀並考察企業文化。這是玻德博士在萬向節裝配車間參觀

最低、質量最好的企業。

當年年底，魯冠球這位在「考場」外答卷的廠長，把「考官」們請到工廠驗收。經過一個星期的嚴格檢查，這家鄉鎮企業得了九十九．四分，中了狀元，成了國家定點廠。

農村開始實施承包責任制後，一九八三年，魯冠球把自家自留地裡兩萬元苗木全部拿出來抵押，承包下蕭山萬向節廠。魯冠球進一步展開手腳，對全廠進行脫胎換骨的改造。他對企業的組織建設、分配製度、招工辦法、質量管理章程、培養人才和經濟責任制等等都作了精心設計，旨在全面提高企業素質。尤其是在經營上，魯冠球革除了鄉鎮企業「生產出來就行，賣得出去就好」的思想，樹立了質量以優取勝、品種以多取勝、價格以廉取勝、服務以好取勝的發展社會主義商品生產的觀點。

事實證明，魯冠球是有眼光的。承包第一年，利潤就超額完成了一百五十四萬元，以後承包任務年年超額完成。第一年完成承包後，政府獎勵他四十四萬九千元，他卻把錢全部用在了工廠培養人才和建造鄉村小學上。到一九八五年，魯冠球放棄的獎勵達三百萬元之多。他的仗義和善行令他名聲大噪，一九八五年他被評為全國新聞人物，一九八七年被評為全國十大農民企業家。

農民企業家魯冠球所走過的不平凡的創業之路，也正展現出中國鄉鎮企業在改革大潮中所走過的不平凡的道路。

第三節　私營企業的興起

二十世紀七〇年代末八〇年代初，中國的經濟體制改革從農村開始起步。全面實行家庭聯產承包責任制之後，「一大二公」的人民公社體制被打破了，農業生產力得到了空前的解放。伴隨著農村和農業的發展，農村的隱性剩餘勞動力逐漸呈現顯性化。

與此同時，城市的待業青年和社會閒散人員的就業問題，尤其是「文化大革命」後上千萬上山下鄉的知識青年集中返城的就業安排問題，亟待解決。由於十年「文革」對國民經濟的嚴重破壞，商品短缺現象十分嚴重。在計劃經濟體制下，原有的國營、集體經濟缺乏活力，遠不能達到發展生產、繁榮經濟的要求，也不能滿足人民日益增長的生活需要。這些因素為個體私營經濟的恢復和發展創造了條件。

一、解禁城鄉個體工商戶

一九七八年十二月，中共十一屆三中全會的兩個農業文件，宣佈解禁農村工商業，家庭副業和農村集貿市場得到了認可。個體工商業的恢復由此開始起步。當然，個體經濟的發展是逐步展開的，最初階段還存在許多限制。據一九七八年底統計，中國城鎮僅有十四萬個體工商業者，其經營範圍被嚴格限制在修理、服務和手工業等幾個少數行業內，且不允許其僱傭家庭成員之外的勞動者。

一九七九年二月，中國國家工商行政管理局召開了「文化大革命」結束後的第一個工商行政管理局局長會議。當時，中國正面臨著大批知青返城、城鎮積壓待業人員七百萬至八百萬人的巨大壓力。會議向中共中央、國務院報告指出：「各地可以根據當地市場需要，在取得有關業務主管部門同意後批准一些有正式戶口的閒散勞動力從事修理、服務和手工業者個體勞動，但不准僱工。」經中共中央、國務院的批准向各地轉發了這個報告。這是中共十一屆三中全會以後經中央批准的第一個關於允許個體經濟發展的報告。雖然這個報告依然對個體經濟發展作了種種限制，但重要的是它對個體經濟發展開放了「禁區」。

在這樣的政策環境下，改革開放以後的第一批個體工商戶開始出現。歷史上素有經商傳統的浙江省，成為全國個體私營經濟發展最早，並且發展最快的地區。

一九七九年的春天，在浙江溫州，十九歲的章華妹為了家庭的生計在自家門前擺起了一個賣布的小攤。在那個年代，能成為國有企業的工人，端上鐵飯碗是人們嚮往的事情。章華妹也曾有過這樣的夢想，但是她卻沒有這樣的機會。章家一共有七個兄妹，章華妹是最小的一個。父親是國企的工人，母親沒有工作，家裡生活一直都比較窘迫。在家庭生活的重壓下，章華妹在父親的建議下，在解放北路的家門口擺了一個小攤，以來補貼家用。

那一年，溫州的個體私營經濟遍地開花，幾乎家家戶戶都在盤算著做點什麼生意。章華妹擺攤的當月，就有一百多元的純收入。當時的一百元差不多相當於一個國企工人三個月的收入。這樣的收入使章家的生活得到了改善。

但是，當時做小商、小販不但低人一等，而且沒有一個正經的身份，尤其是每天都身處被打擊的境地，這讓章華妹每天都生活在一種不安的狀態下。章華妹回憶說，那時候，幹個體戶是被人看不起的，還要擔心被抓。因此，攤子不敢鋪得很大，為的是「打擊投機倒把」辦公室的人來，好立即收攤關門。

一九七九年十月之後，彷彿一夜之間，很多城鎮對個體戶都放鬆了很多。三十年後，據章華妹回憶，十一月的一天，溫州鼓樓工商管理所的一位工作人員來到她的小攤前，希望章華妹去工商部門辦一張營業執照，這樣就可以大大方方地擺攤。章華妹當時沒有答應。其實這不僅是章華妹一人不答應，在當時，大家都不答應辦什麼營業執照。一來，在自家門前賣點東西，也不知道能賣多長時間。二來，「文化大革命」剛結束不久，誰知過兩年政策又是什麼樣，登了記，辦了營業執照，說不定哪天成了清算的對象。溫州這地方，在推行極「左」路線時期，不知吃過多少次「翻烙餅」。

後來，在章華妹父親的堅持下，章華妹到工商所填寫了一份個體工商戶營業執照申請表，並拿到了

溫州市工商行政管理局
个体工商业营业执照
姓名：章华妹
住址：解放北路83号
主营：小百货
79年11月30日

圖為章華妹的個體工商業營業執照

一份臨時的執照。一年後，章華妹從溫州市工商行政管理局領到了一份特殊的營業執照——工商證字第一〇一〇一號。讓她想不到的是，這張用毛筆填寫的，並附有本人照片的營業執照，竟成了中國第一份個體工商戶營業執照。

這一年，章華妹所在的原溫州市革命委員會在松台街道正式發放了一千八百四十四份個體戶營業執照。這一千八百四十四位領證者就成了改革開放後中國第一批認領營業執照的個體工商戶。

事實上，溫州地區個體私營經濟早就小有規模了。當時在離溫州市區四十多公里的一個叫柳市的小鎮上，已經活躍著近五十家生產低壓電器的家庭企業。柳市有一個叫鄭元忠的小伙子，當了兩年低壓電器供銷員後就成了「萬元戶」。這種榜樣的力量對於老百姓來說實在是太誘人了。當舊政策的桎梏開始鬆動時，民間的力量開始井噴了。伴隨著生產經營的不斷發展，一批「能人」出現了。柳市人將那些善經營的「能人」按照從事的行當冠以「大王」稱號。他們分別是五金大王胡金林、礦燈大王程步青、螺絲大王劉大源、供銷大王李方平、舊貨大王王邁仟、目錄大王葉建華、線圈大王鄭祥青、機電大王鄭元忠，號稱「八大王」。他們憑著靈活的頭腦和敢為天下先的精神率先開始了個人創業，並大步跨入先富起來的一批人的行列。

二、「華夏第一市」：義烏小商品城的興起

在溫州個體私營經濟崛起的同時，浙江台州、義烏等地的個體私營經濟也迅速起步，並得到了較快發展。地處浙中金華地區的義烏縣，早在清朝乾隆年間，就有一批「手搖撥浪鼓，敲糖換雞毛」的貨郎

在全國各地走村串巷。一九七八年以後，富有經商傳統的義烏「敲糖幫」，開始自發地從鄉村聚集到城區，擺攤經商。不少精明的義烏農民跑到省內外各大中城市，尋找適合自己經營的玩具、鈕釦、尼龍襪等小商品，加上本地生產的板刷、尼龍線編織物等小商品，設攤經營。

一九八二年九月十六日，中國國務院批轉了國家物價局等部門《關於逐步放開小商品價格實行市場調節的報告的通知》，決定放開一百六十種小商品的價格。一九八三年九月一日，中國國務院再次批轉《關於進一步放開小商品價格的報告》，在第一批已放開的一百六十種小商品價格的基礎上，再放開三百五十種，兩次共放開了五百一十種小商品價格。

一時間，全國各地湧現出一大批農村小商品專業市場。

一九八二年四月，謝高華調任義烏縣擔任縣委書記。當時，政府對雞毛換糖、從事小商品經營活動採取的是禁、阻、限、關的政策。謝高華上任時，義烏正在開展一場「打擊投機倒把」的運動，工商局到處圍追堵截從事交易的城鎮個體戶和農民，引發了群眾強烈的牴觸情緒。

有一天，靠做小生意養活幾個孩子的馮愛倩把謝高華堵在縣委門口，開口就責問：「縣委、縣府為什麼不讓我們做小商品生意？」馮愛倩後來回憶說：

> 我說謝書記，我們這裡北門街已經擺到湖清門了，你為什麼不讓我們做生意、做小百貨？我說我這麼個雞毛換糖就是撥浪鼓換換糖，拿點進來，我們錢也賺點，他那裡肥料也可以種田，不是兩好嗎？我說你當個父母官為什麼不學鄭板橋呢？鄭板橋那麼關心農民……

謝高華對當時的情景也記憶深刻：

我剛到義烏，情況不清楚。她問我是不是謝書記，我說是。在門口她把我圍住了，大概有幾十個老百姓圍著。我說你到我辦公室來，馮愛倩跟著我到辦公室去了。我說你坐下來說。她就是一件事，她家裡生活困難，當時做生意很困難，路上有人抓，擺個攤要趕她，要罰她，她有點帶氣。一個重要問題是政府為什麼不叫農民做生意。因為當時市場我不清楚，市場沒有明朗化，我說你談的問題我理解了，你回去擺攤好了，我告訴有關部門不要給你關掉。

當時爭論比較大。我四月份去，就花費精力組織幹部搞調查，下去調查了四五個月。到了九月份我們縣委、縣政府作了一個決定，要開放義烏小商品市場。因為當時不允許經貿，就作了一個決定開放義烏小商品市場。

一九八二年八月二十五日，義烏縣以稠城鎮市場整頓領導小組的名義發佈了開放市場的第一號通告——《關於加強小百貨市場管理的通告》，正式宣佈小百貨市場於九月五日「開放」。符合條件經商的人員均發給營業許可證。這個通告比一九八二年九月十六日中國國務院批轉《關於逐步放開小商品價格實行市場調節的報告的通知》早了十一天。

馮愛倩和謝高華誰都不會想到，他們這次「爭吵」無意間竟促成了日後全球最大的小商品市場——義烏中國小商品市場的誕生。

九月二十日，義烏的紅頭文件明文規定：允許農民經商，允許從事長途販運，允許開放城鄉市場，允許多通路競爭。一九八二年工商局沿街搭起了一個簡陋的市場，從此小商品買賣便似雨後春筍，蓬勃發展。

一九八二年九月義烏第一代小商品市場

一九八四年底開業的義烏第二代小商品市場的資料照片。一九八六年，義烏市場的成交額突破一億元，輻射範圍從周邊縣市延伸到省內外

一九八三年九月，義烏縣政府投資五十八萬元，建造起一個佔地兩百二十畝的攤棚式市場，場內全部是水泥地面，鋼架玻璃瓦，這是當時中國最先進的專業市場。到年底，義烏的市場攤位增加到了一千零五十個，日均交易人數為六千人，其中六成以上是外地人，以溫州和台州為主，上市商品多達三千多種，本地產工業品約佔三分之一，其餘大多來自省內外鄉鎮企業及江蘇、廣東一帶的產品，而銷往地多為長江以北及雲貴等省份。一個跨越省界、輻射全國的市場網在當時已顯雛形。

商品物流帶動了義烏家庭工廠的發展，很多商販在市場裡擺攤，在家裡搞家庭工廠，「前店後廠」的模式應運而生。

「貨多、價廉、款式新」，義烏的名聲以令人難以置信的速度廣為傳播，這裡很快出現了來自天南地北的商販。義烏創造出的商業神話也很快在民間傳播開來。

當時，一種新穎小商品或新技術只要在國內的城市一出現，沒過多久，人們就可以在義烏的市場上找到。而義烏人的技術都是商販們從全國各地帶來的，塑料加工是從廣州學來的，針織工藝是從紹興、嘉興引進的，童鞋製作是從溫州移植來的。

如今的義烏擁有中國最大的小商品市場，並已成為全球小商品價格的風向標。

三、「傻子瓜子」引發的僱工問題

改革開放之初，個體私營經濟的發展並不是一帆風順的。全國個體私營經濟發展的初期，許多做法都是不符合當時社會主義經濟學理論的，姓「資」、姓「社」的爭論一直就沒有停息過，對個體私營經濟的打擊和壓制，也隨著形勢的變化時常發生。

當時依據馬克思《資本論》的標準，個體工商戶與私營工商業的劃分以僱工八人為界限，超過八人為私營企業，未超過的為個體工商戶，時稱「八上七下」。隨著個體經濟的發展壯大，不少個體工商戶已經突破了國家規定的僱工八人的限額，成為事實上的私營企業主。而僱工現象在各地的出現，立刻引起有關部門警覺。這是在改革開放環境下社會主義實踐中遇到的一個敏感而又複雜的問題，一時間成為思想界、理論界關注的焦點。當時，在全國引起爭論的有兩個經營和承包大戶，一個是安徽省蕪湖市的年廣久，一個是廣東省高要縣的陳志雄。

在安徽省蕪湖道門巷口，人們冒雪排隊購買「傻子瓜子」

年廣久綽號「傻子」，一九七二年開始炒賣瓜子，由於他博採眾長，改進炒作工藝，終於在一九八一年創製出了風味獨特，並以自己綽號命名的「傻子瓜子」。為鼓勵個體經濟發展，蕪湖市政府予以大力宣傳和報導，使本已在當地小有名氣的「傻子瓜子」日趨火爆起來，「傻子瓜子」的經營規模迅速擴大。一九八一年，年廣久開始僱工經營，僱工十人以上。從一九八二年十月開始，他先後在蕪湖市增設了三個生產點，僱工達六十多人。一九八三年一月，年廣久成立了安徽省蕪湖市傻子瓜子總廠，僱工最多時達一百零三人。年加工、銷售瓜子由幾萬斤猛增到近千萬斤。其自有財產也由幾千元增加到幾百萬元，僅一九八四年就納稅三十多萬元。

另一個引起爭議的人物叫陳志雄，他是廣東省高要縣的農民。一九七九年承包八畝魚塘，第二年擴大到一百零五畝，並開始僱工，僱傭長工一人，還僱傭了幾百天短工，淨收入一萬多元。第三年擴大到三百五十七畝，僱工的規模也隨之擴大，除了常年的五名固定工外，全年需請兩千三百天短工，淨收入預計近四萬元。

對這類經營和承包大戶，有些人反對，有些人主張限制或取消。一九八一年五至九月，《人民日報》就「怎麼看待陳志雄承包魚塘問題」展開了專題討論。當時人們討論較多的是陳志雄的「僱工問題」。在討論中，比較一致的看法是，僱工經營有利於發揮「能人」作用，即使有一點剝削，也不應大驚小怪。陳志雄在自己的勞動之外確實佔有了僱工的一部分勞動，這也是應該承認的客觀事實。對此，人們有三種不同的看法：

第一種意見認為，既然是僱工經營就必然有剝削，而在我們的社會裡是不能允許僱工剝削的，這是一個大的原則問題。搞專業承包，不能忘了堅持社會主義道路這個根本原則，因而，絕不能允許僱工。

第二種意見否認有剝削，認為陳志雄承包的魚塘是集體的，生產資料公有制沒有改變。陳志雄僱人幫他管理魚塘，這同生產資料私有制條件下僱工在性質上還是有所不同的。他們之間是平等的勞動夥伴關係，他們的結合，是一種新的勞動組合和協作。陳志雄的收入比僱工高得多，但這種差別是合理的、正當的。對於中國城鄉出現的新的經濟形式和經營管理方式，應該積極支持。

第三種意見認為，應該承認客觀事實，陳志雄付給僱傭人員的報酬低於他們付出勞動所創造的價值。陳志雄的收入中存在剝削是肯定的。但這種剝削在中國現階段是應該允許的。因為中國農村經濟比較落後，存在著多種經濟成分，出現僱工現象也是難免的。問題是要實事求是地對待，既不能不承認，也不能簡單地加以禁止，只能限制和引導，希望有關部門盡快採取措施，制定出具體政策。

圍繞這一問題，中國國內報刊上不斷刊登文章進行討論。僱工現象的討論也引起了中共中央高層領導的高度重視，當時中國共產黨和國家的主要領導人曾多次發表講話，明確指出：對於僱工經營「不要採取『戴帽子』、『割尾巴』等簡單取締的辦法」，至於個體經濟未來的發展方向，「總的原則應該是：第一，要堅持社會主義；第二，不要走過去的老路」。「不能再採取過去那種辦集體的辦法，走老路，搞來搞去，又是平均主義，吃大鍋飯。」要在實踐中尋找解決問題的途徑，取其利而除其弊。

對於一度鬧得沸沸揚揚的「傻子瓜子」問題，一九八四年十月二十二日，鄧小平在一次講話中針對有些人的擔心，明確指出：「前些時候那個僱工問題，相當震動呀，大家擔心得不得了。我的意見是放兩年再看。那個能影響到我們的大局嗎？如果你一動，群眾就說政策變了，人心就不安了。你解決了一個『傻子瓜子』，會牽動人心不安，沒有益處。讓『傻子瓜子』經營一段，怕什麼？傷害了社會主義嗎？」一九九二年鄧小平視察南方，在回顧當時的情況時說：「農村改革初期，安徽出了個『傻子瓜子』問題。當時許多人不舒服，說他賺了一百萬，主張動他。我說不能動，一動人們就會說政策變了，得不償失。」

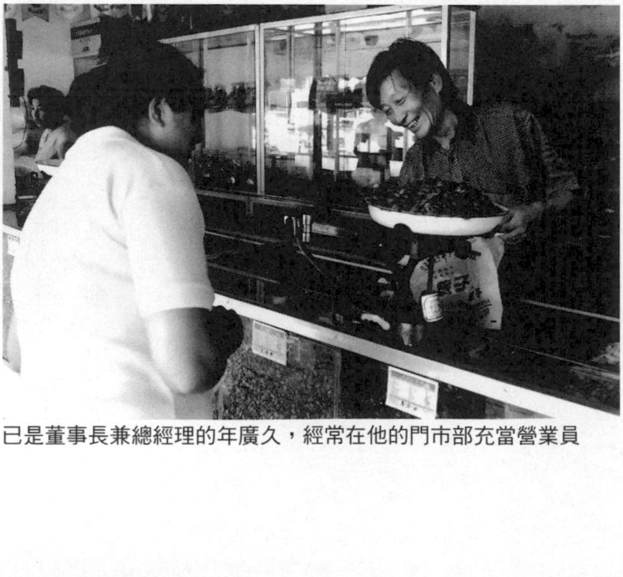

已是董事長兼總經理的年廣久，經常在他的門市部充當營業員

第三章

開放之路

鄧小平曾深刻地指出：「總結歷史經驗，中國長期處於停滯和落後狀態的一個重要原因是閉關自守。經驗證明，關起門來搞建設是不能成功的，中國的發展離不開世界。」

改革要與開放齊飛，這是中國改革開放的題中應有之義。一九七九年初，鄧小平訪美，向世界展示了中國對外開放的姿態；一九七九年底開始，深圳、珠海、汕頭、廈門經濟特區先後開工建設；一九八四年五月，中央正式作出決定，開放大連、秦皇島、天津、煙台、青島、連雲港、南通、上海、寧波、溫州、福州、廣州、湛江、北海等十四個沿海港口城市。此後，中國逐步形成了由沿海到內地的全方位的對外開放格局。

第一節　國門漸開

一九七九年一月二十八日至二月五日，鄧小平訪問美國。這是中華人民共和國領導人第一次訪問美國。在大洋彼岸的美國，鄧小平成為人們關注的焦點。他被美國《時代》週刊評為一九七八年年度風雲人物，再次登上《時代》週刊的封面。這一期的序言說：一個嶄新中國的夢想者——鄧小平，向世界打開了中國的大門。這是人類歷史上氣勢恢宏、絕無僅有的一個壯舉！

一、「中國的大門是敞開的」

「文化大革命」結束後，當時的中央決策層已清晰地認識到中國與西方已開發國家的差距，並且下定決心要實行對外開放，以積極主動的姿態，向已開發國家學習先進技術和先進經驗。更確切地說，他們當時思索和考慮的已經不是要不要開放，而是怎麼搞對外開放。

為了更好地學習與藉鑑國外經濟建設和經濟管理的先進經驗，出去實地考察是一條必經之路。一九七八年前後，中國掀起了一股出國考察的熱潮。據當時的中國國務院港澳辦公室統計，僅從一九七八年一月至十一月底，經香港出國和去香港考察的人員就達五百二十九批，共三千兩百一十三人，其中專程去香港考察的有一百一十二批，共八百二十四人。

在眾多的考察團中，有中央政府的三路考察團：一

一九七九年一月一日，鄧小平再次登上《時代》週刊的封面，同時被《時代》週刊評為一九七八年的年度風雲人物

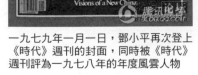

個是由谷牧委託國家計委和外經貿部有關領導組成的港澳經濟考察團；一個是由李一氓、於光遠等帶隊的赴羅馬尼亞、南斯拉夫的考察團；還有一個是由谷牧親自帶隊的赴西歐五國的考察團。這三路人馬幾乎是在同一時間段相繼出發，被人們稱為共和國即將開始的大規模對外開放的「偵察兵」。

三路考察團中，以谷牧為團長的西歐五國考察團最受矚目，這是新中國成立以後，中國首次向發達資本主義國家派出的國家級政府經濟代表團。谷牧率領的這個考察團陣容強大、級別很高，其中包括水電部部長錢正英、農業部副部長張根生、國家建委副主任彭敏、北京市副市長葉林、廣東省副省長王全國等二十餘名長期從事經濟工作的中央和地方各級領導幹部。

中共中央領導對谷牧副總理這次出訪西歐五國非常重視。鄧小平在代表團出訪前找谷牧談話，指示代表團要「廣泛接觸，詳細調查，深入研究些問題」。鄧小平鼓勵他們詳細地做一些調查研究，好的、壞的都要看看，既要看看人家的現代工業發展到了什麼水準，也看看他們的經濟工作是怎麼管的，資本主義的先進經驗、好的經驗應當把它學回來。這次代表團的出訪任務重大、意義非凡。為了切實做到有備而去，不辱使命，出發前，代表團在北京做了一個多月的準備工作，認真研究了法國、瑞士、比利時、丹麥、西德駐華使館送來的材料，還邀請外交部介紹五國情況。

從五月二日到六月六日，歷時五周，行程兩萬多公里，代表團先後訪問了五個國家的十五個城市，會見有關政界人士和企業家，參觀工廠、農場、城市設施、港口碼頭、市場、學校、科研單位和居民區，收集了大量的資料訊息。

代表團參觀的項目以工業交通為主，從電力、冶金、機械，到公路、機場、港口，先進的工藝和設施，引起了代表團成員濃厚的興趣。在參觀中，代表團成員對西歐工廠、企業廣泛使用電子計算機於自動控制、生產調度、產品質量檢查、輔助設計等工作，留下了深刻的印象。在農業方面，代表團注意到西歐這幾個國家對農業科研和農業生產的技術培訓十分重視。

一個多月的考察，代表團成員大開眼界，所見所聞深深震撼了每一個成員的心，也深刻地影響著他們對世界發展和中國現狀的認識。谷牧後來說：「過去，『四人幫』搞閉關鎖國，夜郎自大，吹噓什麼都是『天下第一』，什麼都是我們的好，走出國門一看，完全不是那麼回事！」

在此前的三月二十八日至四月二十二日，由上海市革命委員會副主任林乎加率領中國經濟代表團對日本進行了考察、訪問。

這兩個代表團走出國門，通過對外部世界的接觸，加深了對西方已開發資本主義國家的瞭解，也看到了中國與西方已開發國家的差距。回國後，代表團立即向中央提出了切實可行的建議，這些建議對中央決策產生了較大的影響。

六月一日，以林乎加為團長的中國經濟代表團訪日歸來後，向中共中央政治局匯報，總結日本戰後經濟快速發展的三條主要經驗是：大膽地引進新技術，充分利用國外資金，大力發展教育事業和科學研究。匯報建議：利用國外資金建設一億噸年生產能力的煤炭礦井、一千萬噸年生產能力的冀東鋼鐵廠，

一九七八年五—六月，中國國務院副總理谷牧率領中國政府經濟代表團出訪法國、瑞士、比利時、丹麥、西德等西歐五國。圖為谷牧在訪問途中參觀蘇黎世馬格齒輪機製造廠

多搞幾個有色金屬礦，並保證一九八五年化纖和塑料產量各達到兩百萬噸。鄧小平聽了匯報後說，下個大決心，不要怕欠賬，只要有產品就沒有危險。

六月下旬，中共中央政治局專門聽取了谷牧訪問歐洲的情況匯報。谷牧著重講了三點：第一，第二次世界大戰後西歐已開發國家的經濟確有很大發展，尤其是科技日新月異，我們已經落後很多，它們在社會化大生產的組織管理方面也有許多值得藉鑑的經驗；第二，它們的資金、商品、技術要找市場，都看好與中國發展關係；第三，國際經濟運作中有許多通行的辦法，包括補償貿易、生產合作、吸收國外投資等，我們可以研究採用。谷牧在提交的〈訪問歐洲五國的情況報告〉中說，西歐資本主義國家經濟蕭條，資本過剩，急於找出路，建議立即與西歐幾個國家進行正式談判，爭取簽訂長期貿易協定，把口頭協定的東西盡快落實下來。

聽了匯報，葉劍英、聶榮臻、李先念都表示該是下決心採取措施實行的時候了。鄧小平找余秋里、谷牧、康世恩談話時提出，同國外做生意搞大一點，搞它五百億，利用資本主義危機，形勢不可錯過，膽子大一點，步子大一點。不要老是議論，看準了就幹，明天就開始，搞幾百個項目，從煤礦、有色、石油、電站、電子、軍工、交通運輸一直到飼料加工廠，明年就開工。分期付款不幹了，搞補償貿易、銀行貸款。

二、鄧小平訪美

從一九七八年七月開始，中美雙方就建交問題展開了談判。經過歷時半年之久的艱苦談判，雙方最終決定自一九七九年一月一日起建立外交關係。經雙方商定，中美建交聯合公報提前於一九七八年十二月十六日（美國時間十五日）公佈。

由於中美建交談判一直是在高度保密的情況下進行的，事先一點消息也沒有透露，中美關係正常化的消息突然公佈使整個世界都大吃一驚。

兩天後的十二月十八日，中共十一屆三中全會召開，中國的改革開放事業正式啟動，而中美建交無疑將為即將進行的中國改革開放事業提供良好的國際環境。

時任美國總統的卡特回憶說：

兩天之後，鄧小平宣佈中國在基本政治和經濟結構方面將進行深刻變革。這種政策使以下成為可能：前所未有的自由企業制度、開放與其他眾多國家的貿易、放鬆對公民遷徙及宗教信仰權利的嚴格限制，並給公民其他自由。

中國國內的這些決定，以及影響我們兩國關係的種種決策，已在過去三十年裡使全球經濟和政治面貌產生了可能最重要的變化。

一九七九年一月一日中美正式建交。世界上人口最多的社會主義國家和世界上最重要的資本主義國家正式走到了一起。

對於中美之間跨越大洋的握手，英國《經濟學家》雜誌最早發出了預言：中國馬上會成為新的、利潤空間極大的供應商，同時還有新的、極具吸引力的市場。在不久的將來，巨浪般的中國出口會成為必然。

一九七九年一月二十八日，中國農曆大年初一，鄧小平飛赴大西洋彼岸，對美國進行正式訪問。

在白宮玫瑰園草坪上，美國總統卡特為鄧小平舉行了盛大的歡迎儀式。鄧小平在歡迎儀式上發表講話，他說：

中美關係正處在一個新的起點，世界形勢也在經歷著新的轉折。中美兩國是偉大的國家，中美兩國人民是偉大的人民，兩國人民的友好合作必將對世界形勢的發展產生積極深遠的影響。我們將同美國政府領導人和各界朋友共同探討發展兩國政治、經濟、科技、文化各個領域的交流和合作問題。

在歡迎的人群中，有五十位一個月前剛剛到達美國的第一批中國留學生和訪問學者。中國工程院院士、清華大學教授柳百成，作為當年新中國第一批赴美學習的留學生和訪問學者，親眼目睹了這一歷史時刻。他後來回憶說：

一九七八年夏天，我突然接到學校系主任的通知。去了以後告訴我，小平同志指示要大量派遣留學生，要成千上萬地派，清華要選拔一批品學兼優的學生到美國去學習。這事非常緊急。選拔以後，我們第一批出去的五十個人經過短期的培訓，計劃在一九七九年初派遣。但是在一九七八年十二月份，突然接到緊急通知，通知的內容就是，小平同志要訪問美國，中美建交，為了迎接這個主要的事件，我們要提前趕到美國，作為一個友好的使者，作為歡迎小平同志的一個內容。接到通知以後，十二月二十六日上午，方毅副總理在人民大會堂接見了我們。緊接著，晚上我們乘飛機經過巴黎繞道紐約到華盛頓。

在美國，我們參加了一系列歡迎小平同志的活動。小平同志到美國，是在美國安德魯斯空軍基地，當時我們五十個人一分為二，選了二十五個人在安德魯斯歡迎小平同志。同時，我很榮幸，第二天就參加在白宮玫瑰園由卡特夫婦舉行的歡迎鄧小平夫婦的儀式。場面熱烈，幾個攝影記者全都對準了小平同志，同時美國的儀仗隊穿著傳統的服裝等著接受小平同志的檢閱。

雖然派訪問學者是兩年，不是說這兩年就學了些東西，更重要的是打開了窗戶。

訪美期間，鄧小平與卡特共同簽署了中美科技合作和文化協定。在這以前，兩國間還簽署了科技合作協定和文化協定，在教育、商業、空間方面進行合作的協議，以及建立領事關係和互設總領事館的協議。雙方還同意不久將簽訂航空和海運協定，互派留學生，互派常駐記者等。一位美國高級官員說，所有見過鄧小平的人都對他宏偉的計劃感到驚異。

在休斯頓參觀約翰遜航天中心時，鄧小平愉快地登上登月器和航天飛機進行模擬飛行。當年陪同鄧小平訪問的美國駐華大使伍德・科克後來回憶說：

他要去的一個地方，是休斯頓的宇航中心。他非常好奇，急於看能看到的所有東西。他們問他是否想進模擬室，操縱各種控制，像是在駕駛飛船降落著陸。他對此很入迷。他們很難把他請出來，他非常入迷，簡直不肯動。

在短短八天的訪問行程中，鄧小平與美國各界上百名代表進行了會談，向人們介紹中國走向開放的政治和經濟政策。他以他的睿智與機敏，讓美國，也讓全世界領略了中國人的風采和開放意識。美國各大媒體對鄧小平在美期間的活動進行了連續報導。

二月五日，鄧小平在西雅圖機場發表的告別講話中說，希望美國各界朋友多到中國來走走看看。中國的大門對一切朋友都是敞開的。同一天，鄧小平的頭像再次出現在美國《時代》週刊的封面，彷彿在迎接一個老朋友。美國人幽默地說：鄧來了。

中國首任駐美大使柴澤民後來回憶說：

> 經過一系列的活動，美國人民也非常高興。在過去，他們是聽到一些外國人，或者是聽到台灣一些人，宣傳中國大陸怎麼不好。這次他們親眼看見中國人是很和氣、很能和大家一起合作的，感覺到中國不是過去所想像的中國。小平同志這次訪問非常成功，美國也認為是非常成功。其他國家雖然不是直接接觸，但從報紙上也瞭解中國跟美國的關係，也感到非常成功。自從中美建交之後，其他跟中國沒有關係的國家陸陸續續都跟中國建交了，我們在聯合國的作用也擴大了。

當年，遠在大洋彼岸的新加坡總理李光耀，看到鄧小平訪美的電視報導後說，感到中國的大門再也關不上了。

三、「合資也可以辦」

一九七九年，儘管中國已向世界敞開了大門，儘管西方的企業和財團已經開始到中國尋找商機，但與世界隔絕多年的中國讓西方的企業和財團在與中國政府打交道時仍顧慮重重，他們擔心中國的償還能

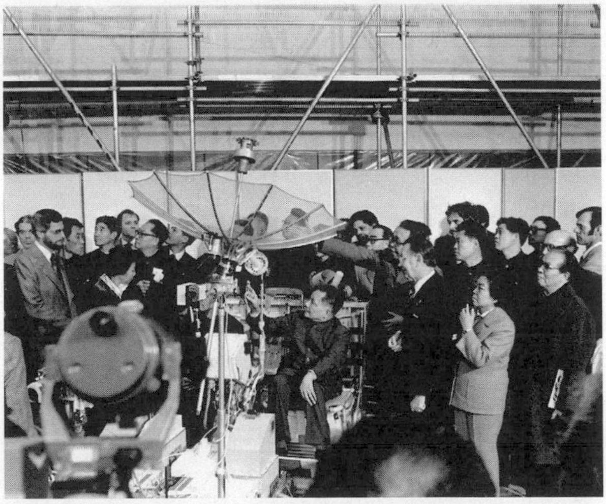

鄧小平和夫人卓琳一九七九年二月二日（當地時間）在休斯頓參觀約翰遜航天中心。圖為鄧小平坐在月球車模型上

力和使用能力，擔心中國立法不全，擔心中國部門多、層次多、手續繁、效率低。因而，來談的多，談成的少。

如今在中國遍地開花的中外合資企業在一九七九年還是一個聞所未聞的新名詞。中外合資經營在當時仍然是經濟領域的一個「禁區」。

一九七八年十月，美國通用汽車公司派出一個代表團，到中國商談重型汽車合作項目。在談判過程中，發生了一件意想不到的事。美方代表團團長湯姆斯．墨菲突然打斷中方代表有關技術引進問題的發言，提出了一個新方案。時任重型汽車廠籌備處負責人的李嵐清後來回憶說：

一九七八年十月，我們跟通用汽車公司談判，引進技術。這次代表團的規格是很高的，董事長帶團，這個人叫湯姆斯．墨菲。當時我參加主持這次談判。在談的過程中，他說：「你們為什麼只能夠引進技術啊，為什麼就閉口不談合資呢，jointventure？」一個風險，一個共擔，是專用名詞，確切含義不懂，兩個連起來不懂。談完後，他叫我把錢包拿出來，他也把錢包拿出來，放在桌上。他說什麼叫合資啊，就是我們倆把錢放在一起，拿這個錢去經營這個企業，要賺錢我們共同賺，要賠錢我們共同賠，就是我們利益是共同的，再簡單地說，就是我們兩人「結婚」，我們成立一個共同家庭。他說完這句話，我當時腦子裡第一個反應，你不瞭解中國情況，我是共產黨員，你是大資本家，我跟你結什麼婚啊。

美方提出的這種新的合作方式，當時在中方代表看來，是一件絕對不可能的事情。兩種完全不同的社會制度，怎麼可能走到一起呢？他們沒有答應美方提出的要求，只是在事後通過「引進辦」如實向上級主管部門作了匯報。

不久，李嵐清就收到了一份傳真批示。他後來回憶說：

我當時看到複印件，就在裡面，就講到這個合資的事，小平同志就在裡面寫：合資也可以辦嘛！這是我看到他最早（關於合資）的批示。這個批示當時的複印件傳到我們這來，我們看了以後都是大吃一驚，這是思想的一個突然的解放。

合資經營的思路得到了鄧小平的肯定。儘管由於通用汽車公司內部的原因和中國重型汽車項目建設方針的變動，當時合資經營沒有談成，但卻為中國和其他國家汽車公司的合資經營打開了局面。

一九七九年三月，第一機械工業部派代表團赴美國、德國、法國對通用、大眾、奔馳、雪鐵龍汽車公司進行考察，談判合資經營事宜。幾年後，這些汽車公司在中國建起了汽車行業的第一批中外合資企業。

一九七九年六月，中國民航總局的辦公室來了兩個香港人，他們是香港世界貿易中心協會的理事伍淑清和她的父親伍沾德。父女倆打算向內地投資，成立一個航空食品公司。從六月份開始，伍淑清同中國民航總局先後談了三次，由於沒有先例，談判進行得並不順利。伍淑清回憶說：

那時，中國剛剛開放，雙方心裡都不是很有底，有很多顧慮。想法很美好，談判過程卻很曲折。由於沒有先例，談判一直走走停停。不會講普通話，就用紙筆溝通，寫的是繁體字。

這時，在鄧小平和葉劍英的直接領導下，關於中外合資經營的立法工作已經提上了議事日程。

一九七九年六月十八日至七月一日，五屆全國人大二次會議在北京舉行。這是「文化大革命」結束後一次重要的立法會議，會議制訂並通過了地方組織法、選舉法、人民法院組織法、人民檢察院組織法、刑法、刑事訴訟法和中外合資經營企業法等七部法律，標誌著中國立法工作在中斷了二十多年後，又重新恢復並取得重大突破。

在七月一日通過的這七部法律中，中外合資經營企業法於七月九日頒佈實施，比其他六部法律提前半年實施。

中外合資經營企業法從起草到通過，再到頒佈實施，創造了前所未有的高效率。鄧小平說，這個法，與其說是法，不如說是我們政治意向的聲明。

七月八日，在鄧小平的倡導和關懷下，中國國務院批准成立中國國際信託投資公司。中國國際信託投資公司開始籌建並籌辦信託投資業務。

十月四日，中國國際信託投資公司在北京成立，榮毅仁出任董事長。公司第一屆董事會中，有馬萬祺、李嘉誠、霍英東等港澳商界鉅子。公司的主要任務是接受各部門、各地方的委託，根據中外合資經營企業法和有關法令，引進外國資本和先進技術、設備，共同興辦合資企業。

中华人民共和国全国人民代表大会常务委员会委员长令

第七号

中华人民共和国第五届全国人民代表大会第二次会议于一九七九年七月一日通过了《中华人民共和国中外合资经营企业法》，现予公布施行。

中华人民共和国全国人民代表大会常务委员会委员长 叶剑英
一九七九年七月八日

中华人民共和国中外合资经营企业法

（一九七九年七月一日第五届全国人民代表大会第二次会议通过）

一九七九年出台的《中華人民共和國中外合資經營企業法》

在中外合資經營企業法實施兩個月後，一九七九年九月，北京航空食品公司的合同內容也塵埃落定。一九八〇年五月一日，北京航空食品公司正式營業，獲得中國工商部門頒發的「中外合資企業營業執照〇〇一號」。

在此期間，新疆天山毛紡織品有限公司、建國飯店、長城飯店、中國迅達電梯、天津王朝葡萄酒等中外合資企業相繼成立，成為中外合資經營企業法實施後首批依法批准設立的合資企業。

第二節　經濟特區的建立

國門打開之後，中國人看到了中國與世界的明顯差距，如何加快步伐，迎頭趕上？一九七九年四月的中央工作會議期間，廣東和福建兩省提出了建立深圳、珠海、汕頭、廈門出口加工區的建議。這一建議得到了鄧小平的高度認可，他指示，「中央沒有錢，你們自己搞，要殺出一條血路來」。

一九七九年七月十五日，經過深入調查研究的中發〔一九七九〕五十號文件──《中共中央、國務院批轉廣東省委、福建省委關於對外經濟活動實行特殊政策和靈活措施的兩個報告》出台。一九七九年底，深圳經濟特區破土動工。事實證明，經濟特區的建設，為中國經濟發展注入了新的活力。

一、蛇口，對外開放從這裡啟動

早在中共十一屆三中全會之前，中共中央就已經明確了要實行對外開放。但是，對中國這樣與外界隔絕已久又地域廣大的國家來說，如何實施對外開放是一個重要的問題。在對外開放方面，地處中國東南沿海、比鄰港澳而又華僑眾多的廣東等省份，具有得天獨厚的條件，中國的對外開放也首先從這裡取得了突破。

一九七八年四月十日至五月六日，中國國家計委、外經貿部派出了赴港澳經濟貿易考察組，對香港、澳門進行了近一個月的考察，探尋港澳經濟迅速發展的奧秘，以吸取有效經驗。

五月六日考察結束後，考察組首先在廣州向廣東省委主要負責人習仲勳、劉田夫等人介紹了考察情況，並著重談了開發寶安、珠海的初步設想。考察組建議廣東省把寶安、珠海兩縣改為兩個省轄市（相當於地委），派得力幹部，加強領導；兩地的農業，從「以糧為主」逐步轉至「以經營出口副食品為主」；要積極發展建築材料工業和加工業，開闢旅遊區，辦好商業、服務業和文娛場所；等等。這次匯報座談會，對於苦苦思索如何搞好廣東對外開放的廣東省領導，是一個巨大的啟發，他們的思路打開了，思想更解放了，向考察組提出了一些大膽的建議。

考察組回到北京後，寫出一份〈港澳經濟考察報告〉上報中央。報告強調，已開發國家的先進設備和技術，對港澳經濟的發展起著至關重要的作用。報告提出，可藉鑑港澳的經濟，把靠近港澳的廣東寶安、珠海劃為出口基地，力爭經過三五年努力，在內地建設成具有相當水準的對外生產基地、加工基地和吸引港澳同胞的遊覽區。

一九七八年十一月，習仲勳在中共中央工作會議上發言時說：「廣東自然條件得天獨厚。可否這樣設想，在保證糧食自給的前提下，讓廣東放手發展經濟作物、畜牧業和漁業，放手發展農副產品加工等社隊企業，放手發展外貿出口工業，加強同港澳、華僑的各種經濟合作。如果中央同意這個設想，我們決心動員全省人民作出成績，為國家作出更大的貢獻。」他還建議中央考慮，允許廣東在香港設立一個辦事處，與港澳廠商建立直接的聯繫；凡是來料加工、補償貿易等方面的經濟業務，授權廣東處理，以便減少不必要的層次和手續。

與廣東省不謀而合的是，香港招商局在同時期提出了建立蛇口工業區的方案。招商局是清朝北洋大臣李鴻章於一八七二年創辦的，已有一百四十多年的歷史。一九五〇年一月十五日，招商局香港分公司的十三艘輪船投誠，從此成為交通部駐香港的代表機構。

香港招商局一度在極左思想的影響下，生產經營出現了困境。一九七八年，已是花甲之年的袁庚被派到香港招商局擔任副董事長，主持招商局工作。剛一到任，袁庚就根據中央定下的「以航運為中心，立足港澳，背靠內地，面向海外，多種經營，工商結合，買賣結合」的方針，以鐵腕大力整頓。

然而，在招商局的具體操作中，要真正落實中共中央的方針卻困難很大。其中最主要的原因就是香港高昂的地價，當時香港每一平方英尺的土地要一千五百港元，就連郊區的工業用地每平方英尺也要五百元以上。如何破解高地價的難題？袁庚想到，如果利用廣東的土地和勞力，加上香港和國外的資金、技術、圖紙、資料、專利和全套設備，將會同時擁有內地和香港兩方面的有利因素。

袁庚的這一想法大膽而富有新意。在內地劃一塊地方，由駐港企業按香港方式來經營，這是一件全新的事情，過去沒有做過，甚至沒有人想過。然而，出人意料的是，袁庚這一大膽的想法在具體的操作中進行得卻十分順利。招商局先同廣東省委交換意見，正在銳意改革的廣東省欣然同意，雙方很快達成共識，共同起草了《關於我駐香港招商局在廣東寶安建立工業區的報告》，提出建立蛇口工業區的具體方案。

一九七九年一月六日，廣東省革命委員會和交通部聯名向中國國務院遞交了報告，提出在蛇口一帶設立工業區，一方面利用國內較廉價的土地和勞動力，另一方面便於利用國際上的資金、先進技術和原料。

二十五天後，袁庚奉命飛赴北京，在中南海向李先念和谷牧匯報。袁庚攤開了帶去的地圖，提出給招商局劃一塊工業用地。只見李先念用筆在地圖上一劃，把南頭半島五十平方公里的地方都劃了進去。李先念對袁庚說，這個都給你。袁庚連連說，我怎麼敢要這麼多。於是，李先念又用紅鉛筆在地圖上輕輕一勾，說：「那就給你這個半島吧。」這個半島，便是日後的蛇口工業區。「蛇口」，實際上是半島的一個延伸處，方圓僅二．一四平方公里。袁庚後來回憶說：

> 蛇口的開放是全國最早的，應該是一九七八年就定了。中央批准是一九七九年一月三十號，當時是李先念同志代表中央批了這個。那個時候，這個半島我們要了一點點地方，現在很多人罵我，給你一個大一點的半島你不要，要了這一點點。但是作為實驗來講，要大一點很困難。就好像一個試管，如果你做不好很可能就出問題，小的時候容易控制，容易淨化。

一九七九年七月二十日，蛇口工業區破土動工，成為中國第一個出口加工區。蛇口與香港只隔著一道淺淺的海灣。在這裡按照香港的模式創辦中國內地第一個出口加工區，顯然具有深遠的意義，足以向世界展示中國的嶄新姿態。正像後來《羊城晚報》上的一首詩說的：「他真小——二．一四平方公里，是南頭半島的一角，祖國母親博大軀體的四百萬分之一。她真大——舉世矚目，蜚聲中外：『蛇口模式』，如雷貫耳。」開發蛇口，只是廣東改革開放這支雄壯樂曲的前奏。前奏已經響

深圳蛇口工業區的早期建設者。一九七九年，招商局在深圳蛇口創辦了第一個對外開放的工業園區。當時，蛇口工業區建設者提出了「空談誤國，實幹興邦」等口號，這些口號很快成為全國最響亮、最渾厚的流行語之一

起，所有的音節都不可抑制地噴薄跳蕩而出。

蛇口的改革從一開始就是一場社會和觀念的改革。當時，蛇口工業區一沒有被納入國家計劃，二沒有財政撥款，但袁庚有兩個權力，一是可以自主審批五百萬美元以下的工業項目，二是被允許向外資銀行舉債。當年的袁庚遍走香港，向港商和銀行借貸資金，同時大大簡化招商程序，蛇口很快成為中國最開放的「工業區」。

二、「殺出一條血路來」

在蛇口工業區籌建的過程中，廣東省的負責人提出了一個更大膽的設想，考慮跨出更大的步伐。一九七九年一月八日到二十五日，習仲勳召集省委常委擴大會議，傳達中共十一屆三中全會精神。在中共十一屆三中全會上，大會給與會者印發了歐洲、日本和亞洲「四小龍」利用外資和外國先進技術加快發展的材料，引起熱議，這顯然給了廣東省領導以重大激勵。廣東省委常委擴大會議明確提出，要利用廣東毗鄰港澳的有利條件，利用外資，引進先進技術設備，搞補償貿易，搞加工裝配，搞合作經營。

會後，廣東省委領導分頭下去做調查研究。吳南生率工作組來到了自己的家鄉——汕頭。然而，闊別已久的故鄉卻依然是一派貧窮落後的景象。對於如何才能改變家鄉貧困落後的面貌，吳南生請來一位香港銀行家，並問他：「有什麼最快的辦法？」這位香港朋友反問：「你敢不敢搞自由港？這樣是最快的。」吳南生由此產生了一個大膽的想法：能否在汕頭劃出一塊地方，徹底開放，辦出口加工區，利用外資發展經濟。

一九七九年二月二十一日，吳南生通過電話向省委陳述了自己的想法。三月三日，他在廣東省委常委會議上正式提出在汕頭劃出一塊地方搞試驗的設想。他舉出三條理由：第一，在全省來說，除廣州之外，汕頭是對外貿易最多的地方，每年有一億美元的外匯收入，搞對外經濟活動比較有經驗；第二，潮汕地區海外的華僑、華人是全國最多的，約佔中國海外華人的三分之一。其中許多是在外有影響的人物，可以動員他們回來投資；第三，汕頭地處粵東，偏於一隅，萬一辦不成，失敗了，也不會影響太大。他說：「如果省委同意，我願意到汕頭搞試驗。如果要殺頭，就殺我好啦！」常委們都表示贊成。習仲勳當即說：「要搞都搞，全省都搞！先起草意見，四月中央工作會議時，我帶去北京。」最後商量的結果是，在汕頭、深圳、珠海三個地方搞。

四月一日和二日，時任廣東省委第二書記的楊尚昆主持中共廣東省委常委會議。會議「確認根本的出路還是希望中央給廣東放權，抓住當前有利的國際形勢，讓廣東充分發揮自己的優勢，在四化建設中先行一步」。作為具體步驟，會議提出在深圳、珠海、汕頭根據國際慣例劃出一塊地方，單獨進行管理，作為華僑、港澳同胞和外商的投資場所，按照國際市場的需要組織生產。名稱初步定為「貿易合作區」。會議決定，將這一設想在即將召開的中央工作會議上向中央匯報。

中共中央召開工作會議之前，習仲勳和吳南生向正在廣州的葉劍英匯報了廣東的設想，葉劍英非常高興。

一九七九年四月五日至二十八日，中共中央在北京召開各省、自治區、直轄市黨委第一書記及主管經濟工作的負責人和中央黨、政、軍負責人參加的中央工作會議。主要討論全黨工作重點轉移後如何解決國民經濟比例嚴重失調的問題，會議確定了從一九七九年起，用三年時間對國民經濟實行「調整、改革、整頓、提高」的方針。

四月八日，習仲勳在中南組發言提議，讓廣東先走一步，在臨近香港、澳門的深圳、珠海、汕頭建立出口加工區。他說：「廣東鄰近港澳，華僑眾多，應充分利用這個有利條件，積極開展對外經濟技術交流。這方面，希望中央給點權，讓廣東先走一步，放手幹。現在省的地方機動權力太小，國家和中央統得過死，不利於國民經濟的發展。我們的要求是在全國的集中統一領導下，放手一點，搞活一點。這樣做，對地方有利，對國家也有利，是一致的。」

在會上，福建省也提出在廈門建立出口加工區的要求。早在一九七八年十一月的中央工作會議上，福建省代表就在發言中提出，要充分利用福建華僑多的有利條件，積極而又穩妥地吸收僑資、僑匯，引進先進技術和設備，大力發展進出口貿易的意見。

廣東和福建的提議，引起了中共中央領導的高度重視，但也有分歧和爭議。據當時任廣東省革委會副主任的劉田夫回憶說：「習仲勳同志和我在北京向中央領導同志匯報工作，當我們向中央提出給廣東以更大的自主權，允許我們參照外國和亞洲『四小龍』的成功經驗，試辦出口特區，以便加速廣東經濟發展的建議時，想不到有一位領導同志當場大潑冷水。他說，廣東如果這樣搞，那得在邊界上拉起七千公里長的鐵絲網，把廣東與毗鄰幾省隔離開來。我們聽罷，大為吃驚。很顯然，他是擔心國門一旦打開之後，資本主義的東西會如洪水猛獸一樣湧進來，因此，才產生用鐵絲網將廣東與閩、贛、湘、桂諸省區隔離開來的想法。」

在中共中央工作會議上，廣東和福建的提議獲得了中央的肯定，葉劍英等十分支持。鄧小平聽說關於叫什麼名稱定不下來，就說：「就叫特區嘛，過去陝甘寧就是特區，中央沒有錢，你們自己搞，要殺出一條

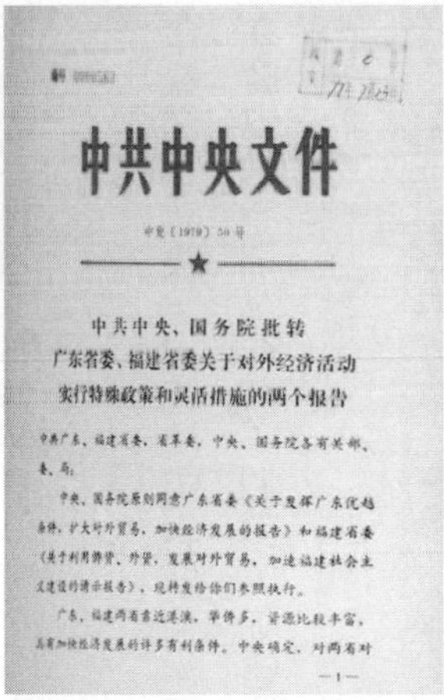
中共中央文件

中发〔1979〕50号

中共中央、国务院批转
广东省委、福建省委关于对外经济活动
实行特殊政策和灵活措施的两个报告

中共广东、福建省委，省革委，中央、国务院各有关部、委、局：

中央、国务院原则同意广东省委《关于发挥广东优越条件，扩大对外贸易，加快经济发展的报告》和福建省委《关于利用侨资、外资，发展对外贸易，加速福建社会主义建设的请示报告》，现转发给你们参照执行。

广东、福建两省靠近港澳，华侨多，资源比较丰富，具有加快经济发展的许多有利条件。中央确定，对两省对

—1—

一九七九年七月，中國決定在毗鄰港澳、僑屬眾多的廣東和福建兩省的對外經濟活動中實行特殊政策和靈活措施，並根據鄧小平的倡議，在深圳、珠海兩市試辦特區。圖為一九七九年《中共中央、國務院批轉廣東省委、福建省委關於對外經濟活動實行特殊政策和靈活措施的兩個報告》文件

汕頭經濟特區迎賓路的變化

血路來。」在中央工作會議期間，鄧小平還親自向中共中央倡議批准廣東省的提議。

中共中央工作會議經過討論，最終決定對廣東、福建兩省實行特殊政策、靈活措施，並在廣東的深圳、珠海、汕頭，福建的廈門等地試辦出口特區，作為華僑和港澳商人的投資場所。

一九七九年四月，中共中央工作會議結束後，習仲勳回到廣東，向省委常委傳達了中央工作會議的精神。他更加明確地強調：「廣東要求先走一步，不光是廣東的問題，是關係到整個國家的問題，是從全局出發的。」又說，「廣東這事，今天不提明天要提，明天不提後天要提。中國社會發展到現在，總得變。你不提，中央也會提。拼老命我們也要幹。」

中共中央工作會議結束後不久，谷牧率領一個工作組南下，幫助廣東、福建兩省起草創辦特區的文件。

五月十四日，在深圳視察的谷牧針對當時的「逃港」現象意味深長地說：「現在往那邊跑的多，將來一定往我們這邊來的多。我們大家共同努力。」

不到一個月的時間，廣東、福建兩省分別於一九七九年六月六日、六月九日寫出了關於試辦特區並在特區對外經濟活動中實行特殊政策和靈活措施的兩個報告。廣東省委的報告提出的設想是：「特區內允許華僑、港澳商人直接投資辦廠，也允許某些外國廠商投資設廠，或同他們興辦合資

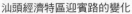

企業和旅遊等業。」特區的管理原則是：「既要維護我國的主權，執行中國的法律、法令，遵守我國的外匯管理和海關制度，又要在經濟上實行開放政策。」

七月十五日，中共中央、國務院以一九七九年五十號文件的形式批轉了這個報告。文件寫得十分明確：關於出口特區，可先在深圳、珠海兩市試辦，待取得經驗後，再考慮在汕頭、廈門設置的問題。從這以後，「特區」成為外商進入中國的首選之地。

三、特區初創

經中央批准，深圳特區的最初規劃為東西長四十九公里、南北最寬僅七公里的狹長地帶，面積為三百二十七．五平方公里。根據專家設計的藍圖，市委、市政府決定先期開發上步地區，面積為三十八．五平方公里。但如此大的面積，當時僅僅搞「五通一平」每平方公尺至少要九十元人民幣，總開發資金不會低於兩百五十億。即使第一期只開發四平方公里，最少也得近二十億元。

如此巨額的建設資金從哪裡來？這是深圳特區初創時遇到的最大難題。對於深圳特區建設，國家的基本政策是「只給政策不給錢」。

如何籌措起步階段的二十億元建設資金，可真是難壞了當時廣東省的領導人，後來吳南生回憶當時的感受時說：「我的腦袋簡直被壓扁了。」

最後，吳南生想出了兩個辦法：

一是集中火力，攻其一點。首先開發〇．八平方公里的羅湖。吳南生給大家算了另一筆賬。他說，開發這〇．八平方公里只需要七千兩百萬元，開發出來後，不僅可以拿出四十萬平方公尺作為商業用地，還能收入二十億港元。有了這二十億港元，就有了下一步開發的資金，就可以一變二、二變四，雪球就可以越滾越大。

二是靠兩皮，就是嘴皮和地皮。嘴皮，就是遊說。首先是外商，跟他們講改革開放，講特區的優惠政策，用嘴皮子把他們「引」進來投資辦廠；再有就是向中央各部委、各省市自治區、各銀行籌款。當時主管基建的深圳市副市長羅昌仁回憶說：「國家對深圳的投資，當時只有百分之二，而實際算來只有百分之一點幾。我們是靠自己籌款。靠自己籌款搞基本建設，這在當時可是一個重大的突破。」

地皮，就是指收取土地使用費。在起草特區條例時，最費斟酌的就是收取土地使用費的問題。特區上馬後，收取土地使用費與同外商一起搞房地產開發，成了特區建設資金的主要來源。

一九八〇年十二月五日，深圳市房地產公司與香港中央建業有限公司簽訂了第一個〈客商獨資營建商住大廈協議書〉，客商按規定使用羅湖小區的四千平方公尺土地，期限三十年，一次性每平方公尺交納五千港元土地使用費。這個協議的簽訂，開創了國有土地有償使用的先河。而蛇口工業區則由招商局自籌資金開發土地，進行「五通一平」，然後將開發的土地給投資者建廠，每年每平方公尺收取地租二十一港元至四十三港元。

一九八〇年一月一日，第一份與港商共同合作經營房產的合同書正式簽訂，第一個合作的港商是劉天就。雙方合作中，由劉天就提供建設所需的全部資金，中方提供的則是不作價的土地，所得利潤中方佔百分之八十五，劉天就得百分之十五。雙方開發的商品住宅區名叫東湖麗苑，而東湖麗苑也成為改革開放後中國第一個商品房小區。

劉天就將香港房地產的開發模式應用於內地。二月中旬，住宅區的設計圖紙剛出來，還沒有動工，劉天就已經開始在香港預售。第一批推出一百零八套房，戶型面積大約五十至六十平方公尺，均價兩千七百三十港元／平方公尺，一套房總價約合五萬到六萬元人民幣，和當時香港房價相比，便宜了一半以上，而且一次性付款享受九五折優惠。此外，可予香港購房者解決三個內地親屬的深圳戶口指標。消息一出，五千多人排隊購房，最後只好抽籤定盤，房子一次性即售罄。這樣，雙方一月一日簽約，二月中旬房子即已售完。

「房子還在圖紙上，港商就得到了建房的全部資金。」這讓參與東湖麗苑開發的深圳方面人員大受啟發。深圳人也很快就學會了這一手，這使深圳開發的腳步大大加快。到一九八二年初，不僅當年完工的住宅已經銷售完畢，就連第二年、第三年才能完工的房子也全部賣了出去。值得一提的是，當時國內最高的五十三層的深圳國貿大廈，就是用這種方式建造起來的。

那時，梁湘上任市委書記不久，他把一百多位各省領導和部委領導都請到了深圳竹園賓館。梁湘說：「我們深圳要成為中國改革開放的窗口，探索世界的窗口，國貿大廈則要成為中央各部委、各省市自治區在深圳的窗口。」他坦言：「深圳沒有錢，請各位來，是為了集資蓋樓。」就這樣，通過各省、各部委集資建設的方式，把國貿大廈的建設資金問題解決了。

當然，在成立特區後，中央賦予了深圳特區發展前所未有的特殊政策和較大的自主權，在進口關稅、企業所得稅、貿易經營、利用信貸資金、利用外資及引進項目的審批等方面給予特區優惠條件和更大權限。特區有了自主權，制定了一系列吸引外資的優惠政策，除了企業所得稅、進出口稅方面，還在土

一九九二年的深圳羅湖商業區一角

地使用費、內銷配額等方面給外商提供了優惠待遇。所有這些都是對深圳最大的投資。深圳也在頑強奮鬥和敢為人先的艱苦創業中，迸發出蓬勃的生機與活力。

一九八〇年三月二十四日至三十日，受中共中央、國務院委託，谷牧在廣州召開廣東、福建兩省會議。會議肯定了兩省省委和國務院有關部門在貫徹對外開放方針、試辦出口特區等工作中所取得的初步成果，指出，這一重大改革，受到了兩省廣大人民的歡迎，在國內外，特別是港澳，反映非常強烈，海外僑胞紛紛表示願意以實際行動支援。一九七九年，廣東、福建兩省外貿出口創匯創歷史最高水準，比一九七八年分別增長了百分之三十二和百分之三十。貿易和非貿易外匯收入，兩省比一九七八年也分別增長了百分之三十二和百分之二十一．五。深圳、珠海兩個出口特區正在積極籌建。其中一九七九年開始籌建的深圳蛇口工業區進展尤為迅速。兩省的對外經濟活動開始出現了蓬勃發展的新局面。就是這次會議，採納了與會者的建議，將「出口特區」改名「經濟特區」。

八月二十六日，五屆全國人大常委會第十五次會議正式批准了《廣東省經濟特區條例》，決定在廣東省的深圳、珠海、汕頭三市分別設置經濟特區。這一天成了深圳經濟特區成立日。同年十二月十日，中國國務院又正式批准在福建省成立廈門經濟特區。

就在經濟特區條例公佈後不久，《紐約時報》一篇文章寫道：鐵幕拉開了，中國大變革的指針正轟然鳴響……

第三節　對外開放的全新格局

一九八四年，鄧小平到南方考察深圳、珠海、廈門經濟特區。這次考察，鄧小平很少發表意見，然而，鄧小平親自考察特區，已然是對爭議中的經濟特區建設的莫大支持。特區建設取得的成就也讓鄧小平非常欣慰。一九八四年五月，正式作出決定，進一步開放大連、秦皇島、天津、煙台、青島、連雲港、南通、上海、寧波、溫州、福州、廣州、湛江、北海等十四個沿海港口城市。

一九八八年春天，七屆全國人大一次會議通過決議，決定設立海南省，海南島辦經濟特區。一時間，湧起了開發海南的熱潮，上演了一幕「十萬人才過海峽，八方風雲會瓊州」的熱烈景象。

一、「看來路子走對了」

一九八四年春，改革開放總設計師鄧小平的專列駛出北京，開始了視察南方之行。

經濟特區是中國實行對外開放的窗口。從一九八〇年到一九八四年，短短五年，特區建設突飛猛進，取得了令人震撼的成績，同時，特區實行的一些特殊政策和做法也引起了人們的思考和議論。

一月二十四日，在廣州火車站，鄧小平對前來迎接的廣東省領導說：「辦經濟特區是我倡議的，中央決定的，是不是能夠成功，我要來看一看。」

此後，將近一個月時間，他馬不停蹄地跑了深圳、珠海、廈門三個經濟特區，接著又去了一趟上海的寶鋼。一路上，鄧小平精神矍鑠。每到一處，他都仔細地看，認真地聽，但卻很少發表意見。

在深圳，他聽了深圳市委的匯報，登上當時最高的國貿大廈觀看整個特區建設情況，又到由窮變富的漁民村觀察，看了當時算得上技術領先的電腦廠。隨後，又到荒灘上崛起的蛇口工業區視察。在外商獨資的華益鋁廠，工人們也驚喜地看到了鄧小平的身影。

陪同視察的廣東省省長梁靈光回憶說：「在深圳國貿大廈，他到了五十四層的大樓樓頂上，看到整個深圳新發展的情況。看到發展得那麼迅速，他是比較滿意。但是，沒有專門作講話。當時他不大講話，講得不多。小平同志有那麼個習慣，他當時看什麼東西，不輕易表態。他考慮是很慎重的，沒有考慮成熟以前，都不發表意見。我們當時也理解這個情況。」

視察完深圳，他又前往珠海。時任珠海市市長的梁廣大回憶：「一九八四年初，小平同志來視察珠海經濟特區，已看到一個初步的輪廓，又創辦了一批第三產業，建設的規模，已初步拉開。」

這年春節，鄧小平是在廣州度過的。節後，鄧小平又乘專列遠赴福建廈門。廈門市市長鄒爾均回憶：「小平同志一九八四年到廈門來視察（特區）。當時講好了，不匯報，不講話。我請他到管委會樓頂上看。當時，我提了兩個問題，（特區）擴大到全島，建設自由港。小平同志開始微笑，點頭不說話。臨走的時候，講了，你們提了兩個問題，我帶回去，讓中央第一線的領導同志來作決定。」

一九八四年鄧小平視察深圳經濟特區

在上海，他到前幾年備受議論的寶山鋼鐵公司視察。寶鋼一期工程的現代化程度給他留下了深刻印象。他表示，寶鋼二期工程要爭取早日上馬。

鄧小平不說話，人們不知道他心裡在想些什麼，但從他給三個經濟特區和上海寶鋼的題詞中，能夠看出他對經濟特區的鍾愛，看出他對特區發展的期望與要求。

在珠海，他題詞：「珠海經濟特區好。」

在廣州，他為深圳特區題詞：「深圳的發展和經驗證明，我們建立經濟特區的政策是正確的。」他還特意把題詞時間，寫成離開深圳的日子，以示這是在視察完深圳後就形成的看法。

在廈門，他題詞：「把經濟特區辦得更快些更好些。」

鄧小平為寶鋼題詞：「掌握新技術，要善於學習，更要善於創新。」

顯然，經濟特區的勃勃生機，讓鄧小平倍感振奮。對沿海地區的發展，他設計了一幅更大更美的圖畫。

二月十四日，剛剛回到北京，鄧小平就約請中共中央領導談話，高度評價經濟特區的成績和經驗，特別強調說，「特區是技術的窗口，管理的窗口，知識的窗口，也是對外政策的窗口。對外開放有個指導思想要明確，不是收，而是放。要增加對外開放城市」。他還說：「我們還要開發海南島，如果能把海南島的經濟迅速發展起來，那就是很大的勝利。」

根據鄧小平的思路，三月二十六日至四月六日，中共中央書記處、國務院聯合召開沿海部分城市座談會，

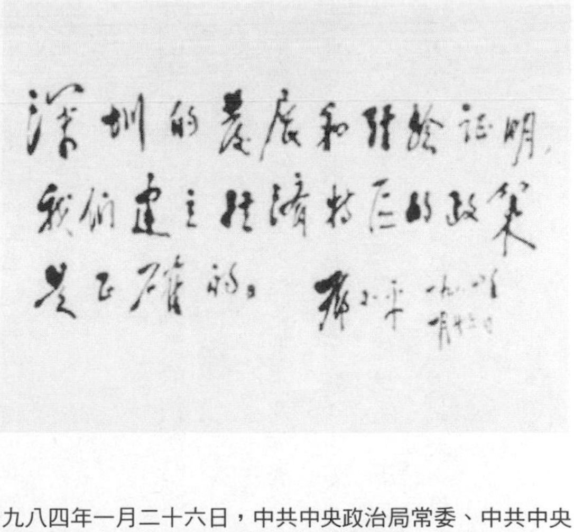

一九八四年一月二十六日，中共中央政治局常委、中共中央顧問委員會主任鄧小平視察深圳經濟特區後，為特區題詞：「深圳的發展和經驗證明，我們建立經濟特區的政策是正確的。」

決定開放大連、秦皇島、天津、煙台、青島、連雲港、南通、上海、寧波、溫州、福州、廣州、湛江、北海等十四個沿海港口城市。

五月四日，中共中央正式批轉了座談會紀要。各開放城市很快行動起來。

十月十五日，在大窯灣畔馬橋子村的一片茫茫沙地上，中國國務院最早批准的開發區——大連經濟技術開發區，動工興建。發展之快出乎人們的意料。

時任大連市委第二書記、開發區建設領導小組組長的崔榮漢回憶道：

因為大連有準備，早就提前選好地點了，萬里、李鵬他們幾位來了以後，一看到馬橋，覺得這個地方非常好。當時我們要五平方公里，現在已經搞到有五十個平方公里。從工業總產值上講，我們那時候是七十五個億，現在已經幹到三千億，沒有想到發展這麼快。

時任廣州市委副書記、廣州經濟技術開發區管委會主任的朱森林，回憶當年創業的情況時說：

創業的時候是比較艱苦的。開始我們希望能夠多有一些高新技術項目，但是也不是那麼容易的。人家也要來看看。所以，初期的時候吧，有一些項目比較有效益的，我們就積極地引進……易拉罐、可口可樂、衛生潔具、廚具……像引進的寶潔公司，就是做洗髮水的。人們當時有個說法，廣（州）大（連）上（海）青（島）天（津），廣州的開發區還算辦得比較好的。這樣規模就越來越大。現在開發區已經是今非昔比了。

海南開發開放也邁開了步伐。五月三十一日，全國人大六屆二次會議決定設立海南行政區。十月一日，海南行政區正式掛牌。港口、機場、電站等二十項重點建設項目全面動工，海南島開發建設掀起高潮。

中國社會科學院院長王偉光這麼評價十四個沿海港口城市開放的意義：「開放沿海十四個城市，開發開放海南島，是擴大對外開放的重大決策。這十四個沿海城市，工業基礎比較好，科學技術力量比較強，開放有利於充分發揮其優勢，加速經濟的發展。對外開放的前沿地帶，從四個經濟特區，很快擴大到從北到南的整個東部沿海的中心城市，形成了新的對外開放戰略格局。」

二、「十萬人才下海南」

一九八八年的春天，七屆全國人大一次會議舉行，選舉產生了新一屆國家領導人。會議通過決議，決定設立海南省、海南島辦經濟特區。「海南」，一時間成為代表們熱議的話題。

早在一年前的一九八七年六月十二日，鄧小平在會見南斯拉夫共產主義者聯盟中央主席團委員科羅索茨時，充滿信心地對外國朋友說：「我們正在搞一個更大的特區，這就是海南島經濟特區。海南島和台灣的面積差不多，那裡有許多資源。海南島好好發展起來，是很了不起的。」

一九八八年四月二十六日，海南省正式掛牌成立。

中國新時期對外開放的突破，是從沿海建立經濟特區開始的。興辦經濟特區後，又相繼開放沿海十四個港口城市，批准海南建省並劃定海南島為經濟特區。之後又決定開發開放浦東，開放沿江、沿邊城市和全國各省省會及一些有條件的城市。全國對外開放的格局基本形成。圖為沿海十四個開放城市之一的大連市

幾天後，一九八八年五月四日，中國國務院發佈「關於鼓勵投資開發海南島的規定」，提出國家對海南經濟特區實行更加靈活開放的經濟政策，授予海南省人民政府更大的自主權。

中國最大經濟特區，實行比「特區」還「特」的經濟政策，一時間點燃了無數年輕人的激情和夢想。「到海南去，幹一番事業！」成為那一代年輕人追逐的方向。沉寂多年的瓊州海峽舟楫繁忙，人潮湧動，這是海南這片土地上所不曾有過的熱鬧景象。人們曾經覺得那麼遙遠的「天涯海角」，一下子成為了全中國的聚焦點。

第一批「闖海人」在海南這片有待開發的熱土上，書寫了一個又一個傳奇的創業故事。人們戲稱，許多後來的中國市場經濟領域裡獨領風騷的人物，在一九八八年，隨時有可能在椰樹底下與你不期而遇。

時任海南省人才交流中心主任的林志向，見證了當年「十萬人才下海南」的盛況。他回憶說：「全國人大關於海南建省辦經濟特區的消息一公佈，引起了全國和全世界的關注。海南還是一個未開發的處女地，大家都覺得這裡有發展的舞台，有施展才華的用武之地，環境比較寬鬆。特別是海南要辦全國最大的特區，實行比特區還要『特』的政策，這一下吸引了全國和全世界的眼球。許多人才紛紛要求到海南參加開發建設。所以，一九八八年初，就上演

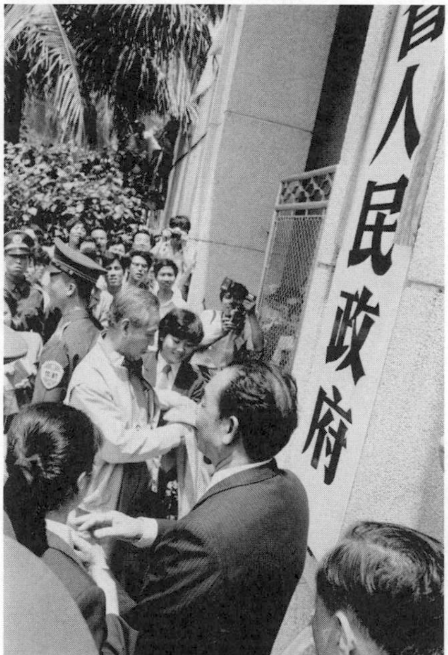

一九八八年四月，七屆全國人大一次會議決定設立海南省和建立海南經濟特區。圖為一九八八年四月二十六日海南省人民政府正式掛牌

海南島過去一直是個令人望而卻步的地方。一九八八年，海南建省的消息一傳出，驟然間成為上世紀八〇年代中後期知識分子和青年學生嚮往和憧憬的熱土。「十萬人才下海南」成為當時海南人才熱的生動寫照

了一幕『十萬人才過海峽，八方風雲會瓊州』的景象。當時，上島的人才像海南的潮水一樣湧過來。當時有這麼幾個特點：一個就是來勢猛、範圍廣。全國除了台灣以外，各個省都有人要求到海南來開發建設。第二個特點是數量多、質量高。每天來的人有上百號，信電達到上千封，其中有大專以上學歷的佔百分之九十，二十五歲以下的佔百分之八十五。第三個特點是決心大、意志堅。許多內地的人才，變賣了家產，舉家南遷。當時到海南來的人一上島，奔的第一站就是海南省人才交流中心。當時為了接待這些要求上島的人才，建省籌備組就組織了組織部和人事部門的人組成『海南人才交流中心』，專門接待諮詢。」

當年的「海南人才交流中心」，如今已變成了海口的一家牙科診所。一九八八年的時候，這是一座五層的小灰樓，省委

組織部的招待所。當時的人才交流中心，就在這個地方租了一層樓來進行辦公。所有人才上島的第一站，都到這個地方來登記求職，然後由人才交流中心通過篩選以後推薦到有關單位去工作。這條路上，有農墾等幾個招待所，離省委、省政府接待辦公室也比較近，所以這兒聚集了大量的「闖海人」。

此外，海口市還有個著名的「三角池」。著名，不是因為它歷史悠久，而是因為這裡曾經是「闖海人」的大本營、民間的人才市場。一九八八年的時候，來自內陸各地的人們都擠在這裡張貼或收集招聘、應聘的訊息，尋找著自己的夢想。距三角池不遠，有個被稱為「人才牆」的地方。這個「人才牆」，其實在一九八八年就是一個報欄。很多企業和單位招聘人才，都在這個報欄上貼出他們的招聘廣告。很多「闖海人」都到這裡來看招聘的情況，根據招聘廣告到某個單位去應聘。這個地方，曾經人很多，人來人往，車水馬龍。

當年的那批「闖海人」中，西北人潘石屹已成為眾人熟悉的企業家。談到當年的「闖海」經歷，他曾感慨地說：「在當時計劃經濟體制下，許多人渴望大特區的自由空氣，渴望實現自身價值，拋家棄業奔向海南，把海南當作施展拳腳的舞台。這背後與整個社會改革開放、思想解放的大背景相關。海南給了我們從來沒有過的希望，我們也在創業中開拓了市場的眼光，同時受到市場經濟意識的啟發。」

戴遇春，一九八八年三月也加入了「闖海人」的行列，正式調到海南電視台。早在一九八四年，他作為吉林電視台的記者，曾到海南瓊海一個汽車實驗廠採訪。與長年生活的北方相比，海南的椰子樹、湛藍的大海、清新的空氣，給他留下了極其深刻的印象。聽到海南建省辦大特區的消息後，他毫不猶豫地作出了選擇。

他說：「我們當時就感覺到，我們應該向思想更解放、跟國際更接軌的一個地方去。原來我們都去過深圳特區，一看就跟我們內地是不一樣的。我這種心情，也是反映了當時『十萬人才下海南』的心情。當時很多人抱著實現自己的一種目標、一種理想，抱著擺脫當時人們思想還比較保守的內地的想法，來到海南。當時，『十萬人才下海南』，主要是這樣一個狀況。」

如今已是海南文化名人的胡彬也是一九八八年十萬「闖海人」之一。他擔任總編輯的海南在線「天涯社區」，已成為最具影響力的全球華人網路社群。談到當年的「闖海」經歷，他回憶說：「我是一九八八年的一月一號到海南來的。當時正好趕上十萬人才過海峽，非常激動人心的場面。當時的場面非常難忘，而且非常有影響，很多媒體很多人都知道這件事，包括國外的，我記得當時《紐約時報》都報導了。實際上，十萬人才到海南來的時候，抱著一個非常單純的、非常理想主義的思想，覺得中國進入了一個改革開放的新的歷史階段，我們應該跟它緊密相連，並且在這個過程當中去追尋個人理想的實現。」

他認為：「其實中國在海南之前也有過幾個特區，只有海南這個特區是一下子吸引了十萬以上的大規模人才的遷徙，這批人被稱為『闖海人』。『闖海人』這個概念，就等於給國內外一個鄭重的宣誓，就是說，中國的年輕人，特別是中國年輕的知識分子，可以拋棄過去體制的一些桎梏，可以白手起家，可以自己創業，可以不要國家安排工作。這一點，在今天來看，雖然是習以為常，但在當時來說是非常激動人心的，是革命性的。海南靠這種特殊的地方，吸引了太多太多的人過來，就是可以自主地安排自己的命運。」

海南海口公園西側有堵四十多公尺長的「人才牆」，上面貼滿了招聘和求職廣告。每天從早到晚，這裡人頭攢動，成為大特區的一個「新景點」

建省之初的海南，偏遠落後，百業待興。十萬「闖海人」是對海南抱有很大的熱情來的，來了以後，發現這個地方條件很艱苦。當時大部分地區不通電，一個火車頭在海口港附近一公里長的鐵路線上來回開，以供海口市部分地區的用電。當時海口市也沒有幾條像樣的路，沒有一個紅綠燈，街上基本沒有出租車。和內地的一些城市相比，也有很大的反差。

創業的艱難，讓不少「闖海人」退縮了。十萬「闖海人」中相當一部分回流了，而胡彬等一部分人則留了下來。激情過後，他們慢慢理智起來，清醒起來，用勤勞和智慧，構築著自己與海南未來的希望。

胡彬創辦了交響樂團，搞起了音樂沙龍。這一事跡，還上了報紙。後來，他抓住互聯網在中國剛剛興起的機遇，加盟「海南在線」網站的建設。

正是當年「胡彬」們的執著和熱情，支撐起了海南今天的繁榮。胡彬說：「這麼多年走過去，所有的『闖海人』，包括我在內，想起當年的一幕，都會覺得非常難得，非常自豪。所以，一九八八年，在我們心目當中是最難忘的，而且也是最激動的、留下最深最多記憶的這樣一個年頭。這一輩子，今生今世，不可能再重演，在別的地方也不會有這麼大規模的浪漫主義的理想主義的實踐，這是在海南最集中的一次體現。」

三、洋浦風波

一九八九年春天，圍繞海南省決定洋浦地區由外商成片承包、系統開發一事，在海內外引起了不小的波瀾。

洋浦，位於海南島西北部的儋縣（今儋州市）境內，是個瀕臨北部灣的半島。這裡土地貧瘠乾旱，十種九不收，素有「三多三少」之說，即荒地多、石頭多、仙人掌多，水少、林少、村莊少。儘管洋浦不適宜農業開發，但發展工業和轉口貿易卻有得天獨厚的條件。這裡海岸線曲折，港灣深闊，是難得的天然良港；洋浦港近連香港、台灣和東南亞各國，遠接日本、朝鮮半島，處在亞太經濟圈的中心地帶和國際海運航道的中心位置，可發展成為國際貨物的重要集散地；洋浦附近資源豐富，有儲量可觀的石油、天然氣，以及鹽、鈦礦、褐煤、油頁岩、石英砂、石灰石礦等，具備提供能源和發展建材工業的理想條件。早在一八八七年，清朝兩廣總督張之洞就提出了建設洋浦港的設想。

一九八八年四月，海南建省，海南島成為中國最大的經濟特區，開發洋浦成為海南建省後的一個重大舉措。但是，洋浦開發同樣也遇到了資金缺口巨大的難題，僅「七通一平」就需要一百多億元的投資，而海南一九八八年財政收入才四億兩千萬元，國家一年給予海南的低息貸款也只有兩億元。海南省由於底子薄，財力有限，不能滿足大規模開發建設的需要。如何破解資金缺口巨大的難題？中共海南省委、省政府經過反覆探索論證之後，提出了設立洋浦經濟開發區的大膽設想，決定採取「引進外資，成片承包，系統開發，綜合補償」的方式，一次性劃出三十平方公里區域，期限七十年，由外商成片承包、系統開發。這就是「洋浦模式」。

一九八八年六月，海南省政府與熊谷組（香港）有限公司達成開發洋浦的初步協議，十二月三十一日向中國國務院上報了關於讓外商承包，成片開發洋浦的請示報告。這一消息在《人民日報》及其海外版披露後，立刻引起國內外輿論的廣泛傳播。海外輿論把洋浦的這一開發模式看成是中國政府在改革開放政策上的重大突破。

「洋浦模式」的獨特之處，一是它是國內最早的將開發區大面積土地由外國大財團承包的地區；二是這片土地實行封閉式管理，實行近於國際自由港的政策。中國以往搞特區、開發區都是自己出錢進行設施建設，而後招商辦企業。洋浦模式卻是依靠外資進行基礎設施建設，再由其招商。這在當時中國的對外開放中是個了不起的突破。《瞭望》當時撰文評價：「洋浦模式」作為一條全新的思路，不僅使洋浦本身躍上了一個新的高度，從一定意義上看也使中國的對外開放躍上了一個新的高度。

然而，對外開放，不僅僅意味著經濟上的面向世界，同時也需要衝破長期封閉觀念的藩籬。十年前，深圳蛇口工業區初建之時，就曾經歷過被指責為「賣國」、「租界」的風風雨雨；十年後，在海南洋浦，一場有關新舊觀念的衝突又一次不期而遇。

洋浦開發區是參照國際慣例來設計和運作的，但是，在二十世紀八〇年代後期，這種做法卻不能為有些人所接受。這種模式遭到了有些人的公開指責，一些不瞭解實情的人極力反對把洋浦成片承包給外商開發，認為「此舉無異引狼入室，開門揖盜」，斥之為「出賣主權」、「喪權辱國」。加之個別媒體的不恰當渲染，如同火上澆油，一些青年學生打著「還我海南」、「嚴懲賣國賊」的標語上街遊行，以致釀成「洋浦風波」。

一九八九年三月，全國政協七屆二次會議在北京舉行。有的委員對「洋浦模式」表示了極大的不

海南洋浦經濟開發區管理局一九九三年四月十日正式成立

經過二十多年的不懈努力，海南洋浦經濟開發區在三十平方公里的土地上，先後建成了造紙、煉化等一批大項目

滿。而此後不久，「洋浦風波」迅速波及全國，成為國內外輿論關注的熱點，面對沸沸揚揚的議論，洋浦的開發不知何去何從，外商也因此望而卻步。關鍵時刻，鄧小平明確表態，有力地支持了海南在開發洋浦問題上所作的探索。四月二十八日，鄧小平審閱中共海南省委書記許士傑、省長梁湘三月三十一日寫給他和楊尚昆的〈關於海南省設立洋浦經濟開發區的匯報〉，作出批示：「我最近瞭解情況後，認為海南省委的決策是正確的，機會難得，不宜拖延，但須向黨外不同意者說清楚。手續要迅速周全。」

鄧小平的親筆批示，肯定了洋浦開發建設的路子，維護了經濟特區改革開放的形象，也向世界表明了中國堅決實行對外開放的決心。

是年五月，全國政協經濟委員會派

出以經叔平任組長的調查組，到海南進行調查和考察，對洋浦開發作出了公正評價。「手續要迅速周全」，這是對加快海南發展的囑託。在隨後的兩年間，中國共產黨和國家領導人多次到洋浦視察，並一再聲明中共中央、國務院支持海南引進外資開發洋浦。江澤民在視察時明確指出：引進外資成片開發，純屬商業行為，不存在損害中國主權問題。一九九二年三月九日，中國國務院正式批准海南省吸收外商投資開發洋浦地區三十平方公里土地，建設洋浦經濟開發區，洋浦開發區以及備受爭議的「洋浦模式」才得以確立，這場風波最終得以平息。

「洋浦風波」平息後，洋浦經濟開發區迅速投入建設，港口、電廠、郵電通訊等先後投入使用。紙漿廠、煉油廠、變性澱粉廠等一批大項目建設完成。經過二十多年的建設，洋浦經濟開發區逐漸走向成熟，正煥發著巨大的生機與活力。

第四章

大潮湧動

二十世紀八〇年代，是一個思想解放的年代，是一個勇於改革的年代，是一個開拓創新的年代，也是一個充滿激情的年代，更是一個大潮湧動的年代。在由計劃經濟體制向市場經濟體制轉軌的過程中，一個新事物不斷湧現、舊事物逐步退出歷史舞台的階段，中國人以獨有的政治智慧實現了這一轉變的相對平穩的過渡。在不斷探索的過程中，有成功，也有失敗，有歡笑，也有淚水，但中國的改革事業始終向前。中國人在深刻改變自己的過程中，也讓世界刮目相看。

第一節　走自己的道路，建設有中國特色的社會主義

中國現代化建設走什麼樣的道路，關係到建設的成敗，乃至國家的興衰。鄧小平從一九七九年開始設計中國現代化的具體藍圖，在原來的「四個現代化」的基礎上，一九七九年三月提出了「實現中國式的現代化」的概念，並逐步形成了分「兩步走」，到二十世紀末實現「翻兩番」，達到「小康水平」的戰略構想；在中共十三大前夕，鄧小平又進一步提出了「三步走」的發展戰略，提出要在二十一世紀的中期達到中等已開發國家水準。

一九八二年九月一日，中國共產黨第十二次全國代表大會在北京召開。在大會開幕詞中，鄧小平說：「我們的現代化建設必須從中國實際出發，把馬克思主義的普遍真理同我國的具體實際結合起來，走自己的道路，建設有中國特色的社會主義，這就是我們總結長期歷史經驗得出的基本結論。」

「走自己的路」，鄧小平表達了探索中國自己的道路的思想。此後的三十多年間，中國不斷出現的制度創新、理論創新，從這簡短有力的五個字中獲得了信心和勇氣。

中共十二大提出了黨在新時期的總任務，明確宣佈了「翻兩番」的奮鬥目標：從一九八一年到二十世紀末的二十年，在不斷提高經濟效益的前提下，力爭使全國工農業的年總產值翻兩番，由一九八〇年的七千一百億元增加到二〇〇〇年的兩兆八千億元左右。實現了這個目標，中國國民收入總額和主要工農產品的產量將居於世界前列，整個國民經濟的現代化過程將取得重大進展，人民的物質文化生活可以達到小康水平。

一九八四年十月，鄧小平在會見參加中外經濟合作問題討論會的中外代表時，用更簡明的「兩步走」來概括中國的中長期發展戰略，他說：「我們第一步是實現翻兩番，需要二十年，還有第二步，需

要三十年到五十年，恐怕要五十年，接近發達國家的水平。」

一九八七年，在中共十三大召開前夕，鄧小平明確地闡述了「三步走」戰略：「我國經濟發展分三步走，本世紀走兩步，達到溫飽和小康，下世紀用三十年到五十年時間再走一步，達到中等發達國家水準。這就是我們的戰略目標，這就是我們的雄心壯志。」

一、莫干山會議

中國農村經濟體制改革取得成功後，二十世紀八〇年代中期，城市經濟體制改革開始啟動。相比於農村經濟體制改革，城市經濟體制改革要複雜得多，也艱難得多，而其中重要的一個環節就是價格改革。如何從計劃經濟體制下的價格機制轉化為市場調節的價格，是一個難題。一九八四年九月，全國中青年經濟學者「論劍」莫干山，提出了雙軌制價格改革的初步建議，這一建議得到了中共中央的認可，從而實行了雙軌制價格體制改革的試驗，跨出了由計劃經濟體制向市場經濟體制轉型的重要一步。

位於浙江北部德清縣境內的莫干山，是天目山的餘脈。這裡山巒連綿，修篁遍地，素以竹、雲、泉「三勝」，綠、涼、清、靜「四優」蜚聲海內外。山不高而秀，泉不湍而清，所以又號稱「江南第一山」，別號「清涼世界」。

莫干山的著名更在於「捨身鑄劍」的傳說。相傳春秋末期，吳王闔閭派干將在現今莫干山劍池鑄劍，鐵汁經久不下。妻子莫邪問計，干將說歐冶子曾以女人配爐神，就成功了。莫邪聽罷立即縱身跳入爐中，鐵汁出，鑄成雌雄二劍。雄劍稱為「干將」，雌劍叫做「莫邪」。莫干山因此而得名。

而改革開放之初，一場在莫干山舉行的會議，同樣也成為中國經濟體制改革歷史上一個重要事件。

在從計劃經濟向市場經濟轉軌的過程中，遇到了諸多的困難和障礙，有很多的難題需要解決。

一九八四年九月，中青年經濟科學工作者學術討論會（「莫干山會議」）合影

一九八四年左右，農村改革已經取得了巨大的成就，中共中央決定加快城市經濟改革，但是，如何推進價格改革成為了城市改革乃至中國經濟改革的一個要害問題，計劃價格成為了城市經濟改革的「攔路虎」，中央急切需要一個可行的價格改革方案。

一九八四年九月三日至十日，全國中青年經濟科學工作者討論會在莫干山舉行，這次會議後來也被稱為「莫干山會議」。

國家體改委宏觀規劃組處長徐景安出席了這次會議。會議討論分為七個組，徐景安分在第一組——價格組。徐景安回憶說，在這次會議上，有人主張對價格實行「調」，有人則主張「放」。有人舉了這樣一個例子：溫度計中的水銀柱，氣溫高了，水銀柱上去了；氣溫低了，水銀柱就下來。價格就是要按照市場供求關係變化，自動地升降。調價是什麼意思呢？不是水銀柱，而是鐵柱子，要降價就得鋸；要加價就得接。這個思路，在當時具有很大意義。我們過去都是「調」的概念，沒有「放」的概念。但價格能全放開嗎？在這次會議上，也有人提出「先改後調，改中有調」的思路。當時，吵得熱火朝天。

會後，徐景安撰寫了一份報告〈價格改革的兩種思路〉，考慮到由國家計劃供應和統一分配的能源、原材料比重太大，煤炭佔百分之五十，鋼材佔百分之七十，建議採取調放結合、以放為主的方針，先將供求基本平衡的機械、輕工、紡織的價格放開，所需的原料也由計劃價改為市場價。隨著一個個行業的放開，統配煤、鋼材的比重就會縮小，這時較大幅度地提高能源、原材料價格就不會對整個國民經濟產生很大衝擊。一個個行業的放開，就會出現統配內的計劃價與自銷的市場價，應配套建立物資市場。

徐景安寫出這份報告後，興奮不已，在杭州西湖邊散步時對張鋼等人說：「金蘋果已長出來了！」果然，報告送上去，九月二十日張勁夫批示：「中青年經濟工作者討論會上，提出的價格改革的兩種思路，極有參考價值。」十月十日中國國務院總理批示：「價格改革的兩種思路很開腦筋。總題目是如何使放、調結合，靈活運用；因勢利導，既避免了大的震動，又可解決問題。廣東的從改物價管理體制入手，江蘇鄉鎮企業走過的路，協作煤價的下浮，糧、棉油大量搞超購價的結果帶來了比例價，都實質上是放、調結合的成功事例。」

一種物資兩種價格，市場價高於計劃價，分配比例逐步縮小，市場份額逐步擴大。價格雙軌制將價格改革的大系統轉化為一個個可以操作的小系統，避免了大風險。更具深刻意義的是，價格雙軌制不僅糾正了不合理的價格體系，而且打破了僵硬的價格管理制度，還帶動了計劃、物資體制的改革。這是對計劃經濟體制的重大突破，奠定了中國商品經濟體制的基礎。後來中國的經濟體制改革就是走雙軌制道路。

雙軌制的好處是明顯的，一下子放開，經濟承受不了，觀念也接受不了，幹部也需要培訓。當然，雙軌制也帶來了一些問題，容易滋生腐敗，出現倒賣物資的情況，這就是新舊體制的矛盾、摩擦、漏洞。所以，價格雙軌制只能是一個過渡性的措施，經濟學家鍾偉將這個舉措稱為「是從計劃經濟到市場體制的『驚險一躍』」。

二、《中共中央關於經濟體制改革的決定》

一九八四年十月二十日，是中國經濟體制改革進程中一個值得紀念的日子。中國共產黨第十二屆中央委員會第三次全體會議，當天上午在北京召開。全會一致通過了《中共中央關於經濟體制改革的決定》，決定突破了把計劃經濟和商品經濟對立起來的傳統觀念，確認了社會主義計劃經濟「是在公有制基礎上的有計劃的商品經濟。商品經濟的充分發展，是社會經濟發展的不可逾越的階段，是我國經濟現代化的必要條件」。從現在的角度來看，決定還存在一定的局限，但在當時的歷史條件下，「有計劃的商品經濟」是一個觀念上的巨大突破。以中共十二屆三中全會為標誌，中國開啟了以城市為重點的全面經濟體制改革。

全面改革是在農村改革取得成功經驗的基礎上推開的。談到這個情況，鄧小平說：「改革，從農村開始，一度議論紛紛。經過三年，解決了許多實踐中出現的新問題，取得成效，認識也就比較一致了。在多年醞釀和農村改革成功的基礎上，改革的重點轉移到城市。」

全面改革的目標是什麼？改革最終要建立什麼樣的經濟體制？解決這個問題顯然需要一個探索過程。這裡的關鍵是怎樣看待計劃與市場的問題。

中共中央关于经济体制改革的决定

（中国共产党第十二届中央委员会第三次全体会议一九八四年十月二十日通过）

一、改革是当前我国形势发展的迫切需要

二、改革是为了建立充满生机的社会主义经济体制

一九八四年十月，中共十二屆三中全會通過《中共中央關於經濟體制改革的決定》

安志文回憶說：「企業改革涉及的問題，是我們的經濟改革走什麼路，這是八〇年代一直爭論不休的問題。一部分經濟學家提出我們的經濟是商品經濟。那時很多同志認為我們的經濟是計劃經濟。」為了統一對這個問題的認識，時任中國社會科學院院長馬洪受命組織人員，撰寫了〈關於社會主義制度下我國商品經濟的再探索〉的研究報告。報告認為，計劃經濟同商品經濟不是對立的；承認社會主義經濟的商品性，是實行對內搞活、對外開放方針的理論依據；社會主義經濟是在公有制基礎上的有計劃的商品經濟。這份研究報告，得到各方充分肯定。社會主義經濟是商品經濟的觀點，第一次被正式寫入了中國共產黨的文獻。

《中共中央關於經濟體制改革的決定》是推進經濟體制改革的綱領性文件。決定勾畫了有計劃商品經濟體制的基本框架：主要是從國家機關直接經營管理企業，轉為政府宏觀管理、企業自主經營；從單一公有制經濟，轉為多種經濟形式和經營方式並存；破除平均主義、「大鍋飯」，鼓勵一部分地區、一部分企業和一部分人依靠勤奮勞動先富起來，最終走向共同富裕。

鄧小平高度評價這個決定。他說：「這次經濟體制改革的文件好，就是解釋了什麼是社會主義，有些是我們老祖宗沒有說過的話，有些新話。我看講清楚了。過去我們不可能寫出這樣的文件，沒有前幾年的實踐不可能寫出這樣的文件，寫出來，也很不容易通過，會被看作『異端』。我們用自己的實踐回答了新情況下出現的一些新問題。」

決定明確提出了社會主義經濟是在公有制基礎上的有計劃的商品經濟。要簡政放權，縮小指令性計劃，擴大指導性計劃和市場調節，充分發揮價值規律的作用。當時外電評論說，儘管加了計劃這個限制詞，但這卻是社會主義國家第一次提出要搞商品經濟，承認了市場的作用，這是中國共產黨的偉大創舉。

實踐證明，中共十二屆三中全會決定的發佈和實施，是對廣大幹部和群眾思想的又一次解放。這次全會之後，以城市為重點的經濟體制改革開始圍繞擴大企業的自主權、開展股份制試點、改革所有制結構、改變用工制度、實行廠長負責制等方面陸續展開。

鄧小平對這個文件給予了高度評價，認為它「是馬克思主義基本原理和中國社會主義實踐相結合的政治經濟學」。對於中國的經濟體制改革，鄧小平滿懷激情。他說，改革，實際也是一場革命，是一場解放生產力的革命！

三、價格改革起步

在各方面配套改革的支持下，經濟體制全面改革也邁出了堅實步伐。第一步就是物價改革。中共十二屆三中全會提出，價格體系的改革是整個經濟體制改革成敗的關鍵。然而改革正要起步的時候，出現了意外情況。由於信貸失控，貨幣發行量暴增，刺激了投資和消費需求，市場上出現搶購現象。再出台物價改革，會不會加劇市場波動？人們有些擔心。

一九八五年一月二十三日，鄧小平聽取經濟工作匯報時，作了決斷。他說，票子發那麼多，外匯降下來那麼多，這是風險。但是另一方面看來，我們的經濟情況總的形勢仍然是平穩的，經住了考驗。改革走一步看一步好，但也不要喪失時機。喪失時機，可惜了。

四月十二日十九點三十分，中央電視台播放了中國國家物價局局長成致平的長篇講話。講話的主要內容是關於一九八五年價格改革方案的說明。這頗有點像「戰前動員」。講話宣佈：「價格改革的基本方針是：放調結合，小步前進。就是放活價格與調整價格相結合，走小步子，穩步前進。改革的重點主要是放開生豬收購價格和豬肉銷售價格。還有調整農村糧食購銷價格，適當提高鐵路短途運價。」

四月十三日、五月十日，上海、北京分別放開鮮活商品、生豬、蔬菜等副食品價格。群眾支出增加的部分，出台了補貼措施。糧棉收購價格也作了調整。中共中央一號文件決定，將實行三十一年的統購統銷改為合同訂購。合同內部分按優待價和超購價，合同外按保護價，價格總體水準有所下降，銷價不動。

五月，中國國務院取消了對企業計劃外產品價格浮動百分之二十的限制。這部分產品價格形成機制走向市場化。過去由於農產品結構倒掛，國家補貼負擔重，商業單位不願多收，農民不願多生產。經過改革，購銷價格有所上升，生產量和供應量都有顯著增加，市場反應總體平穩。這一步邁對了。

七月十一日，鄧小平聽經濟情況匯報。他說，改革的勢頭好。「物價改革是個很大的難關，這個關非過不可，不過這個關就得不到持續發展的基礎。中共十二屆三中全會以來九個月的實踐證明，物價改革是對的。」我們要抓住時機，「如果用五年時間理順物價關係，就是了不起的事」。

中共十二屆三中全會部分代表參觀北京京華自選商場

由計劃經濟向市場經濟的轉軌是一項前無古人的事業，轉軌的過程中，不可避免地會遇到這樣那樣的問題和矛盾。一九八五年，宏觀經濟就出現了嚴峻的形勢。

一九八四年十月計劃下一年度信貸規模時，中國國務院宣佈以當年年底數字為借款基數。於是，各專業銀行為爭取更高的信貸基數而突擊放款，十二月份一個月就增發九十一億元，十二月三十一日一天增發十億元。鈔票不夠了，銀行只得日夜趕印，最後多印了八十億元，而一九八三年全年貨幣投放量才九十億六千六百萬元。這樣突擊放款，有人形容像飛機撒票子一樣。

這麼多的錢湧向市場，極大地刺激了投資、消費需求，搶購風首先從北京颳起。彩電、冰箱、洗衣機，乃至供應充足的糧食，見什麼搶購什麼。

在通貨膨脹的壓力下，原來雄心勃勃的物價、工資改革只得放緩腳步，改為採取「慎重初戰，務求必勝」的方針。當年只放開了豬、牛、羊、禽、蛋、蔬菜等鮮活副食品價格，以及部分煤炭價格，提高了鐵路短途運價，放開了計劃外產品百分之二十浮動價格的限制。但各地各種商品價格的明漲、暗漲，已經難以控制。

中國進口規模過大，使國家結存外匯劇降，由一九八四年八月底高峰的一百二十四億美元，到一九八五年一月底下降到七十一億美元，平均每月下降十億美元，這種趨勢危及中國外貿信用。

市場混亂，信貸、投資、獎金、外匯失控，反映的是體制轉型的過渡時期，計劃內和計劃外的雙重體制以及相應的價格雙軌制，在運行中發生摩擦。像中國這樣一個大國，要從計劃經濟轉向商品經濟，馬列主義的老祖宗沒有現成的理論，實踐中也沒有現成的經驗。計劃經濟的本領不夠用了，商品經濟的知識還是空白。在二十世紀八〇年代的中國，不畏困難勇於改革的人們，在實踐中艱難地摸索，在摸索中不斷學習和成長。

一九八五年，工業生產資料價格實行計劃內價格和計劃外價格並存的雙軌制，一直由國家調撥的工業生產資料進入市場，市場調節工業生產資料價格的比重開始逐漸升高。圖為武漢鋼材市場

四、「巴山」輪會議

一九八五年九月二日上午，一批中外客人從北京乘專機飛抵中國西部重鎮重慶。當天晚上，八十多名客人在重慶登上嶄新的「巴山」號長江遊輪。遊輪徐徐起航，順流東下。這批客人不是普通的長江遊客，而是應中國政府邀請出席「宏觀經濟管理國際研討會」的國內外經濟專家。他們當中，有的來自發達市場經濟國家，如一九八一年度諾貝爾經濟學獎獲得者、美國耶魯大學經濟學教授詹姆斯．托賓，美國波士頓大學經濟學教授里羅爾．瓊斯，英國劍橋大學教授阿萊克．凱斯克勞斯，原德國聯邦銀行行長、時任西德證券抵押銀行行長埃明格爾，法國保險總公司董事長米歇爾．阿爾伯特，日本興業銀行董事、調查部部長小林實等；有的來自有改革經驗的東歐國家，如匈牙利經濟學家科爾奈、原籍波蘭的經濟學家布魯斯、南斯拉夫政府經濟改革執行委員會委員亞歷山大．巴伊特；還有世界銀行駐華辦事處主任林重庚。

來自中國國內的專家學者，有體改委黨組書記安志文、國務院發展研究中心主任薛暮橋、國務院技術經濟研究中心總幹事馬洪。他們是中國國務院制定改革發展政策的中心人物。其他如劉國光、戴園晨、吳敬璉、趙人偉、高尚全、童大林、項懷誠、洪虎、張卓元、郭樹清和樓繼偉等，也都活躍在改革前沿，有的至今還在發揮著重要作用。

出面舉辦這個會議的，是中國經濟體制改革研討會、中國社會科學院和世界銀行，實際承擔會務的是國家體改委。會議經費是由體改委和財政部提供的一部分國內經費，美國福特基金會捐獻了一些，其餘的是世界銀行出的。與會的國際頂尖的經濟學家，由世界銀行出面邀請。

為了保證會議不受外界干擾，會務組特意向交通部租下剛投入運行的「巴山」號遊輪。這是當時國內最好的遊輪，船上的頭等艙，單間帶衛生間，相當於現在的三星級酒店的水準。來自國外的專家學者，被允許偕夫人同行。早餐吃自助，午餐和晚餐都安排吃中餐。

劉備托孤的白帝城，激流和險峰相輝映的長江三峽，山清水秀的小三峽、大小寧河，富於東方神韻的名勝古蹟，讓客人激動不已，流連忘返。外賓夫人們還參觀一些製造工藝品的作坊，逛市場，採購一些小商品。有會議的時候，安排她們在船上看風光片。像登山、上張飛廟等活動，山高路陡，還為年歲大的客人準備了滑竿，走不動了就抬一抬。

一回到會議室，他們又恢復了學者的理性和冷靜。雖然置身青山碧水間，這次會議開得並不輕鬆。八十一歲高齡的薛暮橋，當時正在生病，是被人抬著上船的。這位中國經濟學界泰斗，強撐病體，堅持為大會致開幕詞，以示鄭重。

會議討論體制轉型的七個重大問題：中國經濟改革帶來的巨大變化、改革的目標模式、改革的方法和步驟、價格問題、經濟過熱、改革與經濟穩定、繼續推進改革。會上，主要是外國專家們侃侃而談，為中國經濟體制的轉型，提出了比較系統的、切實可行的方案。

九月七日，船抵武漢，停靠晴川飯店的專用碼頭。五天的會議結束。

十月十二日，會議主辦單位將〈關於〈宏觀經濟管理國際討論會〉主要情況報告〉遞交中國國務院。報告建議，中國經濟改革的目標模式，應選擇宏觀控制下的市場機制協調，宏觀實行間接控制，微觀活動必須放開。改革應當採取漸進的逐步過渡辦法。

除了提供重要決策參考外，會議的另一項成果是隱性的，但影響長遠。中國經濟學界的學術語言是計劃經濟的，同西方市場經濟不同。因此，會議的前三天，中外專家只能各說各話。西方頂尖經濟學家，用市場經濟的理論和經驗，詮釋中國經濟體制改革，這對中國經濟學界是一次學術啟蒙。

全面改革的起步是慎重的，又是堅定的。實踐中獲得的經驗，引起中共全國代表會議的重視。一九八五年九月十八日，中共全國代表會議在北京舉行。這次會議是中共十二屆三中全會決定召開的。主要在於，「七五」計劃是關係國計民生的大事，中共中央領導機構進一步新老交替也應盡可能發揚民主，都需要在兩次全國代表大會期間召開代表會議。

九月二十三日，鄧小平在中國共產黨全國代表會議上講話，對形勢與改革問題作了分析。他說：

我們要抓住當前的有利時機，堅定不移，大膽探索，同時注意及時發現問題和解決問題，力爭在不太長的時間內把改革搞好。我相信，凡是符合最大多數人的根本利益，受到廣大人民擁護的事情，不論前進的道路上還有多少困難，一定會得到成功。

會議通過《關於制定國民經濟和社會發展第七個五年計劃的建議》。中共中央政治局常委葉劍英等一大批中央領導機構的老幹部，主動要求退出領導機構，讓年輕幹部上來。鄧小平讚揚說，大批老幹部以實際行動，帶頭廢除領導職務終身制，推進幹部制度改革，這件事在黨的歷史上值得大書特書。新進入中共中央委員會的六十四人，平均年齡五十・一歲，有大專學歷的佔百分之七十六・六。鄧小平對所有幹部，特別是新上來的幹部提出一個要求，就是學習馬克思主義理論。他說：

馬克思主義理論從來不是教條，而是行動的指南。它要求人們根據它的基本原則和基本方法，不斷結合變化著的實際，探索解決新問題的答案，從而也發展馬克思主義理論本身。……熟悉馬克思主義的基本理論，從而加強我們工作中的原則性、系統性、預見性和創造性。只有這樣，我們黨才能堅持社會主義道路，建設和發展有中國特色的社會主義，一直達到我們的最後目的，實現共產主義。

不盡長江滾滾來。從中央到地方各級領導機構的新活力，科技、教育、軍隊各個方面配套改革的新氣象，有力推動著全國改革邁向新的階段。

十月二十三日，鄧小平在人民大會堂會見由美國時代公司組織的企業家代表團。他說，七年來，我們一心一意搞四個現代化，在發揮社會主義固有的特點的同時，也採用資本主義某些有效的方法，加快生產力的發展。「中國的農村改革已經取得很大的成就。我們正在大膽地進行城市改革，我對此充滿信心。」

代表團團長格隆瓦爾德問到社會主義和市場經濟的關係時，鄧小平說，問題是用什麼辦法更有利於社會生產力的發展。過去我們搞計劃經濟，這當然是一個好辦法，但多年的經驗表明，光用這個辦法會束縛生產力的發展，應該把計劃經濟與市場經濟結合起來，這樣就能進一步解放生產力，加速生產力的發展。我們進行了一個系列的經濟體制改革，這不違背社會主義原則。

第二天，《人民日報》刊登了這次會見。過去市場經濟一直被當作資本主義的特徵受到排斥，鄧小平關於社會主義也可以搞市場經濟的明確態度，引起了國內外的極大關注。

「巴山」號遊輪的特殊航行結束了，中國全面改革的新航程才剛剛起航。

第二節　改革向城市進軍

中國國有企業改革，是中國整個經濟體制改革的中心環節，也是最為重要的環節。如何破解國有企業改革的難題，如何改變國有企業長期虧損的局面，如何使企業真正走向市場，成為市場的主體？打破「鐵飯碗」和「大鍋飯」、擴大企業自主權、實行廠長負責制……從中央到地方，全國上下做出了多種方式的嘗試。這其中做出突出成績的，有步鑫生的海鹽襯衫廠、有馬勝利的石家莊造紙廠，其中有成功，也有失敗。一九八六年八月，瀋陽市防爆器械廠的破產倒閉，更讓人們知道改革還有陣痛。

中國的國有企業改革正是在勇敢的探索中不斷前行。

一、「步鑫生熱」

一九七八年秋天，經中國國務院批准，四川省率先在寧江機床廠、重慶鋼鐵公司等六個企業開始進行擴權試點，拉開了中國城市經濟體制改革的序幕。

六家擴權試點企業把自己的腳尖小心翼翼地探入市場，在高度計劃體制這張網上捅開了一個缺口，由此創造的良好效益使國家很快下決定把全國試點企業擴大到六千多家，然而這種改革並未根本觸動原有的企業制度，政府部門直接管理企業、直接干預企業生產經營活動的問題並沒有得到解決。

中國國有企業改革起步雖早，但進展緩慢。伴隨著農村改革的深入，鄉鎮企業異軍突起，令人振奮。鄉鎮企業的快速發展，極大地喚起了各行各業改革的熱情。在農村改革的巨大影響和推動下，國有企業改革邁出了更大的步伐。地處偏僻一隅、名不見經傳的浙江海鹽縣襯衫廠成了這一輪改革的領頭羊。

海鹽襯衫廠是個只有三百多職工的小廠。當廠長步鑫生接手時，企業瀕臨破產，年產四五十萬件襯衣，卻有近一半堆在倉庫裡。老工人的退休金也無處可支。被逼得走投無路的步鑫生想到了改革。步鑫生後來回憶說：

企業內部的體制問題、機制問題，各種條條框框，造成「大鍋飯」。條條框框都有文件，你不好去動它。但是你不去改變這個條條框框，那生產上不去，發展不了，產品推銷不出去。生產低效率的根子就是分配上的平均主義，吃「大鍋飯」。什麼叫改革？改革就要破舊立新。改革有標準，改革創新，就要對國家有利，對企業有利，對職工有利。只要這三個有利，你就去改。

步鑫生一出手就是幾大「板斧」：一是學習農村的聯產承包責任制，在車間實行了「聯產計酬制」。做多少襯衫，就拿多少錢，上不封頂，下不保底。當時時髦的概括是：打破「大鍋飯」。二是抓質量，做壞一件襯衫要賠兩件。「你砸我的牌子，我砸你的飯碗」，此話由步鑫生說出後曾風靡一時。三是規定請假不發工資，若真生病要由他來決定是否補貼。當時，「泡病假單」在企業中很流行，即使在企業生產最繁忙的季節，出勤率也只有百分之八十，而真正生病的不到「泡病假」的三分之一。步鑫生解釋這是為了治一治這種「流行病」。四是每年要開訂貨會。邀請全國各地百貨商店的負責人到海鹽來，吃住行由他們全包，每年大約要花八千多元，這在當時已是相當大的數目。五是打響襯衫的牌子。步鑫生常說：「靠牌子吃飯可以傳代，靠關係吃飯要倒台！」他親自為襯衫定名，「唐人」是男式襯衣，「雙燕」是女式襯衣，「三毛」是兒童襯衣。六是要講工作效率和速度。於是他出差上海要包出租車，出差新疆、廣州、廈門還要坐飛機。

由於他管理抓得緊，工廠效益不錯，生產出的襯衫品種和花樣也比較多，產品在上海、杭州一些城市還很受歡迎。步鑫生大膽改革，管理有方，使海鹽縣襯衫總廠成為浙江第一流的專業襯衣廠，產品暢銷上海、北京等二十多個大中城市。

改革很快收到了成效，工人收入提高了，勤奮、手巧的工人收入是原先的兩到三倍；工廠像樣了，被譽為花園式的文明工廠；職工在工作日還可享受免費午餐，這在當時是破天荒的；退休職工的養老金也有了著落。

一九八三年四月二十六日，《浙江日報》在第二版以一個整版的篇幅發表了介紹步鑫生改革事跡的長篇通訊——〈企業家的歌〉，並在第一版作了提示性的介紹。此後還發表了評論、讀者反映，並開展了專題討論。報導產生了巨大影響。先是在浙江全省二輕系統開展了學習步鑫生改革精神的熱潮，隨即推向全省工業系統和各行各業。當年，著名企業家馮根生、魯冠球都曾到海鹽襯衫廠參觀、考察。

真正讓步鑫生名揚全國的是一九八三年十一月十六日《人民日報》頭版的長篇通訊——〈一個有獨創精神的廠長——步鑫生〉。說起這篇長篇通訊的來歷，還有一段故事。這年的十一月，新華社發表了一期介紹步鑫生嘗試企業改革的內參，時任中共中央總書記的胡耀邦對內參作了批示。這篇內參隨後便以〈一個有獨創精神的廠長〉為題刊於十一月十六日的《人民日報》頭版，並以「編者按」的形式披露了胡耀邦的批示內容：「對於那些工作鬆鬆垮垮、長期安於當外行、做一天和尚撞一天鐘的企業領導幹部來說，步鑫生的經驗當是一劑良藥，使他們從中受到教益。」此後，全國各地迅速即出現了「步鑫生熱」，僅新華社一家在一個多月裡就播發了二十七篇報導，共計三萬多字。各路參觀團、考察團湧進小小的海鹽縣城，中央各機關、各省市紛紛邀請步鑫生去做報告，他被全國政協選為「特邀委員」，他用過的裁布剪刀被收入中國歷史博物館。

「步鑫生熱」的興起並不是偶然的，他實行的改革與當年中央開始倡導的改革措施十分合拍，特別是他打破「大鍋飯」和砸碎「鐵飯碗」的舉動，與中央當時正在推行的擴大企業自主權、實行廠長負責制、打破「鐵飯碗」和「大鍋飯」等改革理念非常吻合。

一九八三年二月二十二日，勞動人事部發出關於積極試行勞動合同制的通知。所謂勞動合同制，就是通過簽訂勞動合同規定勞動者和用人單位雙方的義務與權利，實行責、權、利相結合，把用工合同制同經濟責任制結合起來。

勞動合同制是企業用工制度方面一項帶方向性的重大改革。從二十世紀五〇年代中期開始，中國在「左」傾錯誤的影響下，勞動人事制度統得越來越死，包得越來越多，存在著許多嚴重的弊端。實行勞動合同制，企業可以根據生產需要選擇用人，勞動力可以在一定程度上實行社會調節；個人在一定範圍內有選擇職業的自由，能更有效地調動職工的積極性。這一制度打破了新中國成立後幾十年來用工制度上的「鐵飯碗」、「大鍋飯」，真正建立起了競爭機制。當年，步鑫生的改革，使擴大企業自主權、廠長負責制、打破「鐵飯碗」和「大鍋飯」等改革理念深入人心。

這時，中國國有企業改革在擴大企業自主權的基礎上又向前邁出了一步。

一九八三年三月二十一日至四月一日，中國國務院在北京召開全國工業交通會議，強調當前主要是對國有企業推行以稅代利的改革，堅持以提高經濟效益為中心，實現速度和效益的統一。

四月二十四日，中國國務院批轉了財政部《關於全國利改稅工作會議報告》和《關於國營企業利改稅試行辦法》，決定從六月一日起開徵國有企業的所得稅，把執行多年的利潤上繳方式改成有比例的納稅制。有盈利的國有大中型企業均根據實現的利潤，按百分之五十五的稅率繳納所得稅。企業的留利部分，再根據不同情況分別採取遞增包幹上繳、固定比例上繳、繳納調節稅、定額包幹上繳等辦法，上繳國家財政。國有小型企業則試行八級超額累進稅制，繳納所得稅後，由企業自負盈虧。「利改稅」是國有企業進行現代化公司治理制度改革的第一個重要舉措。

到一九八三年十二月底，實行利改稅第一步改革的工業企業共有兩萬八千一百一十戶，佔全國盈利工業企業總戶數的百分之八十八．六。實行利改稅的工業留利水準，一九八三年比一九八二年增長百分之二十五．八，高於一九八二年全國國營工業企業生產增長百分之九．六，實現利潤增長百分之十四．一和上繳稅利增長百分之八的幅度。

二、「包」字進城

二十世紀八〇年代中期左右，在農村改革中取得奇效的承包制，被廣泛地引進到國有企業的改革中，而這其中最出名的就屬石家莊造紙廠的馬勝利了。馬勝利是當年改革的風雲人物。

一九八四年，石家莊造紙廠跟很多老牌國有企業一樣難以為繼，八百多人的工廠已經連續三年虧損，年初上級下達了十七萬元的利潤指標，廠長不敢承諾。銷售科長馬勝利提出由他來承包造紙廠，年底上繳利潤七十萬元，工人工資翻番，「達不到目標，甘願受法律制裁」。

馬勝利的這個大膽舉動，一下子轟動了整個石家莊，市長王葆華組織了一百六十人的「答辯會」，當場拍板讓他承包造紙廠。

馬勝利擔任廠長後的頭一招就是要變懶為勤。過去有些人吃「大鍋飯」吃饞了，呆懶了，工作挑肥揀瘦。馬勝利當了一廠之長，當即發令全廠，上下搞承包，人人壓指標。他說：「我這個廠長好比開飯館的，不怕能吃能賺的壯漢子，就是不給好吃懶做的人開大鍋飯。」馬勝利治懶的一個辦法是責利掛鉤，「誰承包誰負責，誰負責誰出力，誰出力誰得利」。

衛生紙車間有三台打漿機，過去歲數大的女工看一台，年輕的看兩台，拿的獎金卻一樣。年輕的氣鼓鼓地跑到班長那裡一迭聲地抱怨：「她們歲數大，孩子也大哩，我們回去還得帶孩子做飯，怎麼年輕就有罪啦？」

歲數大的聽說要換去看兩台，急得拽著班長訴苦：「俺們這麼大歲數了，成天腰疼腿疼胳膊疼，一台還湊合著看呢，還想叫俺們看兩台啊？」班長被吵得左右為難，勸了老的哄小的，矛盾越鬧越大。實行承包的頭一個月，看一台的少拿獎金三、四十元，歲數大的坐不住了，趕忙去央求班長改換看兩台：「也得讓俺們嘗嘗承包的甜頭嘛！」

懶的變勤了，勤的勁更大，困擾了幹部們多年的派工矛盾解決了。

馬勝利的承包「秘訣」主要是在產品結構和銷售激勵上下功夫，根據市場需求，把原來單一的大捲家庭衛生用紙，變成六種不同規格、顏色各異的新產品，還研製出帶香味的「香水紙巾」。為了鼓勵業務人員開拓市場，馬勝利規定，開闢一個大客戶獎勵十元，招攬一個小客戶獎勵五元。這些措施讓死水一潭的工廠頓時有了活力。

馬勝利對廠子內部管理體制的改造，使造紙廠發生了神奇的變化：

變「蟲」為「龍」——埋沒多少年的「珍珠」出土了，有三十多人被提升到領導崗位挑起了大樑。

變鬆為嚴——揣著酒瓶子上班、在機器旁睡大覺的現象很快消失，廠裡紀律嚴明、秩序井然了。

變差為好——紙張質量從原來比較差勁連跳幾個大台階，內銷、外銷產品合格率現在都達到了百分之百。貓球牌衛生紙進入釣魚台國賓館，遠銷歐亞，成了國際暢銷貨。

變舊為新——以前廠裡總是六七個老產品來回炒冷飯，眼下紙檯布、紙尿布、藥用衛生紙、紙鞋墊等十多種新產品接連降生，生產的紙張由傳統的文化消費領域，開始進入人們的生活消費和衛生保健領域。

馬勝利承包的第一個月，造紙廠就實現了利潤二十一萬元，比上級下達的整年指標還多。第一年承包期滿，馬勝利完成了一百四十萬元的利潤。經新聞報導宣傳，「馬承包」立即聞名全國。此後，工廠連續幾年盈利增長，一九八五年實現利潤兩百八十萬元，一九八六年為三百二十萬元。

一九八七年企業承包制全面推廣，馬勝利也設想了一個更大的藍圖，他要打造一個世界級的造紙王朝。他宣佈創辦「中國馬勝利造紙企業集團」，跨省市承包了幾十家造紙企業，演繹了一段「一包就靈」的傳奇。

馬勝利講到這段經歷的時候說：「我在很短的時間內在全國就鋪開了，跨了十九個省市，包了近百家造紙廠，我就想把中國的造紙，小的造紙聯合起來，把產品打向世界市場。那時候自己也衝出亞洲，走向世界。」

然而，好景不長，這種不涉及企業產權制度改革的承包制，讓馬勝利只經歷了短暫的輝煌，很快就在一九八八年的盲目擴張中陷入了困境，黯然退出了中國改革的歷史舞台。

但是在那樣一個大改革的年代，馬勝利作為改革先行者的榜樣，鼓舞了很多人，也感召了很多人，馬勝利和他改革的故事也永遠地留在了中國改革的歷史上。

一九八六年十二月五日，《國務院關於深化企業改革增強企業活力的若干規定》發佈，決定一九八七年全國推廣企業承包經營責任制，允許各地選擇少數有條件的全民大中型企業進行股份制試點。

在推廣企業承包制改革時，除了馬勝利，首鋼、二汽也是承包制改革的典型。

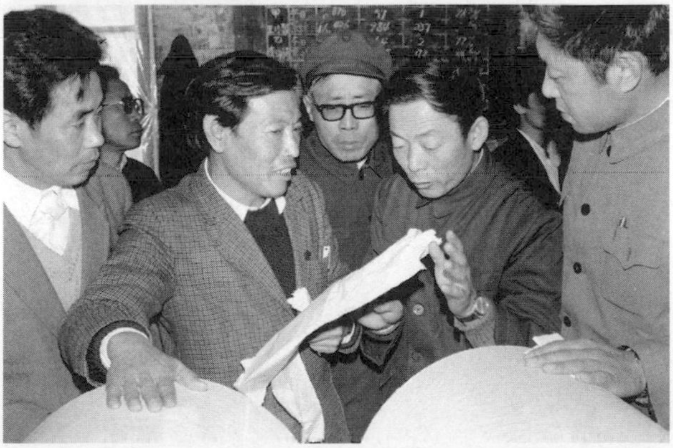

河北省石家莊市造紙廠廠長馬勝利，在山東菏澤造紙廠的承包招標中，一舉中標，使工廠利潤翻三番，實現總利潤兩百九十六萬元。這是原廠長李伯章（右二）在車間向馬勝利（左二）介紹工廠情況

首都鋼鐵公司從一九八二年開始，實行包幹制，每年利潤上繳遞增百分之七．二，剩下的利潤全部留給企業。承包五年，首鋼利潤年遞增百分之二十。相應地，上繳國家利稅年遞增百分之十三．〇八；企業留利水準從百分之十二．七升至百分之四十。用這些錢，首鋼增加固定資產達八億三千萬元，鋼產量翻一番，職工收入年遞增百分之十二．九。

第二汽車製造廠的企業承包試點也取得了突出的成績。時任第二汽車製造廠黨委書記的陳立德回憶說：

> 我們當時就提出來二汽利潤遞增包幹這個方案。也就是說，原來二汽上交給國家的利潤不變，而且每年遞增百分之七。我們跟國家承包了以後，我們在二汽本身內部，也搞了全面承包。經濟承包責任制，也就是層層承包，一直承包到班組。在這種情況下，成本大大地節約，效益大大地提高，職工的福利也有很大的改善。群眾的積極性就大有提高。

大包幹搞活了農村，「包」字進城會不會再創奇蹟？從二汽、首鋼等試點企業看，企業承包制曾經取得了不俗的成績。

企業改革從放權讓利邁向政企分開。對於新的改革探索，鄧小平予以讚許和鼓勵。他說：

> 其實，許多經營形式，都屬於發展社會生產力的手段、方法，既可為資本主義所用，也可為社會主義所用，誰用得好，就為誰服務。

他要打破人們頭腦中的框框，把改革開放不斷推向前進！

到一九八七年底，中國實行各種承包經營責任制的國營大中型工業企業已達到百分之八十二，國營大中型商業企業達到百分之六十以上。

中國國有企業實行承包制改革，為搞活國有企業作出了階段性的貢獻，是中國改革歷程中一次重要的嘗試。企業承包制改革同樣也暴露出很多的弊端，為了解決這些弊端，一些企業又在實行承包制基礎上推動改革向著股份制方向發展。

三、洋廠長

中國的改革需要藉鑑國外的經驗、技術，引進國外的資金，同時也需要國外的人才。二十世紀八〇年代初期，在鄧小平的倡導下，各地開始請一些外國專家來華參觀、考察並幫助工作。

一九八四年，武漢與西德杜伊斯堡市結為友好城市，杜市通過德國退休專家服務局向武漢派出了一批技術專家擔任國有企業的技術顧問。其中有一位是發動機製造和鐵芯技術專家威爾納・格里希。

一九八四年八月，六十四歲的格里希應邀來到武漢柴油機廠，幫助解決發動機問題。格里希是一位辦事極其認真又很性急的德國老頭。到武漢柴油機廠後不久，這位德國老頭被眼前的懶散、馬虎現象攪得寢食難安，很快寫出了十萬字的諮詢資料，提出了一百多條合理化建議。

原武漢柴油機廠黨委書記謝長欽回憶：「（格里希）來了以後看到我們這個情況，他感覺到就是我們廠（問題）好像還不是單純以技術為主，很多是管理問題。管理不到位，就是有好的技術，也出不了好的產品。」

格里希還毛遂自薦，表示如果讓他當廠長，可以在現有設備條件下，通過加強管理，大幅度提高產品質量，改變工廠落後面貌。

格里希的主動請纓引起了武漢決策者的高度重視。經過認真研究，一九八四年十一月，中共武漢市委、市政府作出了一項在當時稱得上是「石破天驚」的決定：聘請格里希先生擔任武漢柴油機廠廠長。此決定一出，世界矚目。海外輿論稱之為中國對外開放和改革進程中「一件令人吃驚的新聞和成功的典範」。

格里希就此成為中國國有企業第一位「洋廠長」。格里希以德國人的嚴謹，開始了在中國的廠長生涯。對生產質量他要求比較嚴，比如他每天早晨上班戴手錶，對工件清潔度進行檢驗，這是他管得比較嚴的東西。對職工、對工時這一方面他也是管得比較嚴，每個人的工作時間，比如加工一個部件需要多長時間，格里希讓公司給定出時間，在規定時間中必須完成。在生產管理的各個方面，他都要求比較嚴。

格里希的心血沒有白費，武漢柴油機廠的面貌發生了很大變化。格里希成了搞好國有企業的典型，報紙稱他的經驗是「洋廠長的三斧頭」。中國國務院領導五次接見他，當面請教。西德政府授予他「十字勳章」。他給中國政府寫了一封信，歸納十多條國有企業的弊端，提了許多建議，「政府不應該像慈父護侍愛子那樣對待企業；治理生產過程中的驚人浪費，提倡過節儉日子；加強對青年的就業前培訓；中央成了設備調劑中心，把某些企業閒置的設備有償調撥給缺少設備的企業」等等。

二〇〇三年四月十七日，武漢市政府在市中心的漢正街工業區廣場中央，為已逝世的格里希樹了一座二．七八公尺的雕像，以紀念這位在中國改革史上留下足跡的外國人。格里希的成功，也許正應了中國那句古話，「外來的和尚會唸經」。「洋斧頭」給人啟迪，但很難複製。中國企業家仍然背負了太多的體制包袱，前進的路，還需要自己去摸索。

四、打破「鐵飯碗」

漣源市是湖南中西部的一個小山城。這年春天，街頭巷尾都在議論，說兵器工業部洪源機械廠幾個大學生放著人人羨慕的金飯碗不端，搞個體去了。這是為什麼？

出於對國有企業現狀的失望。現任三一重工集團副總的袁金華回憶：「我親眼見到，一個大水壓機壞了，工人很高興，歡呼萬歲，他馬上就回去休息去了。壞了是領導的事，領導在車間協調，又去把機修車間工人喊來，那是半天時間啊。他就不關心效益。（這是）體制上的問題。」

三一重工集團另一位副總唐修國明確地說：「我們嘗試（下海）這種想法實際上基於一個很簡單的道理，一個就是中國不僅缺技術，更缺管理。第二要在國有企業進行改革也有非常大的難度，那麼我們還可以另外選擇一條路，那就是創辦一個企業。」

威爾納 · 格里希和武漢柴油機廠幹部一起擬訂全廠勞動工資的改革方案

企業缺乏活力，使幾個年輕人決意離開。他們的感受，正是決策層的憂慮。

一九八四年實行第二步利改稅後，國有企業連續虧損，中國國家財政收入受到嚴重影響，企業缺乏活力的問題沒有解決。單靠放權讓利，已經難以調動企業的積極性。需要深化改革。

在北方大工業城市瀋陽，人們又作了新的探索。一九八六年八月三日，集體企業瀋陽市防爆器械廠破產，成了第一家破產的國有企業。

瀋陽市防爆器械廠始建於一九六六年，原來是瀋陽變壓器廠為解決職工生活困難、安排家屬就業組建的一個職工家屬生產組。以後幾經變革，一九八三年改名為瀋陽市防爆器械廠。一九八四年，廠子三天兩頭換主管單位，廠長石永階稀里糊塗被「退休」，變成了「前廠長」。工人們沒有事做，每天就是把彎了的鐵絲砸直。

到一九八四年底，廠子連續虧損並欠下大筆外債，欠債總額已高達四十八萬元。沒有人發愁著急，因為工資照發不誤。人們寧願相信，和從前一樣，日子就這麼過下去。

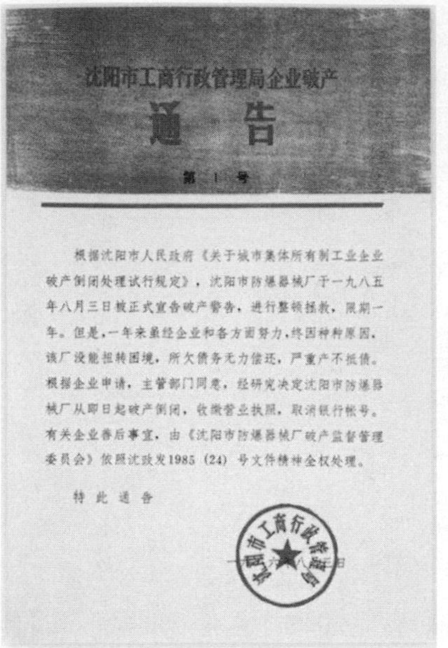
沈阳市工商行政管理局企业破产

通　告

第 1 号

根据沈阳市人民政府《关于城市集体所有制工业企业破产倒闭处理试行规定》，沈阳市防爆器械厂于一九八五年八月三日被正式宣告破产警告，进行整顿拯救，限期一年。但是，一年来虽经企业和各方面努力，终因种种原因，该厂没能扭转困境，所欠债务无力偿还，严重资不抵债。根据企业申请，主管部门同意，经研究决定沈阳市防爆器械厂从即日起破产倒闭，收缴营业执照，取消银行帐号。有关企业善后事宜，由《沈阳市防爆器械厂破产监督管理委员会》依照沈政发1985（24）号文件精神全权处理。

特此通告

一九八五年八月三日，瀋陽市工商行政管理局對經營不善、資不抵債，並經過一年整改仍無效果的瀋陽市防爆器械廠發出破產倒閉通告。該廠成為新中國成立後第一家依據法規破產倒閉的集體所有制企業。圖為該廠的破產通告

瀋陽是中國最大的重工業城市，也是計劃經濟色彩最濃厚的城市。統計顯示，一九八四年上半年，僅根據冶金、輕工、化工等十一個工業局測算，就有四十三戶集體企業虧損嚴重，資不抵債。瀋陽市防爆器械廠只是他們當中不起眼的一個。有公家兜著，企業經營得好壞，沒有人關心。

一九八五年二月九日，瀋陽正式通過了《集體所有制工業企業破產倒閉處理試行規定》。這是國內第一個公有制企業破產規章。

在社會主義制度下，公有制企業也可以破產倒閉，這種想法很大膽！過去搞不下去，最多落個「關停並轉」，爛攤子扔給政府，大傢伙換個地方繼續吃「大鍋飯」。人們認為，只有在資本主義制度下，才會有資本家破產，工人失業。而現在，在商品經濟下的競爭中，吃政府「大鍋飯」的日子到頭了！

一九八五年七月，瀋陽市從十一家資不抵債、長期虧損、難以扭轉局面的企業當中，選定防爆器械廠、農機三廠、五金鑄造廠三家規模較小、虧損比較嚴重的企業，作為破產改革試點。

一九八六年八月三日，瀋陽市政府在政府辦公大樓三樓會議室召開新聞發佈會，對這三家企業發佈破產倒閉限期整改通知。通告用特殊的黃色油墨印成。三位廠長舉著破產通告，頗似足球場上受裁判黃牌警告的球員。

然而，整整一年過去，瀋陽防爆器械廠回天乏術。

一九八六年八月三日，瀋陽市政府在瀋陽市迎賓館北苑會議廳舉行發佈會。瀋陽市工商行政管理局局長宣讀了第一號企業破產通告：

企業宣告破產後，石永階重新創業。這是他（左）與電氣工程師張福安一起研究新產品的生產情況

一九八八年通過的企業破產法，是企業改革的一個重要步驟。圖為一九八八年八月二十五日，在中國經濟體制改革中第一家宣佈破產的國有企業瀋陽市防爆器械廠廠長石永階在領取救濟金證

瀋陽市防爆器械廠從即日起破產倒閉，收繳營業執照，取消銀行賬號。

瀋陽防爆器械廠前任廠長石永階說：「（破產）一個原因就是計劃經濟沒有自主權，自己說話不算，領導就派任務，搞產品的話你得打報告，同意你幹，不同意你幹你幹不了；第二個原因就是工人抱著鐵飯碗，到廠幹活不幹活都給錢。」

瀋陽防爆器械廠的破產，讓人不免唏噓，但這也是中國改革進程中不可避免的陣痛。中國的改革正是在陣痛中不斷地成長、蛻變，獲得新生。

第三節　走向市場

中國的經濟體制改革，是一個打破計劃經濟體制束縛的過程，同樣也是一個逐步向市場經濟體制邁進的過程。通過不斷的改革，從鄉村到城市，從沿海到內地，在改革逐步取得成就的同時，人們對「市場」的概念也漸漸清晰。當然，在改革的過程中，關於計劃和市場、關於姓「社」與姓「資」的爭論也不可避免，甚至有時爭論會非常激烈。在改革的關鍵時刻，鄧小平作出了權威的解答，他明確指出「計劃和市場都是方法」，並為中國改革謀劃出「三步走」的戰略藍圖。

一、鄧小平的特殊禮物

有一張特別有意義的照片，至今仍掛在美國紐約證券交易所裡，它被稱為「當代最大的證券交易

一九八六年十一月十四日，鄧小平在北京會見美國紐約證券交易所董事長約翰 · 范爾霖。鄧小平將一張面額為人民幣五十元的上海飛樂音響公司股票贈給范爾霖。這張「小飛樂」股票成為第一張被外國人擁有的股票，范爾霖成為中國上市公司第一位外國股東

所主席和最小的證券交易所經理的合影」。其中「最小的證券交易所」，指的就是當時中國工商銀行上海信託投資公司靜安證券工農業部。

一九八六年十一月，紐約證券交易所董事長約翰・范爾霖率領美國紐約證券交易所代表團來華，參加中美金融市場研討會。十一月十四日，鄧小平會見范爾霖。客人把一枚紐約證券交易所的證章送給鄧小平。鄧小平回贈了一個特殊禮物：上海飛樂音響公司股票。

鄧小平的舉動不同尋常。

在歷史上，股票的出現，實現了由個別資本積累、積聚到社會資本集中的飛躍，生產規模前所未有地擴大，極大地推動了生產力的發展。馬克思指出：「假如必須等待

積累去使某些單個資本增長到能夠修建鐵路的程度，那麼恐怕直到今天世界上還沒有鐵路。但是，集中通過股份公司轉瞬之間就把這件事完成了。」

然而在中國，人們長期把股票與投機、資本、資本主義相聯繫。新中國成立後不久股票就消失了。改革開放以後，股票又悄然出現。

北京大學教授、經濟學家厲以寧分析：「這個股份制最早是從哪兒開始的呢？是從一九七八年以後，農村搞家庭承包制。搞了以後呢，有些勞動力就富餘出來了，農民就投資辦些鄉鎮企業，有些鄉鎮企業是農民以入股的形式搞的，雖然沒有叫股份制，但是性質是股份制，股份制最早是從這裡開始的。」

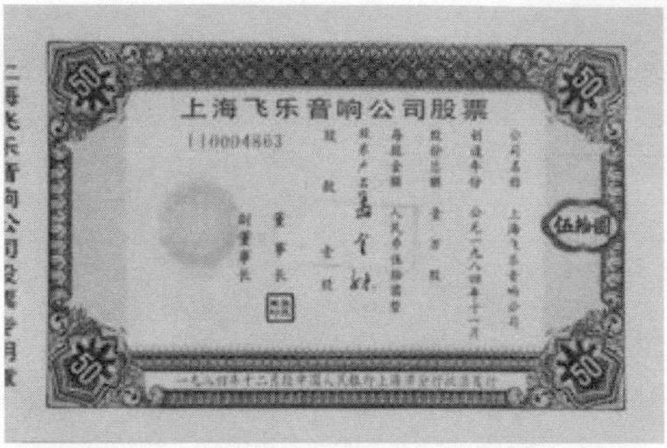

一九八四年十一月中國首批公開發行的上海飛樂音響公司股票

一九八四年，北京天橋百貨、上海飛樂音響等股份公司紛紛組建。它們在所有權和經營權分離、企業自主經營方面，打開了一條新路，引起了人們的注意。

飛樂音響其實是當時上海飛樂音響總廠搞的「第三產業」，股票由上海印鈔廠印製，每張面值五十元，共一萬張，股票印製相當精美，設計了防偽編號、批文號、簽字蓋章等很難假冒的要素，甚至董事長秦其斌的印章是為了防止有人偽造，逐張蓋上去的。由于飛樂音響股票標準地體現了股票的特徵，因此，一直被認為是中國改革開放後的第一張比較規範的股票。飛樂音響股票的樣品被擺放在美國紐約證券交易所的陳列室裡，供世人參觀。

飛樂音響發行股票的消息出來後，國內的許多報紙沒有報導，但「牆內開花牆外香」，路透社記者馬克・奧尼爾從北京向國外發出了一條不足五百個英文單詞的新聞，立即引起了國外媒體爆炸性的連鎖反應。《美國之音》、《日本經濟新聞》、《朝日新聞》等重要媒體，把這則消息作為中國改革開放的重大突破進行了詳細的報導。

一九八六年九月二十六日，中國工商銀行上海市分行信託投資公司開辦代理股票現貨買賣業務。那天天剛亮，南京西路一千八百零六號門前，有不少人已經在「市場」門口等候開門，到九點開盤時，營業廳內外都擠滿了人。那時上市交易的只有延中實業和飛樂音響兩支股票。到下午四點半收盤統計，當天共賣出一千五百餘股股票，約八萬元。

社會主義國家能不能搞股份制，這個問題引起了爭論。鄧小平以特殊方式表明了態度。范爾霖收到鄧小平送的股票，第二天就去銀行櫃檯辦理過戶。與他執掌的紐約證交所的天量交易額相比，這筆買賣小得幾乎可以忽略不計。他更看重的，是鄧小平送他股票的重大意蘊。日本《朝日新聞》以整版篇幅發表評論稱，鄧小平的舉動是中國推行股份制的一個信號。

二、「計劃和市場都是方法」

本溪是遼寧省一個不大的城市。一九八七年，租賃了本溪東明商場等八家商店的關廣梅，當選為中共十三大代表。

時任中共遼寧省本溪市委書記的叢正龍介紹說：「關廣梅承租以後呢，她做了幾件比較大的事情：第一個就是精簡機構。不參與經營的，都放到下面去；第二件事情呢，是調整勞動組織。不幹活的，被解聘了。內部的能人和各種專業人員，大部分勞動主力調配得比較合理了；第三就是擴大經營規模，副食品商店麼，那麼除副食品之外，一些其他商品也開始經營。再就是調整分配關係。企業好職工都多拿，按照租賃者的要求也多拿。」

關廣梅搞活了企業，自己和職工都增加了收入。但她觸動了計劃經濟的「鐵交椅」、「鐵飯碗」，惹來了非議。

時任《經濟日報》遼寧站記者的龐廷福，對此作了調查：「有些幹部下來了。有些人員裁減了。有些人收入和過去不一樣了。那麼，人的想法就不一樣了。過去想像的社會主義，不是這個樣子啊，改革以後不就是資本主義了嗎？你去當資本家去了。我是被你剝削的。當時我們國企改革都在這麼做。所以折射出來的問題，不僅僅是關廣梅租賃企業的問題，實際上涉及中國改革是如何評價的問題。也就是說，你這個改革是姓『資』還是姓『社』。」

叢正龍認為，這種社會反應，來自於三十年的思維慣性。

儘管得到本溪市委市政府的支持，關廣梅還是感受到巨大的壓力。她說：「因為改革是一個新生事物，所以人們對改革的認識不盡相同。可以說人們思想認識和觀念上的不一致是我們遇到的最大阻力。」

六月十二日，《經濟日報》報導了關廣梅的情況，對於承包、租賃等等改革，是姓「資」還是姓「社」，開展了公開討論。在四十多天裡，報社收到各地和海外一千多位讀者來信，發表的有五十六篇，加上評論員文章等合計七十八篇。

對改革私下的議論，變成公開的討論，這個動向，甚至引起了海外的關注。國外二十多家通訊社的報紙也轉載或評論了這一討論。這次討論反映出，隨著改革開放日益深入，人們對許多做法困惑越來越大。

作為中國改革開放的總設計師，鄧小平十分清楚改革的複雜和艱難。他說，中國的體制改革不容易，積習太深，習慣勢力大得很。明確表示反對改革的人不多，但一遇到實際問題，就會觸及一些人的利益，贊成改革的人，也會變成反對改革的人。

反對改革的，不只是習慣勢力。極少數主張資產階級自由化的人，認為改革不是社會主義制度的自我完善，而是自我否定；應該「全盤西化」，走資本主義道路。

受資產階級自由化思潮的影響，一九八六年十二月中下旬，合肥、武漢、上海、南京、杭州等地一些高等院校發生學潮。經過教育和疏導，事件逐漸平息。

在改革的過程中，不可避免地會遇到來自「左」的或右的干擾。把握好中國改革的航向至關重要，一九八七年二月六日，鄧小平同中央領導人談了中共十三大的籌備問題，他提出：

> 十三大報告要在理論上闡述什麼是社會主義，講清楚我們的改革是不是社會主義。要申明「四個堅持」的必要，反對資產階級自由化的必要，改革開放的必要，在理論上講得更加明白。

鄧小平多次提出，看待中國的社會主義，要從中國的實際出發，不要離開現實和超越階段。

一九八四年，遼寧省本溪市副食品商業公司職工關廣梅承包租賃了連年虧損的副食品商店，當年實現利潤十八萬元，超額完成合同規定的利潤指標。一九八七年，她又組建了中國第一個租賃商業集團——成東明商業集團，對國營商業經營形式改革進行新嘗試。關廣梅先後獲得全國「三八」紅旗手等光榮稱號和全國「五一」勞動獎章，並於一九八八年獲得全國首屆經濟改革人才金盃獎。圖為關廣梅在中共第十三次全國代表大會上

一九八七年三月二十一日，中共十三大報告起草小組向鄧小平報告了設想，準備以社會主義初級階段作為立論基礎，系統闡述發展戰略、經濟體制改革方向、政治體制改革原則，等等。這個設想得到了鄧小平的肯定。二十五日，他批示：「這個設計好。」

中共十三大報告構建了社會主義初級階段理論。這個理論把出發點定在中國的基本國情上。它揭示了這樣一幅圖畫：

社會主義制度已經建立，經濟、文化有了很大發展。但是農業還靠手工勞動，工業要靠大量落後幾十年甚至上百年的「老爺」設備支撐，商品經濟還不發達，近四分之一人口是文盲半文盲，封建主義、資本主義腐朽思想和小生產習慣勢力在社會上有廣泛影響。

社會主義初級階段的基本含義是什麼呢？中共十三大報告起草組成員鄭必堅是這樣概括的：「第一層含義，我們必須堅持社會主義。我們並不需要經過資本主義高度發展的階段，才能夠說是進入社會主義。第二層呢，我們又必須承認我們是社會主義初級階段，我們在社會主義現代化進程當中，工業化、商業化、社會化這些都要，這些都是不可逾越的。也就是說，我們不能超越階段。」

一九八七年二月六日，討論中共十三大籌備工作時，鄧小平還為深化經濟體制改革，提出了新的認識。他說：

計劃和市場都是方法嘛。只要對發展生產力有好處，就可以利用。它為社會主義服務，就是社會主義的；為資本主義服務，就是資本主義的。

當時的經濟體制是一種什麼狀況？經濟學家、中國社會科學院原副院長劉國光提到：「我們經過九年的改革實踐，過去高度集中的計劃經濟體制，已經逐漸削弱。個體經濟、私營經濟、外資經濟，還有鄉鎮企業，還有國有企業當中的自主經營，發展得很快，使得我們經濟生活越來越活潑。」經濟體制改革有了新的起點。鄧小平提出的新認識，破除了把計劃經濟等同社會主義的觀念，開闢了深化改革的新天地。

鄧小平講的這席話，針對的是什麼呢？劉國光談到當時對這個問題的不同看法：「十二屆三中全會提出來有計劃的商品經濟，究竟是計劃經濟為主，還是商品經濟為主，理論界多年來爭論不休。」

二月二十三日至二十六日，中國國家體改委和國家計委，邀請經濟學家，舉行計劃與市場關係座談會，提出新的經濟運行模式，把計劃與市場作為一個整體有機結合。

隨後，國家計委制訂《關於改革計劃體制的十二條意見》和《計劃與市場結合的基本思路》。五月十五日，中央財經領導小組進行了討論。

但在雲南羅平縣魯布革電站建設者那裡，計劃和市場的關係就不單是理論問題，而是實際問題。

魯布革電站計劃安排是由水電部十四局承建。一九八四年，作為水電站第一個對外開放窗口，魯布革電站引進世界銀行貸款，將引水隧道工程實行國際招標。日本大成公司擊敗包括十四局在內的對手中標，為業主節省投資八千萬元。

中國國務院南水北調辦公室原主任、當時任魯布革電站工程指揮部負責人的張基堯回憶說：「施工前的準備活動，公路、各種料場，都是十四局準備的，本來練好了手腳準備大幹一場，結果呢沒中標，讓日本大成公司中標。當時說，明天就要結婚了，一摘蓋頭布，換了新娘。這種沮喪和苦悶，使得各種各樣的情緒都有了，也產生了一種看人家笑話的想法——你做做看看，幹不了，還得交給我們。」

從一九八四年開始，水電部十四局與日本大成公司一起施工。兩家暗自展開了心照不宣的競賽。大成公司完全市場化運作，收入跟效率掛鉤。他們只派來三十六名管理和技術骨幹，從十四局僱了四百二十四名勞務工人，施工效率卻相當於中國同類工程的二至二．五倍，完工時間比合同規定提前了五個月。

十四局七千人的建設大軍，靠政治動員、搞大會戰，總算按期實現大壩截流；廠房工程換了兩任領導，進度還是延誤三個月。

這場近在咫尺的競賽，給十四局上下很大的衝擊。人們在問：同樣的職工，為什麼效率有天壤之別？

張基堯分析了其中的原因：「純粹計劃機制下的管理體制，資金每年是國家安排，設備靠國家統一配給，材料國家安排下達，計劃靠國家安排調整，就等於是要嬰兒由國家來餵奶一樣，餵一口吃一口。建設管理單位，它沒有主動性，當然也就沒有積極性。那個時候有個十萬、二十萬級的水電站都要幹七年八年，甚至十幾年，所以流行一句話叫作『投資是無底洞，工程是馬拉松』。」

十四局向大成公司取經，引進競爭機制，把收入和效率掛鉤。擔任廠房建設指揮所首任所長的黎漢皋回憶說：「我們一九八五年的十一月成立指揮所，成立三個月以後，我們基本上是把拖後三個月的工期搶回來了。」

但這個項目改了，其他部門沒改，矛盾就出現了。

黎漢皋回憶說：「兩種體制的碰擦，兩種觀念的碰擦，都在這個時候暴露出來。因為當初我們整個公司、整個局、整個周邊的環境，還沒有根本改。所以這些做法，我們當初的一些做法，可能在我的上級心目裡面也不一定是能夠接受的。這是個最感到頭疼的事情。」

張基堯也談到：「由於沒有從總體體制上進行變革，只在局部進行的改革探索是難以成功的。你不是在你那個廠房裡施工……工資高，但你的孩子在我的幼兒園，你得到我的食堂吃飯啊。到了食堂打飯打菜，師傅們菜都少打點；到了幼兒園，你那孩子就讓老師欺負，這就是當時的現實。社會辦企業，牽一髮而動全局。」

一九八七年六月三日，全國施工工作會議決定，在建設領域全面推廣魯布革經驗，推行招標制、項目管理。

八月，《人民日報》發表通訊〈魯布革衝擊〉，指出通過這場深山峽谷裡的競賽，把市場對計劃體制的衝擊，從理論討論轉到了經濟生活中。構建新體制，成了各界熱議的話題。

經過醞釀，中共十三大報告確認，社會主義有計劃商品經濟，應該是計劃與市場內在統一的體制。計劃與市場都是覆蓋全社會的。計劃與市場相結合的經濟運行機制，是「國家調節市場，市場引導企業」。

劉國光認為，與十二屆三中全會的決議相比，這個模式向市場經濟更進了一步：「國家—市場—企業，這三者的關係是國家調控市場，市場引導企業。中間是市場，重點在市場。所以十三大是把計劃和市場平起平坐，並且逐漸地向市場傾斜。」

中共十三大報告提出，要圍繞轉變企業經營機制這個中心環節，分階段進行計劃、投資、財政、金融、外貿等配套改革，加快建立和培育社會主義市場體系，逐步建立起有計劃商品經濟新體制的基本框架。

三、「三步走」發展戰略

一九八七年四月二十六日，鄧小平會見捷克斯洛伐克總理盧博米爾・什特勞加爾時，用「不夠格」來說明社會主義初級階段：

現在雖說我們也在搞社會主義，但事實上不夠格。只有到了下世紀中葉，達到了中等發達國家的水準，才能說真的搞了社會主義，才能理直氣壯地說社會主義優於資本主義。

四月三十日，他會見西班牙工人社會黨副書記、政府副首腦阿方索・格拉時，完整地提出社會主義初級階段的發展戰略：

從一九七八年底十一屆三中全會到現在將近九年時間，算是第一步。第一步原定的目標，是在二十世紀八〇年代翻一番。以一九八〇年為基數，當時國民生產總值人均只有兩百五十美元，翻一番，達到五百美元。第二步是到二十世紀末，再翻一番，人均達到一千美元。實現這個目標意味著我們進入小康社會，把貧困的中國變成小康的中國。那時國民生產總值超過一兆美元，雖然人均數還很低，但是國家的力量有很大增加。我們制定的目標更重要的還是第三步。第三步是在二十一世紀用三十年到五十年再翻兩番，目標大體上是人均達到四千美元，大概同西方國家當時的水準接近。做到這一步中國就達到中等發達的水準。這是我們的雄心壯志。目標不高，但做起來可不容易。

中國國務院發展研究中心原主任王夢奎，曾負責中共十三大報告經濟發展戰略部分的起草工作。他說：「我們就根據小平同志這樣一種思想，經過反覆琢磨，反覆修改，形成了十三大報告最後那段非常簡練的『三步走』的發展戰略。」

這個戰略就是：第一步，實現國民生產總值比一九八〇年翻一番，解決人民的溫飽問題；第二步，到二十世紀末，使國民生產總值再增長一倍，人民生活達到小康水平；第三步，到二十一世紀中葉，人均國民生產總值達到中等已開發國家水準，人民生活比較富裕，基本實現現代化。

一九八七年十月二十五日，中國共產黨第十三次全國代表大會在北京舉行。這次大會的中心任務是加快和深化改革。大會確認，中國正處在社會主義初級階段。中國共產黨在這個階段的基本路線，是領導和團結全國各族人民，以經濟建設為中心，堅持四項基本原則，堅持改革開放，自力更生，艱苦奮鬥，為把中國建設成為富強、民主、文明的社會主義現代化國家而奮鬥。

大會確定了「三步走」的經濟發展戰略。關於經濟體制改革，大會明確了計劃與市場相結合的經濟運行機制。

大會認為，中共十二屆三中全會以來，中國共產黨在對社會主義再認識的過程中，發揮和發展了一系列觀點，構成了建設中國特色社會主義理論的輪廓，初步回答了中國社會主義建設的階段、任務、動力、條件、佈局和國際環境等基本問題，規劃了前進的科學軌道，是指引中國共產黨的事業前進的偉大旗幟。中國共產黨開始找到一條建設中國特色社會主義的道路，這是繼有中國特色的革命道路之後，馬克思主義與中國實踐相結合的第二次歷史性飛躍。

二〇一四年八月二十日，中共總書記習近平在紀念鄧小平誕辰一百一十週年座談會上深刻指出：「鄧小平同志第一次比較系統地初步回答了在中國這樣經濟文化比較落後的國家如何建設社會主義、如何鞏固和發展社會主義的一系列基本問題，深刻揭示了社會主義的本質，實現了馬克思主義同中國實際相結合的又一次歷史性飛躍。」「正是在鄧小平同志倡導和支持下，改革大潮匯聚成時代洪流，使中國人民的面貌、社會主義中國的面貌、中國共產黨的面貌發生了歷史性變化。」

第五章 劇變時代

一九七八年中共十一屆三中全會後，中國走上了改革開放的道路，鄧小平作出了「和平與發展」是世界兩大主題的判斷。二十世紀八〇年代末，中國改革開放已走過了十多年的時間，取得了巨大的成就，同時也積累了寶貴的經驗，其中最關鍵的一條就是：改革開放需要良好國際國內環境。但此時，世界局勢正發生著劇烈變化。

二十世紀八〇年代末九〇年代初，蘇東劇變，原有的兩極格局隨之結束，世界隨即進入一個劇變的時代。

第一節　山雨欲來風滿樓

二十世紀八〇年代末九〇年代初，世界局勢風雲突變，一系列重大事件接踵而至，令世人驚心，令世界震撼。這不僅對原有世界格局產生重大衝擊，也標誌著以雅爾達體制為基礎的冷戰格局發生變化，世界由此進入新格局時代。此時此刻，中國面臨著複雜多變的國內外形勢，可謂是「山雨欲來風滿樓」。

一、躲不過的風波

一九八九年是二十世紀八〇年代的最後一個年頭。

一九八九年的《人民日報》元旦獻詞讓人感到平實親切而又引人注目。獻詞開頭寫道，「剛剛過去的一九八八年是難忘的」，這一年中國的改革取得了巨大成就；但同時又毫不避諱地指出了所面臨的嚴峻情況：「在這一年，我們也遇到了前所未遇的嚴重問題，最突出的就是經濟生活中明顯的通貨膨脹、物價上漲幅度過大，黨政機關和社會上的某些消極腐敗現象也使人觸目驚心。」對此，每一位對這個國家、民族有責任心的中華兒女都感到了焦慮。對於在改革的第十年遇到的嚴重困難和問題，黨內、黨外絕大多數人缺乏足夠的思想準備，一時間議論紛紛。而此時此刻，凝聚共識，破浪前進是最重要的。

這一年，新中國即將四十歲，當屬「不惑之年」。獻詞講道：「不管人們有什麼樣的歧見，有什麼樣的牢騷，有一點則是共識：要實現四化、振興中華，唯有改革一途。」這為國家的繼續前行撥開了迷霧，指明了方向。

從一九八八年開始，中國經濟出現了通貨膨脹、重複建設和經濟過熱的問題。隨著商品價格「雙軌制」改革的啟動，一場全國性的搶購風潮出現了。利用特權在改革中間環節牟取暴利的「官倒」等腐敗行為，讓人們格外感到憤怒，使社會承受能力受到嚴峻挑戰。而與此同時，一股資產階級自由化思潮暗流湧動，並逐漸浮出水面，一些打著「民主」、「自由」、「人權」幌子的資產階級自由化分子到處蠱惑人心。

一九八九年四月、五月間，北京正是春暖花開的季節，但是在這個春天，空氣裡似乎瀰漫著一種躁動的氣息，人們的心裡也隱隱有一種不安的感覺，彷彿要發生大事。

這一切，都讓人們感到「山雨欲來風滿樓」的氣氛，一場猛烈的政治風波正在醞釀之中。

一九八九年春夏之交，最終在北京發生了一場政治風波，這場風波的發生儘管有著深刻的國際背景，但與中國內部一些方面的工作失誤不無關係。鄧小平較早就發現，這場風波「是國際的大氣候和中國自己的小氣候所決定了的，是一定要來的，是不以人們的意志為轉移的，只不過是遲早的問題，大小的問題」。

複雜的局面，正在考驗著中國共產黨人的智慧和眼光。

二、中國不能亂

中國共產黨緊緊依靠中國人民，旗幟鮮明地反對動亂，平息了這場危及全體中國人命運的政治風波。

一九八八年十月，武漢市江漢商店嚴格按國家規定的價格售貨，不亂漲價。這家商店在門口貼出一張告示：凡在本店購買的貨物，如有超過物價部門規定的，可在三天內到本店退貨或補給差價款，並對檢舉者給予獎勵

舊中國「一盤散沙」的狀況是其貧窮落後的重要原因。由於長期分裂、內亂和戰爭，中國進入近代以後，遲遲沒能走上現代化之路。舊中國多種政治力量都進行過嘗試，但只有中國共產黨才能實現國家的統一、民族的團結，從而使中國具備了走向現代化的政治前提。每一個瞭解中國近代史的人都知道，中國的這種大好局面來之不易，是千千萬萬前輩浴血奮戰，無數先烈英勇流血犧牲才換來的。

中國是一個多民族的大國，有著遼闊的領土和眾多的人口，地區之間經濟、文化發展不平衡，如果從內部亂起來，就必然回到舊中國一盤散沙、四分五裂的狀況。人民又將被拋入紛爭、兵亂、戰火之中，現代化事業將成為泡影。每一個有愛國心的中國人都不願意發生這樣的事情。中國的國情決定了維護國家的統一、社會的穩定和民族的團結，是中華民族根本利益之所在。穩定壓倒一切是人們充分認識了動亂的危害後得出的結論。

「動亂不能前進，只能後退」，這是「文化大革命」的慘痛教訓。「文化大革命」時期，正是世界上新技術革命勃勃興起的時候。許多國家和地區，抓住這一時機，大力發展科技和教育，及時調整產業結構，開拓新產業、新產品、新市場，迅速把經濟搞上去。日本、東德是這樣，北歐諸國是這樣，亞洲「四小龍」也是這樣。亞洲「四小龍」之一的韓國，在一九六二年實行振興經濟計劃之初，人均國民生產總值僅八十三美元，經過短短十六年的發展，到一九七八年達到一千兩百四十三美元，翻了近四番。「文化大革命」使中國失去了新技術革命提供的一次極好機會，使其本來已經縮小的與世界先進水準的差距又被拉大了，國民經濟也幾乎走到了崩潰的邊緣，剛剛起步的現代化事業就這樣被動亂中斷了。

一九八九年的政治風波，對中國也是一次大的考驗，幸運的是中國採取了正確果斷的措施，平息了這場風波，保證了中國社會的穩定。在這場政治風波中，鄧小平和中共中央一再強調：

壓倒一切的是穩定，中國不能亂。

中國的問題，壓倒一切的是需要穩定。凡是妨礙穩定的就要對付，不能讓步，不能遷就。不要怕外國人議論，管他們說什麼，無非是罵我們不開明。多少年來我們挨罵挨得多了，罵倒了嗎？總之，中國人的事中國人自己辦。中國不能亂，這個道理要反覆講，放開講。不講，反而好像輸了理。要放出一個信號：中國不允許亂。

一九八九年六月九日，鄧小平接見首都戒嚴部隊軍以上幹部時又指出：「以後我們怎麼辦？我說，我們原來制定的基本路線、方針、政策，照樣幹下去，堅定不移地幹下去。」「這次事件爆發出來，很值得我們思索，促使我們很冷靜地考慮一下過去，也考慮一下未來。也許這件壞事會使我們改革開放的步子邁得更穩、更好，甚至於更快，使我們的失誤糾正得更快，使我們的長處發揚得更好。」

兩個星期後，這一任務落在了剛剛當選為中共中央總書記的江澤民的肩上。

三、受命於危難之際

一九八九年六月，中共十三屆四中全會選舉產生了以江澤民為總書記的新的中央領導集體。這是一次在中共歷史上具有重要意義的會議。它標誌著中國共產黨第三代中央領導集體開始登上中國的政治舞台。

江澤民在中共十三屆四中全會上強調：「黨的十一屆三中全會以來的路線和基本政策沒有變，必須繼續貫徹執行。在這些最基本的問題上，我要十分明確地講兩句話：一句是堅定不移，毫不動搖；一句是全面執行，一以貫之。」

中國國內的政治風波平息了，但對立勢力仍在伺機而動，對國家的安全和穩定造成了嚴重的威脅。一些人的理想、信念受到了衝擊，人心需要重新凝聚。

面對複雜的局勢，中共中央領導集體一直在冷靜觀察，沉著應付。江澤民曾引用毛澤東的一句詩來表達此時的心情：「雄關漫道真如鐵，而今邁步從頭越。」

中共第三代中央領導集體是在國內外非常複雜的背景下形成的，可以說是「受命於重大歷史關頭」，「受命於危難之際」。此時，他們肩負著四千八百萬黨員和十一億人民的重託和期望，卓有成效地開展工作，保持了社會的穩定和發展。

一九八九年十一月，中共十三屆五中全會決定接受鄧小平辭去中央軍委主席職務的請求。此時，中國共產黨的中央領導集體順利完成新老交替。會議結束時，江澤民把鄧小平送到門口，緊緊地握著這位老人的手說：「我一定鞠躬盡瘁，死而後已！」

一九八九年六月二十三日至二十四日在北京召開的中共十三屆四中全會，對中共中央領導機構的部分成員進行了必要的調整，選舉江澤民為中央委員會總書記

第二節　蘇東劇變後的世界

大變局帶來新變化，蘇東劇變以及劇變後的一系列影響又一次使全世界、全人類來到了一個歷史

岔路口。世界要向何處去？針對這些新變化，中國做到了處變不驚，在國際上站穩了腳跟，為國內深化改革和對外開放創造了條件；同時也及時作出了世界逐漸呈現出多極化、全球化、資訊化的發展趨勢的判斷。

一、黑雲壓城城欲摧

許多年後，當人們回憶起二十世紀八〇年代末九〇年代初那段驚心動魄的歲月，回想起那時中國所面對的國內外形勢時，形容最多的一句話就是「黑雲壓城城欲摧」。由此可見，當時的局面是多麼的嚴峻和險惡。

二十世紀九〇年代的開端，極不平常。

一九九〇年一月一日清晨，太陽像往常一樣升起，但世界並不安寧。這一年，世界發生了許多重大事件和重大變化。波斯灣戰爭爆發，德國實現統一，蘇聯局勢嚴峻，東歐局勢依然混沌。

過去一年，東歐一些社會主義國家在西方國家的「和平演變」攻勢下，政局動盪，發生劇變。一九八九年六月，波蘭議會舉行大選，共產黨競選失敗，組成了以團結工會為主體的東歐第一個非共產黨領導的政府。隨後，匈牙利、保加利亞、捷克斯洛伐克、東德、羅馬尼亞、南斯拉夫接連發生劇變。

一九九一年初的蘇聯已是風雨飄搖，此後的歷史進程更是讓世人感到吃驚。幾個月後，蘇聯解體，世界上第一個社會主義國家轟然倒塌，不復存在。蘇東劇變以及劇變後的一系列影響，又一次使全世界全人類來到了一個歷史岔路口。

在中國，如何保持較快的經濟發展速度，如何密切與人民群眾的聯繫，如何繼續加大反腐敗的力度，如何克服西方和平演變遺留的思想混亂等問題，都亟待解決。更嚴重的是，對於一九八九年那場政治風波，以美國為首的西方政界和媒體給予了極大的關注和大量的報導，這些國家的新聞報刊、廣播電台等機構更是無所忌憚地肆意歪曲事實真相，惡意造謠扯謊，中傷中國，造成了極為惡劣的國際影響，損害了中國在國際上的形象，赤裸裸地干涉中國內政。

一九八九年六月初，中國政府果斷平息這場政治風波之後，一些西方國家、海外敵對勢力不甘心失敗，又掀起了一場反華反共大合唱。以美國為首的西方國家一再干涉中國內政。它們一方面在經濟上對中國進行「制裁」；另一方面又通過打「人權牌」粗暴地干涉中國內政，大肆造謠攻擊中國政府的舉措，赤裸裸地對中國施壓。

六月二十日和七月十四日，美國國會眾議院和參議院先後通過「制裁」中國的修正案，肆意歪曲中國制止動亂的事實真相，毫無根據地污蔑和攻擊中國政府，並提出一系列對中國的「制裁」措施。美國駐華使館還違反公認的國際關係準則，庇護方勵之夫婦，公然干涉中國內政。此外，美國國會還不斷通過「制裁」中國的法案，包括暫停武器出售以及促使國際金融機構推遲考慮向中國提供新的貸款等。

七月，在法國巴黎舉行的西方七國首腦會議發表政治宣言，「譴責」中國平息暴亂是所謂「中國違反人權的暴力鎮壓」，宣稱要採取中止對華高層政治接觸及延續世界銀行的貸款等。他們還對中國實行了所謂的經濟「制裁」，通過禁止向中國出售軍用物資，中斷對中方的銀行貸款，推遲執行新的合作項目等方式對中國施加壓力，妄圖逼迫中國「就範」，用經濟上的「制裁」使中國在政治上屈服。

此時，中國要想堅定地走好自己的路，做好自己的事，要想勇敢戰勝一個又一個無法預料的難題和考驗並達到「黑雲壓城城不摧」，就必須對世界發展趨勢有一個準確的判斷，就必須對社會主義充滿必勝的信心。

二、準確判斷世界發展趨勢

蘇東劇變後，中國做到了處變不驚，在國際上站穩了腳跟，也為中國國內深化改革和對外開放創造了條件。

大變局帶來新變化，劇變後的世界逐漸呈現出多極化、經濟全球化、資訊化的趨勢。針對這些新變化，中國的領導人作出了及時和準確的判斷。

二十世紀六〇年代就開始出現了世界多極化的勢頭。從二十世紀七〇年代到八〇年代，世界多極化一直是向前發展的。隨著世界多極化的發展，美蘇兩極的統治地位都逐漸衰落。美國國務卿舒爾茨曾在一九八五年一月一次講話中感慨道，戰後殖民帝國的崩潰使幾十個新興國家登上世界舞台，歐洲、中國、日本已成為經濟和政治舞台上的重要角色，超級大國在政治上所處的支配地位在過去幾十年裡逐漸衰落。一九八六年蘇聯領導人戈巴契夫也在一次講話中承認，無論是蘇聯還是美國都不能指揮世界。世界已經發生了變化。

針對世界格局新的發展趨勢，一九八九年十月，江澤民在慶祝中華人民共和國成立四十週年大會上指出：「當前的國際形勢，正在由緊張趨向緩和，由對抗轉向對話。超級大國操縱國際事務的局面已經有了很大改變，霸權主義到處碰壁，第三世界國家在國際事務中的作用日益加強。」

一九九一年，中國共產黨迎來了七十歲的生日，中共對世界局勢又作出了以下判斷：「現在，舊的世界格局已經打破，新的格局尚未形成，世界處於新舊格局交替的動盪時期。」

在世界多極化趨勢向前曲折發展的同時，經濟全球化趨勢更是勢不可擋。

近代以來，中國積貧積弱，國門是被列強用大炮轟開的，被動地接受了門戶開放政策。雖說也在一定程度上參與了經濟全球化，但喪權辱國的條約讓中國得到的是屈辱和利益的喪失，不但沒有藉著對經濟全球化的參與發展壯大，反而淪為半殖民地半封建社會。

中國自把對外開放作為基本國策起，就開始主動融入經濟全球化的進程。在這一過程中，中國共產黨人敏銳地把握住日益突出的經濟全球化趨勢，從經濟全球化發展的動態聯繫中觀察世界，敏銳地把握時代主題的轉換，實行改革開放，積極參與經濟全球化，開創了一條全新的道路，實現了社會生產力的大飛躍。

隨著經濟全球化趨勢的不斷加速和中國對外開放的擴大，中國經濟與世界經濟的交往和聯繫越來越頻繁，與世界發展的關係日益緊密。這一點，通過反映中國經濟與世界經濟聯繫的晴雨表——進出口貿易和經濟對外依存度的變化就可以看出。中國進出口貿易總額和對外依存度一九八〇年分別是五百七十億元和百分之十二·五，一九八五年是兩千零六億六千萬元和百分之二十三·五，一九九〇年是五千五百六十億一千萬元和百分之三十·四九。無論進出口貿易總額還是對外依存度，到二十世紀九〇年代都呈大幅度上升。此時此刻，中國已經感到經濟全球化浪潮正撲面而來。

電子計算機是二十世紀最偉大的科學技術發明之一，對人類的生產活動和社會活動產生了極其重要的影響，帶動了全球的技術進步，由此引發了深刻的社會變革，成為資訊社會中必不可少的工具

經濟全球化迅猛發展的背後是以資訊技術為代表的新科技革命。資訊技術是人類社會有史以來發展最快的高新技術，並在經濟社會各個領域廣泛應用。資訊化的快速發展，引發了人類社會生產生活方式的深刻變革，對世界經濟、政治、文化、軍事等產生了重大影響。

面對資訊化引起的變革，世界上很多國家都迅速採取措施，佔領資訊化高地。無論是已開發國家，還是大多數開發中國家，均積極參與到資訊化這一不可阻擋的潮流中去。美國、英國、法國、德國、俄羅斯、日本、新加坡等許多國家都相繼制定並實施了「資訊高速公路」計劃。

一九八六年，資訊化概念開始傳入中國，此後，面對要實現現代化的任務，江澤民曾多次講道：「四個現代化，哪一化也離不開信息化。」

進入二十世紀九〇年代，讓中國真正感到資訊化時代來臨的是一九九一年一月十七日這一天。

這一天，波斯灣戰爭爆發。這場冷戰結束後爆發的局部熱戰，只進行了短短的四十天。面對以美國為首的多國部隊在軍事技術上的絕對優勢，在中東地區堪稱實力超群的伊拉克軍隊幾乎沒有還手之力。這場「硅片對鋼板」的戰爭，極大地震動了世界，也使中國領導人清楚地看到了中國與美國等已開發國家在武器裝備和科學技術上的巨大「時代差」和資訊技術的威力。

隨後，中國政府決定在「八五」期間和九〇年代把電子資訊產業與能源、交通、原材料等支柱產業列為同等重要地位加以推動，拿出當年抓「兩彈」的魄力來抓電子資訊產業。

機會稍縱即逝，在高技術領域，任何猶豫、徘徊都可能造成巨大的差距。面對這種席捲全球的資訊化浪

波斯灣戰爭，一九九一年一月十七日爆發，二月二十八日結束。這場戰爭所展示的現代高技術條件下作戰的新情況和新特點，對軍事戰略、戰役戰術和軍隊建設等問題帶來了眾多啟示

潮，前進中的中國絕不能等閒視之，必須快馬加鞭，迎頭趕上。

三、社會主義前途依然光明

一九八九年五月十六日上午十時，鄧小平與來訪的蘇聯最高領導人戈巴契夫在人民大會堂東大廳會晤。在經歷了三十年的長期隔閡後，兩個社會主義大國領導人的手握在了一起。鄧小平說：「世界上都很關心我們的見面。」

三天後，《人民日報》以〈結束過去，開闢未來〉為題發表社論，指出：中蘇兩國關係通過這一次歷史性會晤，走到了一個新的起點。社論還強調，當前社會主義遇到了嚴重的挑戰，迎接這一場挑戰，只有依靠改革，別無出路。

波斯灣戰爭後，蘇聯的政局出現激烈動盪。一九九一年十二月二十五日，戈巴契夫辭去蘇共中央總書記和蘇聯總統職務，蘇聯共產黨解散，蘇聯宣佈解體。綴有錘子和鐮刀的蘇聯國旗在夜色中從克里姆林宮匆忙降下的那個畫面永遠定格為歷史。

蘇聯的解體在中國國內泛起不小的波瀾。多少人深感痛惜，多少人難以接受。畢竟中國曾與它有過千絲萬縷的關係，受過它太多的影響。

有人說：「蘇聯解體對我來講，是

一九八九年五月十六日上午，中共中央軍委主席鄧小平和蘇聯最高蘇維埃主席團主席、蘇共中央總書記米哈伊爾 · 戈巴契夫會面，中蘇兩國關係實現了正常化

二十世紀最令人不可信而又恰恰發生了的事情。蘇聯，它的小說、電影、共產主義的成就、反法西斯戰爭的偉大勝利、加加林、中蘇論戰、克里姆林宮的紅星，整整伴隨了我的一生。」

還有人說：「那時候心裡的感受就是『悵然若失』，覺得一切太突然，太不可思議。想得最多的就是十月革命的成果就這麼被葬送了，革命先烈的血就這麼白流了。」

在社會主義出現曲折、世界格局急劇變化的當口，中國的社會主義面臨嚴峻的挑戰。為蘇聯解體唏噓不已的人們轉而為中國的前途命運擔憂。改革開放會不會使中國社會滑向資本主義？

西方一些人希望中國放棄社會主義道路。對此，中國領導人頂住逆流，在各種場合，用堅定的聲音作出回應。

一九九一年十月五日，鄧小平在瀋陽對秘密來訪的朝鮮勞動黨總書記金日成說：「中國的社會主義事業不垮，世界的社會主義事業就垮不了。東歐、蘇聯的事件從反面教育了我們，壞事變成了好事。」

二十世紀五〇年代中期，江澤民曾在蘇聯學習，他親身感受了蘇聯社會主義建設的那段激情燃燒的歲月，也親眼看到了蘇聯社會主義建設的巨大成就。但短短幾十年時間，一個世界強國卻落到了亡黨亡國的境地。如此劇烈的變化和複雜的外部形勢，不能不引發江澤民的深思，引發他對這場歷史悲劇的探究，對中國的前途命運和全人類、全世界前途命運的探究。究竟是什麼原因導致了這場劇

一九九一年十二月二十五日，俄羅斯蘇維埃聯邦社會主義共和國正式更名為俄羅斯聯邦（簡稱俄羅斯）。莫斯科克里姆林宮頂上的蘇聯國旗被俄羅斯三色旗取代。這是俄羅斯的白藍紅三色國旗在克里姆林宮上飄動

變，中國又該怎麼辦？世界將走向何處？

蘇聯解體兩年後，江澤民訪問古巴，在與卡斯楚會談時指出：「目前，世界處於大變動的歷史時期。世界社會主義處於低潮，但這只是整個歷史長河中的暫時現象。蘇聯解體、東歐劇變後，西方國家有人曾經揚言馬列主義已經過時，社會主義將在地球上消失。我們認為，社會主義前途依然光明。」

「沉舟側畔千帆過，病樹前頭萬木春。」展望世界社會主義運動的前景，可以說蘇東劇變造成的「大挫折」已永遠地留在了二十世紀，中國的改革開放給中國特色社會主義的大船增添了新動力，中國開創的「新局面」將會變成繁花似錦的春天。

第三節　迎接劇變後的挑戰

新變局帶來新機遇，也帶來了新挑戰。面對急劇變化的國內外形勢，究竟應該採取什麼對策？經過深入觀察、慎重思考之後，中國沒有將國際形勢看成「漆黑一團」，而是充分利用國際上可以利用的矛盾，打破了西方國家的「制裁」；在國內更沒有亂了方寸，而是堅定不移地堅持改革開放和以經濟建設為中心的既定政策，取得了輝煌的成就，戰勝了劇變後的各種挑戰。

一、任憑風浪起，穩坐釣魚台

東歐劇變、蘇聯解體，使世界社會主義事業遭受嚴重曲折和損失，國際力量對比嚴重失衡，戰略格局發生劇烈變化；中國國內改革開放事業也遇到了「嚴重困難和問題」。此時，西方一些國家則利用中國出現的這一暫時困難，千方百計地干涉中國內政，一時間形成「黑雲壓城」的嚴峻形勢。

面對這些問題和困難，中共中央向國內外所有關心中國發展的人們負責地申明：中國改革開放的總方針和總政策決不會變，不僅不會變，而且要更好、更有效地堅持改革開放，使這一偉大事業前進得更穩、更好甚至更快。

加強與人民群眾的聯繫，緊緊依靠人民群眾，贏得最廣大人民群眾的支持，是保持社會穩定的根本，也是中共始終立於不敗之地的根本。

一九八九年七月二十七日、二十八日，中共中央政治局召開全體會議，討論通過了《中共中央、國務院關於近期做幾件群眾關心的事的決定》和《中共中央關於加強宣傳、思想工作的通知》。決定近期要做的群眾關心的七件事是：

（一）進一步清理整頓公司；

（二）堅決制止高級幹部子女經商；

（三）取消對領導同志少量食品的特供；

（四）嚴格禁止請客送禮；

（五）嚴格按規定配車，嚴格禁止進口小汽車；

（六）嚴格控制領導幹部出國；

（七）嚴肅認真地查處貪污、受賄、投機倒把等犯罪案件，特別是抓緊查處大案要案。

中共中央和國務院的領導同志決定從自身做起，在懲治腐敗和帶頭廉潔奉公、艱苦奮鬥方面起表率作用。不久，對中央領導的少量食品「特供」被取消，使用的進口轎車也陸續更換為國產轎車。

針對廣大群眾對「官倒」等腐敗現象的強烈不滿，中共中央加大懲治腐敗的力度。二十天後，中共中央、國務院作出關於進一步清理整頓公司的決定，明確了十五條具體規定，要求：中共各級黨的機關、國家權力機關、行政機關、審判機關、檢察機關和群眾組織、社會團體，一律不得用行政經費、事業費、專項撥款、預算外資金、銀行貸款、自有資金和以任何方式集資開辦公司，也不得向公司投資入股；從中國國務院到各級地方政府，今後原則上不再直接管理公司，一律不得批准成立新的政企不分的公司；現有對某些公司特批的減免稅、銀行貸款利率和經營範圍等方面的優惠待遇，凡尚未取消的，從本決定下達之日起，一律取消。

中國國家審計署公佈了對引人注目的中國康華發展總公司等五大公司的審計結果，決定沒收它們的非法所得，處以罰款、補交稅金共五千一百三十三萬元。這年年底，康華被關閉，百分之九十以上的黨政機關公司被撤銷。同時，最高人民法院、最高人民檢察院、監察部相繼發出通告，要求貪污、受賄等犯罪分子必須在限期內自首坦白。中共中央紀委組織二十五個調查組，進行案件調查和催辦工作。在「通告」的感召和政策的威懾下，全國共有三萬六千一百七十一名犯罪分子到檢察機關投案自首，一萬七千六百多人到各級行政監察機關主動交代貪污受賄問題。

這一年處理的大案要案中，不乏省部級領導幹部。

一九八九年八月二十八日，中共中央發出通知，就加強中國共產黨的建設進行了部署，強調中國共產黨在新的歷史條件下，要經得起執政、改革開放和發展商品經濟的考驗。與此同時，為提高黨員幹部的思想理論素質，從中央到地方加強了各級黨校的建設，要求領導幹部要定期參加黨校的培訓或輪訓。

上任一個月後，江澤民意味深長地說，中南海周圍有堵紅色的牆，但無論如何不要讓這堵紅牆把我們同廣大群眾隔絕。

一九八九年九月和十月，江澤民到陝北和江西革命老區作調查研究。他參觀了毛澤東等老一輩革命家的舊居和革命遺址。在他看來，中國現在還處於社會主義的初級階段，要繼續發揚自力更生、艱苦奮鬥的延安精神和井岡山精神。

此前，中共中央把國民經濟治理整頓工作重新提上日程，並很快就取得明顯成效。人民群眾關心的通貨膨脹得到有效控制，流通領域的混亂現象得到初步整頓。

一九八九年，中國開始實施「菜籃子工程」，建立中央和地方的肉、蛋、奶、水產和蔬菜生產基地。老百姓的「菜籃子」成了各級政府關注的焦點之一。中國增加農業投入，調整種植結構，農民的生產積極性被調動了起來，農業生產扭轉了此前的徘徊局面。一九八九年底，中國糧食生產超過八千億斤。

從一九九〇年八月開始，中國在國內對文化市場進行了一次全面的整頓清理，重點是「掃黃」，清查和取締各種宣傳淫穢、色情、暴力和迷信的出版物和音像製品，淨化文化市場和社會環境。這一行動，淨化了文化市場和社會環境，健康文明、積極向上的群眾文化生活得以開展起來。

一九八九年政治風波後的西方「制裁」導致了中國同西方的政治經濟關係出現了嚴重倒退。一些外商對華投資項目、中外合作項目的建設，都因此受到影響。中國對外關係遭遇了改革開放以來空前的壓力和困難局面。

一九八九年九月，中國政府鄭重指出：「我們的社會主義事業，就是在打破外國敵對勢力對我國的孤立、封鎖和挑釁的過程中鞏固和發展起來的。中國人民從來沒有、今後也不會屈從於任何外來壓力，決不會放棄社會主義道路和民族獨立來換取別人的施捨。」

進入一九八九年下半年以後，在同尼克森、季辛吉、斯考克羅夫特等美國前政要和現政府高官頻繁會晤中，鄧小平抓住各種機會，反覆向美方強調中國穩定和中美關係對世界形勢的重要性。江澤民、李鵬等也與來訪的美方高層就國際形勢和雙邊關係問題廣泛、深入地交換了意見，設法打破西方國家的

「制裁」。鄧小平在會見他們的時候說：「中國在捍衛獨立、主權和國家尊嚴方面決不含糊。中美關係的困難責任完全在美國。」

當時吳建民在中國駐比利時使館工作，回憶起當時的情況他印象深刻：「部裡向我們通報，通報了小平同志一些講話……一就是講中國這個制裁是美國人強加的，解鈴還需繫鈴人，你們得解除，要中國來求你解除制裁那不可能，過一百年也不可能。這話講得多有骨氣。」

那個時候，鄧小平經常在釣魚台國賓館會見外賓。閒暇時他會在十八號樓的涼台上一坐就是一個小時，一句話都不講，靜靜地思考問題。有一次他把外交部副部長劉華秋找來瞭解當前的中美關係。劉華秋向他匯報了中美關係比較緊張的情況。鄧小平說：「我們不是在釣魚台嘛，要穩坐釣魚台。關鍵要發展自己，無論國際上風雲如何變幻，無論它美國推行什麼遏制中國的政策，只要我們自己穩住，把國家的實力搞大，把經濟搞好，我們什麼都不怕。我看總有一天美國的商人要到中國來，因為中國的市場太大了，美國不會丟掉的。我們要耐心等待。但是也要多做工作。」

此後，經過中美雙方一系列努力之後，美國政府決定邀請錢其琛訪美。此舉打破了中美高級官員不進行互訪的狀況。中國政府抓住機會，趁熱打鐵，繼續對美國朝野作多方面的工作，為進一步恢復和發展中美關係作出了艱苦努力。

面對國際輿論的壓制，鄧小平強調要堅決頂住。一是「絕不能示弱」，二是「泰然處之」。「朋友要交，但心中要有數。」要沿著自己選擇的社會主義道路走到底。誰也壓不垮我們。江澤民說：「中華民族有著自己的優良傳統，重視民族氣節，決不會屈從於任何外來壓力。在任何問題上，如果合情合理同我們商量，都好說，但企圖壓我們是不行的。你越壓，我越硬。」

當時為打破制裁進行全面部署，中共中央確定了兩個外交工作重點：一是打破西方國家的「制裁」，恢復和穩定同西方已開發國家的關係；二是開展睦鄰外交，穩定和積極發展同周邊國家的關係，加強同第三世界國家的團結與合作。

一九九一年十一月十五日，應中國外長錢其琛的邀請，美國國務卿貝克到北京進行為期三天的正式訪問。根據貝克訪華期間雙方達成的有關諒解，美國政府於一九九二年二月二十一日宣佈，美國政府打算取消一九九一年六月對華實施的三項「制裁」。這樣，經過兩年多的較量與談判，雖然美國對華的「制裁」措施還沒有完全解除，但在高層互訪以及部分經濟領域已有突破。

一九九一年，回國後的吳建民直接參與了打破「制裁」的一些具體工作。他說：「看形勢就是鄧小平講的，不要以為天下漆黑，可利用的矛盾多得很，機遇多得很。就根據這個思想來觀察形勢……慢慢就發現日本不大一樣，應當說在一九八九年這股大潮來的時候日本沒有落井下石，在打破制裁方面它是走在第一步。」

在制裁中國的西方國家中，日本在對華「制裁」中表現得非常「謹慎」，一直扮演著不太情願的角色，與其他西方國家的態度有區別。為分化、打破西方國家對中國的「制裁」，中國將日本選作一個突破口，並為此採取了卓有成效的外交努力。

「制裁」不到半年，一九八九年十二月五日，日本政府與中國政府簽署了日本向中國提供五十億日元無償資金援助的協議。三天後，日本又邀請中國國務委員鄒家華訪問日本。

一九八九年九月十七日，伊東正義率領超黨派的日中友好議員聯盟代表團訪華。伊東是中日友好關係的架橋人，也是日本政壇深孚眾望的老牌政治家。十九日，鄧小平親自會見了伊東一行，效果立竿見影。當天返回日本後，伊東在接受記者採訪時，伊東就表示：「從治安等各方面的情況看，我認為日本可以解除赴北京的限制。」

一九九〇年七月十一日，日本首相海部俊樹率先在西方七國首腦會議上宣佈取消對華「制裁」，決定恢復對中國的第三批的日元貸款，率先突破了西方對中國聯合「制裁」的防線。

一九九一年八月十日，日本首相海部俊樹訪華，他是中國政治風波後首位來訪的西方國家元首。訪問中，他宣佈全面解除對中國的「制裁」。他說，不能孤立中國，不訪、不見、不對話對亞洲沒有好處。

一九八九年底至一九九〇年上半年，中國領導人走出國門，先後訪問了巴基斯坦、孟加拉國、尼泊爾、羅馬尼亞、朝鮮、墨西哥、巴西、烏拉圭、智利等國。外交工作的有效開展，對打破西方國家對中國的「制裁」起到了重要作用。

在打破西方「制裁」的過程中，不能不提及開發中國家的聲援。在那段艱難的日子裡，它們堅定地站在中國一邊。這期間，中國抓住了有利時機，著力開拓外交新局面。中國不僅實現了同所有周邊國家關係的全面改善和發展，而且同世界其他地區一些重要國家的關係取得突破。中國先後同印度尼西亞恢復了外交關係，同越南實現了關係正常化，同印度改善了關係。此外還與沙特阿拉伯、新加坡、以色列、汶萊、韓國以及蘇聯解體後取得獨立的各國等共二十三個國家建立了外交關係，這個數字甚至超過新中國建立初期的第一次建交高潮。如此驕人的外交成果壯大了打破西方「制裁」的聲勢。

一九八九年九月十九日，鄧小平在北京人民大會堂會見日中友好議員聯盟會會長伊東正義。鄧小平說，中日友好十分重要，友好對兩國人民有利

中國第一商人、中信集團董事長榮毅仁，以其政治家的眼光和高超的智慧，為打破「制裁」做著自己的努力。一九八九年十月，他以中信公司成立十週年為契機，以個人名義出面邀請了十五個國家和地區的一百七十多位知名企業家、金融家來北京出席慶祝活動，並召開中外經濟合作研討會。世界五百強中的許多企業負責人蜂擁而來。他們中有荷蘭菲利浦公司董事長戴克、日中經濟協會會長河合良一、美中貿易全國委員會會長沙利文、美國環球聯合公司董事長、美國前國務卿亞歷山大・黑格、英國太古集團董事會主席施雅迪、西德西馬克公司董事長魏斯。

施雅迪說：「這次聚會可喜地表明，現在中國商業活動已經正常了。」新加坡一位銀行家說：「這次我親眼看到了中國局勢的穩定，而不是通過外國輿論界來瞭解。我感到他們有些報導不夠客觀。」

中國政局的穩定，經濟、外交的發展，令西方國家深感「制裁」中國難以奏效。失去了中國這個巨大的市場，大大損害了他們自己的利益。繼日本首相訪華之後，一些西方國家元首也紛紛來到中國。

一九九一年九月一日，英國首相梅傑訪華。九月十五日，義大利總理安德烈奧蒂訪華。

在西方對中國「制裁」不斷被打破的形勢下，歐共體外長終於在一九九〇年十月二十三日盧森堡會議後宣佈，除政府首腦以上交往和軍事往來、合作及軍品貿易外，取消一九八九年六月以來實行的針對中國所採取的其他限制性措施，立即恢復同中國的正常關係。到一九九一年底，西方國家和國際組織在不宣佈取消「制裁」的情況下部分或基本取消了「制裁」。

一九九三年十一月十七日，江澤民應美國總統柯林頓邀請，飛赴西雅圖，出席亞太領導人第一次非正式會議。在美期間，江澤民利用各種機會，做美國各界的工作，消除他們對中國的誤解和偏見。

吳建民作為江澤民的隨行人員見證了許多的場面。他回憶說：「當時江澤民主席參觀波音公司，提出來能不能到訪工人家庭，這個行動影響非常好。到工人家庭之後，跟工人夫婦還有孩子聊天，工人夫婦的女兒自己畫了一個睡美人（Sleeping Beauty）送給江主席的第三代，江主席就從口袋裡掏出來第三代的照片。波音公司負責對外公共關係的副總裁吃飯時坐在我身邊，他就說，你們江主席去訪問工人家庭這個點子是誰出的？我說是江主席的點子啊。他馬上就說 great idea。」

大洋彼岸兩國元首的會晤，徹底打破了中美停止高層互訪的僵局。中美兩國元首的會晤，標誌著美國對中國實行制裁的政策基本被打破。

中國重新贏得了改革開放的有利環境和大好機遇。

二、重整山河待後生

我們亞洲，山是高昂的頭；
我們亞洲，河像熱血流……

一聽到這首讓人熱血沸騰的《亞洲雄風》，人們自然會想到一九九〇年，想到這一年在北京成功舉辦的第十一屆亞運會，想到亞運會的吉祥物——可愛的熊貓「盼盼」，想到中國敞開大門迎接八方賓朋的盛況。

一九八四年九月，亞奧理事會第三次代表大會投票通過了中國申辦亞運會的申請。

一九八九年新年伊始，北京連日大雪紛揚，銀裝素裹。北郊土城亞運會工程工地上，三萬名建設大軍在日夜奮戰。從這時開始，距亞運會工程驗收和試運轉只有短短的十個月了。

亞運工程建設過程中，僅修建各種比賽場館就需要二十五億元人民幣。這對正處於治理整頓期間的中國來說，並非易事。

在外有壓力、內有困難的情況下，中國各族人民傾注了極大的熱情，付出了辛勤的努力，以自己的臂膀承擔起一切，體現了空前的大團結和民族凝聚力，愛國主義精神得到弘揚。

一九九〇年四月，亞運會主體工程高標準、高質量、高效率地如期完工。

這年七月三日，一直關注著建設進展的鄧小平來到了亞運會主賽場——奧林匹克體育中心參觀。久久凝視之後，他說了一句意味深長的話：「看來中國的月亮也是圓的，比外國圓。」

一九九〇年八月七日，中國藏族少女達娃央宗從念青唐古拉山脈的雪山下，取太陽之火，引燃了火種。著名體操運動員李寧接過火把，引燃火種盒網心。

八月二十二日，江澤民登上天安門南端的點火台，點燃了第十一屆亞運會的第一支火炬。在一個月的時間裡，中國有

一九九〇年九月二十二日，象徵著亞洲人民「團結、友誼、進步」的第十一屆亞運會在北京隆重開幕。亞運會的圓滿成功，不僅使亞洲各國各地區的人民、運動員之間增進了瞭解，通過現代化的傳播手段，也使更多的人瞭解了中國，瞭解到一個自強不息、勇於進取、勤勞智慧的民族

一億七千萬人參加了火炬傳遞，行程三萬公里，途經三十個省、自治區、直轄市。

一九九〇年九月二十二日，第十一屆亞洲運動會在北京開幕。

這是新中國舉辦的第一次綜合性的國際體育賽事，也是亞運會誕生以來的四十年間第一次由中國承辦。有三十七個國家和地區的體育代表團的六千五百七十八人參加了這次盛會，創下了亞運會參賽國家和地區的新紀錄。

中國運動員在這屆運動會上奪取了一百八十三塊金牌，高居各參賽代表團之首。其他國家和地區的選手也充分發揮了水準，創造了一批新的世界紀錄、亞洲紀錄和亞運會紀錄。

全球媒體的矚目，數十萬人的參與，也讓企業界得到了很多商業機會。新華社熱切地評論說：「亞運會主要帶來的是機遇，是可能性。」

當站在領獎台上的中國健兒們展開燦爛的笑容，當亞洲乃至世界的目光投向古老又充滿活力的北京時，中國展示給這個世界的，是一個開放、熱情、進取的嶄新形象。

亞運會給中國帶來的不僅僅是金牌，還帶來了榮譽，帶來了自豪，更帶來了自信。展現在世界面前的，不僅僅是驕人的成績，更是中國人的精神和力量，是中國擁抱世界的胸懷和執著。

今天是你的生日，我的中國；
清晨我放飛一群白鴿，
為你銜來一枚橄欖葉，
鴿子在崇山峻嶺飛過。
我們祝福你的生日，我的中國……

在一九八九年怡人的秋色中，新中國迎來了四十歲的生日。這一年，一首名為《今天是你的生日》的歌曲開始流傳。這優美的旋律和良好的祝願，表達了中國人民對自己國家的深厚感情。

中國近六千名文藝工作者匯聚北京，首都的舞台、銀幕萬紫千紅，第二屆中國藝術節、第一屆中國電影節同時舉行。八旬曲藝大師駱玉笙一曲京韻大鼓《重整山河待後生》在圓明園遺址迴響。天壇祈年殿前，三百多人演奏交響樂《黃河狂想曲》。國慶之夜，萬朵焰火點亮了北京的夜空。

佳節之際，長安街上熙熙攘攘。北京人的臉上，寫滿了喜慶祥和。

一九九〇年留在人們記憶中的，還有很多。

一九九〇年的日曆翻到最後幾頁的時候，中共十三屆七中全會在北京召開。在這次全會的閉幕會上，江澤民宣佈：「儘管國際風雲變幻，儘管我們在前進的道路上遇到這樣那樣的困難，但是我們黨、國家和人民經受住了考驗，我們勝利地走過來了。」

一九九一年注定又是不平靜的一年。一場嚴重水災也來考驗中國。五月到七月間，歷史罕見的洪水席捲十八個省區市。受災人口兩億人，受災農田五億畝，其中五千萬畝絕收。

災情最為嚴重的是中國最為富庶的江淮地區。從衛星圖上看，華東一片汪洋。西方又有人放言，中國完了。

頑強的中華兒女萬眾一心，抗洪救災。中國領導人頻繁出現在災區，人民子弟兵以血肉之軀鑄成鋼鐵長城，全國人民的支援物質源源不斷地湧向災區。這一年，中國的農業不但沒有減產，還獲得了大豐收。

一九九一年四月，七屆全國人大四次會議批准了《中華人民共和國國民經濟和社會發展十年規劃和第八個五年計劃綱要》。綱要宣佈：從一九八〇年到一九九〇年，中國提前實現了第一步戰略目標。國民生產總值由四千四百七十億元增加到一兆七千四百億元，絕大多數地區解決了溫飽問題，開始向小康過渡，少數地區已經實現了小康。

從一九七九年鄧小平提出「小康」，僅用了十一年的時間，這個遙遠而陌生的概念就開始變身為中國百姓的生活。改革開放以來，中國的變化令人吃驚。改革開放前老百姓餐桌上有碗肥肉叫「打牙祭」，到了九〇年代，從商場到菜市場，吃穿用應有盡有。以前聞所未聞的高檔蔬菜竟取代了白菜、蘿蔔、土豆（馬鈴薯）這「老三樣」。

《人民日報》編發的一篇報導說，過去千百年來一直困擾中華民族的「餓肚子」問題，到一九九〇年底，終於獲得基本解決，

南浦大橋總長八千三百四十六公尺，主橋長八百四十六公尺，跨徑四百二十三公尺，通航淨高四十六公尺，橋下可通行五萬五千噸巨輪。鄧小平親筆題寫「南浦大橋」四個大字。南浦大橋是黃浦江上第一座建在上海市區的大橋，宛如一條巨龍橫臥江上，使上海人圓了「一橋飛架浦江」的夢想

溫飽線以下的貧困人口已降到佔全國人口總數的百分之三以下；東部沿海各省和大中城市郊區約佔農村總人口三分之一以上的農民，在實現溫飽以後，開始向著「穿講艷，吃講鮮，家用電器不稀罕」的小康目標前進了。

一九九一年七月一日，江澤民在中國共產黨成立七十週年大會上講話，提出建設有中國特色社會主義的經濟、政治、文化的基本要求。

這一年，中國重整山河。

一九九一年五月，中國第一座跨海大橋——廈門大橋建成通車。六月，中國第一座脈衝反應爐在四川建成並投入運行，標誌著中國在核技術研究上又躍進到一個新的里程。十月，中國一次性建設規模最大的石化工程揚子江三十萬噸乙烯工程通過國家驗收。十一月，當時中國第一、世界第三大雙塔雙索面疊合梁斜拉橋——上海南浦大橋貫通，它將黃浦江兩岸連成一體。同月，當時中國最大的水利水電工程，被稱為「長江第一壩」的葛洲壩水利樞紐二期工程通過驗收，葛洲壩工程全部竣工，全面發揮效益。十二月，中國第一座自行設計、自行建造的核電站——秦山核電站併網發電。

中國用事實回答了世界對社會主義前途的憂慮。

三、治理整頓與改革開放齊飛

一九八八年九月至一九九一年九月，是中國經濟發展史上的「治理整頓時期」。這個時期經歷了經濟由過熱到冷凝、市場銷售由搶購到疲軟、物價急劇上漲的重大變化。

擺在中國人民面前的既是嚴峻的挑戰，又是良好的機遇，困難與希望並存。

一九七八年以來，中國國民經濟持續發展，國家經濟實力顯著增強，城鄉居民生活明顯改善，整個

一九九〇年五月三日下午，浦東大道一百四十一號門口，沒有放鞭炮，沒有敲鑼鼓，「上海市人民政府浦東開發辦公室」和「上海市浦東開發規劃研究設計院」舉行掛牌儀式，簡單而儉樸

國家面貌發生了深刻的歷史性變化。然而，在改革快步推進和經濟高速增長造成樂觀前景的同時，也掩蓋了經濟發展過程中若干誘發危機的潛在矛盾。到一九八八年，改革開放十年已經取得了舉世矚目的成就。但是，由於多年累積的深層次矛盾的逐步顯露和趨向激化，出現了經濟總量失衡、經濟結構失調、經濟秩序混亂、經濟發展不穩和經濟效益低下等問題，造成經濟形勢趨於惡化，使中國的改革與發展陷入困境之中。

進入一九八八年後，為了改革不合理的價格體系和價格管理體制，中共中央決定堅決進行價格改革，強行實行「價格闖關」。當年下半年出現了新中國成立以來最大的一場全國性的搶購風潮。價格改革闖關受挫後，社會供需總量不平衡矛盾進一步擴大，國民經濟結構性矛盾更為突出，經濟秩序愈加混亂。到第四季度，整個經濟已處於嚴重波動之中。

一九八八年九月召開的中共十三屆三中全會，針對中國經濟出現的通貨膨脹、經濟過熱、經濟領域混亂等問題，提出了治理經濟環境、整頓經濟秩序、全面深化改革的方針，確定把改革和建設的重點放到治理整頓上來。

一九八九年，是中國實施治理整頓方針的第一個年頭。這年十一月六日至九日，中共十三屆五中全會通過了關於進一步治理整頓和深化改革的決定，對經濟形勢作出了清醒的判斷，進一步明確了治理整頓的時間、目標和重要環節，要求用三年或更長一點的時間，基本完成治理整頓的任務，為國民經濟的持續、穩定、協調發展創造有利條件。

一九八九年，美國《財富》雜誌評選的「世界五百強」排行榜中，中國銀行成為第一個出現的中國公司。在國際商業觀察家眼中，這意味著中國企業正在悄然崛起。

改革開放是民族復興的必由之路。這一時期，改革開放的腳步在治理整頓中繼續向前邁進。

一九九〇年四月十八日，中共中央宣佈同意上海市加快浦東地區的開發，在浦東實行經濟技術開發區和某些經濟特區的政策。上海，這艘曾領航中國的經濟巨輪，又一次讓全世界聽到了它起錨遠航的訊息。

在啟動浦東開發的同時，浦西外灘附近，也發生了一件被後人稱為中國資本市場形成的標誌性大事——成立證券交易所。

新世紀伊始，上海的國內生產總值、外貿出口總額、外商投資總額均大幅增長。上海正以海納百川的胸懷吸引著成千上萬的創業者，闊步邁向國際經濟、金融、貿易和航運中心。這是上海證券交易所大廳全景

從新中國成立，取締證券交易所後，到一九九〇年之前，這幾十年中，中國內地沒有證券交易所的存在。

一九八四年十一月，中國發行第一種規範化的企業上市股票——飛樂音響股票。人們俗稱它為「小飛樂」。

一九八六年九月二十六日，中國人民銀行上海分行批准靜安證券工農業部作為中國改革開放後的第一個證券櫃檯交易點，開始辦理「飛樂音響」和「延中實業」兩種股票的買賣交易業務。自新中國成立以來，這個「世界最小的證券交易所」成為第一個進行正式股票交易的機構。它拉開了證券流通的序幕，為證券交易所最終成立奠定了基礎。

一九八九年三月，中國決定開放首批期貨市場，主要進行農產品交易。

一九九〇年，時逢上海正籌劃開發浦東，便把設立上海證券交易所也寫進浦東開發方案裡。有人說，這是在一個筐裡埋上個「小辣椒」，看中央的反應。結果，這一建議得到了中央的同意。一九九〇年十一月二十六日，上海證券交易所成立。

中國內地證券交易所的閃亮開場，並不只是上交所的獨角戲。

這年十一月，上交所即將開市的消息傳到南方，作為改革開放「窗口」和「排頭兵」的深圳自然不甘居後。

一九九〇年十二月一日，深圳證券交易所搶在上交所開業之前「試開市」。由於準備時間倉促，深交所當時採用的是最原始的口頭唱報和白板競價的手工方式。幾個月後，一九九一年七月，深圳證券交易所也正式開業。

兩地證券交易所的相繼成立，實現了股票的集中交易，帶來中國股票市場的興起。國外有評論認為，這是中國繼續實行改革開放政策的一個引人注目的信號。

經濟學家認為，這對企業的股份制改革和經濟發展起著重要的推動作用，也表明，中國開始把發展和完善資本市場作為一項戰略，納入了經濟體制改革的整體戰略佈局。中國的資本市場開始形成。

中國共產黨人沿著中國特色社會主義道路，堅定地推進改革開放。國有大中型企業是改革的重頭戲。為了推進國企改革，一九九一年初，江澤民冒著嚴寒，深入延邊、吉林、通化、長春等地，考察了豐滿水電廠、吉林化學工業公司、長春第一汽車製造廠等大中型骨幹企業，同部分企業負責人就搞活大中型企業進行座談。七月，他又頂著酷暑，到天津的工廠車間、建設工地、農家村舍、港口碼頭、經濟技術開發區和海河防汛第一線，廣泛接觸基層幹部群眾，開展調查研究，並與一些企業的負責人進行座談。他強調，搞活大中型企業，關鍵在於深化改革。中國面臨大量新問題，都需要用改革的精神來解決。在這次座談會上，他特別提到國有企業的改革是建立富有生機的國有企業管理體制和運行機制，增強國有大中型企業的活力。

九月二十三日，中共中央召開工作會議，專門研究搞好國有大中型企業的問題。會上決定採取十二條措施，為搞好國有大中型企業創造良好的外部條件。

經過了兩年多的治理整頓，整個國家經濟也已趨於平穩，開始走出低谷。一九九一年即將過去的時候，李鵬總理宣佈：「治理整頓的主要任務已經基本完成，作為經濟發展的一個特定階段可以如期結束。」

當蘇聯和東歐出現動盪的時候，重慶市常務副市長張文彬恰好隨一個市長代表團到柏林、莫斯科考察。所見所聞讓代表團的每一個人都深受觸動，對社會主義事業、對改革開放有了更加強烈的緊迫感。

張文彬回國後不久，率重慶市政府經濟考察團一行十四人，到沿海十個城市考察取經。

此時，在重慶歌樂山下一個瀕臨倒閉的青木關鎮供銷社，已悄悄搞起了改革。

早在一九九〇年初的時候，青木關鎮供銷社的幾位領導湊在一塊開會，掐指一算：全社三百三十名員工，固定資產兩百三十萬元，流動資金一百一十萬元，這麼大的攤子，去年一年累死累活幹下來，僅賺了三千四百元。他們又熬了六個月，一算賬，全社竟虧損三萬四千兩百元。這個數字實在令人心寒。而同一塊藍天下的個體戶們，臉上卻泛著紅光。為啥國營不如集體，集體不如個體？痛定思痛，供銷社的領導們一咬牙一跺腳，悄悄地搞起了進貨渠道、價格、分配的「三放開」。他們從渝中區新華路、成都荷花池等批發市場進百貨，包括書包、衣物、布料、日用品、副食品等。由於服務態度好了、價格又低，被個體商戶吸引走的顧客重新回到了他們的櫃檯前。青木關鎮供銷社很快扭虧為盈。

張文彬率考察團回到重慶後，藉鑑沿海的經驗，也吸納青木關鎮供銷社的做法，研究出了改革方案，報到市委、市政府。一九九一年一月十四日，重慶市政府作出決定：在商業系統實行「四放開」改革。所謂「四放開」就是：一、經營放開。調整經營結構，擴大經營範圍，改進經營方式。目的是搞活經營，擴大銷售。二、價格放開。明碼標價，靈活作價，注重市場變化。目的是活價促銷。三、用工放開。不端「鐵飯碗」，實行全員合同制、幹部聘任制、職工內部待業制。目的是獎勤罰懶。四、分配放開。不吃「大鍋飯」，堅持「三兼

劉永好，現任新希望集團董事長，一九九二年註冊成立希望集團。一九九五年，希望集團被中國國家工商局評選為全國五百家最大私營企業的第一名

顧」。目的是克服平均主義。「四放開」的核心是調整改革國營集體商業體制，增強企業活力。

「四放開」首先在全市十一家企業進行試點，試點企業很快發生了轉變。凡是試驗的企業，企業和職工的積極性大大提高，銷售、利潤、員工的收入大大增加，比沒有試驗的企業起碼要高出百分之二十以上。

一石激起千層浪。重慶的商業改革很快在全國引起轟動。不到一年時間，全國各地三百多批近四千人先後來取經。

一九九一年十一月一日，中國國務院在重慶召開全國搞好國營商業座談會，推廣「四放開」經驗，讚揚重慶在國際風雲變幻、國內市場不景氣的環境下，搞「四放開」了不起，對全國是一個貢獻！立了一個大功！

就是此時，劉永好在四川成立希望集團，這是中國第一個經國家工商局批准的私營企業集團。

一九八九年春節的爆竹餘音未盡，各地湧起了一場人們始料未及的「民工潮」。成百萬的農民如同解凍後的潮水，鋪天蓋地般湧向城市。鐵路客車嚴重超員，車站紛紛爆滿。於是，廣東、鄭州、北京均告急，甚至地處西北邊陲的烏魯木齊也大呼人滿為患。

我不想說，我很親切，我不想說，我很純潔，
可是我不能拒絕心中的感覺……

這是一九九一年播出的一部電視劇《外來妹》的片頭曲，它隨著這部電視劇的走紅而廣為傳唱，以至於後來人們一聽到這熟悉的旋律，就會聯想到「打工妹」這個詞。《外來妹》是一部最早反映廣東地

區外來打工者生活的電視劇。劇中主人公打工中的酸甜苦辣，深深打動了無數觀眾特別是那些同路人的心；外來妹的執著追求和命運轉折更是激勵了無數勇敢的心。「外來妹」從此也就成為一些地區對打工女孩子的一個稱謂。這個時候，在改革開放大潮衝擊下，已經有越來越多的人離開家鄉，在外打工、做生意，尋找新的人生夢想。

溫州青年王均瑤這個時候正在湖南做著五金和印刷的生意。生意做得不錯，但來往於溫州和長沙一千兩百多公里的旅途令他苦不堪言。

當時溫州到長沙還沒有通飛機。這個飽嘗舟車之苦的聰明小伙子從中看到了商機，萌生了一個大膽的想法：「溫州有那麼多人在外做生意或者打工，我們來承包飛機行不行？」

帶著這個想法，他找到了湖南省民航局。後來他不斷在湖南民航局、浙江民航局、溫州機場等部門和單位之間穿梭。

經過大半年的奔波，年僅二十五歲的王均瑤真的包下了從長沙到溫州的民航班機。一九九一年七月二十八日，一架「安二十四」型民航客機從長沙黃花機場起飛，平穩降落在溫州機場。乘坐這班飛機的大多是王均瑤的朋友，他們走下舷梯同他握手，表示

電視劇《外來妹》創下了幾個第一，它是第一部反映打工者生活的電視劇、第一部反映勞資關係的電視劇、第一部聘請香港演員加盟的電視劇。《外來妹》後來獲得了飛天獎

祝賀。

王均瑤成為中國私人包租飛機第一人，開了中國民航史上私人包機的先河。王均瑤這一壯舉第一年帶來了二十萬元豐厚的贏利。中國民航業計劃經濟的堅冰也就此被打破。

王均瑤一鼓作氣，承包了長沙至溫州的航線，成立了全國第一家私人包機公司——溫州天龍包機有限公司，在中國航空史上寫下了特別的一頁。後來，王均瑤事業越做越大，他又創辦均瑤集團乳業股份有限公司，還入股武漢航空公司。王均瑤三十八歲時英年早逝，令人惋惜。他敢為天下先，勤於創業的膽識和魄力，給了無數後來者啟示和鼓舞。

王均瑤「膽大包天」的新聞當時轟動了海內外。國外新聞媒體稱此舉為「中國民航擴大對外開放邁出的可喜的一步，中國的私營企業將得到更健康的發展」。美國《紐約時報》如此評價：「王均瑤超人的膽識、魄力和中國其他具有開拓和創業精神的企業家，可以引發中國民營經濟的騰飛。」

像私人可以包飛機這種改革中的新鮮事也讓世界看到，儘管國際風雲變幻，中國的改革依然是勇往直前。當時美國《商業週刊》描述道：「廣州的自由大道上塞滿了巴士、出租車和摩托車，火車站的馬路對面豎著巨大的廣告牌，而商店裡是可以隨意購買的派克筆、索尼

王均瑤凡乘飛機赴外地，總分外關注各航班中往返溫州旅客的流量，對決定是否開闢新的包機航線和航班進行市場調查。這是他在上海虹橋機場的接客車窗口觀察溫州至上海航線的營運密度

CD播放機和芭比娃娃。這讓人看到了正在恢復自信和商業活力的中國。」廣州作為一個縮影，說明了中國老百姓的生活也越來越豐富多彩。

一九九〇年，劉歡、韋唯、艾敬等演唱的《彎彎的月亮》、《愛的奉獻》、《我的一九九七》等一批歌曲流行起來。

二十世紀九〇年代，廣東鶴山市鶴城鎮潮邊坑村僑屬何其多一家在閒暇時玩卡拉 OK

建國門外大街是北京市發展最快、最具開放色彩的一條街道。二十世紀九〇年代，像這樣衣著入時、手持大哥大的年輕人在建外大街隨處可見

《渴望》是一部轟動全國，感動千萬人的電視劇，被稱為中國電視劇發展的里程碑，揭示了人們對愛情、親情、友情以及美好生活的渴望

這一年六月，北京出現了第一家卡拉OK廳。這種源於國外的自娛自樂形式，很快為中國老百姓所接受，不久在全中國遍地開花。

這一年，一部名叫《渴望》的電視劇，走進了中國老百姓的生活。片中的主人公劉慧芳、宋大成，一時成了人們茶餘飯後熱議的話題。

一九九一年的時候，手握形似磚頭的「大哥大」，是那些做生意的老闆的一種時尚。而這一年讓普通老百姓們感興趣的是漢字顯示BP機問世了。比起數字BP機，漢顯BP機可以用生動豐富的漢字傳遞訊息，它進一步方便了人們的聯絡，也受到了那些出門在外的人的格外鍾愛。

帶著對美好生活的渴望和憧憬，中國走向充滿希望的一九九二年。

第六章

攻堅克難

東歐劇變、蘇聯解體之後，中國的社會主義發展再次面臨著一系列尖銳的問題。中國能否繼續堅持改革，繼續以經濟建設為中心，繼續擴大改革開放，成為國際國內廣泛關注的焦點問題。

在這種情況下，中國將走什麼樣的道路，中國的改革將走向何方，成為中國共產黨必須回答的問題。幾乎整個世界都把目光投向了中國，而此時此刻，中國迎來了一個充滿希望的春天。

第一節　社會主義市場經濟體制起航

一九九二年的春天是一個極不尋常的春天。「天時人事日相催，冬至陽生春又來。」這句詩用來形容此時中國所處的內外發展環境恰如其分。

然而，許多人的思想此時還被困擾和束縛著。面對複雜多變的國際國內形勢，特別是在蘇聯解體、東歐「易幟」後，改革開放遇到新問題和挑戰，中共黨內和社會上出現了這樣那樣的議論和傾向，各種思想相互激盪。

一、南方談話：充滿著新思想的春天

一九九〇年二月，北京某大報紙發表了一篇〈關於反對資產階級自由化〉的署名長文。文章這樣發問：「搞資產階級自由化的人……有沒有經濟上的根源？有沒有一種經濟上的力量支持他們？」文章還對改革提出這樣一個大膽質問：「推行資本主義化的改革，還是推行社會主義改革？」這是進入二十世紀九〇年代，最早提出姓「資」、姓「社」問題的一篇文章。

隨後，一家名叫《當代思潮》的雜誌也發表文章，指出：「私營和個體經濟……如果任其自由發展，就會衝擊社會主義經濟。」文章還說，有些人正是想通過發展私營經濟，「妄圖把我國的社會主義制度通過改革開放，和平演變為資本主義制度」。一時間，極「左」的思潮又捲土重來。這些文章和思潮有意無意地在阻礙中國的改革開放。

這段時間，很多人不提「改革開放」四個字了。在有些單位裡，誰要提改革開放，就有資產階級自由化之嫌，而中國的經濟發展速度也在百分之五左右徘徊。

一九九一年九月一日晚，中央電視台《新聞聯播》節目按照慣例，預播了第二天要見報的《人民日報》重要社論〈要進一步改革開放〉的要點，其中有「在改革開放中，我們要問『姓資、姓社』」這樣一句話。但在第二天的《人民日報》發表時，這句話被刪除了。由此，人們可以感受到當時思想交鋒的激烈程度。

此時，在波濤洶湧的思想博弈中，一個叫「皇甫平」的名字橫空出世，捍衛了改革開放的方向，並為世人所熟知。

一九九一年一月二十八日，鄧小平來到上海。

針對對改革開放的不同認識，鄧小平說：「改革開放還要講。」他拿出改革開放初期的事例教育當時的人們：「當時提出農村實行家庭聯產承包，有許多人不同意，家庭承包還算社會主義嗎？嘴裡不說，心裡想不通，行動上就拖，有的頂了兩年，我們等待。」他還鼓勵人們不要被「左」的理論家嚇倒。他說：「要克服一個怕字，要有勇氣。什麼事情總要有人試第一個，才能開拓新路。……思想更解放一點，膽子更大一點，步子更快一點。」

雖然說鄧小平在上海的講話局限在一個很小的範圍。但是他的聲音通過一個叫「皇甫平」的奇特名字傳向全國。

一九九一年二月十五日，正是農曆正月初一，一篇署名「皇甫平」的〈做改革開放的「帶頭羊」〉的評論文章，在《解放日報》頭版發表。文章強調「何以解憂，唯有改革」，並指出：「中國正處在改革開放新的歷史交替點上。改革開放是強國富民的唯一道路，沒有改革就沒有中國人民美好的今天和更加美好的明天！」在當時報紙幾乎都在集中火力抨擊「資產階級自由化」的情況下，這些話著實讓人眼睛一亮。

〈做改革開放的「帶頭羊」〉一文雖然不長，但它突破了全國對改革開放欲言又止的壓抑，以極大的勇氣鮮明地謳歌改革開放。這篇評論引起了理論界尤其是經濟學界的普遍關注。與此同時，「皇甫平」也從人們的廣泛關注中，似乎看到了人們的積極響應和認同。

三月二日，第二篇署名「皇甫平」的評論文章〈改革開放要有新思路〉又出現在了《解放日報》的第一版。文章以振聾發聵的語言闡述道：研究新情況，探索新思路，關鍵在於要進一步解放思想，而解放思想絕不是一勞永逸的。就以計劃與市場的關係而言，有些同志總是習慣於把計劃經濟等同於社會主義，把市場經濟等同於資本主義，認為在市場調節背後必然隱藏著資本主義的幽靈。隨著改革的進一步深化，越來越多的人開始懂得：計劃和市場只是資源配置的手段和形式，而不是劃分社會主義和資本主義的標誌，資本主義有計劃，社會主義有市場。這篇文章也直接觸及了當時爭論最激烈的市場經濟問題，一針見血地批評了「新的思想僵滯」，並鮮明地提出了二十世紀九〇年代改革的新思路在於發展市場經濟。

此時，熱愛改革的人們看了這兩篇文章，非常興奮，大聲叫好，說是「吹來了一股改革開放的春風」。

三月二十二日、四月十二日，皇甫平又發了兩篇文章。

解放日报

江泽民李鹏向首都人民拜年

邓小平杨尚昆李先念同志与上海各界人士共迎春节

羊年送"吉羊"活动

做改革开放的"带头羊"

根據鄧小平幾次講話精神，自一九九一年二月十五日至四月十二日，上海《解放日報》先後發表「皇甫平」的評論〈做改革開放的「帶頭羊」〉、〈改革開放要有新思路〉、〈擴大開放的意識要更強些〉、〈改革開放需要大批德才兼備的幹部〉。這四篇文章提出要打破僵滯和封閉觀念，進一步解放思想從一九九一年二月十五日到四月十二日，皇甫平在《解放日報》頭版相繼發表的四篇評論文章，始終圍繞解放思想、深化改革和擴大開放這個中心，由總而分，相互呼應，反覆闡明，一再明示，形成了一個鮮明的推進改革的輿論氛圍。

一九九一年四月，新華社《半月談》雜誌發表評論，公開表示支持「皇甫平」四篇改革文章的觀點。

「皇甫平」的四篇文章，開啟改革新階段的「百家爭鳴」，受到許多讀者的歡迎。聞風而動的美聯社、法新社、路透社等等外國記者紛紛打電話問解放日報社：「皇甫平」到底是誰？國內更多人對評論文章的作者「皇甫平」產生了濃厚興趣，並引發了種種猜測。很多人都把它解釋為「黃浦江評論」的諧音。但作為「皇甫平」核心人物的周瑞金卻做了另一種解釋：「我們為什麼取名『皇甫平』？人們一般把『皇甫平』當作『黃浦江評論』的諧音。其實，我當時取這個署名是有更深層次的考慮的。『皇』字按照我家鄉閩南話的念法與『奉』字諧音。這個『甫』，不念『浦』，而讀『輔』。我選這個『甫』，就是取有輔佐的意思。奉人民之命，輔佐鄧小平，這就是『皇甫平』筆名的深層涵義。」

〈東方風來滿眼春〉一文真實記錄了鄧小平在深圳視察時所作的重要談話，被排上了一九九二年三月二十六日出版的《深圳特區報》一版頭條位置，發表後在社會上引起了巨大的反響

進入一九九二年，鄧小平已經八十八歲高齡了。經過了三年治理整頓的中國經濟，已經恢復了元氣。然而，許多人的思想此時還被困擾和束縛著。

一九八九年十一月辭去中共中央軍委主席職務之後兩年多，鄧小平一直在思考。他密切關注著形勢的變化，總結了前一段改革的經驗和教訓。他在思考著，從哪裡打開突破口，怎樣驅散人們心頭的疑雲和陰霾。他要加力推一把中國，使改革繼續前行。

一九九二年的春天，是一個充滿著新思想的春天，也注定是一個充滿故事的春天。

一九九二年一月十七日，一列火車從北京開出，向著南方奔馳而去。這是一趟沒有編排車次的專列。除了中樞機關和隨行人員之外，誰也不知道此趟列車載的是什麼人物。人們更不曾料到這趟專列的南方之行將會載入史冊，並帶動中國新一輪改革開放和經濟建設的加速發展。

一月十九日，專列從武昌抵達深圳。當天下午鄧小平參觀皇崗口岸，他在深圳河大橋橋頭的邊境上久久望著對面的香港，半晌沒有說話。到了住地桂園，廣東省省委書記謝非和深圳市市委書記李灝勸鄧小平好好休息。鄧小平毫無倦意，他說：「到了深圳，我坐不住啊，想到處去看看。」

沉默寡言是鄧小平一生的秉性。但這一次到深圳，鄧小平卻一反常態，談興大發。與八年前相比，人蒼老了許多，但他的思想卻還是那樣的年輕，充滿著澎湃的激情。

一九九二年一月十八日至二月二十一日，鄧小平在武昌、深圳、珠海、上海等地，發表重要談話，從理論上深刻回答了長期困擾和束縛人們思想的許多重大認識問題，是把改革開放和現代化建設推向新階段的又一個解放思想、實事求是的宣言書。圖為一月二十一日，鄧小平在深圳中國民俗文化村參觀

深圳等經濟特區是在改革開放中誕生的，從建立開始，非議、責難的聲音一直不斷。特區的各項改革，是頂住各種壓力，冒著很大風險進行的。

鄧小平一邊瀏覽市容，一邊詢問深圳經濟發展的情況。

深圳的國貿大廈曾創下「三天一層樓」的紀錄，是深圳速度的象徵。二十日，鄧小平來到國貿大廈第五十三層，憑窗俯瞰深圳全景，接著聽取了李灝關於深圳的改革開放和經濟建設的情況匯報。

聽取李灝匯報後，鄧小平充滿激情地一口氣講了三十分鐘。他說：

資本主義發展了好多年了，幾百年吧，我們才多長時間？我們尤其是耽誤了幾十年，不耽誤這幾十年，我們現在的面貌完全不同了，再耽誤不得了。

不堅持社會主義，不改革開放，不發展經濟，不改善人民生活，只能是死路一條。基本路線要管一百年，動搖不得。只有堅持這條路線，人民才會相信你，擁護你。誰要改變三中全會以來的路線、方針、政策，老百姓不答應，誰就會被打倒。

鄧小平在離開深圳前接見了深圳市領導班子成員。他說：「改革開放膽子要大一些，敢於試驗，不能像小腳女人一樣。看準了的，就大膽地試，大膽地闖。深圳的重要經驗就是敢闖。沒有一點闖的精神，沒有一點『冒』的精神，沒有一股氣呀、勁呀，就走不出一條好路，走不出一條新路，就幹不出新的事業。」

他對社會主義本質問題作出了精闢概括，他說：「社會主義的本質，是解放生產力，發展生產力，消滅剝削，消除兩極分化，最終達到共同富裕。」

在這裡，鄧小平還提出了「三個有利於」的論斷：「改革開放邁不開步子，不敢闖，說來說去就是怕資本主義的東西多了，走了資本主義的道路。要害是姓『資』還是姓『社』的問題。判斷的標準，應該主要看是否有利於發展社會主義的生產力，是否有利於增強社會主義國家的綜合國力，是否有利於提高人民的生活水平。」

二十三日上午，鄧小平離開深圳乘船去珠海。在船上，他與謝非、珠海市市委書記梁廣大等促膝長談。「抓住時機，發展自己，關鍵是發展經濟。」「發展才是硬道理。」「改革開放的成功不是靠本本，而是靠實踐。靠實事求是。」許多人們耳熟能詳的警句和新思想，都是在這裡談出來的。

在珠海，鄧小平參觀了亞洲仿真控制系統工程有限公司、江海電子公司等幾家高科技企業。鄧小平說：「搞科技，越新越好，越高越好。越高越新，我們就越高興。不只我們高興，人民高興，國家高興。對我們的國家要愛，要讓我們的國家發達起來。」

一月三十一日專列到達上海。鄧小平視察上海貝嶺微電子製造有限公司的時候，公司總經理陸德純指著一台從美國進口的大束離子注入機說：「這是集成（積體）電路的關鍵設備，是第一次引進的。」鄧小平沉思片刻，問陪同的上海市委書記吳邦國等人：「你們說這台設備姓『社』還是姓『資』？」

正當大家發愣的時候，鄧小平意味深長地說：「這台設備原來姓『資』，因為是資本主義國家生產的，現在它姓『社』，因為在為社會主義服務。對外開放就是要引進先進技術為我所用，這台設備現在姓『社』不姓『資』。」

在上海期間，鄧小平還對上海市市委書記吳邦國、市長黃菊說：「議論太多並沒什麼必要，實踐會證明的，那個東西過硬得很。」

從武昌到深圳，到珠海，到上海，在長達一個多月的時間裡，八十八歲的老人鄧小平以神奇的思維和樸實的語言提出並闡發了一系列全新的思想。

實踐證明，真理愈辯愈明，道路愈爭愈清。鄧小平的南方談話，從戰略上，從理論上，從歷史高度上，給予明確深刻的和堅強有力的回答，這樣就突破了長期束縛人們思想和行動的障礙，為中共十四大召開作了充分的思想理論準備。

二、塵埃落定：社會主義市場經濟體制起航

一九九二年是轉折之年。此時，中國面臨著千載難逢的發展機遇，中國能不能抓住機遇，有所作為呢？

每五年召開一次的中國共產黨的代表大會，將在這一年如期舉行。中共十四大確定一個怎樣的奮鬥目標？中國今後的路怎樣走，往何處去？是繼續加快改革步伐，還是就此止步？這許許多多的問題如果不給出明確的答案，中國的發展將舉步維艱。中國又一次來到歷史的十字路口，改革開放的成敗和社會主義現代化建設的前途命運，到了需要作出抉擇的重要時刻。

進入二十世紀九〇年代，蘇聯和東歐一些國家的政局相繼發生劇烈的變化，社會主義遭受重大的挫折。與此相反，中國生機盎然。國家實力增強了，人民生活改善了，對社會主義的信心增強了。

此時，經過十年的改革——計劃、價格、財政、金融、外貿、企業管理等方面的體制改革，市場調節已在國民經濟中佔相當的比重，在某些領域甚至起到主導作用。

中國農村改革取得巨大的成功，鄉鎮企業異軍突起，經濟特區的建設以驚人的速度發展。歷史已經清楚地表明：面對經濟發展新的實踐，無論在經濟機制還是思想觀念上，是到了邁開步伐開始探索新的

出路的時候了。實踐的發展正在讓一種新的經濟體制呼之欲出。

一九九一年五月中旬，江澤民訪問蘇聯。此時，東歐一些社會主義國家已改旗易幟，蘇聯也岌岌可危。當時，對改革是否會把中國「和平演變」為資本主義，中共黨內爭論得很激烈。江澤民認為，蘇聯重心過多地放在了政治改革而不是經濟改革上，只有經濟繁榮了才能保住黨的執政地位。

從蘇聯回國後，江澤民在兩個月裡密集策劃和部署了十一場座談會。

一九九一年十月十七日上午，第一場座談會開始。一開會，江澤民就有言在先：這是閉門會議，可以自由、放開、活潑地研討，允許爭論。

十一場座談會對江澤民提出的三個專題形成了傾向性意見。第一，戰後資本主義的發展，是從自由市場經濟發展成有宏觀調控的市場經濟；第二，市場配置資源總體上是有效的，蘇聯和東歐國家儘管反覆不斷地試圖改進計劃體制，但最終沒有獲得成功，傳統計劃體制有其內在的、無法克服的根本性障礙；第三，市場體制是有效的，運用於中國需要注意一些問題。

應當說，這十一場座談會比較充分地討論了中國經濟體制的選擇和改革目標，出現了「社會主義市場經濟」的傾向性提法。據周小川回憶，江澤民在座談會上一針見血地指出計劃體制的不足的問題，指出：「有的領導知道下面要一批項目，但故意不批，那裡邊的名堂多得很，貪污、受賄，什麼亂七八糟的都會有。」

一九九二年四月一日晚上，已是深夜時分，國家體改委主任陳錦華接到了江澤民的電話。江澤民在電話裡說，現在改革到了一個很關鍵的時候，下一步究竟怎麼搞，大家都很關心。體改委是不是好好研究一下，給中央提提建議。

四月十五日，中國國家體改委選擇廣東、江蘇、山東、遼寧、四川五個省的體改委主任在北京專門座談改革設想，主要議題是計劃與市場的關係。座談會開了三個半天。會上，五個省一致表示，希望中國共產黨的十四大在計劃與市場的關係問題上有所突破，明確提出建立和發展社會主義市場經濟。

一九九二年六月九日，江澤民在中共中央黨校發表講話。他列舉了當時盛行的關於新經濟體制的三種提法：有計劃的商品經濟體制、有計劃的市場經濟體制、社會主義市場經濟體制。江澤民說：「我個人的看法，比較傾向於使用『社會主義市場經濟』這個提法。」在中共中央黨校講話後，江澤民專程拜訪了鄧小平、陳雲、李先念等老同志，「社會主義市場經濟體制」這個提法得到了他們的贊同。鄧小平說：「可以先發內部文件，反映好的話，就可以講，這樣十四大也就有一個主題了。」

春華秋實。一九九二年十月，中國共產黨第十四次全國代表大會在北京舉行。十四大報告明確提出，中國經濟體制改革的目標是建立社會主義市場經濟體制。

市場經濟既不姓「社」也不姓「資」，為什麼還要在「市場經濟」前加上「社會主義」四個字？對此，大會報告作了明確回答。報告指出：「社會主義市場經濟體制是同社會主義基本制度結合在一起的。」這句話一錘定音。它表明，中國是在社會主義條件下建立市場經濟體制的，是在社會主義制度條件下來利用「市場經濟」這一資源配置的方式和手段的，社會主義的市場經濟不能脫離社會主義基本制度。「社會主義」這幾個字是不能沒有的，這並非多餘，並非「畫蛇添足」，而恰恰相反，這是「畫龍點睛」。所謂「點睛」，就是點明中國市場經濟的性質。

被稱為「吳市場」的經濟學家吳敬璉回顧：市場經濟在中國命運多舛。一九八二年到一九八三年，批判「社會主義商品經濟論」；二十世紀九〇年代最初，又批判「市場取向論」。大的政策方針繞來繞去，就是不敢提「市場經濟」四個字。咬文嚼字的結果，導致了改革的停頓、經濟的滑坡，付出了代價。現在這個障礙終於突破了。

社會主義市場經濟猶如一位遲到的佳人，終於告別了「猶抱琵琶半遮面」的曖昧，在眾人複雜的打量目光中，昂首出現在中國經濟的舞台上。

一九九二年，一個新的起點。中國這艘巨輪駛入了新的航道。

一九九二年春天，鄧小平的「南方談話」猶如一股強勁的東風，迅速吹遍神州大地，驅散了思想的迷霧。在「南方談話」的催促之下，十四大報告中說了四十多次「加快」，「加快改革開放」顯然成了一九九二年的重中之重。堅冰已經打破，航道已經開通，道路已經指明。

「積之既久，其發必速。」受到困擾的改革開放，有如衝開了閘門的洪水，汪洋澎湃。這折射出人們的一個共識：發展才是硬道理。

隨之，中國的發展就像人們所熟知的那首歌曲《春天的故事》裡唱到的一樣，「天地間蕩起滾滾春潮，征途上揚起浩浩風帆」。伴隨著這首歌，中國的改革開放揚起新的風帆，一系列重大

中國共產黨第十四次全國代表大會於一九九二年十月十二日至十八日在北京舉行

舉措出台了。

一九九二年三月九日，中國國務院審議批准了海南省吸收外資開發洋浦經濟開發區。消息一出，即觸動了人們最敏感的神經。短短二十天，總投資額就有一億元人民幣，外加一千五百萬元港幣。國內外有眼光的企業家摩拳擦掌，躍躍欲試，意在三十平方公里的開發區內或周邊地區一展宏圖。

三月十日，上海市宣佈拿到了中央為支持浦東開發開放的五類項目審批權和五個資金籌措權。

同月，中國國務院宣佈東北的四個邊境城市開放，五個長江沿岸中心城市開放，四個邊境、沿海地區省會（首府）城市、十一個內陸地區省會（首府）城市實行沿海開放城市的政策，開放範圍擴展到內地所有省會城市。對外開放由沿海向內陸腹地及沿江、沿邊地區推進，全方位展開。至此，中國實現了全國的開放，全方位對外開放的新格局初步形成。

一九九三年六月，中國政府海關、商檢、邊防檢查等機構相繼進駐海南洋浦開發區，並開始辦公

四月三日，七屆全國人大五次會議審議通過了一項歷經四十多年論證的議案——興建長江三峽工程。

四月二十八日，中國國務院批轉國家體改委、國務院生產辦《關於股份制企業試點工作座談會情況的報告》，提出分階段、有步驟地推進股份制試點工作。六月三十日，國務院常務會議通過《全民所有制工業企業轉換經營機制條例》。

五月十六日，中共中央政治局會議通過《中共中央關於加快改革，擴大開放，力爭經濟更好更快地上一個新台階的意見》，提出貫徹落實鄧小平「南方談話」精神的專題方案，作為中央當年第四號文件下發。方案中，關於擴大對外開放，提出了具體措施。

六月十六日，中共中央、國務院又作出關於加快發展第三產業的決定。

全國都行動起來了。七月一日，廣東向中共中央、國務院報送了《關於加快廣東發展步伐，力爭二十年趕上亞洲「四小龍」的請示》，提出趕上亞洲「四小龍」的目標和步驟是：在經濟的總體水準上趕上「四小龍」，在精神文明方面要比它們強。

同時，上海也站到了新的起跑線上。浦東的開發帶動了上海的發展，一九九二年全市經濟增長率達到百分之十五，引進外資總額三十三億元，是一九九一年的八倍。上海重新回到了全國的排頭，成為中國經濟全力起飛的寫照。

一九八四年，海爾創立於青島。創業以來，海爾從一家資不抵債、瀕臨倒閉的集體小廠發展成為全球最大的家用電器製造商之一

機遇，總是青睞那些有準備的人。各路菁英從「南方談話」中找到開拓新事業的勇氣和靈感，抓住大好機遇，盡顯神通。

一九九二年以前，海爾還是一個只做冰箱產品的生產商。當許多企業還在為缺乏資金而怨天尤人之時，總裁張瑞敏就動了企業搞多元化的心思。鄧小平的「南方談話」一發表，立即引起了他的注意。他感到機會來了。張瑞敏迅速作出決策，建設工業園。從審批立項到開工建設用了不到半年的時間，這是令人意想不到的。

從此，市場之門神話般地一個個為海爾敞開。如今，海爾發展到旗下擁有空調、洗衣機、電視機、手機、家居集成等十六個主導產品，產品市場佔有率全部名列前茅，同時成為當今世界排名第四的大家電製造商。

抓住機遇，加快發展的熱潮感染著每一個人。許多後來家喻戶曉的企業巨人，在這一年走上創業之路。

一九九二年五月，在出版社做了多年編輯的尹明善，不顧親朋好友的反對，憑著手裡的二十萬元錢，創辦了重慶轟達車輛配件研究所，生產摩托車發動機。如今，這家作坊式的小企業，從僅有九個人變成了一萬四千多人，小作坊變成了國內國外擁有十六家工廠的重慶力帆公司。

一九九二年，世界的目光也聚焦中國，外商紛至沓來，來華投資熱再度興起。

麥當勞來了。四月二十三日，在北京緊臨長安街的王府井南口，全球營業面積最大的麥當勞店熱熱鬧鬧地開業了。身著紅條衫，腳蹬紅皮靴的「麥當勞叔叔」面帶微笑，店門前檸檬黃色的「M」型大標牌十分搶眼。開業頭一天，就有一萬多人次光顧了這家洋快餐店。

康師傅來了。八月二十一日，台商魏應州兄弟在天津開發區建起生產線，康師傅紅燒牛肉麵誕生了。伴隨著「香噴

麥當勞一九四〇年創立於美國，是全球大型跨國連鎖餐廳。二十世紀九〇年代，隨著中國經濟的發展，麥當勞在中國內地的市場迅猛擴展

噴，好吃看得見」的承諾，康師傅成為消費者心目中方便美食的代名詞，迅速受到喜愛。

微軟公司這一年在北京開設了辦事處，並同中國各計算機生產廠家簽署了計算機軟體新版本的授權使用協議，成為中國公認的重要微機軟體供應商。這是中國第一次大規模與國外大型軟體公司簽署使用協議。這使得國內計算機用戶和軟體工程師享有與國際同步的技術資訊和軟體環境，也使中國的軟體工業能與國外公司取得平等的發展機會。

許多在華的大型跨國公司加大投入和經營力度。克萊斯勒公司開始商討擴大北京吉普的運營；波音、惠普和通用電氣等製造商展開大規模的銷售。服裝、日用品的許多國際品牌也開始大量出現在中國的商場。

開放的中國以前所未有的姿態擁抱世界。六月二十四日，北京二〇〇〇年奧運會申辦委員會公佈的申辦口號也與這個主題相當吻合：開放的中國盼奧運。

一個月後，中國體育健兒在巴塞隆納第二十五屆奧運會上大顯身手。十六枚金牌、二十二枚銀牌、十六枚銅牌，金牌總數和獎牌總數居第四位的成績，令世界對開放的中國刮目相看。

一九九二年，北京的冬季雖然寒冷，但卻能強烈感覺到社會主義市場經濟帶來的激情。街頭巷尾，尋常百姓家都在談論社會主義市場經濟大潮下各自的心態。

住在北京市東城區一座舊式四合院裡的王美蘭，已經八十多歲了，但她每天都認真聽廣播，她說：「知道社會主義市場經濟湧來了，在這種新形勢下，我也得跟上。」

一九九二年，一批國外奢侈品，就像約好了一樣，大舉進入中國市場。軒尼詩XO，為了再次打入中國市場，選擇了上海這個中國最大都市作為登陸口岸。一直長久屹立於國際奢侈品行業翹楚地位的路易威登，在北京王府飯店開辦了第一家專賣店。登喜路，也於同年進入北京王府國貿商城。阿瑪尼、香奈爾和古馳、迪奧等緊隨其後。

當年，中國也有一部影片《秋菊打官司》，打入國際，獲得義大利第四十九屆威尼斯電影節最佳影片「金獅獎」。從此，「要個說法」掛在受到不公平對待的人嘴邊，這不能不說是社會法治精神的民間彰顯。

一九九二年，對中國來說，是改革闊步前行的一年。

三、社會主義市場經濟的首次考驗

確立建立社會主義市場經濟體制的目標後，在市場機製作用擴大、國民經濟高速發展的同時，由於舊的調控機制逐漸失效、新的宏觀調控機制尚未完善，又出現經濟盲目擴張、經濟秩序混亂等一些突出問題，尤其以一九九三年表現為甚。這些問題具體表現為「四高」、「四熱」、「二亂」。其中，「四熱」是房地產熱、開發區熱、集資熱和股票熱，「二亂」是金融秩序混亂、市場秩序混亂。這都表明，成長中的市場經濟，充滿機遇的同時，也充滿著挑戰。

市場經濟的風生水起，吸引著過慣平靜生活的人們。炒股成為當時的一種「時髦」。在這些人中，有一個叫楊懷定的上海人，他因炒股而聲名顯赫，當「萬元戶」還是富裕代名詞的時候，他就有了「楊百萬」的稱號，被無數股民視為傳奇人物。同「楊百萬」一樣，隨著股票熱的興起，越來越多的人開始投身於股市。

一九九二年八月三十一日，故事片《秋菊打官司》在北京首映，這部影片被稱為張藝謀最好的影片之一

高額的利潤讓房地產市場也很快就「熱」了起來。一九九二年初，全國房地產公司還只有三千多家，可到了年底，就已經增加到了一萬兩千餘家。有人甚至說，一九九二年的房地產市場只是「熱潮滾滾」，一九九三年將是「大火熊熊」。當時流行著一句話：「要掙錢，到海南；要發財，炒樓盤。」

一九九二年，經濟增長率打破了前三年百分之四、百分之五、百分之六的局面，可謂是翻了身，但憋了三年多，結果出現了大幹快上的井噴。井噴式發展也帶來了弊病。

一九九三年初，很多中央經濟部門的人，都有一種感覺，「失控了，失控了！」一些經濟學家在不同的場合提醒說，「要警惕經濟過熱」，可是一些地方政府出來打圓場，說今天的高速是在前幾年低速的基礎上出來的，因為基數不高，所以沒那麼嚴重。

這一年，最新鮮的事就是各地設立開發區。中央政府批准了一百一十九個經濟開發區。可是各地開發區猶如雨後春筍，到處破土而出。有的地方，用鐵絲網圈一塊地，蓋上幾個章，再請上級領導剪個彩，就算開張了。有的地方甚至連村裡都搞了開發區，請鎮裡領導剪個彩。據統計，當時全國實際上有近萬個開發區開張，平均每個縣都有四到五個開發區，大家的頭腦熱得不行。

一九九三年四月，中共中央要求各地「積極、正確、全面地領會鄧小平的重要講話和中共十四大精神，既要抓住機遇，加速發展，又要注意穩妥，避免損失，特別要避免大的損失」。

就在當月，中國國家統計局發佈報告說，地方政府投資比中央政府投資要多得多，這說明各地沒把中央的勸告當回事，結果給過熱的熊熊大火再澆一盆油。

一九九三年五月，據統計，固定資產投資前所未有地增加了百分之七十，現鈔多發了五百多億，但還是趕不上需要。大批企業長期舉債不還，很多企業從銀行借不到錢，各種集資活動大行其道。大量的錢「體外循環」。黑市借貸利率高得嚇人。有的郵局不能兌現匯款單，城鄉「打白條」成風，政府借貸給公務員發工資。

同時，由於亂集資、亂拆借、亂設金融機構，國家的金融機構正常運轉受到了影響。據統計，這一年全國各地百分之八十五的企業都曾組織集資，百分之九十四以上的職工和市民都參與了集資。僅第一季度，社會集資就達五百億元以上。

過熱的經濟開始導致物價上漲。到三月份，原材料價格上升百分之四十，零售物價指數上升百分之十．二；到六月份，三十五個大中城市居民消費價格總水準上漲百分之二十一．六。一九九二年底，消費價格指數是百分之八．六，可到了一九九三年六月，就已經達到百分之十七，翻了一番。在物價上漲的壓力下，社會上甚至出現了儲存美元、黃金和優質耐用消費品的現象。

這種情況的結果，就是通貨膨脹。

全國高燒時刻，擔任副總理不久的朱鎔基走到前台，親自兼任中國人民銀行行長。素有「鐵腕」之稱的朱鎔基是「處理棘手經濟問題的行家裡手」。

一九九三年六月二十四日，重拳出手。中共中央、國務院聯合發出關於經濟情況和加強宏觀調控的意見，提出十六條緊急措施。十六條的重點是整頓金融秩序，包括嚴格控制貨幣發行，堅決糾正違章拆借資金，靈活利用利率槓桿增加儲蓄，堅決制止各種亂集資，加強房地產市場宏觀調控管理，抑制物價總水準過快上漲，等等。

為加大文件的落實力度，確保十六條措施切實落實到位，中國國務院還相繼召開了全國金融工作會議和全國財政、稅務工作會議，分別制定和下達了兩個「約法三章」。

這年，七月流火的夏天，朱鎔基把全國各地銀行的行長召到北京開會，讓這些銀行官員在八月十五日之前收回計劃外貸款和資金。「逾期收不回來，就要公佈姓名，仍然收不回來，就要嚴懲不貸。」這一要求，當時被形象地稱作「八月十五日光明」。在巨大的壓力下，勢如脫韁之馬的銀行無序狀態逐漸畫上了句號。

「十六條」的橫空出世，開啟了宏觀調控在全國的實施。

第二節　社會主義市場經濟體制基本框架定型

曾經爭議難決的社會主義市場經濟，在一九九二年鄧小平「南方談話」和中共十四大之後終於得到正名，隨之載入中國共產黨章和國家憲法。

中共十四大提出建立新體制的總目標和總原則以後，人們迫切希望進一步回答這樣一系列問題：社會主義市場經濟體制到底是什麼樣子？應該如何去建立？應該怎樣去實施？建立社會主義市場經濟體制之後的中國又會呈現出什麼樣的壯麗景象？

這些問題急需回答，必須回答。

一、最後一跳：社會主義市場經濟體制基本框架定型

一九九三年一月一日，《人民日報》在新年獻詞中這樣說道：「一九九三年，我們將按照逐步建立社會主義市場經濟體制的要求，更好地加快改革開放，並從嚴控制經濟總量，加強宏觀調控，積極推動經濟朝著提高質量、優化結構、增進效益的方向較快發展。」這段文字準確地概括了這一年中國改革開放事業所面臨的現狀和緊迫任務。

〈九三是貓年〉，這是一九九三年二月二日《中國青年報》刊登的一幅漫畫。憨態可掬的小貓一副

下海經商的打扮，生動地說明了市場經濟帶給中國人的心靈衝擊。

這一年，流行歌曲飄蕩在大街小巷，股市行情的變化越來越受到人們的關注，高速公路開始在一些大城市間出現。新思想、新觀念、新時尚各領風騷，競相釋放，中國經濟和社會發展駛入了一條快車道。

一九九三年三月，八屆全國人大一次會議在和煦的春風中召開。與會代表也有了不同的感受。這次會議上，來自全國各地的人大代表們驚奇地發現，會議換餐券時不用再交糧票了。這一變化並未引起太多的關注，但它卻像徵著一段歷史的終結。

這一年四月一日起，上海、天津全面放開糧油購銷價格，敞開供應糧油。五月的一天，《人民日報》又刊發了一則消息。消息說，自五月十日起，北京市也將放開糧油購銷價格。「放開糧油購銷價格，敞開供應糧油」，這些看似尋常的消息卻包含著幾代人的心酸，它意味著，主宰百姓生計幾十年的商品配給票證，將從此開始淡出人們的日常生活。

對老百姓來說，這是一件大事。北京很多老百姓手裡捏著糧本，不敢相信這是真的。遷戶口的時候，仍然習慣地拿上糧本，遞進小窗口。警察說「這個本不要了，糧食隨便買了！」可是老人還是把糧本藏得嚴嚴實

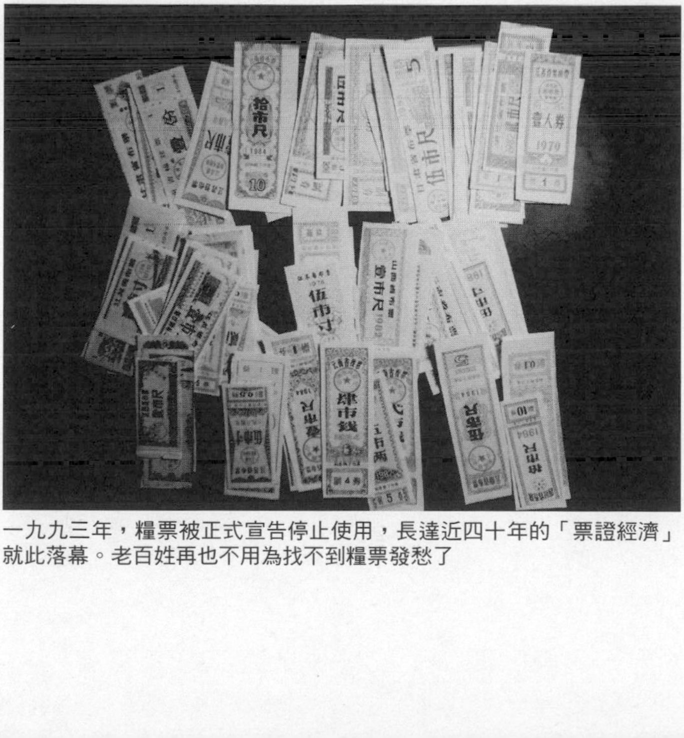

一九九三年，糧票被正式宣告停止使用，長達近四十年的「票證經濟」就此落幕。老百姓再也不用為找不到糧票發愁了

實，不敢大意。

糧票，曾是中國人不可或缺的日常生活品。在世界上，或許再沒有哪一個國家的人們有比中國人更多的「票證情結」。由於長期的商品匱乏，人們的生活中充滿了各種配給票證，如油票、面票、米票、布票、糖票、點心票、肥皂票、肉票、火柴票等等，幾乎人們所有的生活物品都需要憑票證供應。這看似平淡無奇的方寸紙片，不僅濃縮了新中國那段坎坷的歷史，也蘊藏著豐厚的政治、經濟、文化內涵，生動地記載了中國從「計劃」走向「市場」的軌跡。

微小的細節折射著時代的變遷，票證淡出的背後是喜人的變化。

改革開放十幾年來，中國已經成為世界上少數幾個保持經濟高速增長的國家之一。「東風力勁繁花茂，事物日新活力增」，這是當時人們對改革開放大好形勢的由衷讚歎。

「摸著石頭過河」這句話，人們耳熟能詳。

經過了十五年的努力和實踐，改革呼喚更多的自覺的理性指導，希望進一步增強改革的計劃性、預見性和超前性，也迫切要求改革的全局性整體推進。這就必然需要總體設計，並需要強調體制和政策的規範化。

中共十四大以後，順應時代的發展，順應社會的需要，制定一個全面而又具體指導我們進一步深化改革、擴大開放、建立起社會主義市場經濟體制的綱領性文件，已經勢在必行。這個任務落在了中共十四屆三中全會上了。

正是在這樣的背景之下，一九九三年五月三十一日，以中共中央書記處書記溫家寶為組長的二十五人起草小組悄然進駐北京西北郊的玉泉山，任務就是為中共十四屆三中全會起草《中共中央關於建立社會主義市場經濟體制若干問題的決定》。

當天，江澤民主持了起草小組第一次全體會議，作了一個長篇講話。他強調，這個決定一定要有所前進，有所發展；改革既要有長遠目標，又要有針對性；要從當前的實際出發，從中國的國情出發。

二十五人起草小組度過了緊張難忘的五個多月。據小組成員、時任中國國務院研究室副主任的王夢奎回憶：「總的算起來，提交全會討論的決定草案，是第八稿。當時起草組有同志開玩笑說，七搞（稿）八搞（稿），總算搞出來了。」一九九三年十一月十一日至十四日，十四屆三中全會在人民大會堂召開，審議通過了《中共中央關於建立社會主義市場經濟體制若干問題的決定》。決定除開頭和結束語各一段簡短的文字外，分十個部分、五十條，因此又被稱作「五十條」。這十個部分，構成了建立社會主義市場經濟體制的總體藍圖。這也是世界上第一個闡發如何在社會主義條件下搞市場經濟的文件，意義重大。美國前國務卿季辛吉這樣評價道：「如果中國成功，將會給資本主義和社會主義共同提出一個哲學命題。」

人民日報
RENMIN RIBAO
中共十四届三中全会在京举行
中央政治局主持会议　中央委员会总书记江泽民作重要讲话
通过《中共中央关于建立社会主义市场经济体制若干问题的决定》
全会强调，各级党委和政府要用党的基本理论和基本路线统帅全局，把更大的精力集中到加快改革上来。全会号召，全党同志和全国各族人民更加紧密地团结在以江泽民同志为核心的党中央周围，在邓小平同志建设有中国特色社会主义的理论和党的十四大精神指引下，为在本世纪末初步建立社会主义市场经济体制，实现国民经济和社会发展第二步战略目标而努力奋斗！

中共十四屆三中全會，一九九三年一一月十一日至十四日在北京舉行。全會通過了《中共中央關於建立社會主義市場經濟體制若干問題的決定》，把黨的十四大確定的經濟體制改革的目標和基本原則加以系統化、具體化，是中國建立社會主義市場經濟體制的總體規劃但這一突破，遭到一些西方政治家的質疑。據曾任國家經濟體制改革委員會主任的陳錦華回憶：「江澤民同志跟我講過，他和英國前首相柴契爾夫人就爭論過社會主義市場經濟的問題。柴契爾夫人訪問中國時在談話中說，你們這個社會主義市場經濟不可能成功，是搞不下去的，因為市場經濟是和私有制結合在一起的，你不搞私有制，市場經濟怎麼搞下去？江澤民不同意她的看法，說我們就要按我們自己這個路子走，堅持公有制為主體，多種所有制經濟共同發展。多年的改革開放成就和實踐證明，中國搞社會主義市場經濟體制的選擇是正確的。」

最早提出「社會主義市場經濟」的經濟學家馬洪回憶：一九九二年十二月，就在十四大閉幕之後，在幾位青年學者的協助下，他的文集《建立社會主義市場經濟新體制》公開出版。這部著作明確提出深化改革的思路，包括進一步深化企業體制改革、進一步發展和完善社會主義市場體系，以及改革計劃體制、完善宏觀調控等，系統地反映了馬洪建立社會主義市場經濟體制的一些重要思路。其中一些主張和建議，隨後被吸收到十四屆三中全會通過的決定當中。

如果說改革開放是決定當代中國命運的關鍵抉擇，那麼實行社會主義市場經濟就是改革開放最為重要的核心內容。十四屆三中全會通過的決定中，建立現代企業制度，培育發展市場體系，建立健全宏觀調控體系，建立合理的收入分配製度和社會保障制度這五個環節有機統一，構成了社會主義市場經濟體制框架的基本內容。如果把社會主義市場經濟體制比作一座大廈，這五個方面就是大廈的五大支柱；而堅持以公有制為主體，就是這座大廈的基石。此後，中國經濟體制改革所做的一切，都是在為這座大廈添磚加瓦。

決定通過後，《人民日報》評論道：「堅冰已經打破，航道已經開通，道路已經指明。」國外輿論也高度評價這次全會的歷史意義。一家媒體這樣說：「剛剛通過決定的十四屆三中全會意義非凡，其重要性僅次於去年春天鄧小平『南方談話』和秋季黨的十四大。如果把這三個重要階段比喻成三級跳，那麼，三中全會就是這最後一跳。」

在中共十四屆三中全會決定的「總體設計」指引下，中國的社會主義市場經濟迅猛發展的勢頭，引起了全世界的關注，許多大型跨國公司紛紛前來尋覓商機。

這一年，肯德基已經在北京開設了七家分店。其中，位於北京前門的一家快餐廳是其當時全世界九千多家分店中最大的一家。

這一年九月九日，四十八家世界大型跨國公司的決策人士聚集北京，參加「北京九三跨國公司與中國」國際研討會，與中國政府有關人士和中外合資企業負責人共同探討跨國公司對華投資方面的問題。

與此同時，中國內地企業也加速了走向世界的進程，它們開始逐步掌握海外市場的財務、監管以及交易規則。青島啤酒成為這一輪競爭中的佼佼者。這一年六月，青島啤酒在香港聯合交易所成功上市，成為中國第一支H股。這是中國人走向開放的寫照。

改革開放之初，「鐵飯碗」還相當吃香，「下海」這件事有點「異類」的味道。早期「下海」的，如北京前門大柵欄街道辦事處幹部尹盛喜，一九七九年辭職領著失業青年賣大碗茶；再比如被稱為「中關村第一人」的中科院物理所一室主任陳春先，一九八〇年在一間掛滿蜘蛛網的破庫房創辦「先進技術服務部」；還有南京師大畢業生張近東在一九八四年借了十萬元創辦蘇寧電器，等等，當時均被稱為「不務正業」。

一九八七年，肯德基在北京前門繁華地帶設立了在中國的第一家餐廳，也是當時北京第一家經營快餐的中外合資企業。以北京作為一個發展的起點，肯德基在全國的發展就如同燎原之火

後來有一段時間，「左」的傾向和經濟整頓也嚇阻了人們「下海」。一九八二年開展的「打擊走私、投機詐騙」活動，把很多想經商的人嚇得夠嗆，其中溫州個體戶的「八大王」就在這一年被判了罪。

鄧小平「南方談話」之後，「下海」成了千百萬人選擇的生活方式。政府官員、現役軍警、學者作家、在校學生等等爭先恐後跳入商海。當時有句話叫「十億人民九億商，還有一億在觀望」。與此同時，各種跳蚤市場一夜之間遍佈全國城市大街小巷。「第二職業」、「小時工」成了新興的時髦詞彙。

一九九二年，《人民日報》發表一篇文章，題目就是〈要發財，忙起來〉。這個時候，人們不再羞於談「錢」了，見面就是「恭喜發財」。

以前大學畢業生把進機關作為第一志願，這時候變了。一九九二年，顧青從同濟大學畢業，他放棄了去德國做駐外機關人員的機會，投奔了當時剛起步的私營企業樂百氏公司。不久他成為樂百氏武漢公司的總經理，後來他辭職去讀MBA，畢業以後創辦了「久久丫」連鎖店。

與此同時，潘石屹、馮侖等一批在機關工作的年輕人正在熱火朝天地創業，如今他們都已是著名的企業家。

一九七九年，尹盛喜拿著借來的一千塊錢，買了六把大水壺、一百個大茶碗、十口大缸，準備了條桌和板凳，茶社就正式開了

這段時期，出現了改革開放後的第三次商潮。一九九二年上半年，上海市有一萬兩千多家新企業誕生，創下了歷年同期「開業之最」。面對這從未有過的規模和速度，負責登記、發照的上海各區、縣工商局，只得「普遍超負荷工作」。北京市的企業數量正以每月兩千家的速度遞增。據透露，全市庫存的營業執照早已發完，為解燃眉之急，不得不從天津臨時調運了一萬個執照。

權威部門的統計數字證實，到這一年六月底，全國公司已達三十萬四千戶，比去年同期增長百分之二十二．五，從業人員、註冊資金分別增長百分之十五和百分之三十三以上。

社會主義市場經濟需要大市場、大流通。搞活流通、培育市場正受到重視，各地紛紛制定放寬搞活的政策，允許更多的各種類型公司出世，鼓勵個體、私營經濟發展。

一九九二年上半年，全國個體工商戶總數達二千四百一十萬一千戶，從業人員有兩千兩百三十七萬七千人，分別比去年同期增長百分之六．二和百分之六．四；私營企業總數達十一萬多戶，從業人員一百八十六萬九千人。

隨後，商潮也湧出了國門。沿邊地區的進一步開放引起了邊貿熱。黑龍江省做邊貿生意的企業已從最初幾家發展到一千多家。少數民族農牧民聚居的內蒙古邊境，一改沉寂局面，相繼建起一批互市貿易區、貿易島、過貨點。遼寧省燈塔縣佟二堡鎮六十二歲的農民周長生，隻身闖綏芬河，對外推銷出兩萬多件皮夾克，淨賺推銷費十五萬元。一九九三年，這個鎮已有一千兩百多名農民在黑龍江、內蒙古、吉林等地的邊貿口岸做皮夾克生意。

第三次商潮已不局限於純粹的商業，而是在第三產業的廣闊天地裡展開。資訊、諮詢、科技開發、社會服務等類型的公司不斷湧現，「點子公司」、「幫忙公司」之類的新公司令人叫絕。王朔小說《頑主》中的「三T」公司已變成現實，北京市「三替」服務公司於七月八日成立。這家公司從北大、北師大等高校招聘了數千名大學生和年輕教師從事家教服務，還提供開辦展覽、會議服務、公寓清潔等多個服務項目。

中國國有大中型企業不再置身潮外，成為新商潮中的一支生力軍。承受著人浮於事巨大壓力的國有大中型企業，紛紛開商店、辦公司，安排富餘人員，發展第三產業。

《北京人在紐約》折射出東西方文化的差異，全景式展現北京人在紐約的生存狀態，成為描寫第一批赴美淘金的中國人事業與情感歷程的經典之作

與此同時，人們的價值觀正在改變。當時有這樣一句順口溜：「北京人侃，上海人怨，東北人看，廣東人幹。」如今，大家都在學廣東人，想下水試試深淺。

一位曾當過記者的某合資公司經理說，以前，許多青年人認為只有當作家、科學家、藝術家，或者當大官，人生才有價值，才會得到社會的承認和尊重，現在人們覺得賺錢和出書、寫文章、搞科學發明、進行藝術創作，一樣有社會價值，一樣光榮。賺錢已不僅僅是一種手段，許多人把它當作奮鬥目標和理想，在賺錢過程中體驗到了奮鬥的價值和樂趣。

一九九三年，一個叫周勵的三十五歲的年輕人，揣著四十美元闖美國。幾年之後，她在曼哈頓第五大街站住了腳跟，擁有了自己的客戶和資產。不久，周勵出版自傳《曼哈頓的中國女人》，讓當時許多中國人有了去美國的衝動。

也是這一年，中國第一部「移民題材」電視劇《北京人在紐約》引起了轟動。與其說這是一部電視劇，不如說是一部個人奮鬥史，是二十世紀九〇年代初「出國熱潮」的寫照。

人們記住了電視劇中的開場白：

如果你愛他，就把他送到紐約，因為那裡是天堂；如果你恨他，也把他送到紐約，因為那裡是地獄。

似乎與當時的「出國熱潮」相適應，一個叫「新東方」的培訓學校，捕捉到了商機。一九九三年十一月，北京新東方外語學校成立，十三年後，新東方在美國紐約股票交易所掛牌上市，融資一億一千萬美元。

新東方成立於一九九三年十一月十六日，由俞敏洪創立。如今新東方已發展成為一家大型綜合性教育科技集團

總之，一九九二年和一九九三年是商潮洶湧之年，中國經濟就像一輛裝上新引擎的列車，向前飛奔。

二、整體推進和重點突破

一九九四年，彷彿一切都在蛻變、更新。有人說，這是熱熱鬧鬧的一年，也是改革的整體推進和重點突破之年。這一年的改革已是脫弦之箭，不能後退，也無退路。

一九九四年的第一天，根據中國人民銀行的通告，外匯券停止發行。這是一個頗有象徵意義的事件。一個舊體制下特有的現象消失了，意味著一個新體制的逐步發育成長。

一九九四年一月，中國建立社會主義市場經濟體制的各項配套改革方案同時實施，呈現出「整體推進、重點突破」的特點。根據《中共中央關於建立社會主義市場經濟體制若干問題的決定》，中國各行業、各領域開始制定適應社會主義市場經濟體制的改革方案，並陸續發佈。從這一年的年初開始，外匯、外貿、金融、財稅等一系列重大改革方案同時實施。

一九九四年初，持續九年之久的人民幣與外匯調劑市場匯率並存的局面結束，由「雙軌制」變為以市場供求關係為基礎的、單一的、有管理的浮動匯率制。人民幣終於從官方定價走向市場定價，與國際慣例接軌，拉開了一九九四年中國建立社會主義市場經濟新體制多項改革整體推進的帷幕。

市場經濟，說到底是貨幣經濟。建立適應社會主義市場經濟體制的新的金融體制，在一九九四年初有了突破性的展開。

周正慶，時任中國人民銀行副行長。他這樣介紹一九九四年的金融改革的目標：「一九九四年金融體制改革，概括起來是要建立三個體系：第一個體系就是要建立在中國國務院領導下獨立執行貨幣政策的中央銀行的宏觀調控體系；第二個體系就是要建立政策性金融和商業性金融分離的、以國有商業銀行為主體的、各種金融機構並存的金融組織體系；第三個要建立一個統一開放、有序競爭、嚴格管理的金融市場體系。」

這一年的金融體制改革，熱鬧非凡。在不長的時間裡，中國進出口銀行、中國國家開發銀行、中國農業發展銀行也相繼成立。這些政策性銀行的組建，標誌著中國順利實現了政策性金融和商業性金融分離。

姚振炎，時任中國國家開發銀行行長。談到國家開發銀行成立的情景，他記憶猶新：「國家開發銀行是一九九三年根據中央的決定，開始進行籌備的。正式批准成立，是一九九四年的四月十四日。大家說，這個日子很好記，就是四月十四日，『試一試』，因為是一個革新的創舉。開發銀行的成立，既沒有開幕式，也沒有首長題詞，中央宣佈了，我們就馬上進行辦公了，找了一個飯店就開始辦公了。」

有人比喻說，一九九四年的改革是一台大戲，各項改革如各色名角，紛紛濃墨重彩，同時登台亮相。那麼，財稅體制改革無疑是這台戲中的重頭戲，扮演著引人注目的主角。財稅改革，因其難度大，涉及最敏感的各方利益的協調與平衡，被視為一九九四年多項改革中的熱點和難點。

一九九四年實行的財稅體制改革，是在艱難時勢中誕生的。

那些年中國中央財政日益虛弱，再不改革財稅體制，日子已經過不下去了。國內財政收入佔國內生產總值的比例呈下降的趨勢，這個比例一九七九年為百分之二十六．二，一九九二年下降為百分之十六．六。中央財政收入佔全國財政收入的比重不斷下降，這個比例一九七九年為百分之四十六．八，一九九二年下降為百分之四十五．六。如果扣除債務收入，中央財政收入佔全國財政收入的比例則從一九八一年的百分之五十七．六，降到一九九二年的百分之三十八．六。

到了一九九三年，中國中央財政已入不敷出、捉襟見肘，使得中央政府的調控能力不斷弱化，宏觀政策意圖的貫徹難以得到充分的財力保證，能源、交通、通信等需要全局考慮的基礎設施項目無法上馬，經濟發展的瓶頸制約日益凸顯。與此同時，各省「諸侯經濟」的態勢越來越明顯。各地封鎖市場，低水準重複建設造成巨大浪費。富省愈富，窮省愈窮。

有人如此形容：中國的財政部長是囊中羞澀的財政部長，中國財政是懸崖邊上的中央財政。朱鎔基在全國財政、稅務工作會議上警告說，如果不改革體制，中央財政到不了二〇〇〇年就會垮台。

對於一九九四年財稅改革的內容和重要性，時任中國財政部常務副部長的項懷誠介紹說：「我們實際上展開的、動手的，就有兩項：一項叫作工商稅制的改革；一項叫作分稅制的改革。一項解決國家和企業之間的分配關係；一項解決中央和地方之間的分配關係。分稅制，它是處理好中央和地方的財政分配關係。分錢啊、割肉啊，那是非常為各級政府所關心，所以我記得當時領導說，這是中心環節、主要環節，改革的主要環節。」

從包幹制到分稅制，這種體制的變革直接關係到中央、地方利益格局的調整。如何才能真正做到既確保增加中央財力，又不損害地方利益？方案設計者絞盡腦汁。一九九三年四月底，分稅制改革方案小組成立。在六、七、八月三個月裡，方案小組先後做了四十多套方案，處理了幾十萬個數據，做了數千張表格。

項懷誠說：「江澤民同志不僅講要中央帶頭，而且親自帶隊，開了一系列座談會。朱鎔基同志親自帶隊，一家家算賬。他說，那段時間是南征北戰、東奔西走啊。」

一九九四年二月八日，農曆臘月三十，北京大風呼嘯。項懷誠一直在中國財政部大樓裡焦急不安地等待著那個關鍵時刻、關鍵數字的到來。許多天來，他常常失眠。他說：「一九九四年一月份是我最擔心的。我當時是食不甘味、寢不安席啊。」

「二月八日，一月份的報表出來了。出來我一看，收了多少呢？這數字融化在血液中啊，兩百七十七億元。比一九九三年一月份增加多少呢？增加一百零六億。增長幅度多少呢？百分之六十二，說得準確一點叫百分之六十一．九。」在回顧那段難忘往事的時候，項懷誠內心的激動仍然難於掩飾。

百分之六十一．九，一個普普通通的數字，但它卻使得那些參與了一九九四年分稅制改革的人們在那一刻感覺「可以喘一口氣了」。這意味著，分稅制的效果初顯。

這年的七月，廣東等十三個省、自治區、直轄市完成了省級國家和地方稅務機構的分設工作。八月，北京等省級稅務局和地方國家稅務局正式掛牌，分開辦公。至此，組建省級國家和地方兩個稅務機構的工作已全部完成。

到一九九四年底，中國新財政體制已基本建立，新稅制改革運轉基本正常，開始顯現積極效應。稅收流失明顯減少，中國國家財政收入大幅度超過預算，達到五千一百多億元，比上年增長近百分之二十，佔全國財政總收入比例由上年的百分之二十二急升至百分之五十六，而財政支出佔全國總支出比例只比上年增加兩個百分點。

分稅制改革也促成了中國的財政轉移支付制度的建立和完善。一年後，中國建立了針對地方財力薄弱地區實施的一般性轉移支付制度。在中央財力得到有效提高的基礎上，擴展了中央財政轉移支付的空間，尤其是為後來的西部大開發、振興東北等老工業基地、促進「老少邊窮」地區的發展以及農村稅費改革，提供了切實的保障。

這都折射著一九九四年分稅制改革的成就。有了這一改革，中央財政才有如此之強的宏觀調控能力，才有實力辦了多年想做而無法做的大事。

一九九四年的改革大戲唱得轟轟烈烈、有聲有色。到一九九四年底，中國各項重大改革協調推進並初顯成效，社會主義市場經濟體制框架初步形成。這一年，中國國內生產總值首次突破四兆大關，達到四兆三千八百億元，比上年增長百分之十一．八。到這年底，人民幣與美元的匯

一九九四年中國開始實施分稅制財政管理體制，對於理順中央與地方的分配關係，調動中央、地方兩個積極性，加強稅收徵管，保證財政收入和增強宏觀調控能力，都發揮了積極作用。圖為北京市國稅與地稅大樓

率基本穩定在八．七比一的價位上，中國進出口貿易總額達到兩千三百五十億美元。

《人民日報》刊登文章說，一九九四年，無疑將以改革的整體推進和初戰告捷為特點而載入史冊。

三、所有制改革的新突破

所有制改革是經濟體制改革中最基本的內容之一。中共十四大以後社會主義市場經濟體制改革在推進中遇到的主要問題，便是如何調整所有制結構。

中共十四大以後，曾長期被視為社會主義異己成分，後來被逐步寬容為「補充成分」的非公有制企業，顯示出極大的後發優勢。從一九九三年到一九九五年，私營企業可謂超高速發展，規模迅速擴大。一九九三年，私營企業迅速地超過一九八八年的水準，達二十三萬七千家。一九九四年、一九九五年又大舉增至四十三萬兩千家、六十五萬四千家，三年的增速分別為百分之七十．三九、百分之八十一．六六和百分之五十一．四二。至於私營經濟的註冊資金，在一九八九至一九九〇年幾乎沒有增加，一九九一至一九九五年增加了大約二十倍，達到兩千六百多億元。一九九五年十二月，中國國家工商行政管理總局排出中國三十家最大的私營企業，年銷售收入全部超過一億元，其中位居第一的希望集團有限公司，年銷售收入達十六億元。這樣的增速，在改革開放的歷程中可謂前所未有。

非公有制企業在市場經濟條件下如魚得水、狂飆突進、風光無限的同時，中國的國有企業在社會主義市場經濟的大潮中卻顯得步履艱難。嚴峻的現實促使人們思索：如何找到搞活國有企業、提高國有企業效率的機制體制？公有制在社會主義市場經濟條件下有沒有具體的實現形式？

這些問題尖銳又敏感。實踐呼喚著中國改革又一次新的理論突破。對於關注中國發展道路的人們來說，社會主義市場經濟體制的改革，此時已經無可迴避地聚焦到所有制的改革上。人們把希望寄託在即將召開的中共十五大上面。中共十五大注定要承載重大的使命。

正當中共十五大報告的起草工作緊張進行時，一九九七年二月十九日，中國改革開放和現代化建設的總設計師、建設有中國特色社會主義理論的創立者鄧小平與世長辭。鄧小平逝世後，面對國際國內的複雜形勢和各種思想觀點的爭論，中國的改革開放事業如何繼續、向何處去的問題，再次成為國內外關注的焦點。

一九九七年五月二十九日，位於北京西郊的中共中央黨校，春意盎然，洋溢著強烈的思想解放氣息。江澤民在中央黨校省部級幹部進修班畢業典禮上，闡發了關於十五大報告的一些主要思想，以進一步聽取黨內的意見。在新華社公開發表的新聞報導中，有這樣一段話：「完善以公有制為主體、多種所有制經濟共同發展的所有制結構，具有重大意義。……一切反映社會化生產規律的經營方式和組織形式都可以大膽利用。」從江澤民的講話中，人們預感到中共十五大在所有制問題上將會出現重要突破。

一九九七年九月十二日，中共十五大在人民大會堂隆重開幕。就像人們預想的那樣，十五大最令中外矚目的，是確立了社會主義初級階段的基本經濟制度，實現了所有制理論的新突破。

中共十五大把以公有制為主體、多種所有制經濟共同發展確立為社會主義初級階段的基本經濟制度，提出公有制的主體地位主要應體現在「控制力」上，第一次提出並闡述了公有制實現形式可以而且應當多樣化。這是對社會主義經濟理論的重大突破和創新，從而破除了人們在所有制實現形式上姓「公」、姓「私」上的困擾，是又一次思想大解放。

十五大報告還首次給改革開放以來備遭非議的股份制定性，對社會主義條件下運用股份制發展公有制經濟的合理性作出了明確判斷。

股份合作制也是中國改革進程中的熱門話題。有人認為股份合作制只是一頂紅帽子，實際上是私有制；有人認為它非驢非馬，沒有值得稱道之處；也有人籠統地把所有掛上股份合作制牌子的企業都看成是集體經濟。經濟學家、十五大報告起草組成員劉國光曾回憶，在十五大報告起草時，關於股份合作制曾討論了很久。最終報告中形成了這樣的論述：「股份制是現代企業的一種資本組織形式，有利於所有權和經營權的分離，有利於提高企業和資本的運作效率，資本主義可以用，社會主義也可以用。不能籠統地說股份制是公有還是私有，關鍵看控股權掌握在誰手中。國家和集體控股，具有明顯的公有性，有利於擴大公有資本的支配範圍，增強公有制的主體作用。」

深圳華為公司是由合夥人聯合發起成立的，之後改制為勞動者的勞動聯合和勞動者的資本聯合的企業。實踐證明，華為發展得非常好，如今成為全球第二大行動通信設備供應商，跨入了世界五百強，解決了七萬多人的就業。

中共十五大還明確提出非公有制經濟是中國社會主義市場經濟的重要組成部分。這個論斷一錘定音。非公有制經濟的身份由公有制經濟的「補充」到「社會主義市場經濟的重要組成部分」，終於實現了由制度外到制度內的歷史性轉換。

思想解放、理論創新，是一個國家發展變革的先導，也是引導社會前進的強大力量。中共十五大在社會主義所有制理論上的歷史性突

以股份制的形式建立起來的華為，發展迅速，在二〇一四年《財富》世界五百強中排行全球第兩百八十五位。圖為華為深圳總部培訓中心

破，對解決社會主義與市場經濟、公有制與市場經濟的結合這道歷史性難題具有十分重要的意義。這不僅是又一次思想大解放，也是中國經濟體制改革「攻堅戰」中的一次關鍵性突破。

對於所有關注中國發展道路的人來說，一九九七年和一九九二年一樣令人難忘。思想解放的春風推動著改革大潮的湧動。中國的經濟體制改革進入了又一個新階段。

第三節　誰說征途無風浪

改革發展的征途不可能一帆風順，必然會有大風大浪。

一九九七年召開的中共十五大，鮮明地回答了基本經濟制度、所有制、股份制等重大而敏感的問題，為中國的經濟發展道路掃除了體制機制障礙，思想解放的春風又一次推動著改革大潮的湧動。然而，亞洲金融危機、特大洪水、國企改革、炸館事件等重大考驗接踵而來。中國共產黨以「乘風破浪會有時，直掛雲帆濟滄海」的魄力戰勝了一個又一個困難。

一、不畏挑戰，戰勝亞洲金融危機

一九九七年七月二日，泰國人一大早醒來時突然發現他們在一天之內驟然變窮，泰銖眨眼間就失去了五分之一的國際購買力，國際投機家一下子從泰國捲走了四十億美元。泰國政府宣佈放棄泰銖與美元的固定匯率制，亞洲金融危機全面爆發。

二十世紀九〇年代，在全世界的眼中，連續十幾年經濟高速增長的亞洲注定應是新千年經濟的亮點。當時的東南亞國家，從海外銀行和金融機構借入了大量的中短期外資貸款。其中，泰國的外債已累積高達一千億美元，外匯收支逆差達國民生產總值的百分之八。用這些借來的錢，泰國修建起了許多珵光發亮的辦公大樓，韓國建立起了年產五百萬輛小汽車生產能力的基地，而當時韓國國內汽車市場的容量僅為五十萬輛。

被國際金融界譽為「投機市場傳教士」的金融大鱷索羅斯等人，從東南亞國家經濟迅猛發展的背後，發現了這些新興「老虎」的軟肋，並耐心等待發動進攻的時機。

時任中國人民銀行副行長的劉明康在談到亞洲「四小龍」的發展問題時說：「亞洲『四小龍』主要依靠的是外資推動，國家經濟基礎薄弱。而且他們過早地對外國資本敞開了金融市場的大門。大量資本被投入房地產，銀行呆賬急劇增加。這就為國際金融投機家們提供了機會。」

一九九七年，國際金融投機家終於等到了盼望已久的機會。在短短幾個月內，他們製造的這場金融風暴就像好萊塢當年拍攝的電影《龍捲風》一樣，颳到哪裡，哪裡就是一片狼藉——菲律賓、印度尼西亞、馬來西亞、新加坡、韓國、日本以及台灣，紛紛出現貨幣貶值、工廠倒閉、銀行破產、物價上漲的慘烈景象，原本欣欣向榮的經濟迅速步入蕭條。

一九九八年，香港恒生指數持續大跌

東南亞人憤怒了，馬來西亞總理馬哈地憤怒了。一九九七年七月二十六日，馬哈地指名道姓地詛咒著一個人：喬治・索羅斯，他咬著牙說：「這個傢伙來到我們的國家，一夜之間，使我們全國人民十幾年的奮鬥化為烏有。」

一九九八年八月，索羅斯聯合其他財力雄厚的「大鱷」，指揮旗下基金大手沽售港元，三度衝擊在港奉行多年的聯繫匯率。猛烈衝擊下，港元兌美元匯率從高位迅速下降，跌勢令香港金融市場亂成一片。各大銀行門前出現一條一條擠兌美元的長龍，情況的緊急是自二十世紀八〇年代中期以來的首次。

一九九八年十月，國際炒家首次衝擊香港金融市場引起香港股市大跌。十月二十一日到二十三日的三天時間裡，香港恒生指數累計下跌了將近三千點。剛成立不久的特區政府面臨著嚴峻考驗。國際炒家們口出狂言：要把香港當作他們的「超級提款機」。一場香港金融保衛戰開始了。

幾年過去了，說起那場金融風暴，香港許多中小企業家還是心有餘悸。

香港廠主聯合會會長黃鑑說：「當時股市狂跌，從一萬六千多點跌到八千多點。樓價下降，從一百元算起跌到差不多四十元。資產緊縮，工資下降，香港失業率有史以來沒有那麼高過，超過百分之七。」

一位從業多年的女廠主說：「香港人多數以投資房地產為主，所以受的災難很大。賺回來的錢全都沒有了。當時投資的幾千萬，一下子都沒有了。」

亞洲金融危機，對中國經濟也產生了嚴重的不利影響。一向形勢不錯的外貿出口增幅從前一年的百分之二十猛跌至百分之〇．五。引進外資數量跌至二十年來的最低水準。國內商品庫存猛增，消費需求嚴重不振。

一九九八年上半年，市場上已經沒有什麼供不應求的商品。企業家們都在忙著大打價格戰，大商場也在尋找一切理由進行打折促銷。就連燕莎百貨——北京城當時富人扎堆購物的地方，有時商品居然也打到一折。就是這樣，消費者還是不為所動。

其實，跨越這一難關的辦法可以非常簡單——貶值貨幣，刺激出口。但是，人民幣一旦貶值，港幣也會被迫貶值，亞洲其他地區和國家就要開始新一輪的貨幣大貶值，這將加快亞洲經濟的衰退，甚至引發世界性的經濟衰退。為支持受到危機衝擊的亞洲國家盡快走出困境，中國政府作出了人民幣不貶值的戰略選擇。

一九九七年十二月，東盟首腦非正式會晤在馬來西亞首都吉隆坡舉行。會上，江澤民代表中國政府作出承諾：人民幣不貶值。中國政府也不會補貼出口。他同時還宣佈，中國向國際貨幣基金組織捐助十億美元，用以援助金融風暴的中心——泰國。

幾個月後，在第二屆亞歐會議上，朱鎔基再次重申：中國將堅持人民幣不貶值。

一九九八年，為克服金融危機給中國造成的種種困難，中共中央提出了「堅定信心，心中有數，未雨綢繆，沉著應付，埋頭苦幹，趨利避害」的總方針，作出了擴大內需，實施積極的財政政策和穩健的貨幣政策的決策。從這一年起，擴大國內需求，開拓國內市場成為中國國民經濟發展的基本立足點和長期戰略方針。與此同時，中央、國務院還採取各種措施，增加中低收入者的收入，改善人民生活；並採取出口退稅、打擊走私等措施，千方百計增加出口，從多方面拉動經濟增長。

面對突如其來的金融風暴，中國政府所表現出的穩定全球經濟的能力和對世界負責任的態度，令外國政要們刮目相看。

時任馬來西亞貿工部副部長的穆斯塔法說：「中國是一個負責任的國家，它作出人民幣不貶值的承諾，這個舉措受到大家歡迎。」

時任泰國副總理兼商業部長的蘇帕差 • 帕尼奇蒂說：「在這次金融危機中，中國發揮了重要作用，不僅擴大了內需，刺激經濟增長，而且還堅持人民幣不貶值。我想，如果人民幣貶值的話，肯定會加重危機。」

馬來西亞貿工部副部長說：「中國能夠穩住人民幣，至少沒有對金融危機雪上加霜，所以，很多經濟體對中國的做法表示讚賞。」

亞洲金融危機中的作為，使中國首次以負責任的大國形象贏得了世界的普遍認同和讚譽，從此，「負責任大國」的判斷和評價越來越頻繁地見諸媒體。中國「在國際社會中要做負責任的大國」的理念和行動體現在政治、經濟等諸多領域，一再展現了負責任大國的風采。

二、抗擊洪水，堅持，再堅持

就在亞洲金融危機的餘震還未完全消散的時候，新的考驗就接踵而至。一九九九年的春節聯歡會上，崔永元、趙本山、宋丹丹合演的小品《昨天今天明天》是給人印象最深、流傳最廣的一個小品。

改革春風吹滿地，中國人民真爭氣；
齊心協力跨世紀，一場大水沒咋地。
九八九八不得了，糧食大豐收，洪水被趕跑。
百姓安居樂業，齊誇黨的領導。
尤其人民軍隊，更是天下難找。

說來說去，都說到一九九八年那場特大洪水。

一九九八年夏季，長江、嫩江和松花江流域發生歷史罕見的大洪水。中國人民團結奮戰，取得了抗洪鬥爭的全面勝利。

剛剛入夏，長江發生繼一九五四年以來又一次全流域性大洪水；嫩江、松花江發生超歷史紀錄的特大洪水。

關鍵時刻，中共中央作出了嚴防死守，確保長江大堤安全，確保武漢等重要城市的安全，確保人民生命財產的安全的戰略決策；作出了調動人民解放軍投入抗洪搶險、軍民協同作戰的重大決策。

八月十三日上午，正當長江第五次洪峰向湖北荊江逼近的關鍵時刻，江澤民乘飛機急赴沙市，查看長江堤防重點險段的位置和參加抗洪搶險部隊的兵力部署。在長江大堤上，江澤民說：堅持奮戰！堅持！再堅持！我們就一定能夠

一九九八年抗擊洪水，中國投入抗洪搶險兵力總計已達二十七萬六千人，這是自渡江戰役以來在長江集結兵力最多的一次

取得最後的勝利！

從堅守荊江大堤到搶堵九江決口，從會戰武漢三鎮到防守洞庭湖區，從保衛大慶油田到決戰哈爾濱，哪裡最危險，哪裡任務最艱巨，哪裡就有人民子弟兵。

長江大堤武漢段上立了兩千多塊「生死牌」，這是與大堤共存亡的錚錚誓言。

蘭金龍，瀋陽軍區某坦克團的一名戰士，一九九八年已確定要轉業。七月，正在家鄉聯繫接收單位的蘭金龍接到部隊讓他返回的電報。當時，蘭金龍剛滿六個月的兒子患急性肺炎正在發高燒。蘭金龍沒有留下。接到電報的當天，他就說服妻子，踏上了返回部隊參加抗洪的路程。幾天後，因為妻子缺乏經驗，孩子永遠地離開了他們。

在抗洪前線，當記者採訪蘭金龍時，他沒有半句怨言。他只說了一句：「部隊需要我。」

一九九八年，歌曲《為了誰》唱出老百姓對中國人民解放軍最真實的感情。

泥巴裹滿褲腿，汗水濕透衣背。
我不知道你是誰，我卻知道你為了誰。
為了誰，為了秋的收穫，為了春回大雁歸。
滿腔熱血唱出青春無悔，望穿天涯不知戰友何時回。

在危急時刻和生死關頭，中共各級黨員和領導幹部走在了最前面。這是他們無私精神的真實寫照。

在失去家園和親人之後，人民群眾沒有驚慌失措，沒有悲觀消沉。兒子犧牲了，父親衝上來，丈夫殉職了，妻子頂上去。

在與特大洪水的殊死搏鬥中，改革開放二十年為國民經濟奠定的雄厚實力得到了最充分的顯示。中華民族的凝聚力再次得到了提升！

九月二十八日下午，全國抗洪搶險總結表彰大會在人民大會堂隆重舉行。江澤民到會發表重要講話：

在過去的幾個月裡，中國人民同歷史上罕見的大洪水展開了一場波瀾壯闊的鬥爭，表現出了氣吞山河的英雄氣概。現在，這場鬥爭已取得了全面勝利。這是中國人民創造的又一個舉世矚目的偉大業績。在同洪水的搏鬥中，我們的民族和人民展示出了一種十分崇高的精神。這就是萬眾一心、眾志成城、不怕困難、頑強拚搏、堅忍不拔、敢於勝利的偉大抗洪精神。

有了這種精神，中國人民就能始終立於不敗之地。

有了這種精神，中國人民就能始終堅強地屹立於世界民族之林。

三、國企改革，下崗與再就業

一九九八年的中國，還面臨著一個絲毫不亞於長江洪水的難題，那就是一千一百五十一萬下崗職工，百分之三．一的城市登記失業率。

改革與下崗、增效與減員、長遠利益與眼前利益，這一對對矛盾在一個十二億人口的大國裡猛烈地碰撞著。幾乎所有的矛盾都集中到一個焦點上：必須使大批下崗職工和分流職員有一個「安全通道」。穩定壓倒一切，在中國，當幾千萬人同時面臨著失業壓力時，潛在的社會風險是可想而知的。如何解決好這個問題，已經遠遠超出了共產黨人的執政經驗。

下崗，這個詞彙開始頻繁出現。根據勞動部門公佈的資料，一九九三年，全國下崗職工累計達三百萬人，此後逐年上升，到一九九七年時突破一千萬人。在中國經濟最發達的地區上海也有百萬工人相繼下崗，其中紡織工人就有二十七萬。

在經濟體制轉型中，廣大下崗工人付出了巨大的犧牲，為改革的順利推進作出了重要貢獻。面對短時間內出現的成千上萬的下崗工人，中國政府沒有坐視不管，而是想盡辦法加大再就業的培訓力度，積極創造新的就業崗位。國有企業改革的步伐也在不斷加快，調整產業結構，建立現代企業制度，轉換經營機制，強化企業管理，國有經濟的主導作用得到了進一步加強。

一九九八年五月十四日，中共中央、國務院在北京召開的國有企業下崗職工基本生活保障和再就業工作會議上，江澤民作了重要講話。江澤民說：

> 我們的國有企業改革已進入了攻堅階段。中央提出，用三年左右的時間，通過改革、改組、改造和加強管理，使大多數國有大中型虧損企業擺脫困境，力爭到本世紀末使大多數國有大中型骨幹企業初步建立現代企業制度。要確保國有企業這一改革和發展目標的順利實現，必須努力解決企業富餘人員過多的問題。

江澤民指出，要充分認識到，搞好國有企業的減員增效、下崗職工基本生活保障和再就業工作，任務是非常艱巨的。這項工作不僅是重大的經濟問題，也是重大的政治問題；不僅是現實的緊迫問題，也是長遠的戰略問題。中共各級黨委和政府，一定要把它作為一個頭等大事抓緊抓好。

此時，下崗，已成為「中國特色」的勞動力問題。

「上有老，下有小，退休尚早，再就業已老；年齡偏大，沒啥文化，除去體力，要嘛沒嘛」這句順口溜，說出了下崗職工的窘境和困難。

一九九七年七月二十六日，有人說，這個日子注定要被載入中國國企改革的史冊。這一天，上海黃浦江畔成立紡織和儀電行業兩個再就業服務中心。

據統計，一九九八年至二〇〇二年，中國全國累計有國有企業下崗職工兩千六百多萬人，百分之九十以上進入企業再就業服務中心。圖為下崗職工通過政府購買的保潔崗位實現再就業

一年以後，中共中央、國務院發出了關於切實做好國有企業下崗職工基本生活保障和再就業工作的通知，第一次以中央文件的形式，要求全國凡是有下崗職工的國有企業都要建立再就業服務中心，其主要職能是作為職工從企業走向社會的中轉平台，在再就業前發放生活費用，保證他們的基本生活需要，同時對他們進行轉崗技能培訓。

一九九八年初，大連市人民政府向全市下崗職工作出了只要不挑不揀，四十八小時立即讓你就業的承諾。

戚秀玉，就是一個再就業介紹所的所長。她在接受採訪時說：

一九九八年，下崗的人開始多了。當時有很多人不理解，有很多人想不開了，有很多人經常來罵，一切都發洩到我們這兒來了。我們勞動局就出台了及時服務，就是說只要你下崗職工不挑不揀，保證你四十八小時能夠找到工作。當時有很多人不服，看你能不能馬上給我找到工作？我們那時候特別嚴。誰接待超過四十八小時，誰就得下崗。我們局長說了，絕對不能失信於民。所以說那時候就有八千多人上了崗。而且有的當了廠長、當了經理、當了主任。

曾經因為下崗傷心不已的夏美琴，也是在服務中心的幫助下，找到了一份新的職業。經過多年的努力和拚搏，夏美琴成了杭州三替家政服務公司的領班，並且獲得了全國五一勞動獎章。

一九九八年，許許多多像夏美琴一樣從再就業服務中心走出來的下崗工人，在經過進退之間的碰撞和選擇之後，最終超越了自我，重新闖出了一片新的天地。

心若在，夢就在，天地之間還有真愛。
看成敗，人生豪邁，只不過是從頭再來。

這一年，劉歡的歌曲《從頭再來》，唱出無數下崗工人的心聲。

四、北約導彈讓中國人憤怒了

一九九九年，新中國將迎來成立五十週年的生日。

就在這個節日一天天走近的時候，一連串出人預料的事情發生了。

四月，「法輪功」組織在北京煽動鬧事。

五月八日，以美國為首的北約使用導彈襲擊中國駐南聯盟大使館，這一踐踏國際法的暴行，激起中國政府和人民最強烈的抗議。

美國前總統柯林頓在回憶錄《我的生活》中，談及一九九九年美軍戰機轟炸中國駐南聯盟大使館的事件。柯林頓稱，中國人不相信這是一次「誤炸事件」。柯林頓在書中形容，那次造成三名中國公民死亡的襲擊事件是科索沃衝突中「最糟糕的政治挫敗」。他寫道：「我為這次錯誤感到驚訝和十分苦惱，立刻致電江澤民致歉。他當時不肯接聽電話，所以我多次公開道歉。」

事件發生的當天，江澤民便主持召開中共中央政治局常委會議。在這次會議上，江澤民對如何處理這一事件提出五條具體要求：第一，發表中國政府聲明，嚴厲譴責以美國為首的北約襲擊中國駐南聯盟大使館、粗暴侵犯中國主權的野蠻暴行，要求北約必須對此承擔全部責任；第二，由外交部緊急召見美國駐華大使，提出最強烈的抗議；第三，要求聯合國安理會召開緊急會議討論這一事件，強烈地表明中國政府和人民對這一野蠻行徑的原則立場和嚴正態度；第四，向在這次襲擊事件中不幸犧牲的同志表示沉痛悼念，採取一切措施搶救傷員，立即派專機前往貝爾格勒接回我有關人員；第五，要引導好群眾對以美國為首的北約的暴行的抗議活動。關於最後一條，江澤民強調，這一事件在全國人民中將引起強烈反應，愛國熱情必然高漲起來。這對中國共產黨和全國人民都是一個極大的警醒和教育。對群眾抗議北約暴行的正義聲音和行動，中共各級黨委和政府要支持，並切實加強領導。

以美國為首的北約轟炸中國駐南使館的消息傳開後，各高校廣大學生群情激憤，一致對這一野蠻行徑表示最強烈的譴責

「我們要臥薪嘗膽，一定要爭這口氣！」江澤民以這樣一句鼓舞士氣的話語結束講話。

九日，時任中國國家副主席胡錦濤發表電視講話，強烈譴責以美國為首的北約襲擊我駐南使館的暴行。胡錦濤說：「中國政府將堅定不移地奉行獨立、自主、和平的外交政策，堅定不移地維護國家主權和民族尊嚴，堅決反對霸權主義和強權政治。」

十日，美國總統柯林頓在白宮就此事作出道歉：「我已經向江澤民主席和中國人民表示了道歉。我要再次對中國人民和中國領導人說，我對此表示道歉和遺憾。同時，我要重申，我們致力於加強美中兩國之間的關係。」

七月，台灣領導人李登輝在接受「德國之聲」電台採訪時公然表示，已將兩岸關係定位在「國家與國家，至少是特殊的國與國的關係」，鼓吹「兩國論」。

這一年的七月二十三日，江澤民來到了國慶閱兵村。

中國要通過這次閱兵，向世界展示中國人民解放軍革命化、現代化、正規化建設的巨大成就，展示中國人民解放軍威武之師、文明之師、勝利之師的嶄新風貌。此時，國際鬥爭錯綜複雜，台灣領導人李登輝將兩岸關係說成是「國」與國的關係，這是他蓄意分裂中國的政治圖謀的徹底暴露。中國政府和中國人民，對任何分裂中國的行為，都絕不會坐視不管。

一九九九年九月上旬，中國人民解放軍南京、廣州戰區陸海空三軍，第二炮兵和民兵預備役部隊，在浙東、粵南沿海舉行了大規模的諸軍兵種聯合渡海登陸作戰實兵演習。

演習表明，中國人民解放軍現代化建設水準和聯合作戰能力又有新的提高。三軍將士正嚴陣以待，時刻準備捍衛國家主權和領土完整，堅決粉碎任何分裂中國的圖謀。

國際上的霸權主義不能阻擋中國人民的前進步伐。台灣的分裂主義動搖不了中華民族的親和力。

「法輪功」組織破壞不了中國社會的穩定。一九九九年，在成功地取得三大門爭勝利之後，新中國迎來了一個偉大的慶典。

一九九九年十月一日凌晨，受閱部隊機械車輛離開閱兵村。

「軍威振，國力壯。」閱兵是綜合國力的展示。

此時此刻，北京下了一場秋雨。雨過天晴，靜靜的晨曦中，古老而現代的天安門廣場，見證了幾百年的風風雨雨，見證了一個民族、一個國家從積貧積弱到繁榮昌盛的奮鬥歷程；見證了新中國人民當家做主站起來，走進新時代的偉大變革。改革開放富起來，走進新時代的偉大變革。

第四節　兩岸三地一家親

台灣、香港及澳門問題的產生，是中國近代屈辱史活生生的見證。

中共十一屆三中全會以後，鄧小平提出

一九九九年十月一日，新中國迎來了五十華誕。時值世紀之交，這一年在天安門廣場舉行的盛大閱兵式被人們親切地稱為「世紀大閱兵」

了「一國兩制」論，這是實現中國統一方式的一個新的創造。從此，中國政府在「一國兩制」思想的指導下，使香港和澳門回歸到中國這個大家庭，並對台灣問題的解決起到了重大的影響。不久的將來，兩岸三地一家親的美好時代一定會到來。

一、「一國兩制」構想開啟新篇章

早在二十世紀五〇年代中期和六〇年代初期，中共第一代中央領導集體就已產生了用和平方式實現統一，在一個國家可以實行兩種制度的初步設想。

這以後，國際國內形勢都發生變化，和平統一台灣的工作沒能推進。但是，正如周恩來所說：「我們這一輩子如看不到祖國統一，下一代或再下一代總會看到的。」「我們要播好種，把路開對了就行。」毛澤東、周恩來播的種、開的路，為鄧小平提出「一國兩制」論做了重要的準備。

一九七九年一月二十五日，一個寒風凜冽的日子，正在收聽中央人民廣播電台節目的人們，耳邊傳來一陣別樣的悅人旋律。《鄉間的小路》、《赤足走在田埂上》等台灣校園歌曲，從此迅速傳遍大江南北。幾十年後，當時收聽這些既親切又陌生的歌曲時的驚喜，還停留在許多人的腦海中。這是中央人民廣播電台第一次播放台灣歌曲，歌聲中傳達的言外之意是海峽兩岸關係正在發生的歷史性變革。

其實變化已經發生。一九七八年十二月十八日，中共十一屆三中全會召開。而在會議開幕前兩天，中美發表聯合公報，宣佈建交；大會閉幕不到十天後的一九七九年元旦，全國人大常委會發表了《告台灣同胞書》。在金門響了二十年的隆隆炮聲歸於沉寂，在台灣海峽駐留了近三十年的美國艦隊即將撤走。長期隔絕對峙的海峽兩岸顯露出和平曙光，一個新的時期就此開始。

一九七九年一月，鄧小平訪問美國，在美國發表演說明確地講：「我們不再用『解放台灣』這個提法了。只要台灣回歸祖國，我們將尊重那裡的現實和現行制度。」同年三月，鄧小平會見香港總督麥里浩時還說：「我們始終考慮到台灣的特殊地位，不改變那裡的社會制度，不影響那裡的人民生活水準，甚至作為一個地方政府可以擁有廣泛的自治權，擁有自衛武裝力量。當然不能有兩個中國，也不能有一個半中國。」這一年十二月，鄧小平會見日本首相大平正芳時進一步說明了他的構想。他說：「我們提出了台灣回歸祖國，實現祖國統一的目標。對台灣，我們的條件是很簡單的。那就是台灣的制度不變，生活方式不變，台灣與外國的民間關係不變。也就是說，外國可以照舊對台灣投資。即使台灣與祖國統一起來後，外國投資也不受任何影響，我們尊重投資者的利益。台灣作為一個地方政府，可以擁有自己的自衛力量，軍事力量。」「條件只有一條，那就是，台灣要作為中國不可分的一部分。它作為中國的一個地方政府，擁有充分的自治權。」這些談話和文件表明，在中共十一屆三中全會前後，儘管還沒有使用「一國兩制」這個概念，但這一構想已清晰可見。

一九八一年九月底，葉劍英提出解決台灣問題的「九條方針」，標誌著「一國兩制」構想的具體化和明晰化。一九八二年一月，鄧小平接見一位海外朋友時解釋「九條方針」說，以葉劍英委員長名義提出來的九條方針，「實際上就是『一個國家，兩種制度』。兩制是可以允許的，他們不要破壞大陸的制度，我們也不要破壞他那個制度」。這是鄧小平首次使用「一國兩制」概念。

六月下旬，鄧小平在會見美籍華人學者楊力宇的談話中將「一國兩制」構想講得更為透徹。他將葉劍英的「九條方針」歸納為「六點辦法」。這就是：「祖國統一後，台灣特別行政區可以有自己的獨立性，可以實行同大陸不同的制度。司法獨立，終審權不須到北京。台灣還可以有自己的軍隊，只是不能構成對大陸的威脅。大陸不派人駐台，不僅軍隊不去，行政人員也不去。台灣的黨、政、軍等系統，都由台灣自己來管。中央政府還要給台灣留出名額。」

鄧小平從一九七八年底醞釀「一國兩制」思想起，經過四年半多一點時間，使這個用於解決台灣問題的偉大構想基本具有比較完備的形態。

「一國兩制」構想在用於解決香港、澳門問題的過程中獲得了實踐性。為了收回香港，鄧小平和柴契爾夫人等英國政要進行了數輪談判，明確表示，「香港是中國的領土，我們一定要收回來的」，關於主權問題，沒有迴旋餘地。一九八四年六月，鄧小平對來訪的香港知名人士比較展開地闡釋了「一國兩制」的構想和對香港問題的基本立場。鄧小平說：「我們的政策是實行『一個國家，兩種制度』，具體說，就是在中華人民共和國內，十億人口的大陸實行社會主義制度，香港、台灣實行資本主義制度。」鄧小平還說：「從世界歷史來看，有哪個政府制定過我們這麼開明的政策？」

鄧小平反覆闡明中國政府對香港問題的立場，並直接指導關於香港問題的中英談判，一九八四年九月中英雙方就全部問題達成協議。三個月後，中英兩國政府在北京正式簽署了關於香港問題的聯合聲明。一九八七年四月中國政府同葡萄牙政府簽署了關於澳門問題的聯合聲明，中華人民共和國全國人民代表大會也分別通過了《中華人民共和國香港特別行政區基本法》和《中華人民共和國澳門特別行政區基本法》。這樣，「一國兩制」構想具有了法律效力，邁出了從理論轉化為實踐的關鍵性一步。

為解決台灣問題而設計的「一國兩制」構想，在實踐中卻首先運用於解決香港問題上了。看似偶然的選擇，反映的卻是歷史的必然。

二、五星紅旗在香港飄揚

一九九七快些到吧，我就可以去 HONG KONG

一九九七快些到吧，讓我站在紅磡體育館

這首二十世紀九〇年代初期風靡一時的歌曲叫《我的一九九七》，歌手艾敬不僅是在唱歌，更是在期盼一九九七年香港回歸。

果真，一九九七真的到了。HONG KONG 的紅磡體育場就在眼前了。

一九九七年六月一日，歷史聚焦在黃河壺口。影星柯受良，僅用了一點五八秒的時間，成功地飛越了壺口瀑布，成為飛越壺口的中華第一人。這是他的夙願：要在九七香港回歸前，飛越黃河，以示慶祝。

一九九七年六月三十日午夜至七月一日凌晨，中英兩國政府香港政權交接儀式在香港會議展覽中心新翼五樓大會堂隆重舉行。出席交接儀式的有四十多個國家和地區的代表，三十個國際和地區組織的負責人以及國際知名政界人士，九十多個國家駐香港領事機構的代表和一些國家的民間組織、地區與國際組織駐港辦事處的代表。

六月三十日二十三時五十六分，中英雙方護旗手入場，象徵兩國政府香港政權交接的降旗、升旗儀式開始。二十三時五十九分，英國國旗和香港旗在英國國歌樂曲聲中緩緩降落。隨著「米字旗」的降下，英國在香港一個半世紀的殖民統治宣告結束。

七月一日零點整，激動人心的神聖時刻到來了：中國人民解放軍軍樂隊奏起雄壯的中華人民共和國國歌，中國國旗和香港特區區旗一起徐徐升起。全場沸騰了，許多人眼睛裡噙著激動的淚花，雷鳴般的掌聲經久不息。

許多人通過電視直播，看到這樣一個情景：末代港督彭定康，攜夫人和三個女兒，神情黯然地從港督府走出來，穿著黑色西服的彭定康，在他的儀仗隊奏起他最喜愛的高地教堂樂曲時露出苦笑，他的三個女兒閃爍淚光。

彭定康在香港主權交接儀式上，目睹了在香港懸掛了一百四十多年的「米字旗」在四十三秒鐘就永久降落時，他淒然垂首。

隨後，查爾斯王儲帶領他們悄然駛向他的祖先當年用槍炮攻佔的那個港灣，悄然登上「不列顛尼亞」號皇家郵輪，悄然消失在夜幕之中。

查爾斯在他的日記裡這樣慨歎：「這是帝國的末日……」

香港，凝聚了中國人一百多年的恥辱；香港回歸這一刻，更凝聚了一百多年中國人的奮鬥。

從一九八四年十二月中英關於香港問題的聯合聲明正式簽署後，香港進入長達十三年的過渡期。這一回歸的歷程是如此漫長而艱難。

二十世紀八〇年代末九〇年代初，蘇東劇變後，英國政府錯誤地估計形勢，在香港問題上採取不合作的態度。時任中國國務院港澳辦公室主任的魯平說：「一九八九年以後整個起了一個變化，主要是英國對華政策起了一個變化。他們認為，中國早晚要步蘇聯和東歐的後塵，這個天早晚要變，所以它就對中國採取非常強硬的政策。」

在單方面宣佈終止中英聯合聯絡小組和中英土地委員會的工作之後，英國又接連在政治體制、人權、新機場建設等問題上製造麻煩，企圖單方面決定跨越「九七」的香港事務，以維持英國對香港的長期影響。

從一九九〇年香港特區基本法的頒佈，到首任行政長官的選舉產生，香港走過了風風雨雨六個年頭。

一九九六年一月二十六日，香港特別行政區籌委會成立，香港回歸進入最後實施階段。

「中國政府對香港恢復行使主權倒計時」牌，曾見證了香港回歸前的日日夜夜、分分秒秒。

時任新華社《中國名牌》雜誌社副總編的奚國金，曾談到倒計時牌的創意來源：「一九九三年八月我第一次到香港，親身感受到了香港人對回歸祖國的熱情。身為炎黃子孫，我有一種強烈的民族自豪感，也產生了一種強烈的責任感、使命感，想應該搞一種什麼活動來表達中國人民對香港回歸祖國的強烈心願。後來，我想到策劃一塊倒計時牌，把中國人民雪洗百年恥辱的強烈意願形象化地表達出來。一九九四年三月，策劃方案出來了，並很快得到中央有關方面的認定和支持。地址的選擇也很重要。經過認真地考慮、篩選，終於選定為天安門廣場東側、革命博物館西門迴廊中央。因為北京是祖國的心臟，天安門廣場又是北京的中心，不斷強大的中國人民要把殘留在中國大地上的殖民主義送進歷史的博物館，這樣的選擇有深刻的寓意。」

回顧香港過渡期的歷程，魯平感慨萬端：「過渡時期這個十三年，不是很平穩的，經過了風風雨雨，經過了我們和英國人艱苦的鬥爭。通過這個十三年，我們爭取了香港的人心，最後能夠得到人心所向，最後香港能夠平穩過渡，能夠順利地走過來。」

在中英聯合聲明正式簽署十週年之際，一九九四年十二月十九日，巨型的「中國政府對香港恢復行使主權倒計時」牌揭幕。在此後九百二十五個日子裡，有數千萬中國人曾經來到它的前面，表達他們對香港回歸的企盼

一場豪雨，滌蕩了昨日的風塵。經歷風雨洗禮的香港，以嶄新的的面貌展現在世人眼前。

一九九七年七月一日凌晨一時三十分，中華人民共和國香港特別行政區成立暨特區政府宣誓就職儀式，在香港會議展覽中心新翼七樓三號大廳舉行。

時任香港特別行政區行政長官的董建華，後來回憶這一時刻時說：「那一個時刻，給了我真是無限的光榮，但是我更知道自己責任的重大，因為作為首任行政長官，中央授予我的，是一個『一國兩制』落實的歷史性使命。」

自此，「一國兩制」、「港人治港」、高度自治的基本方針在香港正式實施，歷經百年殖民統治的香港進入歷史的新紀元。

在首都，北京工人體育場沉浸在歡騰的海洋之中。八萬人同聲高唱《歌唱祖國》，千人組成的交響樂隊齊奏樂曲。一百響開天雷一同播響，一百個團圓花一齊綻放。中國人更加相信香港的明天會更好。

中華民族在完成祖國統一大業的道路上，邁出了堅實的一步。

三、母親，我要回來

一九九九年，天安門廣場東側高大的澳門回歸倒計時牌上，紅色的數字不停地跳動。

「記不清是第幾次站在這塊牌下了。」來自澳門的梁仲虬每次來京，無論多忙，總要到天安門廣場參觀一趟。他說：「站在這裡，彷彿可以聆聽到歷史前進的強勁足音。」

這個聲音就是——一九九九年十二月二十日，中華人民共和國政府對澳門恢復行使主權。

澳門，包括澳門半島、氹仔島和路環島，自古以來就是中國的領土。十六世紀中葉以後，澳門被葡萄牙逐步佔領。為了回到祖國母親的懷抱，不屈的澳門人民進行了長期不懈的鬥爭。然而，直到一九四九年，中國歷屆政府都無力收回的領土澳門。

一九七九年中葡建交時，葡萄牙承認澳門主權屬於中國，暫時由葡萄牙管治，在適當時候交還中國。

一九八四年九月，中英達成解決香港問題的協議一個月後，鄧小平在接見港澳同胞國慶觀禮團時，談到了澳門問題。他說：「澳門的解決當然也是澳人治澳，『一國兩制』。」

一九八七年四月十三日，中葡兩國政府簽署了關於澳門問題的聯合聲明，確認中國政府於一九九九年十二月二十日恢復對澳門行使主權。澳門從此踏上回歸之路。

澳門回歸，不止一次地聽到那個熟悉的旋律：

你可知 MACAU，不是我真姓？
我離開你太久了，母親……

稚嫩的童聲表達了迎回歸的喜悅之情，也勾起了億萬人民內心深處的創痛、苦澀和辛酸。聞一多先生當年懷著悲憤、期待寫下這首流傳至今的《七子之歌》。聞一多所呼喚的「七子」，是指香港、澳門、台灣、威海衛、廣州灣、九龍、旅大（旅順、大連）等七個地方，當時都被西方列強霸佔。他不會想到，時隔七十多年，西方殖民統治在中國徹底結束時，人們為他的詩譜寫了優美的旋律，成為迎接澳門回歸的主題曲。當全國人民在同一時刻唱著同一首歌曲時，它就不再是一首普通的歌曲。

三百年，三百年夢寐不忘的生母啊！

請叫兒的乳名，叫我一聲「澳門」！
母親！我要回來，母親！

一九九三年三月三十一日，八屆全國人大一次會議通過了《中華人民共和國澳門特別行政區基本法》，再一次向世界顯示了中華民族自立於世界民族之林的信心和力量，海內外中華兒女深受鼓舞，澳門媒體也高度評價澳門特別行政區基本法的通過。《澳門日報》以〈迎接新階段推廣基本法——歡呼八屆人大通過澳門基本法　從貧弱到富強——中國復興之路〉為題發表社論說：「澳門特別行政區基本法的通過和公佈，標誌著澳門展開了歷史的新篇章，進入後過渡期的新階段。基本法字字珠璣，為今後澳門的發展作出了根本的保證。」《華僑報》評論說：「澳門基本法不僅是『一國兩制』構想的產兒，也是澳門居民的願望、情義與智慧的結晶。」

一九九九年十二月二十日零時，中葡兩

中葡澳門政權交接儀式

國政府澳門政權交接儀式在澳門文化中心花園館隆重舉行。澳門回歸是香港回歸後的又一里程碑事件。澳門回歸開啟了一個新時代的同時，也意味著西方在中國殖民主義的結束，並再一次證明了一國兩制的正確。

一九九九年，九九終歸一，共迎新世紀。

已是歸期倒計時，親人苦盼寸心知。
山河破碎辛酸淚，骨肉團圓瑰麗詩。
昔日強權歸往史，前途展望啟遐思。
中華一代英雄起，兩制興邦共護持。

四、祖國統一夢想的期待

一九九七年七月一日和一九九九年十二月二十日，中國政府先後恢復對香港、澳門行使主權。穿越了百年的歷史隧道，香港、澳門終於走完了回家的旅程。

回到母親的懷抱，香港、澳門以共和國兩個特別行政區的身份，獲得了新生。「一國兩制」、「港人治港」、「澳人治澳」、高度自治成為了生動現實。鮮活的事實已經證明了「一國兩制」的強大生命力。

中國人的目光越過澳門，越過茫茫海天，投向祖國最大的寶島——台灣。為了早日結束兩岸同胞骨肉分離的不幸，中共始終把解決台灣問題、實現祖國統一大業作為奮鬥目標，站在全民族的立場上思考、謀劃統一大局。

一九七九年元旦，全國人民代表大會常務委員會發表《告台灣同胞書》，鄭重宣示了爭取祖國和平統一的大政方針，兩岸關係發展由此揭開新的歷史篇章。

小時候
鄉愁是一枚小小的郵票
我在這頭
母親在那頭

長大後
鄉愁是一張窄窄的船票
我在這頭
新娘在那頭

後來啊
鄉愁是一方矮矮的墳墓
我在外頭
母親在裡頭

而現在
鄉愁是一灣淺淺的海峽

我在這頭
大陸在那頭

一九八四年，詩人余光中的這首〈鄉愁〉寫出了那淺淺的海峽阻擋不住的兩岸同胞血濃於水、情同手足的親情。

一九八七年，隔絕兩岸同胞的閘門被打開，兩岸交流合作由此漸成滾滾洪流。一九八七年台灣開放民眾赴大陸探親後，兩岸人員往來、經貿關係和各種交流交往更是得到了長足的發展。到一九九三年，台商累計對大陸投資一百一十億美元，大陸累計批准台資企業一萬五千多家，而且兩岸僅經香港轉口貿易就已高達八十六億八千八百萬美元，兩岸間經貿往來已發展到不可逆轉的地步。

但與此同時，兩岸間諸如民事糾紛、漁事糾紛、信函來往、文書查證以及走私、偷渡等許多單方面難以解決的問題也越來越多，且層面日益擴大。兩岸人民強烈要求雙方高層次負責人能直接坐下來進行商談，早日解決這些問題。

為順應兩岸關係發展的需要以及推行有限的大陸政策，台灣成立了「財團法人海峽交流基金會」（簡稱海基會），並於一九九一年正式掛牌工作。海基會的首任董事長為國民黨中常委、台灣水泥業巨擘辜振甫。辜振甫出任海基會董事長後，秉持「中國的、善意的、服務的」宗旨，致力於兩岸交流、商談與對話，並派遣該會人士訪問祖國大陸各相關部門，建立溝通渠道。同年，大陸社會團體法人性質的民間團體「海峽兩岸關係協會」（簡稱海協會）在北京成立，它以促進海峽兩岸交往，發展兩岸關係，實現祖國和平統一為宗旨，汪道涵被選舉為海協會首任會長。

海基會與海協會成立後，兩會之間建立起了良好的協調關係，充分發揮了兩岸溝通的橋樑作用。然而，兩會就兩岸交流中出現的問題進行接觸與商談後卻發現，雖然雙方商談的都是事務性問題，但是要順利地解決這些問題，一個重要的事實必須首先明確：兩岸間的事務性問題是一個國家內的事情，這就涉及「一個中國」的原則問題。

經過兩會反覆協商、共同努力，雙方最終於一九九二年達成了「各自以口頭方式表述『海峽兩岸均堅持一個中國原則』」的「九二共識」。「九二共識」的達成，為一九九三年的「汪辜會談」鋪平了道路。

共同的血脈、頻繁的往來，融化著海峽的堅冰。在海協會的倡議和積極推動下，經過海峽兩岸的共同努力，一九九三年四月二十七日，海協會會長汪道涵和台灣海基會董事長辜振甫在新加坡海皇大廈舉行會談。「度盡劫波兄弟在，相逢一笑泯恩仇」，當汪道涵和辜振甫這兩位同樣酷愛中華文化、德高望重的老人，隔著長長的方桌握手之時，兩岸高層終於實現了四十多年來的首次會晤。這個歷史性的時刻也被稱為「汪辜會談」。

一九九三年四月二十七日上午十時，舉世矚目的「汪辜會談」在新加坡海皇大廈正式舉行。會談舉行了兩天，辜振甫董事長和汪道涵會長克服了會談過程中出現的種種問題，促成會談順利舉行

《解放日報》記者談小薇見證了這個歷史性時刻。對於當時的情景，她還記憶猶新。她回憶說：「我印象特別深的是四月二十七號上午十點多，當汪辜兩位隔著長方桌，手握在一起的時候，全場的氣氛非常非常熱烈。大家一起喊，再握一次手，再來一次，再握一次手。汪辜兩位非常理解大家的心情，握了一次又一次。我記得那天一共握了四次，後來汪道涵開玩笑說，看來我們快成業餘演員了。」

當晚，大陸海協會會長汪道涵宴請辜振甫及海基會一行。宴會被精心地安排在新加坡著名的董宮，菜譜設計得也別有情致。九道菜的名字分別是：情同手足、龍族一脈、琵琶琴瑟、喜慶團圓、萬壽無疆、三元及第、兄弟之誼、燕語華堂、前程似錦。一道道菜名體現著中國人特有的含蓄和濃濃的骨肉之情。

在會談中，雙方就兩會會務、兩岸經濟交流、科技文化交流等三項議題進行了廣泛討論，最終達成了《汪辜會談共同協議》、《兩會聯繫與會談制度協議》、《兩岸公證書使用查證協議》和《兩岸掛號函件查詢、補償事宜協議》等四項協議。這幾項協議的達成，不僅為兩岸民眾的親情聯絡和各種交流活動提供了方便，也為兩岸關係創造了積極氣氛。

海峽兩岸的長期分離，曾讓出生在台北的吳英頌對大陸充滿了恐懼。吳英頌說，由於兩岸之間長達幾十年的隔閡，他第一次來大陸的時候，心裡還感到很緊張，但是經過自己的親身走訪後，他覺得大陸並不像之前他所聽到的那樣。相反，幾次來往之後，由於語言、習俗、文化相通，他越來越對大陸感到

一九九一年，台灣商人吳英頌把融中國古代文化和民族飲食傳統及現代保健科學為一體的「親親八寶粥」帶到大陸落地生根

親切，並且漸漸喜歡上了大陸，因此決定在這裡投資興業。他期望兩岸之間親如一家，為此，特意給他的產品取名為「親親」。

兩岸同胞同祖同根，飲食習慣相似，像「親親」這樣在大陸走紅的台商企業不在少數。截至一九九四年五月，台商在大陸投資的食品企業和工廠已達七百多家。經營範圍包括方便食品、營養食品、水果飲料、風味快餐等等，琳琅滿目的大陸食品店裡以台灣廠家冠名的食品佔了相當的比重，「康師傅」、「頂好」、「統一」等品牌更是家喻戶曉。

一九九五年一月三十日，正是農曆除夕。在濃濃的節日氣氛中，江澤民與各界代表及在京台胞台屬代表歡聚在人民大會堂，共慶中華民族的傳統佳節。

在這個新春茶話會上，他發表了題為〈為促進祖國統一大業的完成而繼續奮鬥〉的重要講話。講話就現階段發展兩岸關係，推進祖國和平統一進程提出了八項重要看法和主張，號召所有的中國人團結起來，堅持統一，反對分裂，促進祖國統一大業的完成。

台灣問題專家郭震遠說：「中國共產黨始終把實現祖國統一與維護民族的根本利益、國家的整體利益和兩岸同胞的切身利益緊密結合。」「回顧祖國統一偉業所走過的歷程，中國共產黨沒有辜負時代和人民的重託。」

第七章

世紀跨越

歷史的鐘擺永不停歇，轉眼二十世紀結束，新的世紀到來。

歷史在呼喚，時代在呼喚，未來在呼喚！

面對世紀之交，中國在思考自己的發展問題時，必須想得大一些，想得久遠些。大一些，就是要在經濟全球化和世界多極化這種大趨勢下，把中國的問題放在世界全局中來考慮；久遠些，就是不能只把眼光局限在當前的問題，要站在面向二十一世紀的高度，考慮今後的佈局，多想幾步，想得更遠才能走得更遠。

第一節 世紀之交的暢想

二十餘年的改革開放，風風雨雨；二十餘年的改革開放，地覆天翻；二十餘年的改革開放，積貧積弱的歷史一去不復返；二十餘年的改革開放，令世界刮目相看……

新世紀、新千年的鐘聲敲響了。這鐘聲悠遠洪大，如同雷霆一般穿越時空，震撼宇宙，令世人欣喜若狂，翩翩起舞，普天同慶。這是新世紀的奏鳴曲，這是新千年的讚美詩。新的世紀為世人所期待。

一、把一個什麼樣的世界帶入二十一世紀

伴隨歷史踏出的滔滔巨浪，二十一世紀的曙光已從地平線上冉冉升起。

一九九九年，有本雜誌以「暢想二十一世紀」的題目徵文，提問二十一世紀將在哪些領域發生什麼樣的變化？會對人類的生活和觀念產生什麼樣的影響？我們能勾畫出未來日新月異的百年嗎？

百年之前，日本有家報紙，曾頗有意思地展望二十世紀：馬可尼發明的無線電通訊將更加進步，不僅電報，無線電也能與世界各國直接聯絡；野獸趨於滅亡，即使在亞洲大陸，也將看不到獅、虎、鱷魚等野獸，只是在大城市的動物園裡殘剩幾隻苟延殘喘；撒哈拉沙漠將變成沃野；人們七天便可繞地球一周；文明國家的人民無論男女老少，每人將至少漫遊世界一次；衛生事業的進步，將使蚊子、跳蚤之類沒有了藏身之地；調節寒暑的新機器將發明，它們會連續送出溫度適宜的空氣；圖像電話問世，話機上將出現對話者的肖像；氣象觀測技術飛速發展，可提前一個月預測到災害性天氣的來臨；馬車已消失，取而代之的汽車人們可以低價買到……

且不說他們對二十世紀的預言說對了多少，但沒有預見到人類在二十世紀百年舞台上所演出的一幕

幕驚心動魄的悲喜劇！

二十世紀，無疑是一個異彩紛呈的世紀，但也是充滿了苦難、血腥和殘暴的世紀。從毀滅性的兩次世界大戰，到連綿不斷的局部戰爭，從德、日法西斯的瘋狂大屠殺，到血雨腥風的種族衝突，這些動盪和災難如果無控制地發展，將會毀滅整個地球和人類，懸掛在人類頭上的數以萬計的核彈頭，使人類真正感受到可能自我毀滅的恐怖！

人類進入二十一世紀，回首百年滄桑，不禁百感交集。這百年中，人類經受了巨大的痛苦和犧牲，也充滿了英勇、壯烈和狂熱，並取得了以往難以比擬的輝煌成就。展望二十一世紀，人們對世界的前途充滿信心。

德國人精心設計了迎接二〇〇〇年的方案。一九九九年十二月三十一日午夜，兩千支煙花劃破漆黑的夜空，接著，一幅煙花組成的絢麗圖畫在高空徐徐展開，在這幅畫面上出現的是一個地球，火焰在地球的海洋和陸地上熊熊燃燒，最後，在火焰中豁然閃出「2000」的字樣。他們在火樹銀花的夜色中，迎接燦爛的二十一世紀！

但也有另一種陰暗的描述。美國有個叫亨廷頓的政治學教授，倡言「文明衝突」論。他預言：不同文明的衝突將主導以後的世界。

發展給人類帶來文明，難道文明還要讓人類付出這樣可怕的代價？

一九九九年十二月三十一日夜，二十世紀的最後一個夜晚。這個夜晚，北京無眠，中國

杭廷頓認為，冷戰後，世界格局的決定因素表現為八大文明，冷戰後的世界，衝突的基本根源不再是意識形態，而是文化方面的差異，主宰全球的將是「文明的衝突」

無眠。在中華世紀壇，兩萬多名群眾匯聚在一起，舉行迎新千年慶典。

時間不斷向新千年逼近，兩萬名群眾凝視著壇體中央的二〇〇〇年倒計時牌，隨著秒針的閃動，人們齊聲高喊：「十、九、八、七、六、五、四、三、二、一。」在萬眾矚目中，江澤民按動電鈕，點燃中華聖火。此時，人們撞響了位於世紀壇東側、重達五十噸的中華世紀鐘，二十一聲轟鳴叩開了新年的大門。

一九九九年十二月三十一日晚至二〇〇〇年一月一日凌晨，首都各界迎接新世紀新千年慶祝活動在北京中華世紀壇舉行

回顧歷史，展望未來，江澤民發表了充滿期待的講話，他說：「面對新的世紀之交和千年之交，每個國家有遠見的政治家都應從歷史的高度思考：未來的世界應該是一個什麼樣的世界，應該為實現這樣一個世界作出什麼樣的貢獻。我們希望，在未來的世界，各個國家和各個民族能夠始終和睦相處、友好合作、共同發展，能夠建立起公正合理的國際政治經濟新秩序，能夠實現持久和平和普遍繁榮，各國人民都能夠按照自己的意願創造並享受美好的生活。世界正在走向多極化，這是歷史發展的必然趨勢，也是各國人民的共同願望。中國人民願同各國人民一道，為反對霸權主義和強權政治、推動多極化進程、創造世界美好的未來而共同奮鬥！」

二〇〇〇年一月一日凌晨，在浙江溫嶺，兩萬多人，在靜靜地期盼著新千年的太陽。六時四十六分，人們終於迎來了新千年的第一縷曙光。清晨，北京天安門廣場舉行隆重的升國旗儀式，迎接新千年的到來。

新千年的第一天，天安門廣場上正在升起的這面五星紅旗，不是一面普普通通的國旗。一個多月前，它跟隨著中國第一艘載人航天試驗飛船「神舟」號，在太空中遨遊了二十一小時十一分鐘。

二〇〇〇年終於來了。為了這個新年，全世界傾注了少有的熱情。因為這是一個難得一遇的新年，跟在它後面的是一個新的世紀、一個新的千年。

新千年終於到來了，當歷史即將邁入二〇〇〇年的一剎那，人類文明的發展也即將進入一個新世紀，開啟一個新千年。把一個什麼樣的世界帶入二十一世紀？此時此刻，中國對這個問題的回答越來越明確。

二、和平發展：中國永遠不稱霸

在人類的歷史長河中，資源的奪取是戰爭的動因，戰爭成為國家興衰、文明存廢的重要工具。但在第二次世界大戰後的近六十年中，地球上沒有發生世界性的戰爭。核武器等大規模殺傷性武器的出現，使戰爭具有了毀滅整個人類的可能，這使人類對戰爭形態的控制成為最迫切的大事，使和平成為人類的頭等大事。

早在二十世紀八〇年代，西方戰略家們就開始思考中國崛起的歷史軌跡。保羅・肯尼迪在其代表作《大國的興衰》一書中就已經詳盡探討了中國崛起的起點和條件。他指出：「中國是主要大國中最窮的一個，同時所處的戰略地位也許最不好。」這是中國崛起的兩大制約因素，我們也可以把它確定為中國崛起的兩大指標體系，即經濟實力和戰略地位。但是，保羅・肯尼迪又極其深刻地預見到中國崛起的兩大條件。一是中國領導人形成了「一個宏偉的、思想連貫和富於遠見的戰略，這方面將勝過莫斯科、華盛頓和東京，更不必說西歐了」；二是中國將「保持經濟發展持續上升，這個國家可望在幾十年內發生巨大變化」。這不愧是大師的見地，道出了中國崛起的內在邏輯。

二十世紀九〇年代中期以來，有關中國崛起的著述頻頻問世。其中大多數人都戴著有色眼鏡，其結論或多或少歸結為「中國威脅論」或「中國崩潰論」。但是，確有若干嚴謹的、實事求是的探討和預測，至今讀來令人拍案。其中以奧弗霍爾特的《中國的崛起》為代表，它最早提出並正面論證了這個重大命題，用沃格爾的評論「這本書極大地衝擊了常規的思考」。奧弗霍爾特預測了中國崛起將「改變亞洲的經濟態勢」，「改變中國的政治」，「並使全世界的政治改觀」。他的結論是，中國崛起「是歷史上獨一無二的現象」。

保羅 · 肯尼迪的《大國的興衰》一書，總結了公元一千五百年以來大國興衰的歷史，並對「今後世界政治的格局」作了預言。在中國準備二十一世紀「和平崛起」之際，這本書獲得了中國讀者的熱捧

在中國歷史上，近代以來的一百多年，經歷了社會衰朽、國力漸微、列強入侵、淪為半殖民地半封建社會境地的痛苦，經歷了救亡圖存、自新求存的偉大奮鬥。自新中國成立以來，特別是改革開放以來，中國在探索中走上了民族復興的道路。中國有過飽受列強欺凌的痛苦經歷，因此，新中國的締造者毛澤東早就莊嚴宣告：中國永遠不稱霸。這是中國真誠而鄭重的承諾，也是中國和平崛起的一個觀念基礎。

半個多世紀以來，世界特別是亞洲出現了一些重大變化。在基本和平的環境下，一些國家包括中國先後經歷了經濟起飛，走上了經濟現代化的道路。這些事實為和平發展提供了實踐上的認識基礎。它說明：國家自身的完善，社會組織和國民的素質提高是實現現代化的前提和最大要素；在經濟全球化的條件下，利用和創造條件適應國際經濟的結構變化，開發中國家可以獲得某種後發優勢實現跨越式趕超。

此時此刻，五星紅旗告訴世界，中國始終在和平發展。

大國之間的關係決定著世界的戰爭或和平及未來發展的前景。自近代以來，大國關係歷經戰爭爭霸以及冷戰對抗等不同的形態。從歷史發展的大趨勢看，大國關係是協調、合作，而非對抗、衝突。在全球化的大背景下，世界各大國無論主觀意願如何，都不得不走向合作、協調，這是時代發展的大趨勢和大國關係的主旋律。二十世紀八〇年代末九〇年代初，國際上和中國國內發生政治風波，美國等西方國家以各種方式對中國施加壓力，並對中國實施聯合「制裁」，使中國同西方國家之間本來比較平穩的關係出現波折。面對這一嚴峻挑戰，中國進行了有理、有利、有節的鬥爭，堅決維護國家的主權和尊嚴，同時構築了中美「面向二十一世紀的建設性戰略夥伴關係」、中俄「面向二十一世紀的戰略協作夥伴關係」、中歐「面向二十一世紀的長期穩定的建設性夥伴關係」、中日「致力於和平與發展的友好合作夥伴關係」等大國關係框架。

中國地處東亞中心，周邊有四萬多公里的邊界線，是典型的陸海複合型國家。中國東瀕太平洋，背靠歐亞大陸的腹地，這一重要而又特殊的地理位置，使中國在國際舞台上很容易成為矛盾的焦點，極易捲入這樣或那樣的爭端。蘇聯解體之後，中國是擁有鄰國最多的國家，這種特殊的地理位置既給中國對外交往提供了便利，同時也必須看到中國周邊環境的複雜。二十世紀九〇年代初，中國同周邊所有國家實現了關係正常化，此後，中國同周邊國家的關係不斷發展。在中國外交工作佈局中，周邊外交居首位。從政治上看，周邊是中國維護主權權益、發揮國際作用的首要依託；從經濟上看，周邊是中國對外開放，開展互利合作的重要夥伴；從安全上看，周邊是中國維護社會穩定、民族和睦的直接外部屏障。

因此，鞏固睦鄰友好，促進共同發展，一直是中國外交的優先課題。

新中國成立以來，中國始終如一地堅持與開發中國家團結合作，使得雙方關係經受了冷戰，特別是經受了蘇東劇變後國際格局的重大變化和已開發國家借中國內政制裁中國等各種局勢的嚴峻考驗，一直穩定地向前發展。發展經濟是中國與開發中國家共同面臨的頭等任務，中國支持民族獨立國家的經濟建設，中國與開發中國家團結一致，反對插手開發中國家事務的強權政治，為建立國際經濟新秩序而鬥爭，促進了世界朝著多極化的方向發展。

改革開放後，中國政府日益重視多邊外交，多邊外交逐漸成為中國獨立自主的和平外交政策的一個重要組成部分。二十世紀九〇年代以來，中國外交在雙邊關係蓬勃發展的基礎上，啟動了多邊外交，並取得了可喜的成績。中國借助聯合國、上海合作組織、東盟、歐亞會議、亞太經合組織、世界貿易組織等多邊舞台，推動對話與合作。

中國在通過和平之路走向世界。

和平發展，是中國的選擇，也是時代的選擇。

這是發生在世紀之交、千年之交的大事件、新現象，具有世界意義和歷史意義。

三、迎著新世紀的曙光前進

二〇〇〇年是一條時間長河，兩個世紀、兩個千年的過去和未來在這裡交匯。

二〇〇〇年，中國人把一個延續了幾千年的夢想，把二十多年前鄧小平對於二十世紀中國社會發展的設想——小康之家，變成了實實在在的生活。

在世界服裝界，連續四年代表中國防寒服向世界發佈流行趨勢的「波司登」已不再是一個陌生的品牌。然而，大多數人不會想到，創建這一品牌，使羽絨服從臃腫變得休閒、時尚和運動化的，是一位中國的農民——高德康。

二〇〇〇年，已是江蘇康博集團總裁、常熟市康博村黨支部書記的高德康，當選為中國農村新聞人物，高德康說：

我們參加巴黎文化周的展演活動，讓我們的品牌走出國門。當初國務院新聞辦公室請了我們，紡織界裡面波司登是唯一到巴黎去展演的服裝品牌。當初我們拿出的服裝，應該來說，從面料、款式上，是國內市場比較好的。他們看了以後，對我們波司登這個品牌感慨萬分。他們認為這代表了國家改革開放的一段發展。我們知道中國現在的品牌已經走向成熟。在新千年到來之際，中國已是一個色彩斑斕的國家，走在街頭隨處可見巴黎、紐約、羅馬最新的流行服飾。

美國資深外交官、一九七二年尼克森訪華時美方首席翻譯傅立民先生曾這樣描述中國的變遷。他說：「社會主義給我的最早印象就是對色彩不感興趣。二十多年前我來中國，大街上一片藍灰綠，男女老少的服飾沒什麼區別。現在的社會主義變得豐富多彩，生氣勃勃，人們的打扮五彩繽紛，鮮亮時髦，尤其是女孩子，在穿著上可以和世界上任何一個地方的漂亮姑娘媲美。」

與往年相比，一九九九年的冬天顯得有些過於寒冷。與冬天的寒流形成鮮明對比的是汽車市場驟然升溫。十二月十二日，上海通用汽車公司宣佈賽歐轎車整車下線。當天，北京機場飛往上海的最早一趟航班上，一百二十五名乘客中竟有五十二名是記者。大家目的一致，要一睹賽歐的風采。時隔兩天，夏利 2000 又隆重登場。

兩款十萬元的低價轎車，卻安裝了二十萬元高檔車才有的安全氣囊、防鎖死制動系統等高科技安全配置，填補了中國低價汽車市場的空白，滿足了消費者的需求。因而，首批三百輛賽歐轎車被提前預訂一空。

二〇〇〇年，擁有一輛私家車，即使對普通人家來說，也不再是天方夜譚。這一年，北京等許多城市都舉辦了汽車展覽促銷會。廠家們萬萬沒有想到，竟然會有如此多的人對購車有如此大的興趣。據統計，北京二〇〇〇年左右有一百七十萬輛轎車，其中一百一十萬輛是私家車。二〇〇〇年，中國私車消費佔市場比重從一九八五的百分之九上升到百分之六十。全新的「汽車社會」正向我們走來。

外出旅遊，是二〇〇〇年中國人家庭生活中的又一道靚麗的風景線。

這一年，國家第一次將「五一」、「十一」兩個假期延長為七天。於是，假日旅遊經濟應運而生，來勢洶湧。僅「五一」黃金週期間，國內外出旅遊的人數就高達一億。由於準備不足，國內各大旅遊景點普遍爆滿，紛紛告急。華山旅遊風景區出現了轟動一時的長達十多小時的遊客滯留事件。

「小康不小康，關鍵看住房。」二〇〇〇年，擁有一套寬敞明亮的住房，對大多數中國人來說已

二十世紀八〇年代以前，人們的服裝主要是「灰藍黑綠」，顏色和風格單一。圖為二十世紀五〇年代哈爾濱亞麻紡織廠的女工在試穿「布拉吉」

進入新世紀，著裝已逐漸成為人們展示自我的一種方式

不再是夢想。貸款買房，成為一種普遍現象。這一年，建行、工行北京市分行的個人住房貸款額分別突破兩百億元。

北京建行從一九九二年開始發放第一筆個人住房貸款，到二〇〇〇年五月底才突破一百億元。而此後僅僅五個月，北京建行發放的個貸就突破了兩百億元。從第一元到第一百億元，北京建行用了八年，從第一百億元到第兩百億元，北京建行只用了五個月。

住房寬敞明亮了，心情自然也就更加愉悅了，追求也就更加高雅了。對於這一點，在亭子間裡長大的編輯季永貴，體會最為深刻。「以前我在那個二十一平方公尺的小房間裡，毛筆字是沒法寫的，沒法展開的。就是擺一張床，把空間全部佔掉了。電腦是放在書桌上的，用了搬上來，不用了搬下去，就是這樣的。現在有兩個電腦，上面一個，下面一個。現在算起來，使用面積有一百四十個平方公尺，和以前比，一個天上，一個地下了。」

或許只是數字上的巧合。二〇〇〇年是中國股市建立十週年。七月十九日，滬市大盤以兩千點開盤，摸高兩千零四點，實現了人們夢寐以求的兩千點的夙願。

二〇〇〇年，股市已經成為普通百姓重要的投資管道之一，在滬深兩市開戶的投資者突破五千六百萬元。這其中，有著一支令十億中國農民感到自豪的股票——「華西村」。憑藉雄厚的經濟實力，步入小康生活的華西村人開始躋身於一個新

黃金週人滿為患的原因在於公眾休閒旅遊「剛性需求」大增，也標誌著無數普通中國人休假心態和方式的轉變

的戰場——現代資本市場。

有人說，二〇〇〇年六月二十六日是人類歷史上值得紀念的一天。這一天，參與人類基因組計劃的美、日、法、德、英、中六國科學家宣佈人類基因組「工作框架圖」繪製成功。

現代科學技術和經濟全球化趨勢的發展，給中國帶來了新的機遇。此時，精明的浙江農民也已經看到了資訊技術將帶給他們的巨大商機。

在江山市政府的幫助下，他們成立了江山市種養信息化產業協會，把整個江山市的種養大戶的一些農產品加工企業加入到這個協會裡來。利用網路這個平台，為江山市種養大戶推銷農產品。這個網站建立以後，江山農產品就走得更遠了。

在二〇〇〇年清河國際羊絨及絨毛製品交易會上，河北省清河農民王東生

華西村今貌

拿到了幾十萬元的訂單。他說，全是靠網際網路提供了交易資訊。

透過網際網路，農民們不但做了生意，還和外國人成了朋友，這在以前根本是不敢想的事。因為在農民心中，只有政府官員才可以和外國人打交道。

保定市徐水縣的農民李成是遠近聞名的「葡萄大王」，他在網上設了一個擂台——如果誰能種出比他更好的葡萄，他就獎誰十萬元人民幣。一位日本人看後不服氣，專程來這個縣找李成切磋技藝，結果兩人成了好朋友。此後，在網上交流種植經驗，成為他生活的一部分。

網路的迅猛發展使農民的生活發生了重大變化，他們中的許多人也和大部分城裡人一樣，開始在網上創造著新的生活。

第二節　新世紀的中國

新的世紀，更加精彩，充滿新的機遇、新的挑戰。中國以前所未有的姿態投入世界發展的大潮中，踴躍奔向小康社會，譜寫更美的樂章。

改革的雄風將更加強勁有力，浩浩蕩蕩。申辦奧運會、加入世界貿易組織、西部大開發，這是中國共產黨人造福百代的遠見卓識，這是前無古人的重大舉措。中國的明天將會如詩如畫，更加美好。

一、我們贏了

二〇〇一年七月十三日，在莫斯科舉行的國際奧委會第一百一十二次會議上，北京獲得二〇〇八年第二十九屆奧運會主辦權。

在中國舉辦奧林匹克運動會是國人的百年夢想。早在一九〇八年，當時的《天津青年》在一篇題為〈競技運動〉的文章裡就向國人提出了三個問題：中國何時才能派一位選手參加奧運會？中國何時才能派一支隊伍參加奧運會？中國何時才能舉辦奧運會？

後來，中國開始了漫長的等待過程，其中一九四五年還差點正式提出申辦。當時的中華全國體育協會在重慶召開的第二屆理監事會議上，中國歷史上第一位國際奧委會委員王正廷、著名體育家董守義等提出《請求第十五屆世界運動大會（一九五二）在我國舉行案》，獲得與會人員一致通過。不過鑑於舊中國當時特殊的歷史條件，這一決議最終流為一紙空文。

二〇〇一年七月十三日，國際奧委會主席薩馬蘭奇先生在莫斯科宣佈：北京成為二〇〇八年奧運會主辦城市

一九九〇年七月，鄧小平在視察亞運村時，再次強調中國要申辦奧運會。在這種背景下，中國加入了一九九三年關於二〇〇〇年奧運會的申辦活動。雖然在最後的投票中以兩票的微弱劣勢落敗，但這一次的經歷對中國來說是非常寶貴的。我們在正視自己不足的同時，開始著手於一些問題的解決。

二〇〇一年伊始的中國，充滿著濃厚的申奧氣氛。冬天向來冷清、缺少鮮活色彩的北京，春天似乎提前來臨了。城市主幹道兩邊的樓房被塗抹上生動、活潑的顏色，立交橋一律換上了「新裝」，一些街道兩側置放盆栽綠樹、花卉，以便迎接二月國際奧委會的考察。一月一日，山城重慶市舉行了「奔向新世紀，支持北京申辦奧運會」的群眾長跑活動。在烏魯木齊，三千人參加了迎接新世紀長跑比賽。在世界上海拔最高的廣場，布達拉宮廣場，一條長一百公尺的巨幅哈達展現在人們面前。西藏各族各界幹部群眾六千多人紛紛在哈達上簽名，祝福北京申奧圓滿成功。

二〇〇一年七月，依靠自己的實力和智慧，中國人終於將這個期盼已久的夢想變成了現實。

此時此刻，人們不會忘記，十一年前，年過八旬的鄧小平來到新落成的國家奧林匹克體育中心，他問國家體委主任伍紹祖：「辦了亞運會，還要辦奧運會，你們下決心了沒有？」

此時此刻，人們不會忘記，八年前那個夜晚，億萬中國人也曾苦苦地守候在電視機前，滿懷信心地等待萬里之外的蒙地卡羅洛黎明前能傳來的佳音。

當時，八十九歲高齡的鄧小平也和熱心的觀眾一樣，守在電視機之前。當北京僅以兩票之差申奧失利後，鄧小平意味深長地說：「最要緊的是辦好我們自己的事情。」

今天，奧林匹克終於選擇了北京。我們贏了！

這是一個激情四溢的夜晚，這是一個無人入睡的夜晚。在這個夜晚，所有中國人盡情狂歡，共同分享這一難忘的歷史時刻。

北京申奧成功的消息傳來，四十萬群眾擁向街頭慶祝狂歡。經歷百年滄桑的現代奧林匹克運動會，在擁有世界人口五分之一的中國舉辦，將使奧林匹克精神得到更廣泛的傳播，翻開奧林匹克運動的嶄新一頁

北京中奧的成功，再一次向世界表明：改革開放、日益繁榮的中國正在以堅定的步伐走向世界。此時，中國並沒有滿足，繼續向著另一個盛典——世博會進軍。

第一屆世博會於一八五一年在英國倫敦舉辦，十個國家參展，持續了五個多月，觀眾達六百三十萬人次。首屆世博會展現了工業革命的巨大成就，成為啟動十九世紀中後期及二十世紀科學與進步的動力，為以後舉辦世博會樹立了典範。此後一百五十多年間，經濟發達國家輪流舉辦了四十多屆世博會，平均每四年舉辦一次。

每一屆世博會都為世界呈現出創新的精彩。人類幾乎所有精彩的發明，都要搶先在世博會露面，如收割機、電影、彩色膠卷、汽車裝配線、電視機、計算機、機器人，等等。世博會被人們譽為「經濟、科技、文化的奧林匹克」。

對於渴望開放、渴望走向世界的中國人，申辦世博會是一件意義非凡的事情。

一八五一年，中國人初識世博會。有一位叫徐榮村的商人將自己所經營的「榮記湖絲」打上十二包，緊急船運至英倫。最終脫穎而出，在首屆世界博覽會上披金戴銀，獨得金銀大獎。英國維多利亞女王親自頒獎，並贈送「小飛人」畫幅以示讚譽。

土生土長的中國蠶絲走出國門並一舉在第一屆世博會上揚名，這在當時看來的確是件令人振奮的事。但是，從今天來

上海世博會中國國家館，是五千年中華文明奉獻給一百五十九年世博會歷史的「中國紅」，是堅持改革開放的中國呈現給世界的「中國紅」

看，這個榮譽卻蘊含著某種酸楚：由於殖民貿易和鴉片戰爭的掠奪，英國「上流社會」的達官貴人們普遍熟悉並喜愛中國的絲綢。就此意義而言，「榮記湖絲」的獲獎光環並不能掩蓋當時中國積貧積弱的現狀，中國在西方人眼中的落後形象也並未因此而得到改變。

回顧與世博會的牽手過程，從觀望者到嘗試者、參與者，再到主辦者，中國走過了不平凡的一百五十年。中國的巨變、中國的魅力以及中國人表現的風度與精神，使中國人終於擺脫了「炫奇」、「賽奇」的舊識，與世界人民一起關注人類的未來與發展。

二〇〇〇年三月，中國專門成立了由國務委員吳儀擔任主任委員的二〇一〇年上海世博會申辦委員會。二〇〇二年十二月三日，在國際展覽局第一百三十二次全體大會上，經過成員國代表四輪投票，中國最終以五十四票對韓國三十四票的勝利，獲得二〇一〇年世博會的舉辦權。上海市成為舉辦二〇一〇年世博會的城市。這也是世博會首次落戶開發中國家。中國上海將親手搭建一個世博會的大舞台，這是何等的氣魄，何等的自信！

二、跨進世界貿易組織的大門

二〇〇一年十一月十日，中國加入世貿組織決定獲得通過。十二月十一日，中國正式成為世界貿易組織成員。

坐落在瑞士日內瓦湖畔的世界貿易組織總部的正門，是兩扇雖不大但很沉重的門。有人說它很好推，也有人說它很難推。為了推開這兩扇門，中國人用了整整十五年的時間。

毫無疑問，中國入世談判是多邊貿易體制史上最艱難的一次較量，在世界談判史上也極為罕見。自一九八六年七月十日中國正式向世界貿易組織（WTO）前身——關稅暨貿易總協定（GATT）遞交復關申請起，十五個春秋，中國代表團換了四任團長，美國換了五位首席談判代表，歐盟換了四位。從一九八七年就擔任GATT中國工作組主席的瑞士人吉拉德說，當初履新伊始，有人戲稱他這個主席也許得幹十年。吉拉德不以為然地大笑，豈知到頭來竟幹了十四年半！

這是一個在政治和經濟、規則與實力的較量和權衡中艱難行進的過程，一個在不同理念、不同體制、不同文化的碰撞和磨合中艱難行進的過程。

時任中國外經貿部部長的石廣生說：「黨中央和國務院確定了非常正確的談判方針以及談判的策略。比如，江主席在談判開始就提出來，關貿總協定是多邊貿易組織，沒有中國的參加，它是不完整的；第二個，中國當然要以發展中國家來參與，因為在世貿組織裡邊，發展中成員和發達成員待遇是不一樣的，權利和義務是不一樣的，我們必定要以發展中國家身份來參與；第三個，我們加入必須實現權利和義務的平衡。」

二〇〇一年一月九日，關於中國加入世界貿易組織的談判重新開始。經過十多天緊張激烈的談判，中國代表團與世貿組織成員為達成結束談判的一攬子協議作出了重大努力，但是，還是因少數問題而未能最終達成協議。

談及入世談判的艱難，時任中國外經貿部首席談判代表的龍永圖說：「我們是一個發展中國家，所以我們開放市場的度必須和我們發展中國家這樣一個地位相適應。開放的目的是為了使自己壯大，使自己國內的經濟壯大，並不是為了開放而開放。沒有任何一個國家為了開放而開放，沒有一個國家拱手把自己的市場和自己的經濟讓其他國家來左右，沒有一個國家會這樣做，中國當然更加不會這樣做。」

在中國入世的多邊談判中，最為艱難的是中美談判，前前後後，一共進行了二十五輪。

二〇〇一年六月，中美之間的談判終於有了最終結果。六月九日，中國外經貿部部長石廣生在回答記者提問時說，中美雙方已經就中國加入世貿組織的多邊談判達成全面共識。

十一天後，中國和歐盟也就中國入世遺留問題達成全面共識。水到渠成的這一天終於來了。

二〇〇一年十一月十日，在多哈喜來登飯店的薩勒瓦會議大廳，隨著世界貿易組織第四屆部長級會議主席卡邁勒手中的一聲槌響，長達十五年的中國復關和加入世界貿易組織進程終於畫上了圓滿的句號。

石廣生說：「我作為一個中國人，為偉大的中國感到特別高興，同時也感到自豪和驕傲。因為我們改革和開放取得今天這樣的偉大成就，為世界所矚目，被世界所重視。」

澳大利亞代表說：「中國一直為加入世貿組織而努力，幾經周折，最終加入了世貿組織，我十分高興。我們都會記住這一天。」

中國加入世界貿易組織，不僅有利於中國，而且有利於所有世界貿易組織成員，有助於多邊貿易體制的發展。對於這一點，世界貿易組織成員們看得非常清楚。日本代表說：「中國經濟發展很快，是發展最快的開發中國家，不僅對日本很重要，對其他國家也很重要。」坦桑尼亞代表說：「中國在世界經濟中起著十分重要的作用。在貿易方面也是

二〇〇一年十一月十一日晚間，中國外經貿部部長石廣生代表中國政府正式簽署了中國加入世界貿易組織議定書，並向世貿組織秘書處遞交了由國家主席江澤民簽署的中華人民共和國加入世貿組織批准書。至此，中國加入世貿組織的所有法律程序履行完畢。根據世貿組織的規定，三十天後，也就是二〇〇一年十二月十一日，中國正式成為世貿組織成員

重要的決策者。因此成為世貿組織成員，是一件大事。」

細心的人一定能發現，石廣生在正式簽署這份文件時特意使用了三支中國製造的英雄牌金筆。石廣生說：「當時我們是做了一些考慮，這是中國在國際上一個非常重要的國家性文件，我們中國人當然要用中國的筆。中國筆我們也要選擇，選一個好的筆。選來選去，上海的英雄牌，大家認為質量比較好，形狀也好，能代表國家。所以，我們選擇了上海英雄牌筆。」

如今，這三支金筆分別由中國革命博物館、對外貿易經濟合作部和石廣生本人保存著。

加入世界貿易組織，是中國改革開放的一個里程碑，是中國徹底融入世界的一個里程碑。中國將在更大的範圍、更廣的領域、更高的層次上參與國際經濟合作和競爭。

對這一點，浙江台州吉利汽車控股公司董事長、民營企業家李書福早已做好了準備。就在中國正式成為世貿組織成員的前一天，李書福創辦的吉利公司終於拿到了夢寐以求的轎車生產許可證。終於可以名正言順地設計、生產和銷售轎車。此時的李書福，有了更大的設想。他說：「加入世貿組織，對吉利是一個很大的機遇，使我們能夠參與到一個相對比較公平的市場競爭的領域內。我們可以自由地開發新產品，可以自由地銷售，自由地發展汽車工業，可以賣給中國市場。也可以賣給世界各國市場，我覺得這就是很大的機遇。」

加入世貿後，曾頻繁遭遇國外反傾銷訴訟的中國企業，開始從反傾銷頻頻受挫的窘境中走出來，充分利用世貿組織規則和符合國際慣例的貿易救濟手段維護本國產業的安全。

聚氨酯（ＭＤＩ），被譽為「第五大塑料」，廣泛應用於輕工、化工、電子、紡織等領域。作為中國最大的聚氨酯生產企業，煙台萬華一直被跨國公司視為亞太地區最主要的競爭對手。二〇〇二年，面對外國公司的大規模傾銷，萬華向對外貿易經濟合作部提出了對原產於日本和韓國的進口聚氨酯Ｉ產品進行反傾銷調查申請。九月，對外貿易經濟合作部決定對上述反傾銷立案調查。

一年後，在調查順利進行的過程中，煙台萬華又向國家相關部門提出撤銷反傾銷立案。煙台萬華董秘郭興田說：「自公司MDI反傾銷立案公告和國家商務部開展反傾銷調查以來，日本和韓國生產商和出口商的傾銷行為有所收斂，出口價格有所回升，由此中國國內的MDI市場秩序逐步得到規範，MDI產業和聚氨酯產業的健康發展初步具備了一個良好的前提和基礎。為了整個聚氨酯行業持續、穩定和健康有序地發展，煙台萬華遂決定提出撤訴。」他同時表示，如果國外聚氨酯生產商和出口商，特別是日本和韓國聚氨酯生產商和出口商再次實施不公平貿易措施並對中國聚氨酯產業造成實質性損害時，公司不排除繼續行使法律賦予的權利，再次提出反傾銷調查，依法保護公司乃至中國聚氨酯產業的合法權益。

煙台萬華反傾銷手段的有效運用，對於樹立萬華民族品牌意義重大。一方面，國家有關部門採取的對一些跨國公司的聚氨酯進口產品進行反傾銷調查，為國內企業提供一個公平有序的市場競爭環境，促進中國聚氨酯工業的健康發展。另一方面，煙台萬華探索出了一條中國企業如何在受損害初期就有效利用世界貿易組織規則及時地拿起反傾銷合法武器保護自身與國家利益的路子，特別是保障具有自主知識產權聚氨酯技術的順利產業化，為中國消化吸收引進技術，進行技術再創新，突破國外技術封鎖開闢了一條新路。

就在中國加入世界貿易組織前後，預言中國的未來與走向成為全球經濟圈最熱門的話題。日本通產省在一份「白皮書」中首次提到，中國已成為「世界的工廠」，在彩電、洗衣機、冰箱、空調、微波爐、摩托車等產品中，「中國製造」均已在世界市場份額中名列第一。經濟學家進而認為，中國公司將像二十世紀八〇年代的日本一樣，開始征服全球的旅程。與此相關，「中國威脅論」也悄然興起。

跟上述觀點完全不同的聲音也出現了。一些學者預測，隨著市場的日漸開放和跨國公司的蜂擁而來，早已搖搖欲墜的國有經濟體制將不堪一擊，那些老邁的國有企業將很快被逐出市場，這將影響中國經濟的宏觀穩定和持續發展。一位名叫章家敦的美國華裔律師還出版了《中國即將崩潰》一書，聲稱中國經濟繁榮是虛假的，在加入世界貿易組織後的強勁衝擊下，中國的現行政治和經濟制度最多只能堅持五年。投資銀行所羅門美邦則預言，中國加入世界貿易組織的前五年將會出現四千萬人失業，嚴重的就業壓力將遲早把這個國家壓垮。

若干年後的事實將證明，上述的所有的預言都沒有實現。

入世後五年，中國成為世界第三大貿易國。世界市場上的五千多種商品中，有近兩千種從中國出口，量居世界前五名，有七百七十多種中國出口量居世界第一。

中國的外貿總額五年呈三倍之增，從二〇〇〇年的四千七百四十三億美元飛速增加到二〇〇五年的一兆四千兩百二十一億美元，二〇〇七年更達兩兆一千七百三十八億美元。而順差更是出現爆炸式增長：二〇〇四年為三百二十億美元，二〇〇五年一千零一十九億美元，二〇〇六年達一千七百七十五億美元，到了二〇〇七年更增長到令人目眩的兩千六百二十二億美元。二〇〇七年與二〇〇一年相比，六年增長十一．

早在一九九三年八月七日，一九八五輛雪佛蘭汽車從美國運抵天津港時，記者拍攝下了一幅照片。照片中美方人員打出的橫幅「感謝你，中國」十分耀眼

六倍。

在進口方面，今日中國的採購能力，同樣令世界震驚。就在中國入世後沒幾天，中國轎車「老三樣」之一的神龍富康，掀起了國產轎車降價第一波。十一月二十七日，神龍汽車有限公司在北京宣佈，一款性能價格比更優的神龍富康「新自由人」，正式投放市場，銷售價格為九萬七千八百元。

加入世貿組織之初，中國汽車工業曾被作為幼稚工業加以特殊保護，承諾入世三年內全面取消進口汽車配額限制，但是入世第二年，國內汽車價格就紛紛「跳水」。由於汽車價格的快速接軌，到第三年，汽車進口配額幾乎成了一張廢紙。國產汽車的國內市場份額由二〇〇四年的百分之十四增長到二〇〇六年上半年的百分之二十八。

關於中國加入世界貿易組織的意義，江澤民有過一段非常生動的描述。他說：「從二十一世紀國際競爭日趨激烈的大環境看，我們搞現代化建設，必須對外開放，必須到國際市場的大海中去游泳，並且要奮力地去游，力爭上游，不斷提高我們搏風擊浪的本領。」

一個敢於向全球開放自己的國家，永遠不會淪為世界經濟的孤島。站在世界貿易組織的門檻上，面對未來十年、百年，中國人滿懷憧憬與信心：在競爭中發展，在風浪中搏擊，是發展中成員實現經濟騰飛、後來居上的必經之途。中國的目標絕不僅僅是加入世貿組織，而是在經濟全球化浪潮中找到更有利的位置，擁有更重要的發言權，獲取更快速更健康的發展。

三、新千年踏上新征程

西安市西郊，唐長安城西門遺址外，長安城裡和來自西域的使節、商賈們騎著駱駝，彷彿正向西進發。剛下過第一場春雨，這組大型駝隊石雕在和煦的陽光下顯得格外生動。置身其間，彷彿聽到遠古傳來的陣陣駝鈴聲……

這裡是古絲綢之路的起點。古代開拓西域的絲綢之路正是從這裡出發，溝通了中西的交流，造就了漢唐兩個盛世。也許是歷史的巧合，在迎接新世紀的時刻，中國西部大開發的偉大戰略又將在這裡展開更加雄偉的畫卷。

在中國發展的戰略棋盤中，西部的發展極為重要。中國西部國土面積佔全國的百分之五十六，人口佔全國的百分之二十二．八，實施西部大開發，是實現中國現代化必不可少的前提。

中國改革開放至今，沿海地區發生了巨大變化，西部地區也在加速發展。然而，由於西部的特殊條件，東西部的差距仍在擴大。一九八八年，鄧小平針對中國發展不平衡的特點，提出了「兩個大局」的戰略構想。

一個大局，就是沿海地區加快對外開放，

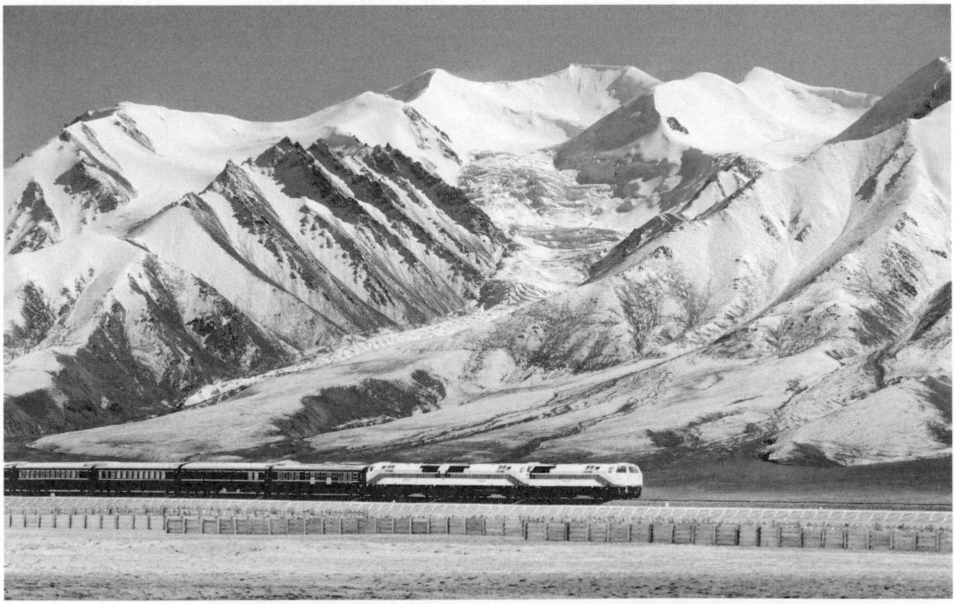

青藏鐵路全線貫通，對改變青藏高原貧困落後面貌，增進各民族團結進步和共同繁榮，促進青海與西藏經濟社會發展產生廣泛而深遠的影響

較快地先發展起來，中西部地區要顧全這個大局。另一個大局，就是當沿海地區發展到一定時期，要拿出更多的力量幫助中西部地區加快發展，東部沿海地區也要服從這個大局。

在即將進入二十一世紀的時刻，一九九九年十一月，中國政府作出決策，抓住時機，著手實施西部地區大開發戰略。

二○○○年，西部大開發邁出實質性步伐，新開工了「十大工程」，即寧西鐵路、渝懷鐵路、西部公路建設、西部機場建設、重慶輕軌、澀北—西寧—蘭州輸氣管線、青海三十萬噸鉀肥工程、西部退耕還林還草工程、西部高校基礎設施建設、四川紫坪鋪水利樞紐等。與此同時，還開工建設了一批配套的項目。

這一年六月二十九日，青藏鐵路全線正式開工。青藏鐵路是中國實施西部大開發戰略的標誌性工程，是中國新世紀四大工程之一。東起青海省省會西寧，西至西藏自治區首府拉薩，全長一九五六公里，預計二○○七年完工。青藏鐵路將縱貫青海、西藏兩省區而成為溝通西藏、青海與內地聯繫的具有戰略意義的大通道，同時也成為西部腹地路網骨架的重要組成部分。

「西電東送」全面啟動。經中國國務院批准，貴州洪家渡水電站、引子渡水電站、烏江渡水電站擴機工程、天生橋至廣東第三回五百千伏交流輸電線路工程、雲南寶峰至羅平五百千伏交流輸電線路工程於二○○○年十一月八日同時在貴州、雲南和廣西等省、自治區開工建設。此前，對「西電東送」具有重要作用的重慶萬縣至三峽電站五百千伏交流輸電線路工程和雲南宣威火電廠也開工建設。「十五」期間，從貴州、雲南、廣西和三峽將向廣東輸電一千萬千瓦。

「西氣東輸」開始實施。這是僅次於長江三峽工程的又一重大投資項目。

「十五」期間，中央財政對西部地區的轉移支付和其他預算內財力性投入總量累計達七千兩百一十二億元。其中長期建設國債投入兩千七百五十八億元，佔全國總投入的百分之四十三。

日本《世界週報》稱中國的「西部大開發」計劃為「政府將竭盡全力實施的長期大戰略」。該報評論說，中國政府多次提出要「發展內陸地區」，但以往總是雷聲大雨點小，不了了之。這次，中國政府是要「動真格的了」。因為中國政府已經認識到，不開發西部地區，就不可能實現在二十一世紀中葉成為中等已開發國家的戰略目標。該報同時也指出，西部地區由於「不佔據地利的優勢」，在開發過程中將會遇到很多困難。

《德國商報》的文章則把「西部大開發」看作是自中國二十年前實施改革開放政策以來最大規模的經濟計劃。該報評論說，中國實施這個宏大計劃的動機是：中國經濟增長需要新的推動力，西部和內陸省份將以最快的速度趕上東部沿海發達地區。該報還對計劃的長期性作了強調，它援引一位中國地方官員的話說，「中國西部建設不是三年、五年就可以完成的，這是百年大計」。

「西電東送」是國家實施西部大開發戰略作出的重大決策，將把西部豐富的資源優勢轉化為經濟優勢，充分利用西部地區得天獨厚的自然資源，獲得西部大開發所急需的啟動資金，為東部地區提供清潔、優質、可靠、廉價的電力，促進東部地區經濟發展

第三節 新世紀，新思想

人類告別二十世紀，迎來新世紀新千年。新的時代呼喚新的理論，新的理論指導新的實踐。世界正處在大發展大變革大調整時期，中國發展呈現出一系列新的階段性特徵，出現一系列新情況新問題，世情、國情、黨情的深刻變化對黨的建設提出了新的要求。新的思想呼之欲出。

一、中國的事情，關鍵在黨

中國共產黨這個從成立時只有五十多個成員，到世紀之交擁有六千六百多萬黨員的執政黨，為什麼能久經磨難而不衰，百煉千錘而更堅強？這是因為，中國共產黨始終如一地把自身建設放在至關重要的位置。

無論是在炮火連天的革命時期，還是在和平建設時期，中國共產黨都善於總結和吸取歷史經驗，並在繼承成功經驗的基礎上進行大膽創新。中共正是靠這一優良傳統，率領人民打下江山，在一窮二白的基礎上建設國家，可謂「敢教日月換新天」。

一九八九年春夏之交發生的政治風波平息後，鄧小平及時分析了這場風波的成因及實質，要求中國共產黨很冷靜地總結過去、思考未來。痛定思痛，鄧小平明確指出：「常委會的同志要聚精會神地抓黨的建設，這個黨該抓了，不抓不行了。」一言簡意賅充分表達了改革開放的總設計師對中國共產黨和國家前途命運的深切關注，也是他作為第二代中共領導集體的核心向後來的領導人作出的鄭重政治交代。

一九九一年十二月二十五日十九時，繡著鐮刀斧頭的紅旗從克里姆林宮上徐徐落下，蘇共喪失了執政地位，蘇聯從此不復存在。蘇共亡黨亡國的教訓是深刻的，很重要的一點就是蘇共嚴重脫離群眾。

一九九〇年六月，《西伯利亞報》所做的一項民意調查很有代表性。在這份民意調查中，當人們被問及「蘇共代表誰的利益」時，回答代表全體人民的只佔百分之七，代表蘇共黨員的佔百分之十一，回答代表黨的機關工作人員的竟佔百分之八十二。

蘇共頃刻間亡黨的教訓啟示中國共產黨，執政地位不是與生俱來的，也不是一勞永逸的，必須居安思危。增強執政意識和憂患意識，才能永遠立於不敗之地，永葆生機與活力。

在新的歷史條件下，中國共產黨面臨的任務和所處的環境發生了很大變化。中共的一批領導人為了黨和國家的長治久安，圍繞著建設什麼樣的黨、怎樣建設黨這個根本問題，進行了長期深入的思考。

從歷史上看，中國共產黨非常善於總結過去的經驗，不斷地完善自己。

一九四九年，新中國成立前夕，毛澤東在《論人民民主專政》中總結中共成立以來二十八年的基本經驗；一九八一年，中共十一屆六中全會總結了建國以來中國共產黨的基本經驗；一九九二年，中共十四大總結了十一屆三中全會到十四大以來的基本經驗；一九九八年，紀念十一屆三中全會二十週年大會總結了改革開放二十年的基本經驗；二〇〇一年，中共成立八十週年，總結了自成立以來八十年的基本經驗。

以一九九二年鄧小平「南方談話」和中共十四大為標誌，中共明確了建立社會主義市場經濟體制的改革目標，並認識到社會主義市場經濟可能會給中共黨的建設帶來的考驗和挑戰。

一九九二年九月，中共召開會議，研究並通過了《中共中央關於加強黨的建設，提高黨在改

一九九八年十一月二十一日，中共中央決定開展「三講」教育。當日，發佈《中共中央關於在縣級以上黨政領導班子、領導幹部中深入開展以「講學習、講政治、講正氣」為主要內容的黨性黨風教育的意見》

革和建設中的戰鬥力的意見》、《中共中央關於加強和改進宣傳思想工作，更好地為經濟建設和改革開放服務的意見》。這兩個文件是中共為適應形勢任務的變化而對自身建設進行的主動、有益的探索，給即將拉開序幕的經濟體制改革提供了強有力的思想和組織保障。

中共十四大提出用鄧小平建設有中國特色社會主義理論武裝全黨的戰略任務後，理論學習活動逐步深化。從一九九三年至一九九六年底，全國參加各種形式脫產學習的幹部約兩千一百萬人次，其中包括縣處級以上幹部約三十九萬人次、省部級幹部約一千兩百人次。廣大黨員幹部把學理論、學黨章與開展建功立業活動結合起來，增強了黨性觀念，促進了各項實際工作，保證了中共十四大以來中央一系列重大決策的落實。

一九九五年十一月，江澤民在考察北京市工作時強調提出，中國共產黨的幹部要「講學習、講政治、講正氣」。

一九九七年，中共制定了《中國共產黨黨員領導幹部廉潔從政若干準則（試行）》。之後，各地各部門相繼制定黨風廉政法律法規及規範性文件兩千多件，為從源頭上預防和遏制腐敗打下堅實基礎。據統計，之後五年，全國紀檢監察機關共立案七十九萬多件，結案七十八萬多件，給予黨紀處分的七十八萬多人。查處大案要案，極大地振奮了黨心民心。

一九九八年中共中央專門作出了在縣級以上黨政領導班子和領導幹部中進行「三講」教育的重大部署。

世紀之交，以「講學習、講政治、講正氣」為內容的「三講」教育活動，在中國縣級以上黨政領導班子、領導幹部中緊張和熱烈地進行著。

二、一路考察，一路思考

人類告別二十世紀，迎來新世紀新千年。新的時代呼喚新的理論，新的理論指導新的實踐。把握和駕駛這列疾速前進的列車，使其沿著建設中國特色社會主義軌道，順利進入二十一世紀，需要執政的中國共產黨有一種新的精神、一種新的姿態、一種新的智慧。

南國春來早。農曆正月，中國北方，千里冰封、萬里雪飄的冬天還沒有過去，而在南方，已是春江水暖、生機盎然的時節了。

二〇〇〇年二月十九日，二十一世紀的第一個春節剛過，江澤民來到廣東省高州市。

高州是一個縣級市，位於廣東省西南部山區，人口一百五十五萬，歸茂名市管轄。高州市有耕地六十萬畝、山地三百萬畝，種植果木一百七十萬畝，年產水果七十萬噸，收入二十億元，是經濟發展較快的山區縣。隨著「三講」教育在縣以下中共黨組織展開，中共中央政治局常委會決定每位常委聯繫一個點，調查研究，掌握情況。高州是江澤民的聯繫點。

十九日下午，江澤民抵達高州，沒有休息，就直接去了山區的根子鎮，考察萬畝荔枝園。在那裡，他看望了果農吳禮明。當晚，江澤民一行就住在高州一個簡樸的招待所。這一天是正月十五元宵節，江澤民同當地領導一起就餐，一張方桌圍坐二十多人，四菜一湯加一道湯圓。江澤民對這樣的接待很滿意，高興地說，四菜一湯，不上高檔，清清爽爽，全部吃光。

二十日上午，江澤民同高州市領導和部分基層幹部座談，參加座談的共三十多人。江澤民提出了一些問題，如「當前群眾最關心的是什麼」、「希望黨組織做什麼」、「基層黨組織建設到底怎麼搞」等。他認真聽取大家的意見。座談會開了兩個小時。

二十日下午，江澤民出席在高州市禮堂舉行的「三講」教育動員大會，並在會上發表重要講話。他在講話中提出，我們中國共產黨要做到「五個始終」：始終保持工人階級先鋒隊性質；始終代表最廣大人民群眾的利益；始終成為社會先進生產力的代表；始終領導全國各族人民促進社會生產力的發展；始終堅強有力地發揮好領導核心作用。這「五個始終」講到了『三個代表』中的兩個「代表」，即講到代表最廣大人民群眾的利益、代表社會先進生產力。

二十五日上午，江澤民聽取廣東省委和省政府的工作匯報，並發表了重要講話。多日來，江澤民從高州、深圳、順德到廣州，一路考察、座談，馬不停蹄，但看不出絲毫倦意。他講了兩個小時，聲音依然洪亮有力。他說：「總結我們黨七十多年的歷史，可以得出一個重要結論，這就是：我們黨之所以贏得人民的擁護，是因為我們黨在革命、建設、改革的各個歷史時期，總是代表著中國先進生產力的發展要求，代表著中國先進文化的前進方向，代表著中國最廣大人民的根本利益，並通過制定正確的路線方針政策，為實現國家和人民的根本利益而不懈奮鬥。人類又來到一個新的世紀之交和新的千年之交。在新的歷史條件下，我們黨如何更好地做到這『三個代表』，是一個需要全黨同志特別是黨的高級幹部深刻思考的重大課題。」

這次講話，江澤民在「高州講話」提出「代表最廣大人民群眾的利益」和「成為社會先進生產力的代表」的基礎上，又提出了「代表著中國先進文化的前進方向」，同時，在文字表述和排序上作了調整，並強調這是需要全黨同志「深刻思考的重大課題」。

就是這次廣東之行，江澤民鄭重提出：「要把中國的事情辦好，關鍵取決於我們黨。只要我們黨始終代表中國先進社會生產力的發展要求、中國先進文化的前進方向、中國最廣大人民的根本利益，就能永遠立於不敗之地。」這就是著名的「三個代表」重要思想。

幾個月後，五月八日至十五日，江澤民到江蘇、浙江、上海考察。十日、十一日兩天在溫州考察了七家非公有制企業。

十日下午，江澤民來到正泰集團公司。在接待室，江澤民在觀看了介紹正泰集團的電視片之後，意猶未盡，便問身邊工作人員時間是否允許，他有幾個問題想與集團董事長南存輝交談，並示意南存輝坐到自己身邊來。

江澤民問：「你是什麼學歷，學的什麼專業？」

南存輝答：「我初中畢業。一直靠自學，不是科班出身。」

「那你今年多少歲呀？」

「我是一九六三年出生的，今年三十七歲。」

陪同考察的浙江省委書記張德江插話說：「他在辦廠前是修鞋的。」

江澤民聽了很感興趣。於是，南存輝向總書記彙報了辦廠經歷，並介紹了正泰集團的股權結構：總資產八億元，其中淨資產五億元，是自有的，有三億元是社會負債，也就是說，主要是依靠社會投入。江澤民聽了很高興，交談進行得無拘無束……

十一日下午，江澤民在杭州召集有關部門和十二家非公有制企業，就非公有制經濟的發展問題和非公有制企業黨建工作進行了座談。

十四日，江澤民在上海召開三省市黨建工

《生死抉擇》是一部反腐倡廉力作，獲得了多個獎項，同時，影片中揭露的腐敗現象發人深省，深刻地揭示了反腐敗是一場關係到黨和國家生死存亡的鬥爭

作座談會並發表重要講話，再次闡述了「三個代表」，強調指出：「始終做到『三個代表』，是我們黨的立黨之本、執政之基、力量之源。」

二〇〇〇年是中國的小康之年，也是中國共產黨的理論創新之年。「三個代表」重要思想，便是小康之年中國共產黨理論創新的新成果。「三個代表」重要思想提出了新世紀全面推進黨的建設的根本目標和根本要求，闡明了新世紀黨建的根本途徑和根本措施，指明了新世紀建設中國特色社會主義的基本目標、基本途徑和基本動力。

二〇〇〇年夏天，由上海電影製片廠拍攝的電影《生死抉擇》在全國各地公映，引起巨大反響，不少城市的票房超過了許多進口大片。

在北戴河，中共中央政治局的全體同志也觀看了這部影片。江澤民在觀看影片後感慨地說：「希望大家從這部影片中受到啟示。要自重、自省、自警、自勵，講學習、講政治、講正氣，樹立正確的世界觀、人生觀、價值觀，經受住權力、金錢、美色的考驗。」

曾幾何時，民營企業家加入中國共產黨是一個大是大非的政治命題。作為中國改革開放的排頭兵，廣東首先碰到了這個問題。改革開放後，有些黨員「下海」經營企業，帶頭致富，從無產階級先鋒隊變成了私營企業主，變成了老闆，但中共黨組織並沒有開除他們的黨籍或勸他們退黨，他們仍然是共產黨員。那麼，原來不是黨員的人雖然成了老闆，但他們擁護共產黨，遵紀守法，如果他們具備入黨條件並要求入黨，卻不能入黨，就會產生矛盾和困惑。

從推行家庭聯產承包責任制到工廠承包制改革再到股份制改革，從「僱工」爭論到放開物價，中國在改革開放中碰到的問題，廣東往往要先碰到。廣東如何通過改革創新解決這些問題，就成了全國改革的標本和進一步創新的有力參考。

作為一個最早為私營經濟正名、擁有數以千萬計外來工的省份，廣東先行先試，率先對這些新領域的黨建問題進行探索。

一九八五年三月三日，《南方日報》就發表報導〈把熱愛黨的能人吸收到黨內來！〉，把農民企業家謝耀文加入中國共產黨的訊息傳向千家萬戶。

一九八八年，廣東出台了《中國共產黨廣東省中外合資（合作）經營企業基層黨組織工作暫行條例》、《關於加強農村外出外來黨員管理的意見》。

二十世紀九〇年代，廣東繼續出台一系列規定，加強外商獨資企業、股份制企業、私營企業等新領域的黨建工作。

二〇〇一年，在「三個代表」重要思想提出一年之後，中國共產黨迎來了建黨八十週年。在這一年的七月一日，江澤民發表講話，提出新的社會階層、優秀的民營企業家、非公有制人士也可以加入中國共產黨。

三、走進新時代

新世紀，新思想，迎來了新開端。

一年以後，中國共產黨和中國人民迎來了影響更為深遠的盛事。

二〇〇二年十一月八日，中共第十六次全國代表大會開幕。兩千一百二十名代表，肩負著六千六百多萬中共黨員的重託，代表著十二億多中國人民的願望，走進人民大會堂。

他們當中，有來自帕米爾高原的醫生，有來自青藏高原的中國工程院院士，有帶領全村人共同走向富裕的村黨支部書記，有一心為了群眾的人民警察，有來自生產和工作第一線的代表，有獲得過省部級以上榮譽稱號的先進模範人物。他們當中還有一位「民營企業主」代表——江蘇無錫遠東集團總裁蔣錫培。

十三年前，蔣錫培靠著在杭州修鐘錶賺來的十萬元錢，在家鄉一個小村莊，開始了他的創業之路。

蔣錫培說：「那個時候，要得到政府和其他一些方面的理解和支持，難度比較大。我記得，我們第一次要在銀行貸款二十萬元，跑了很多家銀行，經過多次的、很長時間的溝通和交流，終於拿到了二十萬元。這個二十萬元對我來說是非常非常的重要，它不光是錢的本身，關鍵是我們得到了其中一家銀行的理解和信任。後來，我們感覺這樣下去是不行的。」

為了企業的生存與發展，一九九二年，蔣錫培把私營企業改制為鄉辦集體企業。一九九五年，他又把鄉辦集體企業改制為股份合作制企業。一九九七年，蔣錫

中共十六大是中國共產黨在新世紀召開的第一次代表大會，這次大會提出了全面建設小康社會的宏偉目標，對中國在新世紀的全面發展具有重大意義

培再與中國華能集團公司等四大國企強強聯合，組建了既有國家股，也有員工股的混合所有制企業，解決了制約公司發展的「瓶頸」。二〇〇二年一月，蔣錫培第四次改制，組建了現在的民營股份制企業集團。就是在這一次次的改制中，蔣錫培以不屈不撓的拚搏精神和獨特的經營理念，終於在市場競爭中脫穎而出。

當時的遠東集團，已由建廠初期的二十六人，發展到兩千多人。企業固定資產達到十二億元，年銷售收入超過二十億元，在全國電纜行業中名列前茅。蔣錫培從一個修表工，成為「全國勞動模範」、「中國優秀企業家」、「江蘇省十大傑出青年」和十六大代表。

談起當選十六大代表，蔣錫培感慨萬千。他說：「我覺得，當選十六大代表意味著什麼，這絕對不只是我個人的榮譽，而是意味著我們的黨、我們的政府對民營企業的高度關心和重視。」

《省委書記》無論是在藝術性還是思想性上，都是一部力作。作品進一步樹立中共黨員的光輝形象，更深層次揭示和表現了中國共產黨在人民群眾中的深厚威望

十六大召開前夕，十八集電視連續劇《省委書記》引起人們的廣泛關注。它從國企改革的獨特視角，第一次全面展現了中共高級幹部在由計劃經濟向市場經濟轉型過程中開拓進取、勇於實踐的雄才大略，以及關鍵時刻把握全局的決策能力和政策水準。

二〇〇二年十一月八日，走過八十一年輝煌歷程的中國共產黨，向全世界宣告了她在新世紀、新階段的政治宣言和行動綱領——「高舉鄧小平理論偉大旗幟，全面貫徹『三個代表』重要思想，繼往開來、與時俱進，全面建設小康社會，開創中國特色社會主義事業新局面！」

會上，江澤民作《全面建設小康社會，開創中國特色社會主義事業新局面》的報告。在這份報告中，江澤民總結了過去五年的工作和過去十三年的基本經驗，闡述全面貫徹「三個代表」重要思想的根本要求，提出全面建設小康社會的奮鬥目標。

二十年前，當中共十二大將鄧小平提出的「小康」社會確立為中國二十世紀末的發展目標後，「奔小康」成了中國人最熱議的話題，歌曲《年輕的朋友來相會》成為最流行的歌曲：「再過二十年，我們重相會，偉大祖國該有多麼美。天也新，地也新，春光更明媚，城市鄉村處處增光輝。」二十多年前，這首廣為傳唱的歌曲表達了人們對美好生活的嚮往和期盼。二十多年過去了，人們發現，實際生活比歌中唱的、想像的要美好許多。

以下，是記者在江蘇一個農村集市上的採訪：

記者：「現在生活達到什麼水平了？」

男農民：「空調、洗衣機、電話，每家手機都有幾部了，過去連電風扇都沒有。」

男農民：「小康生活水平早三年就超過了。」

男農民：「現在自己都有小企業了，還不超過小康？」

女農民：「我們現在這個房子、生活條件，都是達到小康的水平，我們知足了。」

在城市，市民們的小康生活似乎更加寬裕，更加瀟灑。

二〇〇二年一月，細心的人們在中國國務院辦公廳轉發的一份文件上看到了這樣的概念：帶薪休假。其實，到二〇〇二年職工們的法定節假日已經達到一百一十四天。如果帶薪休假制度得以實施，職工們每年三分之一的時間將在休閒中度過。這一年，「兩個黃金周」旅遊的火爆，讓許多人切實感受到生活質量的提高。中國遊客的增多在讓一些國家迎來商機的同時也感受到了中國人的富裕。

二〇〇二年，中國確實擁有了一個讓廣大人民滿意知足的殷實的「家底」，一個民豐物阜的「家底」，一個總體上達到小康水平的「家底」。

人民滿足了，但是執政的中國共產黨沒有就此滿足。中國雖然進入了小康社會，但這個小康社會是低水準的、不全面的、發展很不平衡的小康社會。所謂不全面的就是經濟發展了，文化教育衛生涉及民生的這一方面，相對滯後了。不平衡的是，東部地區和西部地區，城市和農村發展不平衡。基於對國情、世情的深刻認識，十六大報告明確提出：要在本世紀頭二十年，集中力量，全面建設惠及十幾億人口的更高水準的小康社會，使經濟更加發展、民主更加健全、科教更加進步、文化更加繁榮、社會更加和諧、人民生活更加殷實。在中共十六大報告結尾部分，有一個詞連續出現了五次，這就是：中華民族的偉大復興。中共十六大明確了中國前進的方向。

二〇〇二年十一月十五日，中共十六屆一中全會選舉產生中央新的領導機構。

在熱烈的掌聲中，胡錦濤等新當選的中共中央政治局常委步入人民大會堂東大廳。他們身穿深色西服，面帶微笑，神采奕奕，向在場的中外記者招手致意。走過八十一年滄桑風雨的中國共產黨，擁有了新的堅強領導集體。

從此，站在新世紀新階段的起跑線上，中國即將開啟一段新的航程，即將進入一個新的發展時代。

第八章 科學發展

二〇〇九年十月一日，在慶祝中華人民共和國成立六十週年的盛大聯歡晚會上，一首名叫《領航中國》的新歌，給人們留下深刻的印象：

九百六十萬的甲板，多遼闊。珠穆朗瑪的桅桿，真巍峨。

和衷共濟的十三億，划槳同節拍，科學發展的羅盤，領航中國。

歌聲是時代的表達。這首歌生動地反映了科學發展觀引領中國走向未來的時代主題。科學發展觀是以胡錦濤為總書記的中共中央從新世紀新階段黨和國家事業發展全局出發，立足社會主義初級階段基本國情，總結中國經濟社會發展實踐，同時藉鑑國外發展經驗，適應新的發展要求提出來的新思想。

科學發展是現實的需求、時代的呼喚，更是理論的延續、思想的昇華。它是對中國共產黨的三代中央領導集體關於發展的重要思想的繼承和發展，是馬克思主義關於發展的世界觀和方法論的集中體現，是同馬克思列寧主義、毛澤東思想、鄧小平理論和「三個代表」重要思想既一脈相承又與時俱進的科學理論，是中國經濟社會發展的重要指導方針，是發展中國特色社會主義必須堅持和貫徹的重大戰略思想。

第一節 樹立新的發展觀

二〇〇三年春天，一場由傳染性非典型性肺炎（SARS）引起的嚴重疫情，猶如一場出人意料的不測風雲，突然襲來。以胡錦濤為總書記的中共中央領導全國各族人民，發揚和衷共濟、迎難而上的精神，奪取了抗擊「非典」疫情的重大勝利。這段令人擔憂、舉國抗擊「非典」的日子，給人們留下了難以磨滅的印象；這場不同尋常的「考試」，促使中國新一屆中央領導集體對什麼是發展、發展為了什麼、怎樣實現發展這些問題進行了深刻思考。

一、對「非典」疫情的反思

二〇〇二年十一月八日，舉世矚目的中共十六大在北京開幕。這是中國共產黨進入二十一世紀的第一次全國代表大會。在《全面建設小康社會，開創中國特色社會主義事業新局面》這份政治報告中，江澤民向全世界宣告了中國共產黨在新世紀新階段的政治宣言和行動綱領：「高舉鄧小平理論偉大旗幟，全面貫徹『三個代表』重要思想，繼往開來，與時俱進，全面建設小康社會，加快推進社會主義現代化，為開創中國特色社會主義事業新局面而奮鬥！」

十一月十五日，中共十六屆一中全會結束後，新當選的中央政治局常委胡錦濤、吳邦國、溫家寶、賈慶林、曾慶紅、黃菊、吳官正、李長春、羅幹會見中外記者。中共中央總書記胡錦濤發表講話：「感謝全黨同志的信任。我們一定不辜負全黨同志的重託和全國人民的期望，高舉鄧小平理論偉大旗幟，全面貫徹『三個代表』重要思想，認真落實十六大提出的各項任務，緊密團結和依靠全黨、全國各族人民，繼往開來，與時俱進，為全面建設小康社會，加快推進社會主義現代化，開創中國特色社會主義事業新局面而努力奮鬥。」

然而，就在十六大召開後的第二年，當各條戰線興起學習貫徹「三個代表」重要思想新高潮，奮力開創中國特色社會主義事業新局面之時，中國遭遇了「非典」的襲擊。這是一種新發現的傳染病，傳染性強，沒有特別有效的預防治療辦法，加上中國人口多、流動性大，一些地方和部門在應對突發公共衛生事件上準備不足，疫情很快蔓延到大部分省區市，廣東、北京等地的疫情尤為嚴重。

據統計，三月一日，北京發現首例輸入性「非典」病例；四月二十日，衛生部宣佈北京報告「非典」病例三百三十九例；四月二十七日，北京非典病例累計突破一千例；四月二十九日，當天新增病例達到創紀錄的一百五十二例；五月七日，北京「非典」病例累計突破兩千例……

時任首都防治「非典」領導小組信息組組長的梁萬年說：「『非典』作為一個新發現的傳染疾病，它有三個關鍵環節：一個就是傳染源，就是能夠傳播疾病的這些人；第二個，『非典』是個呼吸道傳染病，它是通過呼吸道傳播的；第三個方面，所有的人都沒有抵抗力，都是易感染者。」

一時間，「非典」、「SARS」成了社會上使用頻率最高的詞語。口罩脫銷，消毒液緊缺，板藍根售空，學校開始停課，遊人紛紛離去，人的情緒也陷入恐慌。

感染和死亡人數不斷增加，人民群眾的生命隨時有可能受到威脅。二〇〇三年四月，胡錦濤來到「非典」發生地廣東考察。一面

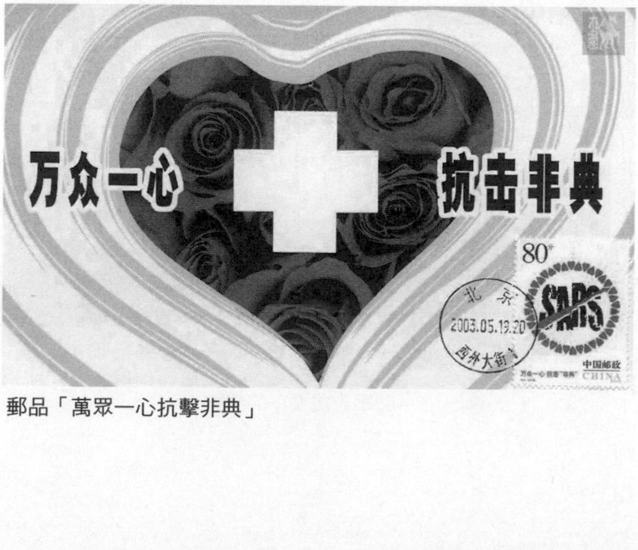

郵品「萬眾一心抗擊非典」

是改革開放以來經濟快速發展給人民群眾帶來巨大的實惠，一面是「非典」疫情難以控制給人民群眾生命帶來的嚴重威脅。鮮明的反差，使胡錦濤陷入了思考。

在聽取廣東省委、省政府匯報後，胡錦濤就「非典」防治工作作出指示，並第一次提出「發展觀」的概念，指出：「新世紀新階段，包括廣東在內的東部地區正處在一個新的發展起點上，面臨著新機遇、新挑戰、新任務。我們要認清形勢，進一步增強加快發展、率先發展、協調發展的歷史責任感和使命感，堅持全面的發展觀。」

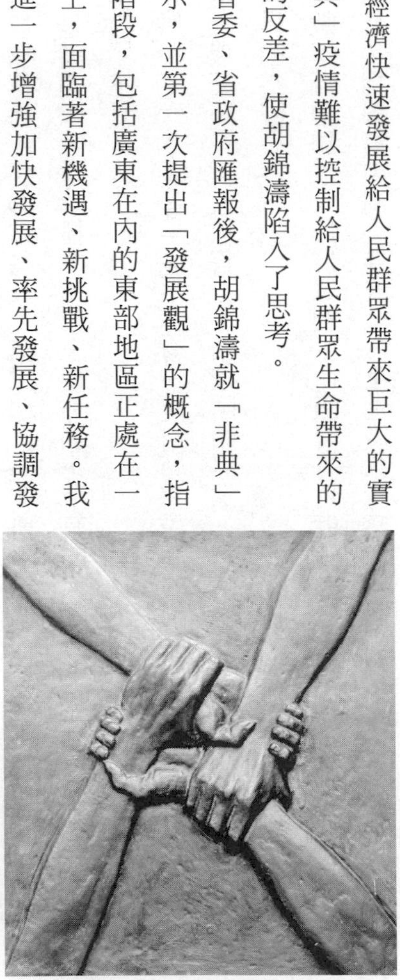
一副聳立在杭州西子湖畔的抗擊「非典」紀念浮雕，名為《希望》，象徵「守望相助眾志成城」的精神

四月十七日，中共中央政治局常委會召開會議，研究部署「非典」防治工作，強調做好「非典」的防治工作，關係到廣大人民群眾的身體健康和生命安全，關係到我國改革發展穩定的大局。中央人民廣播電台、中央電視台在第一時間向全國播報了這次會議的主要精神：「會議指出，要本著沉著應對、措施果斷、依靠科學、有效防治、加強合作、完善機制的總體要求，做好非典型性肺炎防治工作。各級領導幹部一定要切實把廣大人民群眾的身體健康和生命安全放在第一位，黨政主要領導要親自抓、負總責。」

在中共中央、國務院的堅強領導下，一場全民性抗擊「非典」的戰鬥打響了！廣東省全面開展防治「非典」知識普及、全民健身運動和愛國衛生運動，八千多萬人動員起來，清掃房屋和街道，沖洗露天設施，消除衛生死角。大中小學校、幼兒園、公共交通工具、商場等人群密集場所，更是人們「關照」的重點。

四月二十二日，世界衛生組織發言人迪克．湯姆森接受中國記者專訪時，對中國近期在控制非典型肺炎流行方面的合作精神表示滿意。他說，在當今與「非典」的鬥爭中，中國稱得上是世界衛生組織的合作夥伴。全世界醫學研究人員花了三年時間才找到艾滋病病毒，而這次中國的兩個實驗室與世界衛生組織和其他國家同行通力合作，僅用八天就確定了「非典」的病原體。現在世界衛生組織每天都能收到中國方面提供的關於「非典」的疫情報告。二十二日，中國實驗室還提出了一個診斷報告，對世界衛生組織掌握疫情的發展情況很有幫助。

在這場沒有硝煙的戰鬥中，「小湯山速度」見證了中國的制度優勢和頑強精神。在中國國務院和有關部門的大力支持下，位於北京昌平區的小湯山醫院，創造了打破常規、特事特辦的奇蹟。這座佔地一百二十二畝、總建築面積兩萬五千平方公尺、擁有一千張病床的國家一級標準傳染病醫院，四月二十四日晚上決策，第二天建築工人進駐工地，第五天結構工程和基礎工程完工，七天後醫院全部建成，成為首都抗擊「非典」的「根據地」。

五月一日，小湯山醫院正式啟用，首批一百五十六名患者順利入住。五月三日，第二批一百一十名患者送達。到五月十九日，醫院共接收十三批六百八十名患者。五月十五日上午，小湯山醫院首批七名康復的「非典」患者走出了醫院大門。此後，每隔一天就有一批病人出院。六月

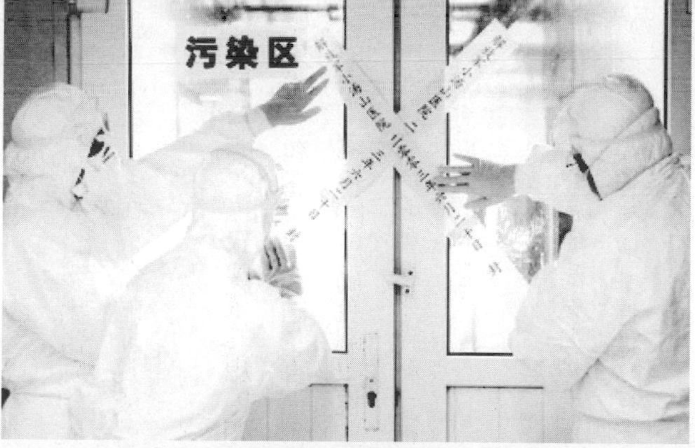

二〇〇三年四月二十四日，中共中央軍委下達緊急支援北京組建小湯山「非典」定點醫院的命令。當晚，從全軍十三個大單位一百一十四所醫院抽調的醫護人員開始集結。白求恩醫科大學附屬醫院院長張雁靈臨危受命，成為小湯山醫院院長

二十日，最後十八名患者出院。

經過四個月的奮鬥，隨著北京地壇醫院最後兩名「非典」患者在八月十六日步出醫院的大門，中國內地已無「非典」患者。世界衛生組織駐華代表對中國政府在抗擊「非典」中取得的非凡成就，表示了由衷的祝賀和敬意。

二〇〇三年七月二十八日，中國防治「非典」工作會議在北京召開。這次會議的規模和規格，十分引人注目：九位中央政治局常委、十六位中央政治局委員集體出席，各省、自治區、直轄市、計劃單列市、新疆生產建設兵團主要負責同志，中共中央和國家機關各部委、國務院所屬有關單位主要負責同志，軍委各總部、武警部隊的主要負責同志都參加了會議。召開如此規模的會議來總結一種疾病的防治，在共和國歷史上尚屬首次。在這次會議上，胡錦濤進一步闡述了發展觀的問題：

發展絕不只是指經濟增長，而是要堅持以經濟建設為中心，在經濟發展的基礎上實現社會全面發展。我們要更好地堅持全面發展、協調發展、可持續發展的發展觀，更加自覺地堅持推動社會主義物質文明、政治文明和精神文明協調發展，堅持在經濟社會發展的基礎上促進人的全面發展，堅持促進人與自然的和諧。

堅持「全面發展、協調發展、可持續發展的發展觀」，一個新的發展觀的雛形，就這樣呈現在了中國共產黨和全國人民面前。

八月底到九月初，胡錦濤在江西調研時，結合自己對完善社會主義市場經濟體制等問題的思考，提出要牢固樹立協調發展、全面發展、可持續發展的科學發展觀。在這裡，他將中國的發展新思路表述為

「科學發展觀」。

一個半月後的十月十四日，在中共十六屆三中全會上，胡錦濤第一次正式提出「堅持以人為本，樹立全面、協調、可持續的發展觀」。他強調：「樹立和落實全面發展、協調發展和可持續發展的科學發展觀，對於我們更好地堅持『發展才是硬道理』的戰略思想具有重大意義。樹立和落實科學發展觀，這是二十多年改革開放實踐的經驗總結，是戰勝『非典』疫情給我們的重要啟示，也是推進全面建設小康社會的迫切要求。」這次會議通過的《中共中央關於完善社會主義市場經濟體制若干問題的決定》，將堅持以人為本，樹立全面、協調、可持續的發展觀確立為經濟體制改革的指導思想和原則。

十月二十一日晚，胡錦濤出席亞太經合組織第十一次領導人非正式會議後，在泰國曼谷舉行記者招待會，同中外記者見面，並回答記者的提問。當法新社記者問他：「您擔任中國國家主席七個月了，您面臨的最困難的問題是什麼？」胡錦濤回答說：

我可以坦率地告訴你，那就是防治『非典』。當幾千名同胞遭受『非典』威脅的時候，當上百名同胞死於這個疫病的時候，作為一名國家領導人，我心急如焚。如果不能有效遏制疫情，讓其氾濫開來，甚至擴散到國際社會，那麼我們作為中國的領導人，就對不起十三億中國人民，也對不起各國人民。我們新一屆中央領導集體團結一致，把人民群眾的身體健康和生命安全放在第一位，採取堅決果斷的措施，組織動員全國人民萬眾一心、眾志成城，依靠科學、抗擊『非典』，終於有效遏制了疫情。

胡錦濤在回答中再次指出「非典」帶來的教訓和啟示：「我們取得了防治『非典』工作的階段性重大勝利，我感到非常高興。我們總結經驗教訓，強調要做到經濟社會協調發展，特別是要加強公共衛生建設，還要完善一些應急機制。吃一塹，長一智。我們希望從這個事情中能變得更聰明一些，能學到更多的東西。」

中國對「非典」的應對，也受到國際社會的密切關注。摩根士丹利全球首席經濟師史蒂芬．羅奇在其研究報告〈中國的警醒〉中寫道：「新中國過去一直飽受考驗，先有一九九七至一九九八年的亞洲金融風暴，接著是二〇〇一年全球經濟同步衰退，但現在，中國面對的挑戰卻可能是歷來最嚴峻的。與過去六年外界因素的衝擊不同，此次爆發的『非典』疫症屬於內部問題。『非典』不僅威脅國內局勢穩定，也令人對中國能否在國際上肩負重任產生重大疑問。儘管危機重重，我對中國處理事件的反應感到樂觀。雖然奪命肺炎帶來嚴重衝擊，但疫症過後，飽受危機磨煉的中國將會變得成熟。這對亞洲乃至全球經濟都有重大的策略性意義。」

羅奇在報告中強調說，「非典」疫症可能成為新中國發展史上的一個分水嶺。中國可從這場或會演變成大災難的疫症中汲取經驗，崛起成為一個更強大的國家。

二、樹立和落實科學發展觀

馬克思主義具有與時俱進的理論品質，隨著時代的變化和實踐的發展而發展。在領導革命、建設和改革的實踐中，中國共產黨堅持用發展的馬克思主義指導新的實踐，把馬克思主義基本原理同中國具體實際相結合，不斷推進理論創新，先後創立了毛澤東思想、鄧小平理論、「三個代表」重要思想等重大戰略思想。當中國正處於改革開放取得顯著成果、經濟社會發展所面臨的資源環境的約束日益凸顯的關鍵時刻，一場突如其來的「非典」讓中國共產黨重新思考什麼是真正的發展。

「非典」暴露出來的直接問題，是公共衛生事業發展滯後，公共衛生體系存在缺陷，突發事件應急機制不健全，處理和管理危機能力不強，表明我們的發展是不全面、不協調、不可持續的，所以必須樹立全面、協調、可持續的發展觀。「非典」暴露出來的深層次問題是，什麼是發展、發展為了什麼、怎樣實現我們的發展。就是說我們不能為發展而發展，不能單純追求國民生產總值（GDP）的增長，所以必須「以人為本」，解決經濟社會發展「一條腿長、一條腿短」的問題，堅持發展是為了滿足人民的需要，實現人民的利益，實現人的全面的發展。

科學發展觀是中國共產黨推動馬克思主義中國化和時代化的新成果，是基於對馬克思主義和中國共產黨關於發展問題既有豐富理論成果的認識昇華，基於中國數十年來特別是改革開放以來的發展經驗，基於中國社會主義現代化建設最新實踐的深刻啟示，基於對未來中國發展道路、發展目標的深入思考。

二〇〇四年二月，中共中央舉辦省部級主要領導幹部樹立和落實科學發展觀專題研究班。研討班舉辦期間，根據中共中央的要求，國土資源部、環保總局在現場舉辦展覽，介紹了中國當時的土地、資源、環境現狀。大量的數據、圖表、照片表明，經濟社會發展確實到了一個關口。過去「高投入、高消耗、高排放、低效率」的經濟增長方式必須要改了。參觀者看了之後很受震動，思考了很多：危機就在眼前了，樹立和落實科學發展觀太重要了。

一個月以後的三月十日，胡錦濤在中央人口資源環境工作座談會上對科學發展觀的深刻內涵和基本要求作了系統闡發。他說：

> 堅持以人為本，就是要以實現人的全面發展為目標，從人民群眾的根本利益出發謀發展、促發展，不斷滿足人民群眾日益增長的物質文化需要，切實保障人民群眾的經濟、政治和文化權益，讓發展的成果惠及全體人民。

進步。

全面發展，就是要以經濟建設為中心，全面推進經濟、政治、文化建設，實現經濟發展和社會全面進步。

協調發展，就是要統籌城鄉發展、統籌區域發展、統籌經濟社會發展、統籌人與自然和諧發展、統籌國內發展和對外開放，推進生產力和生產關係、經濟基礎和上層建築相協調，推進經濟、政治、文化建設的各個環節、各個方面相協調。

可持續發展，就是要促進人與自然的和諧，實現經濟發展和人口、資源、環境相協調，堅持走生產發展、生活富裕、生態良好的文明發展道路，保證一代接一代地永續發展。

二〇〇四年五月五日，胡錦濤在江蘇考察工作時進一步強調，「科學發展觀對整個改革開放和現代化建設都具有重要指導意義」，號召全黨同志「一定要增強貫徹落實科學發展觀的自覺性和堅定性」，「把科學發展觀貫穿於發展的整個過程和各個方面」。從此，科學發展觀開始在全面建設小康社會的實踐中發揮日益重要的指導作用。

值得一提的是，二〇〇六年四月二十一日，胡錦濤在美國耶魯大學的演講中，專門介紹了中國根據本國國情和時代要求提出的新的發展理念——以人為本、全面協調可持續的科學發展觀，讓人們看到了中國致力於走新型工業化道路的設想：

統籌城鄉發展，統籌區域發展，統籌經濟社會發展，統籌人與自然和諧發展，統籌國內發展和對外開放，更加注重解決民生問題，更加注重克服發展的不平衡性，更加注重解決發展中存在的突出矛盾，致力於走科技含量高、經濟效益好、資源消耗低、環境污染少、人力資源優勢得到充分發揮的新型工業化道路，推進經濟建設、政治建設、文化建設、社會建設協調發展，努力實現生產發展、生活富裕、生態良好的文明發展格局。

二〇〇七年十月十五日，在中共十七大報告中，胡錦濤代表中共中央對過去五年的理論和實踐創新進行了高度的概括、總結和提煉，並對科學發展觀作出了明確的定義：「科學發展觀，第一要義是發展，核心是以人為本，基本要求是全面協調可持續，根本方法是統籌兼顧。」這四十個字，集中概括了新的理論體系的科學內涵、精神實質和根本要求。然而，這四十個字得來不易，歷經近一年的討論。時任中國國務院副總理曾培炎後來回憶：

中共中央對十七大報告起草工作高度重視，胡錦濤擔任起草組組長，劉雲山和曾培炎擔任副組長。中央組織了三十六個部門和單位進行研究，對二十個重大課題、六十二個具體課題進行專題調研，形成了六十二份調研報告。各課題組一共召開一千五百二十三次座談會，參加座談會人員達兩萬零七十二人次。中央還委託統戰部聽取了各民主黨派和無黨派人士的意見。在近十個月的時間裡，起草組共召開十次全體會議、四十多次工作班子會議，連同小組會議在內，各類會議總計一百多次，對報告稿反覆討論、認真推敲、精心修改，先後正式改稿五十多道。

胡錦濤在中共十七大報告中鄭重地向全黨同志提出要求：「全黨同志要全面把握科學發展觀的科學內涵和精神實質，增強貫徹落實科學發展觀的自覺性和堅定性，著力轉變不適應不符合科學發展觀的思想觀念，著力解決影響和制約科學發展的突出問題，把全社會的發展積極性引導到科學發展上來，把科學發展觀貫徹落實到經濟社會發展各個方面。」中共十七大經過討論，同意將科學發展觀寫入黨章。

科學發展的重要性和緊迫性，在中國共產黨和全國人民中形成了廣泛的共識。十七大以後，中共中央決定在開展深入學習實踐科學發展觀活動，就是要用科學發展觀武裝全黨的思想，真正把科學發展觀體現到各級黨組織和廣大黨員、幹部的行動中去。二〇〇八年二月，這一工作開始啟動。江蘇、江西、四川，中共中央組織部、財政部、國土資源部等二十三個單位開始試點。半年後，活動全面啟動。九月十四日，中共中央發出關於在全黨開展深入學習實踐科學發展觀活動的意見。九月十九日，在中共中央舉辦的全黨深入學習實踐科學發展觀活動動員大會暨省部級主要領導幹部專題研討班開班式上，胡錦濤總書記向全黨發出動員令：

中共十七大決定，在中國共產黨開展深入學習實踐科學發展觀活動。為配合這項工作，中共中央文獻研究室編輯了《毛澤東鄧小平江澤民論科學發展》和《科學發展觀重要論述摘編》兩本書，供黨員幹部學習

> 必須深化用中國特色社會主義理論體系武裝全黨工作，把深入學習實踐科學發展觀擺在突出位置，把黨的政治優勢和組織優勢轉化為推動經濟社會又好又快發展的強大力量，為全面推進社會主義經濟建設、政治建設、文化建設、社會建設以及生態文明建設，為全面推進黨的建設新的偉大工程，為實現全面建設小康社會的宏偉目標，進一步奠定重要的思想基礎、政治基礎、組織基礎。

從二〇〇八年到二〇一〇年，在近三年的時間內，共有三百七十多萬個黨組織、七千五百多萬名黨員，緊緊圍繞黨員幹部受教育、科學發展上水準、人民群眾得實惠的總要求，牢牢把握堅持解放思想、突出實踐特色、貫徹群眾路線、正面教育為主的原則，參加了深入學習實踐科學發展觀的活動，有力地推動了中國的科學發展。

二〇一〇年四月六日，中國共產黨深入學習實踐科學發展觀活動總結大會召開。胡錦濤在講話中指出：「這次學習實踐活動，是深入貫徹落實黨的十七大精神、堅持用中國特色社會主義理論體系武裝全黨、推進馬克思主義中國化時代化大眾化的一次富有成效的實踐，是深入貫徹落實科學發展觀、積極應對國際金融危機衝擊、推動經濟社會又好又快發展的一次富有成效的實踐，也是加強和改進新形勢下黨的建設、提高黨的執政能力、保持和發展黨的先進性的一次富有成效的實踐，對推進黨的建設新的偉大工程和中國特色社會主義偉大事業具有重大現實意義和深遠歷史意義。」

實踐充分證明，科學發展觀對於中國經濟社會和各項事業的發展起到了巨大的推動作用，越來越顯示出強大的真理力量。它是指引中國的經濟、政治、文化、社會沿著以人為本、全面協調可持續的科學發展，實現各方面事業有機統一、社會成員團結和睦的和諧發展，實現既通過維護世界和平發展自己，又通過自身發展維護世界和平的和平發展的道路向前邁進的重要指導思想，是中國特色社會主義必須堅持和貫徹的重大戰略思想。

中華人民共和國建政五十六週年慶典前後，矗立在天安門廣場上的大型標語牌

三、核心是「以人為本」

「以人為本」的科學發展觀，使新的發展思路與中國共產黨的性質和宗旨、執政理念和要求內在地聯繫在一起，賦予這種新的發展理念更加鮮明的人民性、科學性和時代性。它以實現人的全面發展為目標，始終把實現好、維護好、發展好最廣大人民的根本利益作為黨和國家一切工作的出發點和落腳點，做到發展為了人民、發展依靠人民、發展成果由人民共享，也體現了唯物史觀關於人民群眾是歷史發展的真正動力和社會主義要不斷為全體人民的全面發展創造條件的思想，堅持了馬克思主義歷史觀與價值觀的統一。

在無產階級政黨建設史上，馬克思、恩格斯首先提出了「為絕大多數人謀利益」的思想。他們在為共產主義者同盟起草的第一個無產階級政黨綱領《共產黨宣言》中明確指出：「過去的一切運動都是少數人的或者為少數人謀利益的運動。無產階級的運動是絕大多數人的、為絕大多數人謀利益的獨立的運動。」

作為以馬克思主義為指導的無產階級政黨，中國共產黨從誕生那天起，就堅持和踐行全心全意為人民服務這一根本宗旨，並把它作為自己全部事業的基本出發點和歸宿。中共二大通過的《關於共產黨的組織章程決議案》明確指出，中國共產黨「應當是無產階級中最有革命精神的大群眾組織起來為無產階級之利益而奮鬥的政黨，為無產階級做革命運動的急先鋒」。毛澤東深刻地指出：「我們共產黨人區別於其他任何政黨的又一個顯著的標誌，就是和最廣大的人民群眾取得最密切的聯繫。全心全意地為人民服務，一刻也不脫離群眾；一切從人民的利益出發，而不是從個人或小集團的利益出發；向人民負責和向黨的領導機關負責的一致性；這些就是我們的出發點。」

一九四五年召開的中共七大，第一次把全心全意為人民服務寫進黨章，確認為黨的任務和黨員應盡的義務。黨章總綱明確規定：「中國共產黨人必須具有全心全意為中國人民服務的精神，必須與工人群眾、農民群眾及其他革命人民建立廣泛的聯繫。並經常注意鞏固與擴大這種聯繫。每一個黨員都必須理解黨的利益與人民利益的一致性，對黨負責與對人民負責的一致性。」黨章第二條要求黨員「為人民群眾服務，鞏固黨與人民群眾的聯繫，瞭解並及時反映人民群眾的需要，向人民群眾解釋黨的政策」。七大之後的歷次黨代會，都把「全心全意為人民服務」作為黨的宗旨莊嚴地載入黨章。

一九四九年三月，在中國革命勝利的前夕，毛澤東在中共七屆二中全會上諄諄告誡：「奪取全國勝利，這只是萬里長征走完了第一步。……務必使同志們繼續地保持謙虛、謹慎、不驕、不躁的作風，務必使同志們繼續地保持艱苦奮鬥的作風。」這就是意義重大而深遠的「兩個務必」，目的就是要求廣大黨員幹部繼續堅持和踐行全心全意為人民服務這一根本宗旨。

西柏坡位於河北省石家莊市平山縣中部。中共中央和毛澤東在此指揮了震驚中外的遼沈、淮海、平津三大戰役，召開了具有偉大歷史意義的七屆二中全會和全國土地會議，解放全中國。西柏坡因此而有「新中國從這裡走來」、「中國命運定於此村」的美譽

中南海新華門影壁上的「為人民服務」

二〇〇二年十二月五日，河北省西柏坡下了入冬以來的第一場雪。迎著紛飛的雪花，新當選的中共中央總書記胡錦濤帶領中央書記處的成員來到了這個小山村。他說：

一九四九年三月二十三日，從西北坡動身前往北京的時候，毛澤東同志說：今天是進京趕考的日子。這是一句意味深長的話。五十多年的實踐證明，在黨的三代中央領導集體的領導下，我們黨在這場考試中取得了優異的成績。今天，在新世紀新階段，我們黨要帶領人民實現全面建設小康社會的奮鬥目標，不斷開創中國特色社會主義事業新局面，是這場考試的繼續。我們新一屆中央領導集體的同志，所有領導幹部和全體黨員，一定要高舉鄧小平理論偉大旗幟，全面貫徹「三個代表」重要思想，緊緊依靠全國各族人民，在這場考試中經受考驗，努力交出優異的答卷。

參觀即將結束時，胡錦濤動情地說道：「我們一定要牢記毛澤東同志倡導的『兩個務必』，首先要從自身做起，從每一位領導幹部做起！」「全黨同志特別是領導幹部都要牢記全心全意為人民服務的宗旨，始終不渝地為最廣大人民謀利益。要堅持做到權為民所用，情為民所繫，利為民所謀，帶領群眾創造自己的幸福生活。」

二〇〇三年三月，十屆全國人大一次會議在北京召開。會議宣佈，中國現代化建設的第二步戰略目標已經勝利實現，開始向第三步戰略目標邁進。這次會議上，胡錦濤當選為國家主席。站在莊嚴的講台上，面對幾千名人民代表，胡錦濤作出了莊嚴的承諾：「為了履行好人民賦予的神聖職責，我們一定努力做到……忠於祖國、一心為民，堅持國家和人民的利益高於一切，做到權為民所用、情為民所繫、利為民所謀，始終做人民的公僕。」

二〇〇三年十月召開的十六屆三中全會，把「以人為本」寫進了《中共中央關於完善社會主義市場經濟體制若干問題的決定》。這是「以人為本」這個概念第一次寫入中國共產黨的正式文件。也就是在這次會議上，中共中央向全國人大提出了《中共中央關於修改憲法部分內容的建議》，其中一條就是建議將「國家尊重和保障人權」寫入憲法。這對於推動中國人權事業和社會全面進步具有十分重要的意義，是科學發展觀「以人為本」的一個重要體現。

二〇〇四年三月，胡錦濤在中央人口資源環境工作座談會上進一步指出：「一定要把最廣大人民的根本利益作為出發點和落腳點。要著眼於充分調動人民群眾的積極性、主動性和創造性，著眼於滿足人民群眾的需要和促進人的全面發展，著眼於提高人民群眾的生活質量和健康素質，切實為人民群眾創造良好的生產生活環境，為中華民族的長遠發展創造良好的條件。」

「以人為本」也是對中華民族優秀文化傳統的繼承。中華文明歷來注重以民為本，尊重人的尊嚴和價值。早在千百年前，中國人就提出「民唯邦本，本固邦寧」、「天地之間，莫貴於人」，強調要利民、裕民、養民、惠民。二〇〇六年四月二十一日，胡錦濤在美國耶魯大學的演講中指出：

> 今天，我們堅持以人為本，就是要堅持發展為了人民、發展依靠人民、發展成果由人民共享，關注人的價值、權益和自由，關注人的生活質量、發展潛能和幸福指數，最終是為了實現人的全面發展。保障人民的生存權和發展權仍是中國的首要任務。我們將大力推動經濟社會發展，依法保障人民享有自由、民主和人權，實現社會公平和正義，使十三億中國人民過上幸福生活。

在中共十七大報告中，胡錦濤對「以人為本」的內涵和要求進行了深刻闡釋，指出：「全心全意為人民服務是黨的根本宗旨，黨的一切奮鬥和工作都是為了造福人民。要始終把實現好、維護好、發展好最廣大人民的根本利益作為黨和國家一切工作的出發點和落腳點，尊重人民主體地位，發揮人民首創精神，保障人民各項權益，走共同富裕道路，促進人的全面發展，做到發展為了人民、發展依靠人民、發展成果由人民共享。」

「以人為本」不僅主張人是發展的根本目的，回答了為什麼發展、為誰發展的問題，而且主張人是發展的根本動力，回答了怎樣發展、靠誰發展的問題。堅持以人為本，就是堅持立黨為公、執政為民，就是堅持全心全意為人民服務，就是堅持在任何時候任何情況下，都要相信人民群眾、依靠人民群眾、為了人民群眾，始終保持黨同人民群眾的血肉聯繫。

縱觀中國共產黨的歷史，這個從五十多名成員發展到有著八千多萬成員，如今已有九十多年黨齡、長期執政的黨，一個把積貧積弱、山河破碎的古老大國帶向經濟總量世界第二的黨，始終堅守的一個信念就是：一切為了人民，一切依靠人民。理解這一點，就能體會到「以人為本」的份量。

第二節　轉變經濟發展方式

實現科學發展，關鍵是要把科學發展觀轉化為自覺行動，轉化為推動科學發展的堅強意志、謀劃科學發展的正確思路、領導科學發展的實際能力、促進科學發展的政策措施。尤為重要的是，要加快轉變經濟發展方式，在推動經濟社會又快又好發展的道路上不斷見到實實在在的成效。

一、從「又快又好」到「又好又快」

新中國成立以來，特別是改革開放以來，中國經濟發展迅猛，經濟增長總量連續多年大幅度上升。

中國國家統計局報告在二〇〇九年發佈的一組數據，足以反映新中國六十年經濟建設的偉大成就：

一九五二年至二〇〇八年，扣除價格因素，中國GDP以年均百分之八．一的速度增長，經濟總量增加七十七倍，位次躍升至世界第三位；城鎮居民人均可支配收入由一九四九年的不足一百元提高到二〇〇八年的一萬五千七百八十一元，農村居民人均純收入由四十四元提高到四千七百六十一元。

一九五〇年中國國家財政收入只有六十二億元，到一九七八年上升到一千一百三十二億元，到二〇〇八年達到六兆一千三百一十七億元。

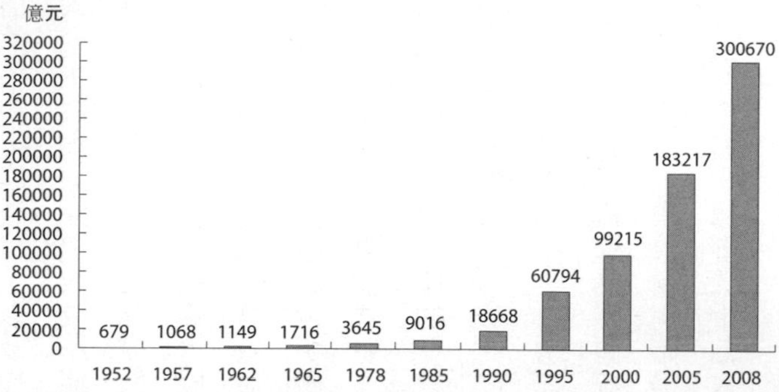

一九五二至二〇〇八年國內生產總值

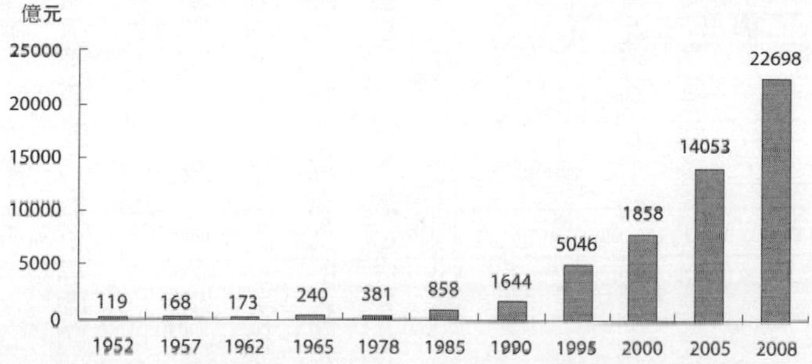

一九五二至二〇〇八年人均國內生產總值

二〇〇八年中國糧食產量比一九四九年增長三．七倍，達到五億兩千八百七十一萬噸；二〇〇八年與一九四九年相比，中國粗鋼產量由十六萬噸增長到五億零九十二萬噸，紗產量由三十二萬七千噸增加到兩千一百四十九萬噸；中國進出口貿易總額由一九五〇年的十一億三千萬美元增加到二〇〇八年的兩兆五千六百一十六億美元……

在看到輝煌成就的同時，我們也要清醒地認識到，中國經濟增長主要依靠增加要素投入和物質消耗推動，帶有明顯的粗放特徵。多年來的「粗放型」快速增長，能源的高消耗和由此造成的環境污染和生態破壞，以及投資消費關係不協調、「一、二、三產業」發展比例不協調、城鄉發展和區域發展不協調、國際收支不協調和自主創新能力低下等問題，已經成為制約經濟社會發展的突出問題。落實科學發展觀，處理好發展速度和發展質量的關係，已成為當務之急。

實際上，為促進經濟協調健康發展，中共中央多次提出相應的方針政策。中共十二大提出把全部經濟工作轉到以提高經濟效益為中心的軌道上來；十三大提出要從粗放經營為主逐步轉入集約經營為主的軌道；十四屆五中全會明確提出兩個具有全局意義的根本性轉變，即經濟體制從傳統計劃經濟體制向社會主義市場經濟體制轉變，經濟增長方式從粗放型向集約型轉變；十五大和十六大對轉變經濟增長方式分別提出了更加明確的要求；十六屆五中全會把加快轉變經濟增長方式作為全面貫徹落實科學發展觀必須堅持的原則。

二〇〇六年十一月，在中共中央召開的徵求對經濟工作意見建議的黨外人士座談會上，胡錦濤提出，要堅持以科學發展觀統領經濟社會發展全局，促進經濟社會「又好又快發展」。一個月後，他在中共中央經濟工作會議明確提出，又好又快發展是全面落實科學發展觀的本質要求。對此，胡錦濤同江蘇代表團代表一起審議十七大報告時說：

> 黨的十六大以來，中共中央提出了科學發展觀等重大戰略思想，並且隨著實踐的發展不斷進行豐富和充實。我們開始強調要加速發展，後來進一步提出要實現又快又好發展，去年底又把「又快又好」調整為「又好又快」。這個重要調整，強調的是更加注重發展質量和效益，走生產發展、生活富裕、生態良好的文明發展道路。

將經濟發展的要求從「又快又好」調整為「又好又快」，雖然只是兩個字順序的變化，但含義是深刻的，反映了中國經濟發展理念的一大轉變。「好」字當頭，又好又快，要求在經濟發展中把質量和效益放在突出位置，在注重質量和效益的基礎上求得發展的速度。這一個「好」字，既要求經濟發展的效益好、經濟增長的質量高，又要求節能降耗的效果好、環境保護的成效大；既要求經濟發展的宏觀效益好，又要讓人民群眾從中得到的實惠多；還要求注重發展中的「協調」，即實現速度、質量、效益相協調，消費、投資、出口相協調，人口、資源、環境相協調。正因為如此，「又好又快」是深刻理解和全面貫徹科學發展觀的關鍵詞。

實現又好又快發展，必然要求轉變經濟發展方式。在中共十七大上，「經濟發展方式」的表述首次見諸黨代會的政治報告，並被提到重中之重的位置。不僅強調未來經濟發展目標的實現，「關鍵要在加快轉變經濟發展方式、完善社會主義市場經濟體制方面取得重大進展」，而且對「加快轉變經濟發展方式」提出明確要求，強調「堅持走中國特色新型工業化道路，堅持擴大國內需求特別是消費需求的方針，促進經濟增長由主要依靠投資、出口拉動向依靠消費、投資、出口協調拉動轉變，由主要依靠第二產業帶動向依靠第一、第二、第三產業協同帶動轉變，由主要依靠增加物質資源消耗向主要依靠科技進步、勞動者素質提高、管理創新轉變」。

從「轉變經濟增長方式」到「轉變經濟發展方式」，「增長」到「發展」兩個字的調整，意義極其重大。經濟發展方式是實現經濟發展的方法、手段和模式，其中不僅包含經濟增長方式，而且包括結構（經濟結構、產業結構、城鄉結構、地區結構等）、運行質量、經濟效益、收入分配、環境保護、城市化程度、工業化水準以及現代化進程等諸多方面的內容。轉變經濟發展方式，不僅要突出經濟領域中「數量」的變化，更強調和追求經濟運行中「質量」的提升和「結構」的優化。

二〇一〇年二月三日，省部級主要領導幹部深入貫徹落實科學發展觀、加快經濟發展方式轉變專題研討班開班式在中共中央黨校舉行。胡錦濤發表重要講話，對加快經濟發展方式轉變進行了深刻論述。他強調：

我們必須緊緊抓住機遇，承擔起歷史使命，把加快經濟發展方式轉變作為深入貫徹落實科學發展觀的重要目標和戰略舉措，毫不動搖地加快經濟發展方式轉變，不斷提高經濟發展質量和效益，不斷提高中國經濟的國際競爭力和抗風險能力，使中國發展質量越來越高、發展空間越來越大、發展道路越走越寬。

胡錦濤還強調，加快經濟發展方式轉變是中國經濟領域的一場深刻變革，關係改革開放和社會主義現代化建設全局。他指出，轉變經濟發展方式，關鍵是要在「加快」上下功夫、見實效，並提出八點意見：第一，加快推進經濟結構調整，把調整經濟結構作為轉變經濟發展方式的戰略重點；第二，加快推進產業結構調整，適應需求結構變化趨勢，完善現代產業體系；第三，加快推進自主創新，緊緊抓住新一輪世界科技革命帶來的戰略機遇，更加注重自主創新；第四，加快推進農業發展方式轉變，堅持走中國特色農業現代化道路；第五，加快推進生態文明建設，深入實施可持續發展戰略，大力推進資源節約型、環境友好型社會建設；第六，加快推進經濟社會協調發展，針對社會發展和民生領域的突出問題，大力推進以改善民生為重點的社會建設；第七，加快發展文化產業，在重視發展公益性文化事業的同時，堅持經濟效益與社會效益相統一，深化文化體制改革；第八，加快推進對外經濟發展方式轉變，堅持對外開放的基本國策，堅持互利共贏的開放戰略，統籌好國內發展和對外開放。

二〇一〇年十月，中共十七屆五中全會通過的《中共中央關於制定國民經濟和社會發展第十二個五年規劃的建議》，強調「十二五」時期是全面建設小康社會的關鍵時期，是深化改革開放、加快轉變經濟發展方式的攻堅時期，是明確未來五年乃至更長時間，把加快轉變經濟發展方式作為主線，並同時作為在中國經濟社會領域推進的一場深刻變革，著力實現發展理念的更新、模式的轉型、路徑的轉換，以紮實走上科學發展的軌道。

二〇一一年三月十四日上午，十一屆全國人大四次會議閉幕會，如潮的掌聲中，這份凝聚中國共產黨和全國人民意志的「十二五」規劃綱要高票通過。

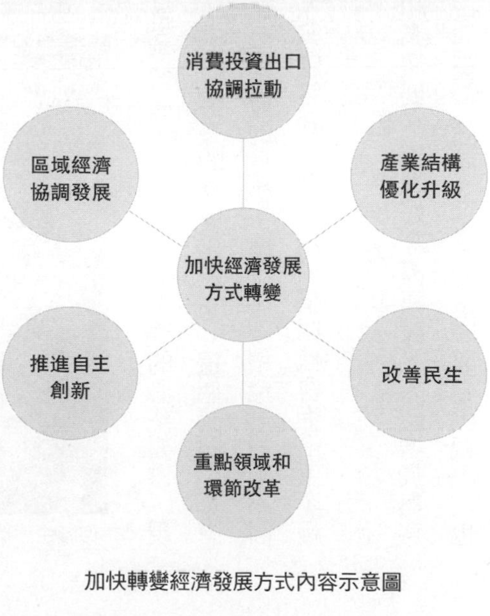

加快轉變經濟發展方式內容示意圖

二、既要金山銀山，也要綠水青山

二十世紀中期以後，工業化的快速發展極大改變了人類社會的面貌，其帶來的環境問題也越來越多，人們也開始反思發展的問題。一九六二年，美國海洋生物學家雷切爾・卡森出版了《寂靜的春天》一書，深刻闡述了農藥對環境的污染，強調人類發展不應該不顧環境的破壞，而應該走「另外的路」。一九七二年，國際性民間學術團體羅馬俱樂部發表的研究報告〈增長的極限〉，提出人類賴以生存的空間和資源是有限的，地球消化吸納污染的能力也是有限的，所以人類正面臨增長極限的挑戰。

中國在取得經濟社會建設輝煌成績的同時，也面臨資源約束趨緊、環境污染嚴重、生態系統退化的嚴峻形勢：大氣污染、水污染日益加重，生活垃圾、工業廢棄物和危險廢棄物呈持續增長趨勢，農村環境形勢不斷惡化，海洋環境總體污染嚴重，等等。早在一九八三年十二月，第二次全國環境保護會議就明確提出環境保護是國家的一項基本國策，並制定了「經濟建設、城鄉建設和環境建設要同步規劃、同步實施、同步發展，做到經濟效益、社會效益、環境效益相統一」的指導方針，明確了「預防為主、防治結合」、「誰污染、誰治理」和「強化環境管理」的環境保護三大政策。

進入二十世紀九〇年代，中共中央制定和實施了可持續發展戰略，強調「把控制人口、節約資源、保護環境放到重要位置，使人口增長與社會生產力的發展相適應，使經濟建設與資源、環境相協調，實現良性循環」。同時指出：「可持續發展，是人類社會發展的必然要求，現在已經成為世界許多國家關注的一個重大問題。中國是世界上人口最多的發展中國家，這個問題更具有緊迫性。」二〇〇二年十一月，十六大報告提出了全面建設小康社會的目標，要求可持續發展能力不斷增強，生態環境得到改善，資源利用效率顯著提高，促進人與自然的和諧，推動整個社會走上生產發展、生活富裕、生態良好的文明發展道路。

保護生態環境的宣傳圖片

科學發展觀提出後，人們進一步認識到統籌人與自然和諧發展，處理好經濟建設、人口增長與資源利用、生態環境保護的關係，對整個經濟社會發展具有重要意義。簡而言之，就是既要金山銀山，也要綠水青山。也正因為如此，生態文明建設在中國特色社會主義事業中的地位越來越重要。二〇〇七年十月，十七大報告中把生態文明作為建設小康社會的新要求，並作為二〇二〇年全面建設小康社會的重要目標之一。報告提出：「建設生態文明，基本形成節約能源資源和保護生態環境的產業結構、增長方式、消費模式。循環經濟形成較大規模，可再生能源比重顯著上升。主要污染物排放得到有效控制，生態環境質量明顯改善。生態文明觀念在全社會牢固樹立。」十七屆四中全會進一步提出，全面推進社會主義經濟建設、政治建設、文化建設、社會建設以及生態文明建設，開始把生態文明建設納入中國特色社會主義事業的總體佈局。

二〇一二年十一月，十八大報告從全局和戰略高度，將生態文明建設獨立成篇，放在突出地位加以闡述和部署，並將之與經濟建設、政治建設、文化建設、社會建設一起，列入中國特色社會主義「五位一體」總體佈局，強調把生態文明建設融入經濟建設、政治建設、文化建設、社會建設各方面和全過程。

二〇一〇年九月，中國國務院常務會議審議並原則通過《國務院關於加快培育和發展戰略性新興產業的決定》，確定節能環保等七個產業為現階段的培育重點。圖為北京官廳風力發電場（吐魯番市國稅局趙青芝攝）

西藏班公湖美如畫

貫徹科學發展觀，推進生態文明建設，一個重要任務就是構建資源節約型、環境友好型社會。二〇〇七年十二月十七日，胡錦濤總書記在新進中央委員會的委員、候補委員學習貫徹黨的十七大精神研討班開班式上發表重要講話，提出：「貫徹落實全面協調可持續的基本要求，必須按照中國特色社會主義事業總體佈局，全面推進經濟建設、政治建設、文化建設、社會建設，促進現代化建設各個環節、各個方面相協調，促進生產關係與生產力、上層建築與經濟基礎相協調。」並強調「建設生態文明，實質上就是要建設以資源環境承載力為基礎、以自然規律為準則、以可持續發展為目標的資源節約型、環境友好型社會」。

以湖南長沙、株洲、湘潭地區為例，這裡向來是以美景聞名的魚米之鄉。然而，隨著經濟的加速發展，資源消耗量連年猛增，對環境的污染也日益嚴重。滔滔北去的湘江，昔日「萬山紅遍」、「漫江碧透」、「魚翔淺底」的美景不再，江岸被採沙場挖出一片片「牛皮癬」，江水終年難見碧綠之色，往日肥美的魚蝦早已不見蹤影。自二〇〇七年長株潭城市群獲批成為「全國資源節約型和環境友好型社會建設綜合配套改革試驗區」後，低碳經濟、生態修復、排污權交易等新詞彙不斷映入湖南人的眼簾，並改變著他們的生活。一條「林中有城、城中有林、山水相宜」的新型城市發展之路，讓乾淨的水、新鮮的空氣和優美的生態環境，重新回到他們的身邊。

中國的生態文明建設，是對傳統工業文明的反思和糾正。這是人類社會發展的一座風向標，是歷史長河裡的一座里程碑。聯合國防治荒漠化公約秘書處副執秘曼蘇爾・恩戴耶說：「如今，中國已被認為是世界經濟的主要驅動力量之一。這意味著中國民眾消耗自然資源的方式需要作出改變。中國提出建設生態文明，表明中國決心避免讓經濟發展理念與生態系統狀況時常出現對立的局面。中國希望建立一種文化，即在同一生態系統內將已消耗的自然資源以某種再生方式加以彌補，這是一個積極的信號。」

長期致力於國際環保的專家、英國國際環境與發展研究所主任卡米拉・圖爾明將生態文明理念放在全球環境保護運動這一大背景下思考。她認為，和環境保護以及可持續發展相比，「生態文明」是一個新理念，「如果生態文明在中國行得通，其他國家也許可以從中吸取經驗，所以生態文明的概念也許在世界上其他地方同樣有價值」。「對我來說，『文明』這個概念覆蓋了每件事情，既包括生產，也包括消費，還包括文化、思想和哲學。因此，生態文明的概念包含了每一個人，可以幫助我們思考如何在地球上以一種新方式生活，讓我感覺到了一個我們需要以不同方式做事情的新紀元。」

第三節　統籌城鄉與區域發展

貫徹落實科學發展觀，必須處理好城鄉、區域等方面的關係，做到統籌兼顧，整體推進。統籌城鄉發展，就是要發揮城市對農村的帶動作用和農村對城市的促進作用，使農村為城市發展提供腹地、資源和市場，城市為農村發展提供資金、人才和技術。處理好城鄉關係有利於解決「三農」問題，從根本上消除城鄉二元結構，形成以城帶鄉、城鄉聯動、整體發展的格局。統籌區域發展，就是要通過政策支持、區域互動和加快提高欠發達地區自我發展能力，創造條件逐步縮小區域發展差距，解決地區之間發展不平衡問題，形成區域協調互動發展的格局。

一、建設社會主義新農村

二○○五年十月，中共十六屆五中全會審議通過的《中共中央關於制定國民經濟和社會發展第十一個五年規劃的建議》，將延續了五十多年的國民經濟和社會發展「計劃」首次變成「規劃」。一字之差，傳遞出耐人尋味的變化，表明政府將更加注重發揮市場對資源配置的基礎性作用，更加注重對經濟社會發展的宏觀把握和調控。

也就是在這次全會上，中共中央審時度勢，貫徹科學發展觀的要求，提出：「建設社會主義新農村是中國現代化進程中的重大歷史任務。要按照生產發展、生活寬裕、鄉風文明、村容整潔、管理民主的要求，堅持從各地實際出發，尊重農民意願，紮實穩步推進新農村建設。」

實際上，「建設社會主義新農村」的概念很早就有，二十世紀五〇年代曾用過這一提法。改革開放以來，一九八四年中央一號文件、一九八七年中央五號文件、一九九一年中央二十一號文件即十三屆八中全會決定中，也都出現過這一提法。但這次十六屆五中全會提出建設社會主義新農村，其背景和涵義與以前有很大不同。它是在全面建設小康社會的關鍵時期、中國總體上經濟發展已進入以工促農以城帶鄉的新階段、以人為本與構建和諧社會理念深入人心的新形勢下，對中共中央統籌城鄉發展，實行「工業反哺農業、城市支持農村」方針的具體化。

在新的歷史條件下，建設社會主義新農村，關鍵是要樹立統籌城鄉發展的新觀念，就是要跳出「就三農抓三農」的傳統定勢，打破城鄉分割的體制障礙，把農業發展放到整個國民經濟的大格局中，把農村進步放到整個社會的進步中，把農民增收放到國民收入分配和再分配中，進而統籌規劃政策、公共資源、基礎設施及產業佈局。

二〇〇六年二月十四日，在中共中央舉辦的省部級主要領導幹部建設社會主義新農村專題研討班上，胡錦濤在講話中指出，重視農業、農村、農民問題是中國共產黨的一貫戰略思想。「三農」問題始終是關係黨和人民事業發展的全局性和根本性問題。農業豐則基礎強，農民富則國家盛，農村穩則社會安。在新世紀新階段，我們必須始終不渝地高度重視並認真解決好「三農」問題，不斷開創「三農」工作的新局面。

胡錦濤強調，建設社會主義新農村，要堅持把解決好「三農」問題作為中國共產黨工作的重中之重，統籌城鄉經濟社會發展，實行工業反哺農業、城市支持農村和「多予少取放活」的方針，堅持以經濟建設為中心，協調推進農村社會主義經濟建設、政治建設、文化建設、社會建設和黨的建設，推動農村走上生產發展、生態良好、生活富裕的文明發展道路。

為了扎扎實實地解決好「三農」問題，中共中央從二〇〇四年開始連續發出指導農業農村工作的「一號文件」，制定了一系列具有里程碑意義的強農惠農政策，採取了一系列具有劃時代意義的重大舉措：

二〇〇四年一月，《中共中央、國務院關於促進農民增加收入若干政策的意見》要求，集中力量支持糧食主產區發展糧食產業，促進種糧農民增加收入；發展農村二、三產業，拓寬農民增收渠道；改善農民進城就業環境，增加外出務工收入；發揮市場機製作用，搞活農產品流通；加強農村基礎設施建設，為農民增收創造條件等。

二〇〇五年一月，《中共中央、國務院關於進一步加強農村工作，提高農業綜合生產能力若干政策

廣西恭城：「富裕生態家園」扮靚鄉村富瑤山

的意見》要求，繼續加大「兩減免、三補貼」等政策實施力度；切實加強對糧食主產區的支持；建立穩定增長的支農資金渠道；堅決實行最嚴格的耕地保護制度，切實提高耕地質量；加強農田水利和生態建設，提高農業抗禦自然災害的能力；加快農業科技創新，提高農業科技含量等。

二〇〇六年一月，《中共中央、國務院關於推進社會主義新農村建設的若干意見》要求，推進現代農業建設，強化社會主義新農村建設的產業支撐；加強農村現代流通體系建設；穩定、完善、強化對農業和農民的直接補貼政策；加強農村基礎設施建設等。

二〇〇七年一月，《中共中央、國務院關於積極發展現代農業紮實推進社會主義新農村建設的若干意見》要求，健全農業支持補貼制度，鼓勵農民和社會力量投資現代農業，加快發展農村清潔能源，推進農業科技進村入戶，積極發展農業機械化，加快農業資訊化建設，發展健康養殖業，大力發展特色農業等。

二〇〇八年一月，《中共中央、國務院關於切實加強農業基礎建設進一步促進農業發展農民增收的若干意見》要求，鞏固、完善、強化強農惠農政策，切實抓好「菜籃子」產品生產，著力強化農業科技和服務體系基本支撐，逐步提高農村基本公共服務水準，建立健全農村社會保障體系等。

二〇〇九年一月，《中共中央、國務院關於二〇〇九年促進農業穩定發展農民持續增收的若干意見》要求，較大幅度增加農業補貼，保持農產品價格合理水準，增強農村金融服務能力，支持優勢產區集中發展油料等經濟作物生產，加強農產品市場體系建設，加強農產品進出口調控等。

二〇一〇年一月，《中共中央、國務院關於加大統籌城鄉發展力度進一步夯實農業農村發展基礎的若干意見》要求，完善農業補貼制度和市場調控機制，積極引導社會資源投向農業農村，推進菜籃子產品標準化生產，加強農村水電路氣房建設，積極推進林業改革，提高農業對外開放水準等。

二〇一一年一月，《中共中央、國務院關於加快水利改革發展的決定》要求，大興農田水利建設，合理開發水能資源，搞好水土保持和水生態保護，加大公共財政對水利的投入，加強對水利建設的金融支持，廣泛吸引社會資金投資水利等。

二〇一二年一月，《中共中央、國務院關於加快推進農業科技創新持續增強農產品供給保障能力的若干意見》要求，把農業科技擺上更加突出的位置，持續加大財政用於「三農」的支出，以及國家固定資產投資對農業農村的投入，持續加大農業科技投入，確保增量和比例均有提高。發揮政府在農業科技投入中的主導作用，保證財政農業科技投入增幅明顯高於財政經常性收入增幅，逐步提高農業研發投入佔農業增加值的比重，建立投入穩定增長的長效機制。

二〇〇六年，為表達對國家取消農業稅的感激之情，河北省靈壽縣青廉村農民王三妮鑄青銅「告別田賦鼎」。此鼎直徑八十二公分，高九十九公分，重兩百五十二公斤，上書銘文五百六十個字，現收藏於中國農業博物館

……

一個又一個中央「一號文件」，記錄了中共中央的「三農」戰略部署，記錄了中共中央的一系列惠農政策，也見證了城鄉經濟社會發展一體化新格局的逐步形成。

為落實這些「一號文件」，一些具體政策陸續實施：取消農業稅、牧業稅、農業特產稅、屠宰稅，終結了兩千六百多年農民種地繳納稅收的歷史；實行糧食直補、良種補貼、農機具購置補貼和農資綜合直補等農業補貼制度，開創了直接補貼農民的歷史先河；全面放開糧食購銷市場和價格，邁出了農業市場化改革的關鍵一步；全面推行農村義務教育「兩免一補」，實現了真正意義上的農村免費義務教育；普遍建立新型農村合作醫療制度，減輕了農民看病就醫的負擔……

圍繞一個基本方略——統籌城鄉經濟社會發展，一個基本方針——工業反哺農業、城市支持農村和多予少取放活，一個基本任務——建設社會主義新農村，初步形成了全面建設小康社會新時期新的農業農村政策體系，極大地促進了農業穩定發展、農民持續增收、農村全面進步。

二、實施區域發展戰略

善弈者謀勢。為了推動中國各地協調發展、共同發展，中共中央陸續作出了繼續實施西部大開發、東北地區等老工業基地振興、中部地區崛起、東部地區率先發展的區域良性互動戰略。

東部地區是中國經濟發展的「龍頭」，也是中國區域經濟發展的「引領者」。十一屆三中全會以來，作為中國重要的工業密集區與城鎮密集區，東部沿海地區依靠自身區位優勢和先發優勢，抓住機遇，實現率先發展，取得了一系列令人矚目的成就，始終在改革開放和現代化建設中走在全國前列。

東部地區發展是支持區域協調發展的重要基礎。率先發展，是中共中央在區域發展戰略佈局中賦予東部地區的歷史使命。二〇一一年三月，

深圳：小漁村建成現代大都市

《中華人民共和國國民經濟和社會發展第十二個五年（二〇一一—二〇一五年）規劃綱要》提出，要「發揮東部地區對全國經濟發展的重要引領和支撐作用，在更高層次參與國際合作和競爭，在改革開放中先行先試，在轉變經濟發展方式、調整經濟結構和自主創新中走在全國前列」。要「推進京津冀、長江三角洲、珠江三角洲地區區域經濟一體化發展，打造首都經濟圈，重點推進河北沿海地區、江蘇沿海地區、浙江舟山群島新區、海峽西岸經濟區、山東半島藍色經濟區等區域發展，建設海南國際旅遊島」。其核心就是確保以長江三角洲、珠江三角洲和京津冀為核心的三大都市圈，作為帶動全國經濟發展的重要核心區和增長極，拉動中國經濟持續快速發展引擎的地位和作用。

西部十二省區市位置示意圖

西部是中國最遼闊的區域，擁有三分之二的國土面積，擁有中國最長的邊境線；西部曾經是中國最封閉、最落後的地區，相當長一個時期，與東部存在明顯的差距。不過，現在的西部已從貧窮走向富庶，從封閉走向開放，從落後走向進步，一個美麗的、富有朝氣和魅力的西部，已經呈現在世人的面前。這個轉折的出現，與二〇〇〇年開始實施的西部大開發戰略密切聯繫在一起。

二〇〇四年三月十一日，《國務院關於進一步推進西部大開發的若干意見》下發，提出加強西部與東部、中部地區之間的經濟交流與合作，建立市場化的跨地區跨企業的合作機制，把東部、中部的資金、技術和人才優勢與西部地區的資源、市場和勞動力優勢結合起來，實現優勢互補、互惠互利、共同發展。在各族群眾的共同努力下，西部大開發已經取得巨大成就：青藏鐵路、西氣東輸、西電東送等標誌性工程相繼建成；退耕還林、退牧還草等一批重點生態工程全面實施；特色優勢產業快速發展，綜合經濟實力大幅提升；城鄉面貌發生歷史性變化，人民生活水準明顯提高……一個經濟繁榮、社會進步、生活安定、民族團結、山川秀美的嶄新局面已經呈現在世人面前。

為了促進區域協調發展，二〇一〇年六月二十九日，在實施西部大開發戰略十週年之際，中共中央、國務院發出《中共中央、國務院關於深入實施西部大開發戰略的若干意見》，要求進一步加大投入、強化支持，以增強自我發展能力為主線，以改善民生為核心，以科技進步和人才開發為支撐，推動西部地區經濟又好又快發展和社會和諧穩定，並明確提出了一個宏偉的目標：

到二〇二〇年，西部地區基礎設施更加完善，現代產業體系基本形成，建成國家重要的能源基地、資源深加工基地、裝備製造業基地和戰略性新興產業基地，綜合經濟實力進一步增強；生態環境惡化趨勢得到遏制，基本公共服務能力與東部地區差距明顯縮小；人民生活水準和質量大幅提升，基本實現全面建設小康社會奮鬥目標。

東北是中國重要的重工業基地，擁有眾多關係國民經濟命脈的戰略產業和骨幹企業，同時也是重要的農副產品生產基地，曾經為新中國的經濟發展立下了汗馬功勞。二〇〇三年十月，中共中央、國務院下發《中共中央、國務院關於實施東北地區等老工業基地振興戰略的若干意見》，開始實施振興東北等老工業基地的戰略。據此，國家給予東北地區增值稅轉型、社會保障體系建設、國有企業「廠辦大集體」改革等試點和優惠政策，尤其是財稅政策、金融政策和社會保障政策的實施，東北地區享受到諸多優惠政策，企業的市場競爭力得到較大提高。

在實施東北地區等老工業基地振興戰略的過程中，東北三省都分別制定了各自的目標。吉林省的目標是：二〇〇三年至二〇一〇年或稍長一段時間，把吉林老工業基地建成國家重要的新型工業基地。黑龍江省的目標是：將黑龍江省調整改造和發展成為技術先進、結構合理、功能完善、特色明顯、機制靈活、競爭力強的新型產業基地，逐步成為中國經濟新的增長區域。遼寧省的目標是：逐步把遼寧建設成為技術先進、結構合理、功能完善、特色明顯、對外開放、機制靈活、競爭力強的國家新型產業基地和新的重要經濟增長區域。

經過幾年的勵精圖治，大慶油田公司、一汽集團公司、鞍本鋼鐵集團公司等大型國有企業的新發展和新面貌，告訴人們，老工業基地經過調整和改造，終將煥發出新的青春光彩。

承東啟西、接南進北的中部地區，是中國最大的農村富餘勞動力跨省輸出基地，勞動力成本低，勞動力資源豐富，勞動力的素質較高，同時高等教育也比較發達，能夠支撐各類產業的發展。實現中部地區經濟社會又快又好發展，事關中國經濟社會發展全局，事關全面建設小康社會全局。

二〇〇六年三月二十七日，中共中央政治局召開會議，研究促進中部地區崛起工作，強調這是中共中央、國務院繼作出鼓勵東部地區率先發展、實施西部大開發、振興東北地區等老工業基地戰略後，從中國現代化建設全局出發作出的又一重大決策，是落實促進區域協調發展總體戰略的重大任務，並作出了「堅持突出重點，充分發揮比較優勢，鞏固提高糧食、能源原材料、製造業等優勢產業，穩步推進城市群的發展，增強對全國發展的支撐能力」等具體部署。

根據中央的精神，中部六省從自身實際出發，形成了各具特色的發展戰略：

山西省提出「建設全國新型能源基地和新型工業基地」，一方面積極加入京津冀和環渤海經濟圈，一方面加強與中部五省合作。

河南省提出「一區一道和三個基地」的設想，即成為全國的糧食核心主產區，現代化綜合交通運輸大通道，全國重要的先進製造業基地、能源基地和原材料基地。

湖北省提出「建設成重要的農產品加工生產區、現代製造業聚集區、高新技術發展區、現代物流中心區」。

湖南省提出「做強長株潭城市群，建設湘中經濟走廊，發展湘西經濟帶」，同時實行南向戰略，積極承接珠三角產業轉移，實現與珠三角的交通互連、產業互補、市場互通、資源互享，並參與泛珠三角合作，擴大與港澳地區交流。

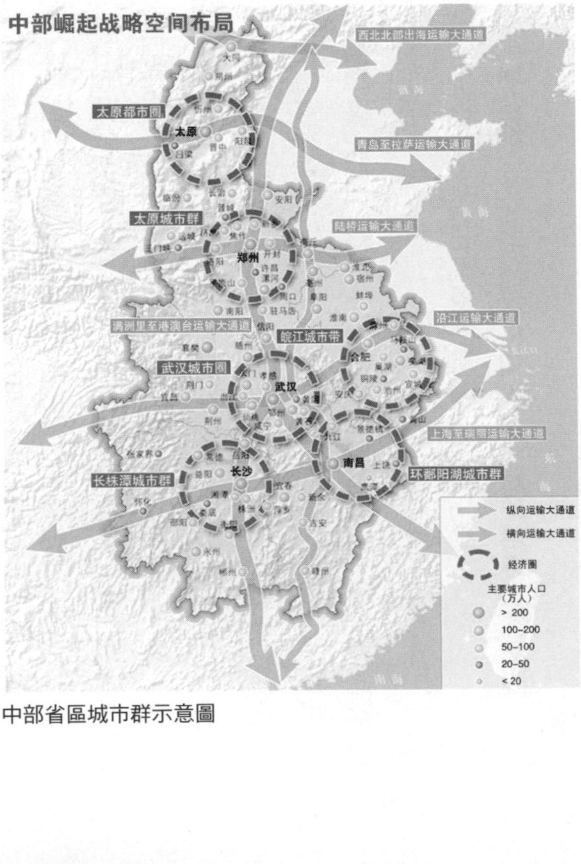

中部省區城市群示意圖

安徽省提出「實施東向戰略，發展東向經濟」，形成商品東進、勞務東輸、能源東送、產業東接、投資東引、服務東帶、交通東連、遊客東來的新局，發展重點是「融入長三角，依靠高科技，抓好兩流域（長江、淮河），唱好黃（黃山）煤（煤炭）戲」。

江西省提出建成沿海發達地區產業梯度轉移的承接基地、優質農副產品加工供應基地、勞務輸出基地和旅遊休閒的「後花園」，從而全面「對接長珠閩，融入全球化」。

而今，河南中原城市群、湖北武漢城市圈、湖南長株潭城市群、江西環鄱陽湖城市群、安徽皖江城市帶、山西太原都市圈的快速形成和蓬勃發展，預示著中部崛起的光明前景。

在十六屆五中全會上，中共中央首次明確西部開發、東北振興、中部崛起、東部率先這四大板塊互相促進，良性互動，發揮各自的比較優勢，共同發展，這樣一個區域協調發展的總體戰略。同時，提出了促進區域協調發展的四大機制，即市場的機制、合作的機制、互助的機制和扶持機制，標誌著中國區域協調發展進入了一個新的階段。

隨著四大區域經濟板塊的形成，中國經濟地理版圖正在經歷前所未有的大變局。更重要的是，這對縮小區域發展差距、擴大國內需求、改善宏觀調控、建立和諧社會，發揮著越來越重要的作用。

第九章

構建和諧

進入新世紀新階段，中國經濟社會展出現出新的階段性特徵，如何更好地代表全體人民的根本利益、協調不同社會群體的具體利益，如何有效整合社會關係、促進各種社會力量良性互動，如何認識和把握新形勢下人民內部矛盾的特點和規律，如何切實維護和實現社會公平與正義、保障全體社會成員共享改革發展成果，是中國共產黨無可迴避的重大理論和現實問題。構建社會主義和諧社會，正是在這個大背景下提出來的。

第一節　構建社會主義和諧社會

我們所要建設的社會主義和諧社會，是民主法治、公平正義、誠信友愛、充滿活力、安定有序、人與自然和諧相處的社會。構建社會主義和諧社會，要求我們加強和創新社會管理，最大限度激發社會活力、最大限度增加和諧因素、最大限度減少不和諧因素，確保社會既充滿活力又和諧穩定。

一、社會主義社會的本質屬性

和諧，和而不同，追求天人和諧、人際和諧、身心和諧，是中國傳統文化中一個非常重要的思想。比如，孔子說過「和為貴」；墨子提出了「兼相愛」的理想社會方案；孟子描繪了「老吾老以及人之老，幼吾幼以及人之幼」的社會狀態；《禮記 · 禮運》中描繪了「大道之行也，天下為公，選賢與能，講信修睦。故人不獨親其親，不獨子其子，使老有所終，壯有所用，幼有所長，鰥寡孤獨廢疾者皆有所養」這樣一種理想社會。

實現社會和諧，建設美好社會，也是馬克思主義者所追求的一個社會理想。作為馬克思主義的重要理論來源，法國空想社會主義者傅立葉一八〇三年發表的《全世界和諧》一文，指出資本主義制度必將為「和諧制度」所代替。德國空想共產主義者魏特林一八四二年完成的《和諧與自由的保證》一書，把社會主義社會稱為「和諧與自由」的社會，並指出新社會的「和諧」

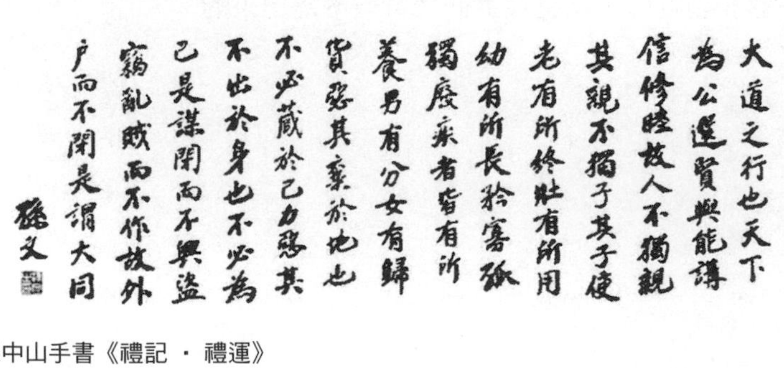

孫中山手書《禮記 · 禮運》

是「全體和諧」。馬克思、恩格斯批判地繼承了空想社會主義者關於「和諧」的主張，明確提出「提倡社會和諧」是「它們關於未來社會的積極的主張」，並對未來社會的發展方向作出了科學設想：在打碎舊的國家機器、消滅私有制的基礎上，消除階級之間、城鄉之間、腦力勞動和體力勞動之間的對立和差別，極大地調動全體勞動者的積極性，使社會物質財富極大豐富、人民精神境界極大提高，實行各盡所能、各取所需，實現每個人自由而全面的發展，在人與人之間、人與自然之間都形成和諧的關係。

在革命、建設、改革的長期實踐中，中國共產黨也對社會主義社會建設理論進行了艱辛探索。毛澤東明確提出：「我們的目標，是想造成一個又有集中又有民主，又有紀律又有自由，又有統一意志，又有個人心情舒暢、生動活潑，那樣一種政治局面，以利於社會主義革命和社會主義建設，較易於克服困難，較快地建設中國的現代工業和現代農業，黨和國家較為鞏固，較為能夠經受風險。」不過，在中共十六大以前的歷次代表大會和中央全會的重要文獻中，從未出現過「和諧」一詞。

中共十六大報告首次把社會更加和諧作為中國共產黨要為之奮鬥的一個重要目標明確提出來，強調建設更高水準的小康社會，就是要使經濟更加發展、民主更加健全、科教更加進步、文化更加繁榮、社會更加和諧、人民生活更加殷實，還強調要努力形成全體人民各盡其能、各得其所而又和諧相處的局面，鞏固和發展民主團結、生動活潑、安定和諧的政治局面。

僅僅過了兩年時間，這個重要目標就上升為中國共產黨的重大戰略。二〇〇四年九月，中共十六屆四中全會專題研究新形勢下加強黨的執政能力建設問題，作出了《中共中央關於加強黨的執政能力建設的決定》，強調提高中國共產黨的執政能力，首先要提高黨領導發展的能力，提出了科學執政、民主執政、依法執政的奮鬥目標，明確了「不斷提高駕馭社會主義市場經濟的能力、發展社會主義民主政治的能力、建設社會主義先進文化的能力、構建社會主義和諧社會的能力、應對國際局勢和處理國際事務的能力」等「五種能力」的主要任務。

引人注目的是，這個決定鮮明地提出「構建社會主義和諧社會的能力」，強調「要適應我國社會的深刻變化，把和諧社會建設擺在重要位置，注重激發社會活力，促進社會公平和正義，增強全社會的法律意識和誠信意識，維護社會安定團結」。這是在黨的文件中第一次把和諧社會建設放到同經濟建設、政治建設、文化建設並列的突出位置。胡錦濤在會上指出：「提出建設社會主義和諧社會，是我們從全面建設小康社會全局出發而確定的一項重大戰略任務。」二〇〇四年十二月，他在廣州大塘街社區服務中心考察時進一步指出：「大家都知道，安定團結很重要。如果沒有社會穩定，我們什麼事也幹不成。因此，我們要有構建社會主義和諧社會的能力。」

人類社會總是在矛盾運動過程中發展進步的。把構建社會主義和諧社會明確作為中國共產黨的重要奮鬥目標，是針對中國社會總體和諧，但也存在不少影響社會和諧的矛盾和問題提出來的。科學分析影響社會和諧的矛盾和問題，積極主動地正視矛盾、化解矛盾，最大限度地增加和諧因素，最大限度地減少不和諧因素，不斷促進社會和諧，是廣大人民群眾的根本利益所在和共同願望，也是鞏固中國共產黨執政的社會基礎、實現中國共產黨執政歷史使命的必然要求。

負責十六屆四中全會文件起草工作的曾慶紅指出：提出建設社會主義和諧社會，「這既體現了科學發展觀的要求，也體現了我們黨科學執政、民主執政、依法執政的要求，歸根到底體現了中國經濟社會發展進入了一個非常關鍵的發展階段的要求」。那麼，這個「非常關鍵的發展階段的要求」具體指的是什麼呢？主要是隨著改革開放的深入，我國經濟成分和經濟利益格局的多樣化、社會生活的多樣化、社會組織形式的多樣化、就業崗位和就業形式的多樣化，既給社會帶來了活力和生機，也帶來了矛盾和衝突，包括：城鄉發展不平衡、地區發展不平衡、經濟社會發展不平衡的矛盾更加突出；人民群眾的物質文化需要不斷提高並更趨多樣化，社會利益關係更趨複雜；勞動者就業結構和方式不斷變化，人員流動性大大加強，社會組織和管理面臨新的問題；各種思想文化相互激盪，人們受各種思想觀念影響的渠道明顯增多，人們思想的獨立性、選擇性、多變性、差異性明顯增強；消極腐敗現象和各種犯罪活動給社會安定帶來嚴重影響等等。要解決這些新形勢下的新問題，必須有新的理論創造和實踐行動。就這樣，「構建社會主義和諧社會」應運而生。

二〇〇五年二月，省部級主要領導幹部提高構建社會主義和諧社會能力專題研討班在中共中央黨校開班。二月十九日，胡錦濤在開班式上進一步指出：「構建社會主義和諧社會，是我們黨從全面建設小康社會、開創中國特色社會主義事業新局面的全局出發提出的一項重大任務，適應了我國改革發展進入關鍵時期的客觀要求，體現了廣大人民群眾的根本利益和共同願望。」也就是在這次講話中，胡錦濤第一次完整清晰闡述了社會主義和諧社會的基本特徵：「我們所要建設的社會主義和諧社會，應該是民主法治、公平正義、誠信友愛、充滿活力、安定有序、人與自然和諧相處的社會。」

——民主法治，就是社會主義民主得到充分發揚，依法治國基本方略得到切實落實，各方面積極因素得到廣泛調動；

——公平正義，就是社會各方面的利益關係得到妥善協調，人民內部矛盾和其他社會矛盾得到正確處理，社會公平和正義得到切實維護和實現；

——誠信友愛，就是全社會互幫互助、誠實守信，全體人民平等友愛、融洽相處；

——充滿活力，就是能夠使一切有利於社會進步的創造願望得到尊重，創造活動得到支持，創造才能得到發揮，創造成果得到肯定；

——安定有序，就是社會組織機制健全，社會管理完善，社會秩序良好，人民群眾安居樂業，社會保持安定團結；

——人與自然和諧相處，就是生產發展，生活富裕，生態良好。

在這篇講話中，胡錦濤站在建設中國特色社會主義的全局，對構建社會主義和諧社會的地位進行了分析。他認為：「構建社會主義和諧社會，同建設社會主義物質文明、政治文明、精神文明是有機統一的。它們既有不可分割的緊密聯繫，又有各自的特殊領域和規律。建設社會主義物質文明、政治文明、精神文明，可以為構建社會主義和諧社會提供堅實基礎；構建社會主義和諧社會，又可以為建設社會主義物質文明、政治文明、精神文明提供重要條件。」這就明確地把中國特色社會主義事業總體佈局由社會主義經濟、政治、文化建設三位一體發展為經濟、政治、文化、社會建設四位一體，這在理論和實踐上都是一個重大突破。

二〇〇六年十月，中共十六屆六中全會審議通過了《中共中央關於構建社會主義和諧社會若干重大問題的決定》。這是中國共產黨歷史上第一個以社會建設為主題的重要文件，它構築了和諧社會建設大廈的基本框架，是構建社會主義和諧社會的行動綱領。決定開宗明義：「社會和諧是中國特色社會主義的本質屬性。」胡錦濤強調：「這一重大判斷，深化了對社會主義本質的認識，是總結國內外社會主義

構建社會主義和諧社會宣傳漫畫

特別是我國社會主義建設歷史經驗得出的重要結論，也是構建社會主義和諧社會的理論基礎。」「社會和諧是中國特色社會主義的本質屬性」，這句馬克思主義理論發展史上沒有講過的「新話」，是中國共產黨對社會主義本質認識的一次飛躍。它既把握了社會主義社會的質的規定性，又體現著社會主義社會的基本特徵，進一步回答了「什麼是社會主義、怎樣建設社會主義」的問題，使人們對社會主義有了更加全面、豐滿、清晰、深刻的認識。從這時起，「和諧」與「富強、民主、文明」一起，並列成為中國社會主義現代化建設的目標。

中共十六屆六中全會決定還明確提出了到二〇二〇年構建社會主義和諧社會的目標和主要任務：社會主義民主法制更加完善，依法治國基本方略得到全面落實，人民的權益得到切實尊重和保障；城鄉、區域發展差距擴大的趨勢逐步扭轉，合理有序的收入分配格局基本形成，家庭財產普遍增加，人民過上更加富足的生活；社會就業比較充分，覆蓋城鄉居民的社會保障體系基本建立；基本公共服務體系更加完備，政府管理和服務水準有較大提高；全民族的思想道德素質、科學文化素質和健康素質明顯提高，良好道德風尚、和諧人際關係進一步形成；全社會創造活力顯著增強，創新型國家基本建成；社會管理體系更加完善，社會秩序良好；資源利用效率顯著提高，生態環境明顯好轉；實現全面建設惠及十幾億人口的更高水準的小康社會的目標，努力形成全體人民各盡其能、各得其所而又和諧相處的局面。

這些全面而具體的規劃，把理想與實踐、長遠目標與人民群眾的眼前利益緊緊聯繫在了一起，不僅在中國引起強烈反響，國際媒體也作出了強烈反應。

美國《華爾街日報》報導稱，中共十六屆六中全會為中國共產黨未來發展確定了新的航向。這次會議同意將胡錦濤建立和諧社會的倡議提高到更加顯著的位置。這標誌著中國改革開放近三十年來社會問題第一次成為與政治和經濟問題同等重要的國家議題。

《歐洲時報》發表社論指出，以中共十六屆六中全會為起點的全方位的「和諧論」將在未來創造出一種新文化。這種新文化將在中國人民以及廣大海外華僑華人心中產生凝聚力，進而成為民間的某種「軟實力」。

《俄羅斯報》資深評論員奧夫欽尼科夫說，中共十六屆六中全會作出關於構建社會主義和諧社會的決定，提出逐步扭轉城鄉、區域發展差距擴大的趨勢，這不僅表明中國的經濟建設已進入一個重要階段，同時也將為和諧社會建設奠定堅實基礎。

日本共同社說，中共十六屆六中全會發表的會議公報強調了防止區域差別擴大、構建和諧社會的精神，提出了要使人民過上更加富足的生活的目標，目的在於擺脫以往以實現經濟增長為最高目標的發展方針。

印度媒體稱，中共這次會議提出的「和諧社會」發展理念，就很值得印度政府學習。中國領導人在經濟發展保持一片大好形勢的背景下，能夠把目光轉向社會發展，這是一種遠見，更是一種智慧，這種智慧體現了民本思想。

二、抓住改善民生這個重點

建設和諧社會，改善民生是重點。胡錦濤在中共十六屆六中全會的講話中，就強調既要「把和諧社會建設落實到包括經濟建設、政治建設、文化建設、社會建設和黨的建設等在內的黨和國家全部工作之中」，又要「以解決人民群眾最關心、最直接、最現實的利益問題為重點」。二〇〇七年十月，中共十七大進一步指出：「必須在經濟發展的基礎上，更加注重社會建設，著力保障和改善民生，推進社會體制改革，擴大公共服務，完善社會管理，促進社會公平正義，努力使全體人民學有所教、勞有所得、病有所醫、老有所養、住有所居，推動建設和諧社會。」

學有所教，是民心所向，也是中國共產黨和政府義不容辭的職責。中國在一九八六年制定義務教育法明確提出，國家實行九年制義務教育，國家對接受義務教育的學生免收學費。經過不懈奮鬥，「基本普及九年義務教育、基本掃除青壯年文盲」的目標在二〇〇〇年順利實現。

由於經濟發展不平衡，加上各種條件限制，西部一些地區的義務教育普及程度還比較低。二〇〇四年，國家西部地區「兩基」攻堅計劃正式啟動。幾年間，中央投入一百億元建設八千三百多所寄宿制學校，解決學生「進得來」的問題；實施「兩免一補」（免雜費、免書本費，補助家庭經濟困難寄宿生生活費）政策，解決學生「留得住」的問題。截至二〇〇七年底，西部地區「兩基」人口覆蓋率達到百分之九十八。

二〇〇六年，新修訂的義務教育法進一步明確了各級政府舉辦義務教育的責任，將義務教育所需經費全面納入財政保障範圍。二〇〇七年春天，「兩免一補」的惠民政策，從西部推廣到中東部地區。這意味著這項政策實現了對全國四十萬所農村中小學的近一億五千萬名學生的全面覆蓋。二〇〇八年，免除城市義務教育階段學雜費的政策經試點後在全國實施。

收入分配、就業、社會保障、教育、醫療、養老等與老百姓切身利益相關的民生問題，是人民群眾對政府的殷殷期望，也是對過上更美好幸福生活的真切企盼。讓改革成果更多更公平惠及全體人民，正在人民群眾的熱切期盼與政府的積極回應中成為現實

二〇〇七年，中國普及義務教育人口覆蓋率達到百分之九十九，二〇〇九年高等教育毛入學率達到百分之二十四．二。圖為甘肅省臨澤縣義務教育宣傳標語

二十世紀九〇年代初，一幅《我要讀書》的圖片成為希望工程的宣傳畫。照片中那一雙渴望求知的大眼睛，激起無數人的愛心！如今，中國黨和政府一步一個腳印，努力實現了「讓所有孩子都能上得起學」的宏偉目標，兌現了「不讓一個孩子因貧困失學」的莊嚴承諾。老百姓也從心底最深處唱出了讚美的歌謠：「中央給咱辦實惠，農民種地不交稅，娃娃上學不交費，真是和諧好社會。」

對中國的教育發展成就，一家國際機構這樣評價中國：「中國用二十二年的時間走過了西方近百年的普及義務教育之路。這對於佔世界五分之一人口的大國來說，是一項非常了不起的成就，是對世界全民教育的重大貢獻！」

勞有所得，被人們稱作民生之本。因為這不僅關係著勞動者生活的改善，更關係著家庭的希望、人生的尊嚴、價值的實現。千方百計促就業，「讓勞動者體面勞動、有尊嚴地生活」，黨和國家把這一事關百姓根本利益的大事始終擺在突出位置，讓經濟發展和促進就業良性互動。

然而，在十三億人口、近十億勞動力的中國，就業談何容易！一方面，鼓勵勞動者自主擇業和創業，發揮市場調節就業的作用，另一方面政府主動承擔促進就業的責任，形成「政府幫扶＋市場調節＋個人努力」的中國特色的積極就業政策體系，使中國就業難題得以合理安排：最大範圍地安排好城鎮人口就業，最大限度地接納農村轉移勞動力就業，取消對農民工進城務工的各種限制，妥善安排新增大學生、城鎮困難人員、退役軍人等充分就業。

據統計，二〇〇三年至二〇一一年中國城鎮新增就業人數累計達九千八百萬，四千多萬高校畢業生實現穩定就業；三千萬國有企業下崗職工得到妥善安置，兩千八百多萬下崗失業人員順利實現再就業。二〇一一年底中國農民工總量達到兩億五千萬多人，比二〇〇三年底增加一億三千九百萬人；中國中等和高等職業教育年招生已超過一千兩百萬人，每年參加各種類型培訓的超過一億五千萬人次。

中國青年報攝影記者解海龍拍攝的《我要讀書》照片

病有所醫，是中國人千百年來的夢想。究其原因，看病負擔重是長期困擾老百姓的一大難題。「得了闌尾炎，白種一年田；救護車一響，一頭豬白養。」這句民謠曾形象而真實地反映了農民看不起病的狀況。二〇〇三年第三次國家衛生服務調查顯示，中國有百分之四十五．八的患病農民應就診而未就診，百分之三十．三的患病農民應住院而未住院，其主要的原因是經濟困難。

如今，中國已經編織起世界上最大的全民醫保網，以城鎮職工基本醫保、城鎮居民基本醫保、新型農村合作醫療為主體的全民基本醫保制度體系初步形成，參加基本醫保的人數超過十三億，基本醫保覆蓋率超過百分之九十五。衛生部統計數據表明，中國個人衛生支出佔衛生總費用的比重，已由二〇〇一年的百分之六十下降到二〇一一年的百分之三十五。世界著名醫學雜誌《柳葉刀》評價：中國醫改的目標和總體戰略是值得效仿的，中國在為全民提供平價且公平的基本醫療服務方面已經取得了巨大成就。

看病的負擔減輕了，看病的難度也變小

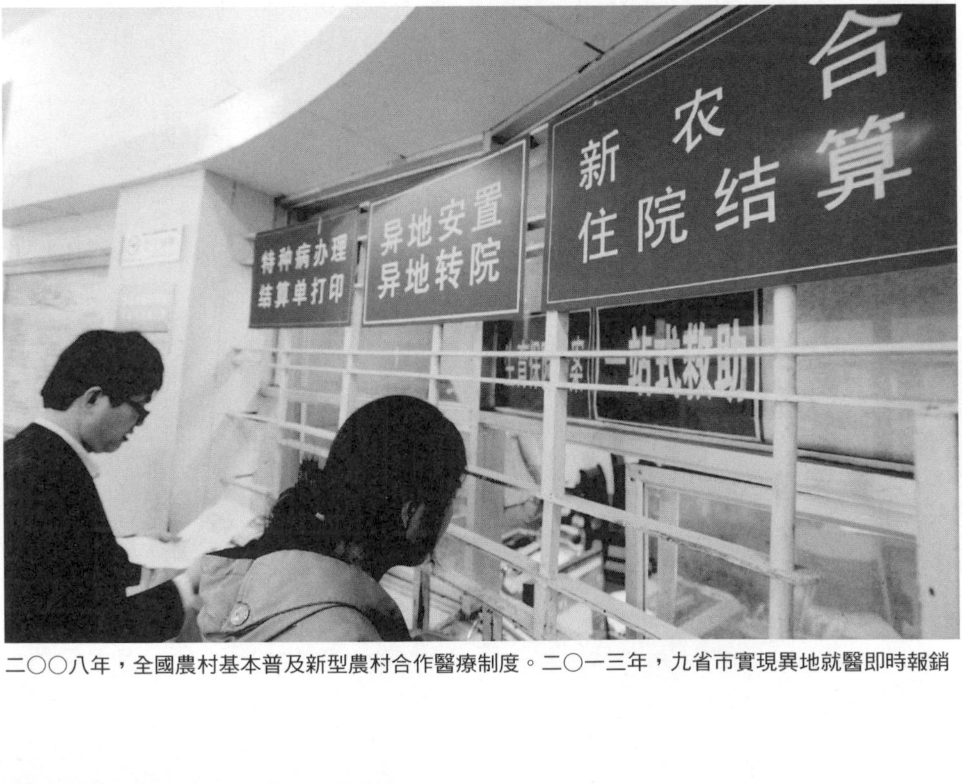

二〇〇八年，全國農村基本普及新型農村合作醫療制度。二〇一三年，九省市實現異地就醫即時報銷

了。經過體制機制改革，中國醫療衛生服務體系日益健全，基層醫療衛生機構與二三級醫院聯動、中西醫並重、公立與非公立醫療機構並存的格局初步形成。據衛生部統計，到二〇一一年底，全國醫療衛生機構總數達九十五萬三千個，基本實現了村村有衛生室、鄉鄉有衛生院、縣縣有達標醫院、社區有衛生服務站的目標，一個覆蓋城鄉居民的醫療衛生服務體系初步建立，中國特色基本醫療衛生制度框架初步建成，城鄉居民健康指標進入快速改善時期。

老有所養，是人民的心願，也是中國共產黨和政府的關切。當前，中國老年人口已達一億八千五百萬，佔總人口的百分之十三．七。預測二〇二〇年將達到兩億五千五百萬，二〇五〇年將達到四億八千三百萬，佔總人口的三分之一。由於歷史原因，中國的養老保障制度不健全，無論城市還是鄉村都存在巨大漏洞，不少人未得到應有的保障。此外，企業年金和商業養老保險發展緩慢，長期照護保障制度還是空白，老齡服務體系建設滯後，農村居民養老服務保障問題較突出。

為了加快建設覆蓋城鄉居民社會保障體系，中共中央、國務院作出了一個又一個重大決策。二〇〇九年九月七日，《國務院關於開展新型農村社會養老保險試點的指導意見》正式對外發佈，宣佈中國農民在六十歲後將能享受國家普惠式的養老保障。這個舉措與取消農業稅、實行農業直補、免除農村義務教育學雜費、建立新型農村合作醫療一起，被農民高興地概括為「種地不交稅、上學不付費、看病不太貴、養老不犯愁」。每月五十五元基礎養老金雖然不多，但它實現的卻是從無到有的跨越。在邊遠地區農村，基礎養老金改善生活的作用表現得尤為明顯。

二〇一一年六月一日，中國國務院常務會議作出重大決定，城鎮居民社會養老保險試點將於七月一日正式啟動。這意味著在已經實現的職工基本養老保險和新型農村社會養老保險試點之後，中國社會養老保險的最後一個制度性缺失將得到彌補。城鎮非從業居民雖然不像新農保、城鎮職工養老保險涉及的人數那麼多，但他們基本上是城鎮的低收入群體、困難群體，能享有國家普惠的養老保障，對他們而言無異於雪中送炭。

覆蓋城鄉的社會保障體系，使全體中國人都擁有相應的養老制度安排，所有城鄉居民都可以根據自己的情況在由職工養老、新農保、城居保三大社會養老保險構成的「制度組合」中對號入座。制度全覆蓋，更為參保對象的全覆蓋奠定基礎，從而逐步邁向全民養老。

住有所居，是民生之要，更是社會和諧之根基。「安得廣廈千萬間，大庇天下寒士俱歡顏。」在詩聖杜甫看來是遙不可及的夢想，在今天正漸漸變成真實。從廉租房、經濟適用房到限價商品房、公共租賃房、各類棚戶區改造，一片片崛起的保障房樓群，讓老百姓終於「居者有其屋」。

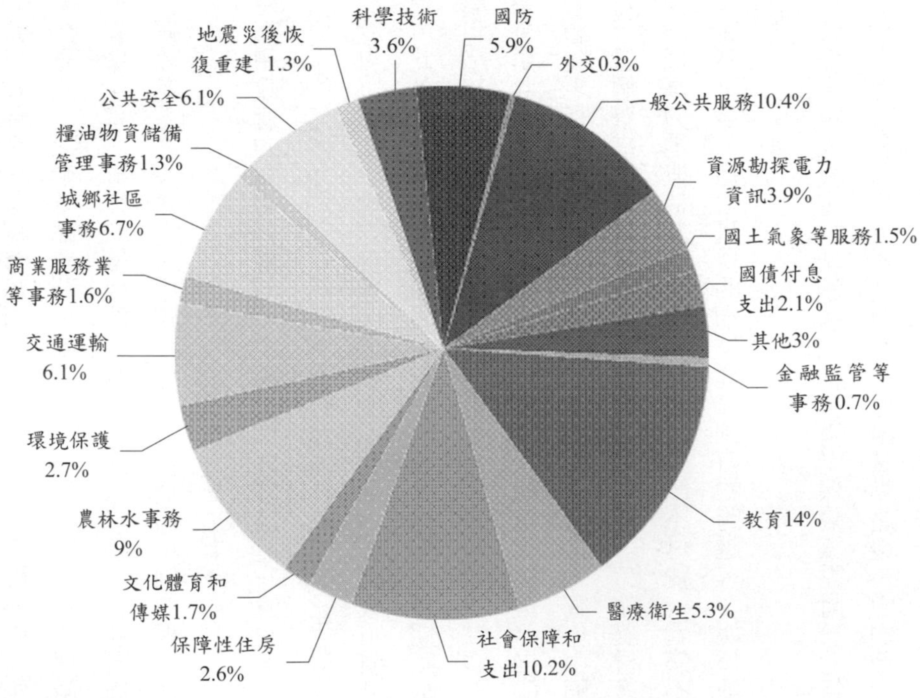

著力保障改善民生是財政工作的重要內容。圖為二〇一〇年全國公共財政支出結構示意圖

住房和城鄉建設部統計顯示，二〇〇八年至二〇一一年間，中國累計開工建設城鎮保障性住房和棚戶區改造住房超過兩千三百萬套，基本建成一千兩百萬套以上，新增發放租賃補貼超過四百五十萬戶。二〇一一年全國開工建設各類保障性安居工程一千萬套的目標順利實現。二〇一二年全國開工建設保障性住房、各類棚戶區改造住房七百多萬套，加上前一年度開工需繼續建設的項目，在建規模將達到一千七百萬套左右。到「十二五」末，全國保障性住房覆蓋面將達到百分之二十左右，城鎮低收入和部分中等偏下收入家庭住房困難問題得到基本解決，新就業職工住房困難問題得到有效緩解，外來務工人員居住條件得到改善。

人民安居樂業，國家方能長治久安。中國共產黨和政府著力保障和改善民生，全面推進社會事業發展，不僅使全體人民學有所教、勞有所得、病有所醫、老有所養、住有所居的願望逐漸成為現實，而且凝聚了民心民氣，促進了社會和諧，形成了無堅不克、無往不勝的強大力量。

三、加強和創新社會管理

社會管理是人類社會必不可少的一項管理活動，是構建社會主義和諧社會的必然要求。在我們這樣一個有十三億人口、經濟社會快速發展的國家，社會管理任務更為艱巨繁重。當前，中國處於改革發展關鍵時期，經濟體制深刻變革，社會結構深刻變動，利益格局深刻調整，思想觀念深刻變化。中國社會管理領域存在的一些突出問題，正是經濟社會發展水準和階段性特徵的集中反映。我們加強和創新社會管理，根本目的就是為中國共產黨和國家事業發展營造良好社會環境。

在二〇〇三年七月二十八日，胡錦濤在全國防治「非典」工作會議上，就針對「非典」中暴露出來的問題，明確提出要進一步加強社會管理體制的建設和創新，強調「建立健全與發展社會主義市場經濟相適應的社會管理體制，對保持良好的社會秩序，有效應對各種突發事件，維護人民群眾的根本利益，維護改革發展穩定的大局，具有重大意義」。

「一手抓經濟建設，一手抓社會管理」，面對重要戰略機遇期和矛盾凸顯期，「社會管理」被提升至更重要的位置，被寄予更高的期待。二〇〇四年九月，中共十六屆四中全會明確提出要「加強社會建設和管理，推進社會管理體制創新」。此後，中國無論是在創新社會管理的理論層面還是實踐層面都取得了明顯的進展。中共十七大報告進一步提出「要建立健全黨委領導、政府負責、社會協同、公眾參與的社會管理格局」。中共十七屆五中全會要求，堅定推進經濟、政治、文化、社會等領域改革，加快構建有利於科學發展的體制機制。在二〇一〇年十二月的中央經濟工作會議上，胡錦濤又提出了「完善基本公共服務、創新社會管理機制」的具體要求。

二〇一一年二月，中共中央在中央黨校舉辦省部級主要領導幹部社會管理及其創新專題研討班。胡錦濤在開班式上發表講話，闡述加強和創新社會管理的重要性和緊迫性，提出新形勢下加強和創新社會管理、做好群眾工作的總體思路和重點任務。他強調，加強和創新社會管理，要牢牢把握最大限度激發社會活力、最大限度增加和諧因素、最大限度減少不和諧因素的總要求，以解決影響社會和諧穩定突出問題為突破口，提高社會管理科學化水準，完善黨委領導、政府負責、社會協同、公眾參與的社會管理格局，加強社會管理法律、體制、能力建設，維護人民群眾權益，促進社會公平正義，保持社會良好秩序，建設中國特色社會主義社會管理體系，確保社會既充滿活力又和諧穩定。

立足於中國有十三億人口、經濟社會快速發展的基本國情，針對艱巨繁重的社會管理任務，胡錦濤還提出了八條具體意見：

第一，進一步加強和完善社會管理格局，切實加強黨的領導，強化政府社會管理職能，強化各類企事業單位社會管理和服務職責，引導各類社會組織加強自身建設、增強服務社會能力，支持人民團體參與社會管理和公共服務，發揮群眾參與社會管理的基礎作用。

第二，進一步加強和完善黨和政府主導的維護群眾權益機制，形成科學有效的利益協調機制、訴求表達機制、矛盾調處機制、權益保障機制，統籌協調各方面利益關係，加強社會矛盾源頭治理，妥善處理人民內部矛盾，堅決糾正損害群眾利益的不正之風，切實維護群眾合法權益。

第三，進一步加強和完善流動人口和特殊人群管理和服務，建立覆蓋全國人口的國家人口基礎信息庫，建立健全實有人口動態管理機制，完善特殊人群管理和服務政策。

第四，進一步加強和完善基層社會管理和服務體系，把人力、財力、物力更多投到基層，努力夯實基層組織、壯大基層力量、整合基層資源、強化基礎工作，強化城鄉社區自治和服務功能，健全新型社區管理和服務體制。

第五，進一步加強和完善公共安全體系，健全食品藥品安全監管機制，建立健全安全生產監管體制，完善社會治安防控體系，完善應急管理體制。

第六，進一步加強和完善非公有制經濟組織、社會組織管理，明確非公有制經濟組織管理和服務員工的社會責任，推動社會組織健康有序發展。

第七，進一步加強和完善信息網絡管理，提高對虛擬社會的管理水準，健全網上輿論引導機制。

第八，進一步加強和完善思想道德建設，持之以恆加強社會主義精神文明建設，加強社會主義核心價值體系建設，增強全社會的法制意識，深入開展精神文明創建活動，增強社會誠信。

胡錦濤的這篇講話，明確了其後一個時期加強和創新社會管理的方向。一個月後，十一屆全國人大四次會議批准的「十二五」規劃綱要，首次以「標本兼治，加強和創新社會管理」為題獨立成篇，分

「創新社會管理體制」、「強化城鄉社區自治和服務功能」、「加強社會組織建設」三章，對「十二五」時期加強和創新社會管理進行全面部署。

為了落實中央的要求，做好社會管理工作，各地方各部門紛紛創新社會管理理念思路、體制機制、方法手段，提高社會管理能力。例如，廣東中山市創造了「2＋8＋N」模式，「2」指設立農村社區建設協調中心、社區公益事業服務中心；「8」指設立公益事業服務站、環境衛生監督站等「四站」和文體活動室、治安警務室等「四室」；「N」指政府以購買服務的方式委託服務中心在社區受理民政、工商、建設、環保等行政事項代辦服務，以及就業培訓、社會保障等公共服務。浙江寧波市通過整合鄉鎮街道綜治工作中心、公共服務中心和黨員服務中心功能，建立社會管理服務平台，實行「一個平台運行、一個流程辦理、一套機制整合」，著力解決「看得見的管不著、管得著的看不見」的問題。江蘇南通市通過推進市社會管理綜治辦和「110」服務、矛盾糾紛調解、殘疾人服務、就業保障服務等「一辦十中心」建設，特別是把三十多個部門的公共服務職能，統一整合到「110服務中心」中，實現對群眾訴求統一受理、統一交辦、統一督查、統一反饋。

加強和創新社會管理問題，引起理論界和學術界的高度關注。《中國社會管理創新報告No.1》圍繞當前社會形勢和社會管理創新的重大問題，著重對建設與社會主義市場經濟體制相適應的中國特色社會主義社會管理體系、社會管理整體規劃、社會穩定風險評估機制建設等問題進行了理論探討與政策分析

在互聯網時代，借助網路微博等新型媒介搭建警民互動平台，增強警民互動，已成為各地公安機關的共識。自二〇一〇年二月佛山市公安局、肇慶市公安局開通微博以來，全國各地公安機關紛紛藉鑑這

個成功經驗。除了突發事件處理外，各地警方通過微博間的互動，更廣泛地傳播防範知識、新型犯罪手段的預防等，並建立權威資訊發佈渠道。二〇一一年春運期間，全國八百餘家公安微博聯動直播報導春運安保工作，並發佈大量安全提示和出行資訊。這種僅僅一百四十字的互聯網文字應用，正悄然為中國政府的社會管理創新進程注入活力。

二〇一一年七月印發的《中共中央、國務院關於加強和創新社會管理的意見》，是中國第一份關於創新社會管理的正式文件。它進一步明確了加強和創新社會管理的指導思想、基本原則、目標任務和主要措施。

時代總是在發展變化，社會矛盾問題的發生有其特點，社會管理也有其規律。只要我們用創新的精神提高和完善自己，不斷研究新情況，總結新經驗，

人民網輿情監測室推出的全國公安微博排行榜

序號	微博ID	粉絲活躍率	日均微博數	原創率	平均評論數	平均轉發數	媒體熱度	總分	趨勢
1	平安北京	4.00%	13	90.00%	103	219	1910	82.35	-
2	廣州公安	2.60%	27	75.00%	94	165	1097	74.90	↑
3	警民直通車-上海	1.90%	23	75.00%	63	116	284	54.23	↓
4	深圳公安	3.20%	15	90.00%	47	79	112	43.58	↑
5	濟南公安	3.10%	33	60.00%	5	10	259	33.90	↓
6	平安太原	1.50%	14	80.00%	17	29	1271	32.87	↑
7	平安武漢	8.00%	11	50.00%	21	32	128	31.35	↓
8	西安公安	3.10%	11	85.00%	9	32	334	27.08	↓
9	廈門警方在線	3.20%	9	65.00%	25	34	93	26.73	↓
10	長沙警事	4.50%	4	65.00%	14	16	1066	25.7	↓

監測時間為二〇一三年一月八日至二〇一三年一月十四日；各項指數權重分別為 10%、20%、10%、20%、20%、10%、10%；監測統計對象為全國省會與副省級以上城市公安微博。

解決新問題，就一定能夠維護社會秩序、促進社會和諧，保持國家長治久安、保障人民安居樂業。

「多元合一」基層社會管理體系

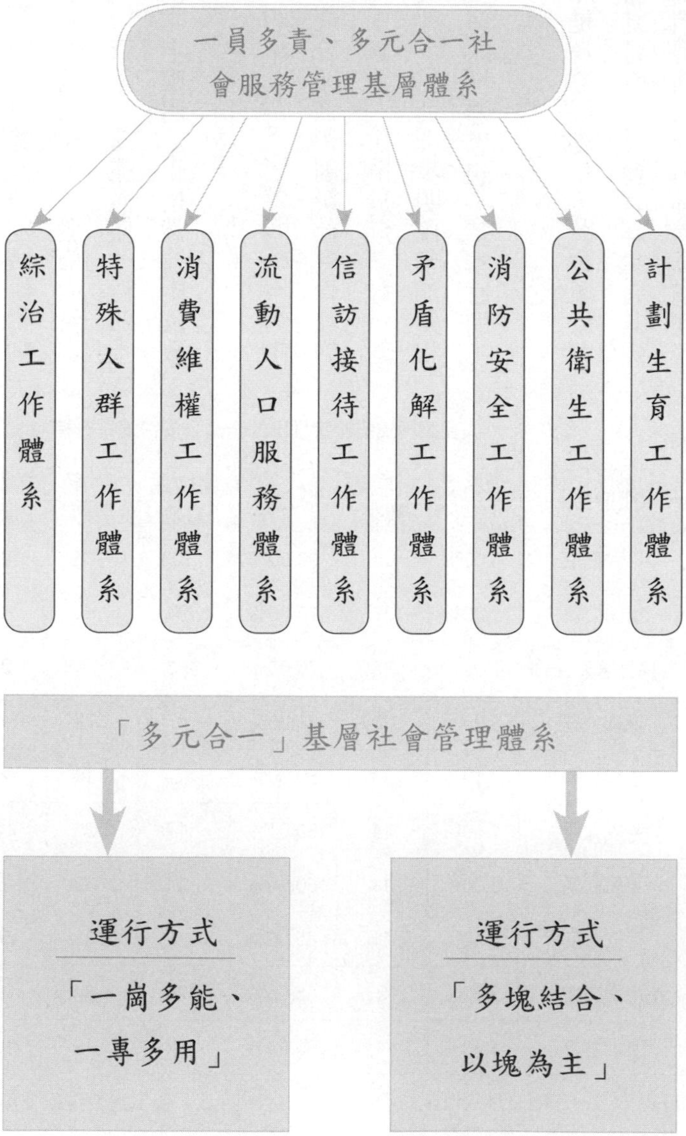

第二節　推動建設和諧世界

進入二十一世紀，中國與世界的關係開始發生歷史性的變化。隨著改革開放的不斷深入和經濟社會的不斷發展，中國日益融入國際社會，同世界的聯繫越來越緊密，中國的前途命運日益同世界的前途命運聯繫在一起。中國發展離不開世界，世界繁榮穩定也離不開中國。統籌內政外交，對內堅持和諧發展、對外堅持和平發展，這兩者已經成為密切聯繫、有機統一的整體。沿著這一思路，中國共產黨把和諧理念帶給了世界，提出共同建設持久和平、共同繁榮的和諧世界。

一、堅持和平發展道路

中華民族歷來就是熱愛和平的民族。「講信修睦」、「協和萬邦」的理念，植根於中華文化土壤，也是中國外交的重要思維。其要義就是，只有實現國與國之間的和平、人與人之間的和睦，人類社會才能持續發展。六百年前，中國明代著名航海家鄭和率領當時世界上最強大的船隊「七下西洋」，遠涉亞非三十多個國家和地區，帶去的是茶葉、瓷器、絲綢、工藝，沒有侵佔別國一寸土地，帶給世界的是和平與文明，充分反映了古代中國與有關國家和人民加強交流的誠意。

堅持和平發展，是新中國一貫奉行的外交戰略。新中國成立前後，毛澤東就多次發表聲明，表示中國願意在和平、互利及相互尊重主權和領土完整的基礎上同世界各國建立外交關係。一九四九年中國人民政治協商會議制定的《中國人民政治協商會議共同綱領》規定：「中華人民共和國外交政策的原則，為保障本國獨立、自由和領土主權的完整，擁護國際的持久和平和各國人民之間的友好合作，反對帝國主義的侵略政策和戰爭政策。」

一九五三年十二月三十一日，周恩來在同印度政府代表團談話時，提出了國家之間和平共處的五項原則：互相尊重主權和領土完整，互不侵犯，互不干涉內政，平等互利，和平共處。隨後，中國與印度、緬甸共同倡導在建立各國間正常關係及進行交流合作時都應遵循這五項基本原則。「和平共處五項原則」的提出，回答了不同國家間尤其是不同社會制度的國家間如何規避戰爭、和平相處的問題，是中國對當代國際關係理論與實踐的重要貢獻。

經過六十多年的發展，「和平共處五項」原則在中國同世界各國簽署的條約、公報、宣言、聲明等雙邊關係文件中得到確認，而且也在許多重要的國際會議和一系列國際文件中不斷被引用或重申。和平共處五項原則已成為中國奉行獨立自主和平外交政策的基礎，實際上也已成為超越社會制度和意識形態發展國家關係的基本原則。

然而，隨著中國經濟的快速發展、綜合國力的迅速提升，中國在國際事務中發揮的作用日趨明顯，國際社會在密切關注中國經濟社會快速發展的同時，也感到震驚、擔憂和不安，甚至出現了形形色色的「中國威脅論」。現實主義學派的美國國際關係學者米爾斯海默認為，中美之間必有一戰。究其原因，近代史上幾乎所有的西方國家當年崛起時走的都是一條殖民擴張進而爭奪霸權的非和平之路。按照這樣的理念，「國強必霸」是很自然的，也是不可避免的。

那麼，中國將會通過何種方式走向民族復興？又將在二十一世紀國際事務中扮演什麼樣的角色？這是中國共產黨必

一九五五年四月，二十九個亞非國家和地區政府代表在印度尼西亞萬隆召開會議。周恩來在發言中提出和平共處五項原則，受到在場所有人的熱烈響應

須回答的理論和實際問題。

二〇〇三年十二月二十六日，胡錦濤在紀念毛澤東誕辰一百一十週年座談會的講話中，鮮明地提出了「和平崛起」這個概念。他指出，中國「堅持走和平崛起的發展道路，堅持在『和平共處五項原則』的基礎上同各國友好相處，在平等互利的基礎上積極開展同各國的交流和合作，為人類和平與發展的崇高事業作出貢獻」。「我們充分尊重其他國家選擇的發展道路，絕不會把自己的意志強加於人，也絕不允許任何人把他們的意志強加於中國人民。」

「和平崛起」是中國的鄭重選擇，是中國向世界的莊嚴承諾，也是對「中國威脅論」的響亮回答。此後，胡錦濤在不同場合對中國堅持和平發展道路的歷史和現實原因、多層次內涵進行了深刻闡釋。

二〇〇五年十月十五日，胡錦濤在二十國集團財長和央行行長會議開幕式上，向世界宣示：「中國將堅定不移地走和平發展道路，努力實現和平的發展、開放的發展、合作的發展。和平的發展，就是通過爭取和平的國際環境來發展自己，又通過自己的發展來促進世界和平。開放的發展，就是中國將主要依靠自身力量實現發展，同時堅持對外開放戰略，積極參與國際經濟技術合作和競爭，不斷優化投資環境、開放市場，全面提高對外開放水準。合作的發展，就是中國將同世界各國廣泛開展交流合作，積極參與制定和實施國際經貿規則，共同解決合作中出現的分歧和問題，努力實現互利共贏。」

二〇〇六年四月二十日，胡錦濤在美國友好團體舉行的晚宴上講話，再次明確表示，「中國堅定不移地走和平發展道路，對內聚精會神搞建設、一心一意謀發展，對外致力於維護世界和平、促進共同發展」。究其原因，胡錦濤分析說：

走和平發展道路，是中國實現現代化目標的必然要求，我們希望既通過維護世界和平來發展自己，又通過自身的發展來促進世界和平；

走和平發展道路，在中國具有深厚的歷史文化根基，符合中華文化幾千年發展形成的民族精神，也符合當代中國人民熱愛和平、珍惜和平的崇高追求；

走和平發展道路，符合時代發展潮流和人類社會前進的方向，既有利於中國的現代化建設，也有利於亞太地區和世界的穩定和繁榮。

中國的和平發展道路，謀求和平的、開放的、合作的發展，是實現互利共贏的發展。作為世界第二大經濟體，中國經濟自身的穩增長、調結構，已經成為世界經濟的重要「穩定器」。二〇一一年，中國經濟總量佔世界經濟總量的比例由二〇〇二年的百分之四．四提高到百分之十．四，對世界經濟增長的貢獻率超過百分之二十。在「走出去」戰略的號召下，中國經濟的外向延伸不僅加速了全球經濟的融合發展，也讓中國企業在自身發展的同時為當地經濟建設提供了發展動力。

而且，中國根據自身能力積極開展對外援助，遵循平等互利、不附帶任何政治條件的對外援助原則，切實履行援助承諾的行動。中國累計免除五十個重債窮國和未開發國家近三百億元人民幣到期債務，承諾對同中國建交的未開發國家百分之九十七的稅目的產品給予零關稅待遇。

值得一提的是，中國將「為維護世界和平和促進人類進步事業而努力」載入憲法，向世界莊嚴承諾永遠不稱霸、永遠不搞擴張，也不會做超級大國，是唯一宣佈不首先使用核武器、不對無核武器國家和無核地區使用或威脅使用核武器的有核國家。

在人類歷史長河中，各民族創造的不同文明相映成輝，構成絢麗多彩的世界。目前，全球有兩百多個國家和地區，兩千五百多個民族，六千多種語言，還有佛教、道教、基督教、伊斯蘭教等多種宗

孔子學院院徽

教，各國的歷史背景、文化傳統、價值觀念、社會制度和發展模式存在很大差異，但它們不應該成為衝突的理由。相反，我們應鼓勵不同文明的交流互鑑，在求同存異中共同進步，推動人類社會延綿發展，走向更加美好的明天。

在經濟全球化趨勢深入發展的今天，中國更加意識到不同文明之間交流與對話的重要意義，既積極走向世界，讓世界瞭解中國，也努力吸收、藉鑑其他文明的有益成果。近年來，中國與有關國家合作舉辦的各種形式的「文化周」、「文化行」、「文化節」、「文化年」等活動，促進了中國人民與有關國家人民之間的交流與瞭解，為不同文明之間的平等對話開闢了新的形式。

從二〇〇四年開始，中國探索在海外設立以教授漢語和傳播中國文化為宗旨的非營利性公益機構——孔子學院。如今，遍佈世界一百多個國家和地區的四百多所孔子學院和五百多所中小學孔子課堂，已成為各國人民學習漢語、瞭解中華文化的園地，成為尊重文明多樣性、推動不同文明交流的範例。

中國的「和」文化傳遍世界，中國的和平發展影響世界。國際社會已經日益認同，中國的發展不同於歷史上的大國興起，是在走一條沒有硝煙和戰火的和平之路。

二、攜手共建和諧世界

資本主義生產方式的擴張性，決定了人類在積累財富的同時，也要飽受戰亂的痛苦。資產階級革命後，歐美列強為了爭奪海外殖民地，陷入長期混戰，整個世界也因此陰霾密佈。發生在二十世紀的兩次世界大戰，更是人類歷史上的浩劫，可謂「爭地以戰，殺人盈野；爭城以戰，殺人盈城」，人類遭受了巨大的創傷。

當今世界正處在大變革大調整之中。和平與發展仍然是時代主題，求和平、謀發展、促合作已經成為不可阻擋的時代潮流，國際力量對比朝著有利於維護世界和平的方向發展。但我們也要清醒地看到，世界仍然很不安寧。霸權主義和強權政治依然存在，局部衝突和熱點問題此起彼伏，全球經濟失衡加劇，南北差距拉大，傳統安全威脅和非傳統安全威脅相互交織，世界和平與發展面臨諸多難題和挑戰。

怎樣把握歷史機遇、應對各種挑戰，推進人類和平與發展的事業？中國的主張很明確，就是各國人民攜手努力，推動建設持久和平、共同繁榮的和諧世界。就這樣，對內構建和諧社會，對外共建和諧世界，內政與外交形成了良好的互動。

建設和諧世界的理念，最早是胡錦濤二〇〇五年四月二十二日在印度尼西亞首都雅加達舉行的亞非峰會上提出來的。在題為〈與時俱進，繼往開來，構築亞非新型戰略夥伴關係〉的發言中，他強調「要發揚亞非會議求同存異的優良傳統，倡導開放包容精神，尊重文明、宗教、價值觀的多樣性，尊重各國選擇社會制度和發展模式的自主權，推動不同文明友好相處、平等對話、發展繁榮，共同構建一個和諧世界」。

二〇〇五年七月，胡錦濤出訪俄羅斯，「和諧世界」被寫入《中俄關於二十一世紀國際秩序的聯合聲明》。「和諧世界」第一次被確認為國與國之間的共識，標誌著這一全新理念逐漸進入國際社會的視野。

二〇〇五年九月十五日，在聯合國成立六十週年首腦會議上，胡錦濤發表題為〈努力建設持久和平、共同繁榮的和諧世界〉的講話，全面闡述了構建和諧世界的思想。他深刻地指出：

我們應該尊重各國自主選擇社會制度和發展道路的權利，相互藉鑑而不是刻意排斥，取長補短而不是定於一尊，推動各國根據本國國情實現振興和發展；應該加強不同文明的對話和交流，在競爭比較中取長補短，在求同存異中共同發展，努力消除相互的疑慮和隔閡，使人類更加和睦，讓世界更加豐富多彩；應該以平等開放的精神，維護文明的多樣性，促進國際關係民主化，協力構建各種文明兼容並蓄的和諧世界。

「和諧世界」理念的提出，讓國際社會進一步理解了中國始終不渝走和平發展道路的決心，進一步看到中國力量給世界和平與發展帶來的希望。所以，它得到國際社會的高度關注和積極評價。包括德國《法蘭克福匯報》、英國《經濟學家》在內的國外主流媒體認為，中國通過挖掘本民族的傳統文化價值，向世界展現了獨特的文化魅力；中國所主張的國際關係新理念有別於西方的價值觀，對廣大開發中國家更具吸引力；從長遠來看，「和諧世界」這一主題的提出對中國「軟」實力的提升將產生深遠影響。《印度教徒報》在一篇題為〈從「恐華症」到「中國熱」〉的文章中，讚揚中國的「和諧世界」理念和多元外交在世界上贏得了廣泛的朋友，「中國成功地消除了人們的懼怕心理」。美國《新聞週刊》還特別以孔子像作為封面，指明中國正在向世界推介「和合」思想。

對此，曾任外交學院院長、中國外交部新聞發言人的吳建民指出，建設和諧世界理念的提出，「絕非偶然，它是考慮到時代的變化、考慮到冷戰結束後世界的變化而提出來的。時代變了，已從戰爭與革命的時代，進入以和平與發展為主題的時代。了不起的！第一，看到了這個世界的變化；第二，看到了中國與世界的關係發生了歷史性的變化，中國的發展離不開世界，世界的繁榮與穩定離不開中國。那麼在今天這個世界上，我們希望中國發展，我們也希望世界發展，我們希望中國人好，我們又希望世界好」。

在十七大報告中，胡錦濤進一步闡述了建設和諧世界的努力方向。他認為，「應該遵循《聯合國憲章》宗旨和原則，恪守國際法和公認的國際關係準則，在國際關係中弘揚民主、和睦、協作、共贏精神」，並針對政治、經濟、文化、安全、環保等領域，提出具體可行的建議：「政治上相互尊重、平等協商，共同推進國際關係民主化；經濟上相互合作、優勢互補，共同推動經濟全球化朝著均衡、普惠、共贏方向發展；文化上相互藉鑑、求同存異，尊重世界多樣性，共同促進人類文明繁榮進步；安全上相互信任、加強合作，堅持用和平方式而不是戰爭手段解決國際爭端，共同維護世界和平穩定；環保上相互幫助、協力推進，共同呵護人類賴以生存的地球家園。」

中國是和諧世界理念的提出者，更是積極的踐行者。作為聯合國安理會常任理事國中唯一的開發中國家，中國致力於維護《聯合國憲章》的宗旨和原則，在重大問題上始終同開發中國家站在一起，把中國人民的利益同世界各國人民的利益結合起來。中國推動以對話、談判等和平方式解決國際爭端，在朝鮮半島、達爾富爾、中東等重大國際和地區熱點問題上，一直發揮重要建設性作用。

中國支持聯合國及安理會改革，推動實現千年發展目標，積極參與各國共同應對氣候變化、能源安全、大規模殺傷性武器擴散等全球性挑戰，並先後發表《中國的軍備控制與裁軍》白皮書、《中國的能源狀況與政策》白皮書、《中國應對氣候變化國家方案》、《中國應對氣候變化的政策與行動》白皮

聯合國「世界文化多樣性促進對話與發展日」十週年之際，第二屆尼山論壇在山東濟寧舉行

書、《國家人權行動計劃》等重要文件，向國際社會具體闡明中國參與國際多邊合作與制度建設的立場和承諾。

中國同各大國建立了不同類型的新型合作關係或建設性夥伴關係。中美雙方努力建設相互尊重、互利共贏的中美合作夥伴關係。中俄建立了平等信任、相互支持、共同繁榮、世代友好的全面戰略協作夥伴關係。中國同歐盟建立了全面戰略夥伴關係，同日本建立起戰略互惠關係。中國積極參與金磚國家、「發展中五國」等對話機制，同新興大國之間合作日益增強。

中國提倡開放的地區主義，不謀求支配性的地位，利用亞太經合組織、東盟地區論壇、「10＋3」合作、中韓日合作、南亞區域合作聯盟等橋樑，努力建設和諧周邊，積極推進周邊利益共同體。作為世界上陸地邊界線最長和鄰國最多的國家，中國已與十四個接壤國中的十二個簽訂邊界條約或協定，劃定邊界約佔中國陸地邊界線總長度的百分之九十。中國同周邊國家經貿聯繫日益緊密，成為多個亞洲國家的最大貿易夥伴和最大出口市場。

中國向來尊重世界文化的多樣性和發展模式的多樣性，並以開放的心態汲取各國的發展經驗和文化之長，努力吸收其他文明的優秀成果。全球化的發展為不同文化之間相互理解和學習提供了前所未有的條件。中國政府積極響應聯合國號召，多次舉辦以不同文明對話為主題的國際會議；中國還向聯合國遞交了落實《不同文明對話全球議程》的報告，並積極參與了聯合國教科文組織二〇〇五年通過的《保護文化內容和藝術表現形式多樣性國際公約》的起草工作。

二〇一〇年十月，中共十七屆五中全會通過的《中共中央關於制定國民經濟和社會發展第十二個五年規劃的建議》，繪製了未來五年的發展藍圖。在對外工作部分再次提出，高舉和平、發展、合作旗幟，奉行獨立自主的和平外交政策，堅持走和平發展道路，堅持互利共贏的開放戰略，維護中國主權、安全、發展利益，同世界各國一道推動建設持久和平、共同繁榮的和諧世界。這些深刻的闡述，再次告訴世人當代中國對外舉什麼旗、走什麼路、達到什麼目標和怎樣實現目標。

人類只有一個地球，各國共處一個世界。歷史昭示我們，弱肉強食不是人類共存之道，窮兵黷武無法帶來美好世界。建設一個持久和平、共同繁榮的和諧世界，是世界各國人民的共同願望，也是人類社會發展的必然要求。這個充滿東方智慧的新名詞，也因此成為中國對外交往的新名片，成為引領國際關係發展的新潮流，並為世界上所有愛好和平的人們提供了寶貴的精神力量。

光明日报　国学　2012年5月14日 星期一　15

巴黎论道：儒学与新人文主义

——巴黎尼山论坛开幕式发言纪要

人文主义与新人文主义

二〇一二年四月十六日，國家漢辦孔子學院總部與聯合國教科文組織合作舉辦了巴黎尼山論壇。圖為《光明日報》報導

第十章

復興路標

進入新世紀新階段，面對前所未有的機遇和挑戰，面對複雜的國內外形勢，中國共產黨團結帶領全國各族人民齊心協力，銳意進取，攻堅克難，不懈奮鬥，成功舉辦大事、要事，從容應對急事、難事，經受住了一次又一次重大考驗，取得了舉世矚目的輝煌成就，中國特色社會主義事業展現出勃勃生機。從三峽工程竣工到青藏鐵路通車，從北京奧運會到上海世博會，從抗擊汶川特大地震到化解國際金融危機，從「神舟」飛天到「蛟龍」探海，這是歷史性的進步，這是歷史性的跨越，這是中華民族走向偉大復興的路標。

第一節　完成世紀工程

修築三峽工程，建設青藏鐵路，是舉世罕見的浩大工程，凝聚著中國幾代人的夢想。在二十世紀與二十一世紀之交，這兩大世紀工程相繼開工，順利完成，使昔日的夢想一朝變成現實。這是中國共產黨領導各族人民創造的兩大奇蹟，如同兩座歷史的豐碑，在萬里長河與遼闊高原鐫刻上中國共產黨人致力於國家富強、民族振興、人民幸福的不懈追求。

一、三峽工程竣工

二〇〇六年五月二十日，一個注定要被歷史銘記的時刻。在三峽建設者們的見證下，舉世矚目的三峽大壩澆完了最後一方混凝土，壩頂全線貫通，達到一百八十五公尺設計高程。創造一百多項世界紀錄的二千三百零九．五公尺「世界第一壩」，巍然橫跨大江兩岸。

滾滾長江東逝水。萬里長江哺育了中華民族千萬子孫，長江水患也困擾了中國千百年。修建三峽工程，防治水患，開發水電，是中國人的一個夙願。早在一九一八年，孫中山就在《國際共同開發中國實業計劃》中提出改良長江上游水路的設想：

自宜昌而上，入峽行，約一百英里而達四川之低地，即地學家所謂紅盆地也。此宜昌以上迄於江源一部分河流，兩岸岩石束江，使窄且深，平均深有六尋三十六英尺，最深有至三十尋者。急流與灘石，沿流皆是。改良此上游一段，當以水閘堰其水，使舟得溯流以行，而又可資其水力。時灘石應行爆開除去。於是水深十尺之航路，下起漢口，上達重慶，可得而致。

一九二四年八月十七日，孫中山在廣州國立高等師範學校演講〈民生主義〉時，更加明確地指出：「像揚子江上游夔峽的水力，更是很大。有人考察由宜昌到萬縣一帶的水力，可以發生三千餘萬匹馬力的電力，比現在各所發生的電力都要大得多，不但是可以供給全國火車、電車和各種工廠之用，並且可以用來製造大宗的肥料。」

一九三二年，國民政府建設委員會派出的一支長江上游水力發電勘測隊，在三峽進行了為期兩個月的勘查和測量，編寫了一份《揚子江上游水力發電測勘報告》，擬定了葛洲壩、黃陵廟兩處低壩方案。這是中國專為開發三峽水力資源進行的第一次勘測和設計工作。一九四四年，國民政府資源委員會又邀請美國墾務局設計總工程師、世界著名高壩專家薩凡奇博士來華，在中國工程師陪同下查勘了三峽，提出了《揚子江三峽計劃初步報告》，即轟動世界的「薩凡奇計劃」。然而，在積貧積弱的舊中國，國民政府雖然幾次提出修建三峽大壩的計劃，但最終沒有任何結果。三峽大壩的夢想，似乎近在眼前，卻又遙不可及。

一九四九年，長江流域遭遇大洪水，險些造成荊江大堤決口、長江改道的毀滅性災害。為了從根本上解除洪水對長江中下游廣大地區的威脅，毛澤東決心變水害為水利，造福人民。一九五〇年國慶節剛過，他就親自批准了能減輕長江洪患的荊江分洪工程。

一九五三年二月，毛澤東在「長江」艦甲板上召見長江水利委員會主任林一山，探討長江防洪和水資源綜合開發的問題。林一山在回憶錄中寫道：

> 當匯報到治理長江的第三階段是修建山谷水庫時，我說，我們計劃興建一系列梯級水庫，來攔蓄洪

水，從根本上解除洪水的威脅。主席看了這個圖以後就問：你修上面這一系列的水庫的作用，能不能跟一個（就是指三峽水庫）相比？我回答說：「從長江致災洪水的主要來源說，這些水庫都加起來還抵不上一個三峽水庫的防洪效益。」他說，那你為什麼不先修這一個呢？我當時說，我還不敢這麼設想。毛主席說，那你既然能夠在這裡修一個，就畢其功於一役。

就在這次談話一年後的一九五四年，長江又發生了百年一遇的特大洪水，中南重鎮武漢危在旦夕。數百萬軍民晝夜奮戰，才讓武漢免除了滅頂之災。在這次洪水中，江漢平原、洞庭湖區損失慘重，受災人口九千多萬人，死亡三萬三千人，南北大動脈京廣鐵路中斷正常營運一百天。

一九五四年十二月，毛澤東第二次召見林一山，專門聽取三峽工程技術問題的匯報，並決定邀請蘇聯專家來華支援。隨後，一百二十六名蘇聯專家來到長江水利委員會，開始長江流域規劃和三峽工程勘測工作。一九五六年六月，毛澤東在武漢三次暢遊長江，並用一首《水調歌頭・游泳》表達了自己的心願：

風檣動，龜蛇靜，起宏圖。
一橋飛架南北，天塹變通途。
更立西江石壁，截斷巫山雲雨，高峽出平湖。
神女應無恙，當驚世界殊。

一九五八年一月，毛澤東在南寧會議上提出三峽建設要堅持「積極準備，充分可靠」的方針，並委託周恩來親自抓長江流域規劃和三峽工程。會後，周恩來、李富春、李先念率一百多位中外專家、學者，以及中國國務院有關部委和湖北省的領導，逆流而上，就三峽工程實地考察。在一九五八年三月的成都會議上，周恩來作了長江流域規劃和三峽問題的報告。這次會議通過了《中共中央關於三峽水利樞紐和長江流域規劃的意見》，明確提出：「從國家長遠的經濟發展和技術條件兩個方面考慮，三峽水利樞紐是需要修建而且可能修建的，現在應當採取積極準備和充分可靠的方針，進行各項有關的工作。」

一九五八年底，長江水利委員會完成了《三峽水利樞紐初步設計要點報告》，確定三峽大壩的壩址在三斗坪，正常蓄水位兩百公尺。選址三斗坪，是因為這裡的花崗岩地基岩石堅硬，構造完整，適宜興建大型的混凝土高壩。早在一九二四年，李四光考察三峽時，就發現這一帶的地層中分佈有花崗岩。花崗岩是由地下的岩漿冷卻凝固而成的，每平方公分能經得起一噸的重壓，所以被認為是建築高壩最為理想的地質岩體。

進入改革開放歷史新時期，三峽工程再次提上中共中央的議事日程。一九八〇年七月，鄧小平在重慶乘船東下，途中視察了三斗坪壩址、葛洲壩工地和荊江大堤，聽取了關於三峽工程的匯報。時任長江水利委員會副主任的魏廷錚回憶說：

一上船，他劈頭就問我，說有人說三峽建了，船也不通了，水稻、棉花都不長了，魚也沒有了。我說沒有那個事。我詳詳細細地用三峽本身的研究成果，詳細地跟他講了。不過有人說，三峽技術問題、經濟問題都可以解決，剩下來就是一個政治問題。小平同志就說是什麼政治問題？那人就說，如果在全國人大表決的時候有三分之一的人不舉手，反對，那就變成了政治問題了。小平同志就講，上有政治問題，不上政治問題更大，如果技術問題、經濟問題能夠解決，堅決上。

在鄧小平的推動下，長江水利委員會在吸納各方意見後，向國家上報正常蓄水位一百五十公尺的三峽大壩建設方案。一九八四年四月五日，中國國務院原則批准了「150方案」。但也有不少人出於種種原因，反對三峽工程上馬。重慶市對三峽工程實施低壩方案也有異議，認為這一方案的回水末端僅止於涪陵、忠縣間一百八十公里的河段內，重慶以下較長一段川江航道得不到改善，萬噸級船隊仍然不能直抵重慶。

當時擔任中國國務院副總理、三峽工程籌備領導小組組長的李鵬，在《眾志繪宏圖——李鵬三峽日記》一書寫道，決定三峽工程命運是在一九八五年一月十九日，「這是一個永遠值得紀念的日子」。鄧小平在參加建設廣東大亞灣核電站有關合同簽字儀式後，詳細詢問了三峽工程的情況。「小平同志聽完我的匯報後指出：『三峽是特大的工程項目，要考慮長遠利益，我們應該為子孫後代留下一些好的東西。』『低壩方案不好，中壩方案是好方案，從現在即可著手進行。』當談到三峽移民要實行開發性移民方針時，小平說，『現在的移民方針對頭了』。針對我提出的『正在考慮成立三峽行政區，用行政力量來支持三峽建設，做好移民工作』，小平講：『可以考慮把四川分成兩個省，一個以重慶為中心，一個以成都為中心。』」

一九八六年三月，鄧小平在人民大會堂會見美國《中報》董事長傅朝樞。談到備受關注的三峽工程時，鄧小平說：「中國政府所做的一切事情都是為了人民。對於興建三峽工程這樣關係千秋萬代的大事，一定會周密考慮，有了一個好處最大、壞處最小的方案時，才會決定開工，是絕不會草率從事的。」

三個月後，中共中央、國務院決定進一步分析研究，責成水電部組織各方專家，重新對三峽工程進行可行性論證。四百一十二位專家分成十四個專題組，經過兩年八個月科學民主的論證，在諸多方案比對後，推薦了目前實施的正常蓄水位一百七十五公尺方案。一九八九年三月通過的《長江三峽水利樞紐可行性研究報告》，得出結論：「三峽工程對我國四個現代化建設是必要的，技術上是可行的，經濟上是合理的，建比不建好，早建比晚建有利。」報告推薦的建設方案是：「一級開發，一次建成，分期蓄水，連續移民。」三峽工程的實施方案確定壩高為一百八十五公尺，蓄水位為一百七十五公尺。

一九八九年七月二十一日，江澤民於當選為中共中央總書記的第二十六天第一次出京考察，地點就是三峽壩址。在從沙市順江而下的船上，他詳細聽取了關於三峽工程的專題匯報，並在武漢參觀了三峽水庫泥沙模型試驗。他表示，三峽工程要爭取早日上馬，把幾代人的偉大理想在我們這代人手中變為現實。

一九九二年三月，七屆全國人大五次會議召開，由中國國務院提交的《關於興建長江三峽工程的決議（草案）》擺到了代表們面前。在新中國的歷史上，這是全國人民代表大會第一次就一項工程進行表決。四月三日，表決結果：贊成一千七百六十七票，反對一百七十七票，棄權六百六十四票，未按表決器二十五票。贊成票超過半數，決議通過！

一九九二年十一月二十八日，葛洲壩工程局在三斗坪召開誓師大會，炸響了建設三峽工程的第一炮。震耳欲聾的鞭炮聲和馬達轟鳴聲響徹西陵峽畔，一支由推土機、挖掘機和巨型載重大卡車組成的威武之師，長龍般湧入峽三斗坪，開始為三峽工程正式開工做前期準備。一九九三年五月，三峽工程壩區移民第一村——中堡島新居民點動工建設；一九九三年十一月，三峽工程壩址——中堡島文物挖掘搶救工作結束；一九九四年十二月十四日，三峽工程正式開工。

一九九七年十月一日，亞洲載重量最大的公路大橋——三峽工程覃家沱大橋建成通車，標誌著三峽工程對外交通建設全部完成；十月六日，人工開挖的三．五公里長、可供大型船隊航行的三峽工程導流明渠正式通航；十一月八日，大江截流合龍，第一階段的預期建設目標圓滿實現。

一九九八年五月五日，被稱為二期工程「生命線」的二期圍堰防滲牆實現單牆封閉；五月二十一日，三峽工程臨時船閘通航，這是三峽工程投入運行的第一個包括土建、機電設備工程設計、製造、施工與運行調度的綜合性項目。

一九九九年十月三日，三峽工程永久船閘主體開挖工程圓滿結束。

二〇〇二年十月二十一日，三峽大壩最關鍵的洩洪壩段已經全部建成，全線達到海拔一百八十五公尺大壩設計高程。

二〇〇三年七月十日，首台三峽水電機組併網發電。

二〇〇四年七月八日，三峽雙線五級

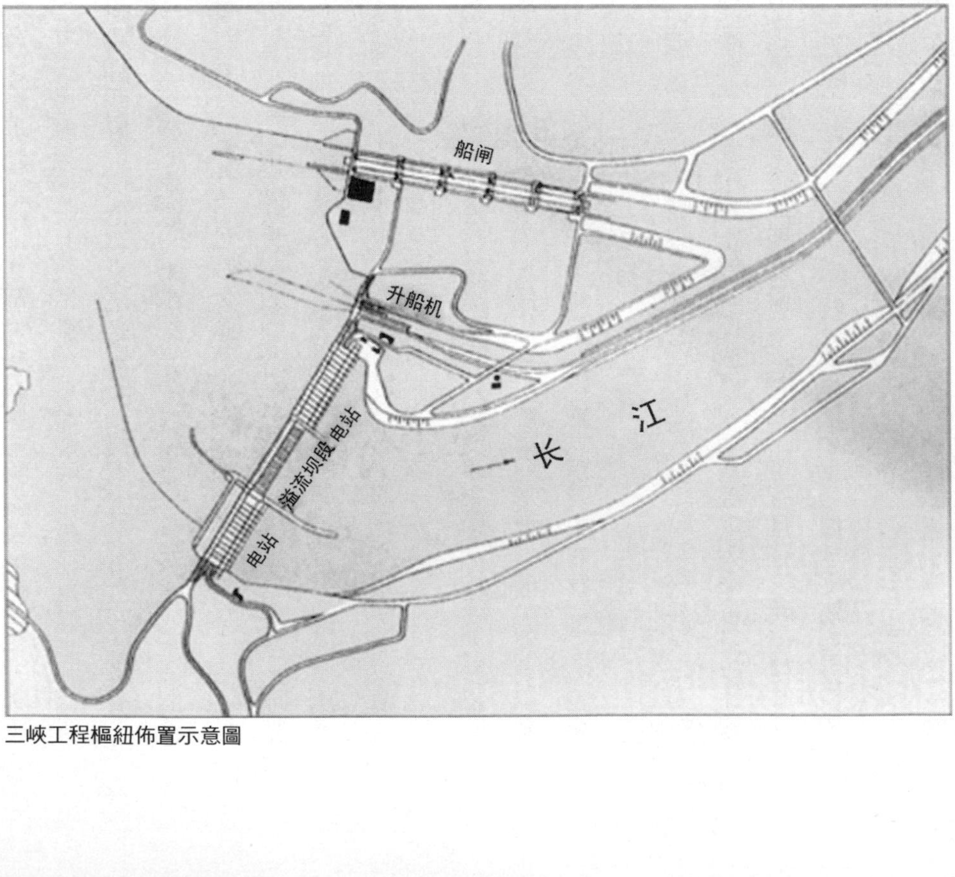

三峽工程樞紐佈置示意圖

三峽大壩雄姿

船閘通過驗收，轉為正式通航。

二〇〇六年五月二十日，三峽大壩主體工程完工，達到海拔一百八十五公尺設計高度。

二〇〇九年八月二十九日，三峽工程正常蓄水一百七十五公尺水位通過國家驗收……

據統計，從一九九七年十二月十一日開始第一倉混凝土澆築，歷經三峽建設者三千零八十個日日夜夜的奮鬥，工人們一共為三峽大壩澆下一千六百多萬立方公尺的水泥砂石料，若按一公尺見方的體積排列，可繞地球赤道三圈。其中，三峽工程一九九九年完成混凝土澆築四百五十八．五二萬立方公尺，超額完成年澆築四百四十八萬立方公尺混凝土的計劃，遠遠超過巴西伊泰普創下的年澆築混凝土三百二十萬立方公尺的記錄。

二、青藏鐵路通車

清晨我站在青青的牧場，看到神鷹披著那霞光；
像一片祥雲飛過藍天，為藏家兒女帶來吉祥……
那是一條神奇的天路，把人間的溫暖送到邊疆；
從此山不再高路不再漫長，各族兒女歡聚一堂。
黃昏我站在高高的山崗，看那鐵路修到我家鄉；

一條條巨龍翻山越嶺，為雪域高原送來安康。
那是一條神奇的天路，帶我們走進人間天堂。
青稞酒酥油茶會更加香甜，幸福的歌聲傳遍四方……

這首膾炙人口的歌曲《天路》，唱出了中國人在「世界屋脊」寫下的壯麗詩篇，道出了青藏鐵路為各族人民帶來的幸福安康。

在青藏鐵路通車之前，通往青藏高原的道路，是令人膽寒的「天路」。作為世界上最大、最高、最年輕的高原，青藏高原海拔大多超過三千五百公尺。冰峰雪山、戈壁荒漠、長年凍土、高寒缺氧，使得這裡「難於上青天」。一千三百多年前，唐代文成公主和親，她帶著一尊釋迦牟尼十二歲等身像和大量的種子、農具、織物以及詩文、醫藥等書籍，從今天的陝西西安到西藏拉薩，足足走了近三年；一七七九年，六世班禪大師丹巴益西從日喀則出發進京朝覲，表達西藏民眾對中央政府的敬仰和擁戴之情，途中艱難跋涉達一年之久。

興建進藏鐵路，是高原人民的期盼，也是全國人民的心願。一九一九年，孫中山在《建國方略》中規劃了「西北鐵路」、「高原鐵路」等七大鐵路系統，約十萬公里。其中，屬於「高原鐵路」系統的「拉薩至蘭州線」、「蘭州至若羌線」經過今青海省的東部、南部、西部、北部，向西南通達西藏，向西北通達新疆。這是西藏鐵路計劃首次出現在世人的視野中。不過，凋敝的國力、連年的戰火、動盪的時局，注定它始終只是一條「概念鐵路」。

新中國成立後，毛澤東毅然作出決斷：要修一條把西藏和內地連接起來的路！在全國人民支援下，一九五四年十二月，川藏、青藏公路順利開通。一九五五年十月，指揮修建青藏公路的慕生忠，帶隊歷時三個月，沿線考察修建青藏鐵路的可行性。得知最大的困難是凍土、缺氧和經濟能力三個問題時，毛澤東表示：「我們目前修進藏鐵路是有一些困難，但有困難不等於永遠不修。五〇年代不行，六〇年代差不多吧？我想再遲也不能超過七〇年代，大家要有一個規劃。」

從一九五六年開始，中國鐵道部第一勘測設計院對蘭州到拉薩的兩千餘公里線路進行了全面的勘測設計工作。一九五八年九月，青藏鐵路建設邁出歷史性一步：西寧至格爾木段分別在西寧和關角隧道開工。儘管困難重重，但中國人民興建進藏鐵路的信念始終沒有動搖。一九七四年三月和一九七五年三月，鐵道兵第十師和第七師共六萬兩千人，奉中共中央軍委命令先後開進青海，開始了青藏鐵路西寧至格爾木段的建設。

經過五年艱苦施工，青藏鐵路越過鹽湖，一九七九年鋪軌至格爾木，全長八百一十四公里。一九八四年，青藏鐵路西寧至格爾木段建成通車。限於當時的經濟實力和高原、凍土等築路技術問題尚未解決，青藏鐵路格爾木至拉薩段緩建。此後，中國鐵道部和有關部門對青藏鐵路高原、凍土問題的科學研究工作一直沒有停止，進行了大量科研試驗和前期工作。

十年後，一九九四年七月，中共中央、國務院召開第三次西藏工作座談會，江澤民提出做好進藏鐵路建設的前期準備工作。隨後，中國鐵道部組織設計人員從青海、甘肅、四川、雲南四個方向進行大規模踏勘，對進藏鐵路進行了歷時六年的大面積選線，向中央遞交了首先修建青藏鐵路格爾木至拉薩段的建議報告。

二〇〇〇年十月，中共十五屆五中全會審議通過《中共中央關於制定國民經濟和社會發展第十個五年計劃的建議》，明確指出，西部開發要加快基礎設施建設，抓好一批交通、水利、通信、電網及城市基礎設施等重大工程。二〇〇一年三月，九屆全國人大四次會議審議通過《中華人民共和國國民經濟和社會發展第十個五年計劃綱要》，「建設青藏鐵路」醒目地出現在綱要的第七章第二節中。

二〇〇一年六月二十九日是西藏各族人民永遠難忘的日子。舉世矚目的青藏鐵路開工典禮，在海拔三千零八十公尺的格爾木南山口火車站和海拔三千六百三十九公尺的拉薩河畔造耳峰隧道工地同時舉行。格爾木會場主席台背景底幕為天藍色，拉薩會場主席台背景底幕為乳白色，兩個會場背景中間均為直徑兩公尺的鐵路路徽，兩側各置五面紅旗，路徽下面懸掛著「2001・6・29」字樣。在熱烈喜慶的氣氛中，身著節日盛裝的各族群眾，發自內心地高呼「共產黨萬歲」。這個在茫茫雪域高原傳誦的心聲，響徹青藏高原。

中國國務院總理朱鎔基出席開工典禮，並宣讀中共中央總書記江澤民發來的賀信。江澤民在賀信中強調，建設青藏鐵路，是中共中央作出的一項重大決策，對加快西部地區特別是西藏的經濟和社會發展，對造福西藏以及促進各民族的團結互助和共同繁榮，具有重要意義。建設好這一重大工程，必將進一步鼓舞全國各族人民在中國共產黨的領導下，以更加豪邁的步伐，繼續沿著建設有中國特色社會主義偉大道路奮勇前進。

英勇的鐵路建設大軍，發揚「開路先鋒」精神，艱苦奮鬥，科學施工，團結拚搏，穿越戈壁崑崙，飛架裂谷天塹，橫穿千年凍土，翻過巍巍唐古拉，給世界屋脊披上艷麗的「彩虹」，用智慧和汗水書寫出民族復興的精彩一頁。

歷經四年艱難挺進，二〇〇五年十月十五日，青藏鐵路最後一排鋼軌穩穩地安放在拉薩河畔，標誌著這條雪域長龍實現全線貫通，西藏這個佔全國總面積八分之一的雪域高原，終於結束了沒有鐵路的歷史。

這是人類鐵路建設史上亙古未有的探索性工程。十萬多名青藏鐵路建設者在地球之巔，攻克「多年凍土、高寒缺氧、生態脆弱」三大世界性工程難題，創造了一項又一項世界之最：

——世界最長的高原鐵路：青藏鐵路由西寧至格爾木段和格爾木至拉薩段合龍，全長一千九百五十六公里。其中，格爾木至拉薩段，穿越戈壁荒漠、沼澤濕地和雪山草原，全線總里程達一千一百四十二公里。

——世界海拔最高的高原鐵路：青藏鐵路穿越海拔四千公尺以上地段達九百六十公里，最高點為海拔五千零七十二公尺的唐古拉山埡口，被譽為「離天最近的鐵路」。

——世界上穿越凍土區里程最長的高原鐵路：青藏鐵路穿越多年連續凍土里程達五百五十公里，攻克了世界鐵路築路史上困擾人類多時的凍土難題。

——世界高原凍土鐵路上的最高時速：青藏鐵路凍土地段時速將達到一百公里，非凍土地段達到一百二十公里。

——世界上海拔最高、橫跨凍土區最長的高原永久凍土隧道：青藏鐵路風火山隧道位於海拔五千零一十公尺的風火山上，全長一千三百三十八公尺，軌面海拔標高四千九百零五公尺，全部位於永久性高原凍土層內，有「世界第一高隧」之稱。青藏鐵路開工前，有西方媒體預言：青藏鐵路根本過不了風火山，因為風火山地下全是長年凍土，冰厚達一百五十多公尺。也就是說，風火山就是一座冰山，在冰山上打隧道根本就是不可能的。但二〇〇二年十月十九日，風火山隧道提前勝利貫通。

青藏鐵路穿越巍巍崑崙山、翻越唐古拉山、掠過羌塘草原，駛向拉薩，把內地和西藏緊緊相連。現在坐火車從拉薩到北京，僅僅需要四十八個小時

——世界上最長的高原凍土隧道：在海拔四千七百六十七公尺的崑崙山口附近，坐落著全長一千六百八十六公尺的崑崙山隧道。它穿越多條斷裂帶，進口處有厚層地下冰，出口處為亂石堆積體，中間有裂隙水、地下水、融凍泥流等，被稱為高原地質的「萬花筒」。

——世界上海拔最高的火車站：青藏鐵路唐古拉車站地處青藏高原腹地，海拔五千零六十八公尺，距離拉薩約六百公里。唐古拉車站屬於客貨兩用綜合車站，是青藏鐵路全線海拔最高處的中間站。

——世界上最長的高原凍土鐵路橋：在中國最大「無人區」——海拔四千六百多公尺的可可西里國家級自然保護區邊緣地帶，一條美麗的「彩虹橋」飛架於崑崙雪山下，這就是全長十一．七公里的清水河特大橋。

——世界上海拔最高的鐵路鋪架基地：在西藏那曲地區安多縣北部，有一處佔地八千多平方公尺、海拔四千七百零四公尺的青藏鐵路鋪架基

二○○六年七月一日十八時零五分，從格爾木駛出的「青一」次列車和從拉薩駛出的「藏二」次列車在布強格車站勝利「會師」。「青一」次列車在布強格車站稍作停留後繼續駛向拉薩，「藏二」次列車則不停靠布強格車站，直接駛向格爾木

地——安多鋪架基地。西藏境內五百三十多公里鐵路所需的全部軌排和預鑄橋樑，都由安多鋪架基地負責生產。

「汽笛一聲響，火車進西藏。」二〇〇六年七月一日上午九時，首趟「青一」次進藏旅客列車從青海格爾木火車站始發，前往西藏拉薩。胡錦濤總書記專程來到格爾木，出席青藏鐵路通車慶祝大會並發表重要講話，為首趟旅客列車發車剪綵，會見工程建設先進集體和先進個人代表。他高興地指出：「青藏鐵路建成通車，是我國社會主義現代化建設取得的又一個偉大成就。」「這不僅是中國鐵路建設史上的偉大壯舉，也是世界鐵路建設史上的一大奇蹟。這一成功實踐再次向世人昭示，勤勞智慧的中國人民有志氣、有信心、有能力不斷創造非凡的業績，有志氣、有信心、有能力屹立於世界先進民族之林。」

七月三日出版的《歐洲時報》發表社論指出，青藏鐵路向世界展示的不僅是一條曠世鐵路，也是當代中國一條屬於自己的發展之路，並生動地分析說：「作為全球海拔最高、線路最長的高原鐵路，青藏鐵路將與三峽工程、載人航天等工程並駕齊驅，載入中華民族『敢為』的史冊。在人跡罕至的神秘大自然中呼喚『天人對話』，使不毛之地的原始民生煥發現代生活之生機，這是青藏鐵路化神秘為神奇之處。青藏鐵路將成為推動青藏兩省區經濟的發展的動力，也成為世界瞭解鐵路沿線神秘大自然生態、文化的橋樑。青藏鐵路使西藏人『走下來』，使世界『走上去』。『神奇』將在這一新的雙向運動中誕生、昇華。」

高路入雲端，天塹變通途。實踐充分證明，青藏鐵路是各族人民的經濟線、團結線、生態線、幸福線，在世界屋脊上矗立起一座不朽的豐碑。它是中國共產黨帶領各族人民開始新跨越的鏗鏘足音，是中華民族走向復興的歷史見證。

第二節　實現百年夢想

二〇〇八年和二〇一〇年，北京奧運會、上海世博會接連成功舉辦，實現了中華民族的百年夢想，得到國內外高度讚譽。這兩次盛會增進了中國人民同各國人民的相互瞭解和友誼，促進了中外文化交流，向世界展示了中國改革開放和社會主義現代化建設的巨大成就，展示了中國人民昂揚向上的精神風貌，對於推進中國改革開放和社會主義現代化建設，對於推進人類和平與發展的崇高事業，具有十分重大的意義。

一、舉辦北京奧運會

「鳥巢」——世界上跨度最大的鋼結構建築，興建之初，它就成為了人們競相追逐的旅遊景點。作為二〇〇八年第二十九屆奧林匹克運動會的主體育場，它是國家體育場、首都北京的新地標。與「鳥巢」相映襯的是另一個巧奪天工的巨型建築物——「水立方」國家游泳中心。這座晶瑩剔透、完全用膜結構進行全封閉的公共建築，在世界上絕無僅有。

「鳥巢」與「水立方」，是中華民族實現奧運夢想的傑作。為了這一天，中國人民追求和奮鬥了整整一百年，付出了幾代人鍥而不捨的頑強努力。回首一八九四年開始的奧運歷史，曾長久看不到一個有著五千年文明史的民族的身影。一九〇〇年，第二屆奧運會在巴黎熱熱鬧鬧地進行期間，八國聯軍卻趁火打劫血洗北京。

一九一七年四月，青年毛澤東以「二十八畫生」為筆名，在《新青年》第三卷二號上發表了〈體育之研究〉一文，說：「國力苶弱，武風不振，民族之體質日趨輕細，此甚可憂之現象也。」表達了對體育與民族強盛之關係的獨到見解。

一九三二年，中國只有劉長春一名運動員參加了在美國洛杉磯舉行的第十屆奧運會，開啟了中國參與現代奧林匹克運動的艱難征程。在新中國成立前，中國運動員費盡周折參加了三屆奧運會，雖然竭盡全力，但從未獲得一塊獎牌。這是舊中國苦難深重、積貧積弱在體育事業上的反映！

新中國成立後，體育事業進入蓬勃發展的新時代。一九五二年六月十日，毛澤東為中華全國體育總會成立揮筆寫下：「發展體育運動，增強人民體質。」這十二個熠熠生輝的大字，深刻地指出了體育運動和增強體質的內在聯繫，明確規定了中國社會主義體育事業必須為人民服務的根本目的和任務，為新中國體育事業指明了前進方向。

也就在一九五二年，中國派出四十人的代表團參加在芬蘭首都赫爾辛基舉辦的第十五屆奧運會，五星紅旗第一次在奧運賽場上高高飄揚，向世界宣告了新中國奧林匹克運動的存在。一九五六年，陳鏡開第一次在世界紀錄簿上寫下中國人的名字；一九五九年，容國團為中國奪得第一個世界冠軍……一個騰飛的中國體育形象，開始展示在世界面前。

進入改革開放新時期，中國體育事業快速發展，走向世界的腳步不可阻擋。一九八四年，在美國洛杉磯舉行的第二十三屆奧運會上，隨著許海峰在射擊場上的一聲槍響，中國奧運金牌「零」的紀錄成為歷史。

一九九一年，北京成立奧申委，向國際奧委會遞交舉辦二〇〇〇年奧運會申請書。一首《開放的中國盼奧運》歌曲，唱遍全國。一九九三年九月二十四日，國際奧委會在摩納哥舉行的第一百零一次全會出現了讓中國民眾非常傷心的表決結果，北京以兩票之差落後雪梨，與二〇〇〇年奧運會失之交臂。

親身經歷這次申辦的北京奧申委研究室副主任劉岩說，對於當初的情景他依然歷歷在目。在投票選定二〇〇〇年奧運會主辦城市的前夕，奧申委值班室的電話鈴聲不斷，全國各地的群眾紛紛打來電話表示祝願或慶功。但當投票結果宣佈北京落選後，熱鬧的電話突然沉寂下來。過了一兩分鐘後，電話再次響起一輪高潮，人們打來電話表示安慰和理解。

一九九九年，北京再次成立奧申委，準備申請舉辦二〇〇八年奧運會。儘管上次申辦失敗，但中國人對舉辦奧運會的支持有增無減。北京奧申委曾委託世界上知名的蓋洛普（中國）諮詢有限公司進行調查，群眾支持率為百分之九十四．九。在調查中，有一位盲人動情地說：「我雖然看不見，但是當奧運會在北京舉辦時，我會天天守在電視機或收音機前聽，一直到比賽結束。」國際奧委會評估委員會在對北京的評估結論中也說，北京在各申辦城市中「享有最高程度的民眾支持率」。

二〇〇一年七月十三日，國際奧委會在莫斯科舉行第一百一十二次全會，經過委員不記名投票，懸念到第二輪後終於被揭開。面對強大對手的挑戰，北京贏得了二〇〇八年奧運會主辦權。奧林匹克聖火七年後將在中國點燃！在這個令中國人興奮、激動和揚眉吐氣的歷史性時刻，全體中華兒女迸發出共同的心聲：中華民族的百年期盼就要實現了！

從一個人的奧運，到參加奧運會取得歷史性成就、大踏步邁入世界體育大國行列，再到舉辦奧運會，彰顯的是國家綜合實力的不斷提高、民族走向偉大復興的堅強意志和堅定信心。

二〇〇八年八月八日二十時，第二十九屆奧林匹克運動會在「鳥巢」隆重開幕。世界各地的人們相聚北京、相聚在五環旗下，共享激情盛會，感受真實中國。在這裡，五千年悠久的中華文明從歷史畫卷

北京奧運會會徽

中款款走來，向世界呈現中華民族的風骨與智慧；在這裡，三十年改革開放的非凡成就在電光聲影中徐徐舒展，向世界彰顯現代中國的魅力與朝氣。

全球四十五億觀眾，見證了迄今為止奧運史上規模最大的一次聚會。兩百零四個國家和地區奧委會派出了代表團，一萬多名運動員在五環旗下歡聚一堂，八十多位外國政要出席開幕式。

作為東道主的中國健兒頑強拚搏，奮勇爭先，以五十一枚金牌、一百枚獎牌的優異成績，第一次登上了奧運金牌榜的榜首。更重要的是，這屆意義非凡的奧運會，向世界展現了十三億中國人民蓬勃向上的時代風采，展示了一個以人為本、寬容和諧、尊重科學、充滿創新活力的中國。現代奧林匹克運動史冊上就這樣深深烙下了彤紅的中國印。

無論是賽場內運動員的優異表現，

北京奧運會開幕式時的「鳥巢」

還是賽場外完美的組織工作，無論是辛勤工作的志願者，還是熱情好客的北京市民，無論是開幕式美輪美奐的場面，還是閉幕式精彩絕倫的表演，北京奧運會贏得了國際社會的高度評價。

美聯社發表文章說，北京實現了願望，舉辦了一次成功的奧運會。北京奧運會後勤和安保措施近乎完美，一流的體育場館和熱情的志願者都給各國運動員和遊客留下了美好的印象。

英國《獨立報》在頭版頭條說，北京奧運會是「迄今我們所看到的最偉大的奧運會」，也許將來也沒有任何城市能夠超越。北京奧運會規模宏大，而且組織得「毫無瑕疵」。從以上兩方面來看，倫敦不可能舉辦一屆比北京更好的奧運會。

這一切，正如那首大氣又不失悠揚的奧運主題歌《北京歡迎你》所唱：

迎接另一個晨曦，
帶來全新空氣。
氣息改變情味不變，
茶香飄滿情誼。
我家大門常打開，
開放懷抱等你。
擁抱過就有了默契，
你會愛上這裡。
不管遠近都是客人，
請不用客氣。

……

北京歡迎你，

為你開天闢地，

流動中的魅力充滿著朝氣。

北京歡迎你，

在太陽下分享呼吸，

在黃土地刷新成績。

……

二〇一〇年四月，國際奧委會正式發佈的《北京二〇〇八年第二十九屆奧林匹克運動會國際奧委會協調委員會最終報告》指出：

那十六天裡，世界聚焦北京，來自創紀錄的兩百零四個國家和地區的運動員參加了本屆奧運會，包括首次派人員參賽的馬紹爾群島、黑山和圖瓦盧。總共有來自八十七個國家和地區的運動員獲得了獎牌。來自阿富汗、毛里求斯、塔吉克斯坦和多哥的運動員首次登上領獎台。本屆奧運會的口號「同一個世界，同一個夢想」是一個恰當的選擇。

奧運會的體育和社會遺產讓奧林匹克運動最終得益於北京二〇〇八：奧運會越來越具廣泛性，在促進不同文化和信仰的人們相互理解方面取得了顯著的進步，促進了奧林匹克運動的普及和不同文化的融合。這是一個偉大的遺產，因為世界體育的重心和中心開始向東方移動！

國際奧委會主席羅格在這份報告的致辭中也表示，北京奧運會不僅給北京和中國留下了巨大遺產，也成為奧林匹克運動的一座歷史豐碑。奧運會從未在全世界人口最多的國家舉辦過，從未有如此多的國家贏得獎牌，從未有如此多的孩子的心靈被奧運精神感動。北京和中國也從奧運會中獲益良多，他們以此為契機向世界展示了中國豐富的文化，中國人民出色的能力，中國人民建設一個更加美好、可持續發展的未來的願望以及他們開放的姿態。奧運會和殘奧會還提供了一個強有力的平台，借此提高和鼓勵保護殘疾人權益的意識和行為，並進一步為他們提供更多的機會。

舉辦一屆有特色、高水準的奧運會、殘奧會，實現「兩個奧運同樣精彩」，這是中國人民對國際社會的鄭重承諾。北京奧運會和北京殘奧會完美地向世界兌現了這個鄭重承諾。北京奧運會、殘奧會能夠取得成功，靠的是中國綜合國力的大幅度提升，靠的是社會主義制度能夠集中力量辦大事的優越性，靠的是全國各族人民的團結奮鬥，靠的是世界各國人民和國際社會的大力支持。

「同一個世界，同一個夢想」（One World, One Dream），北京奧運會的主題口號文簡意深，不僅表達了北京人民和中國人民與世界各國人民共有美好家園，共享文明成果，攜手共創未來的崇高理想，也表達了一個偉大民族致力於和平發展、社會和諧、人民幸福的堅定信念。北京奧運會、殘奧會成功舉辦的事實再次向世人昭示，中國人民有能力為人類文明進步作出更大貢獻。

百年奧運夢想成功實現，是沿著中國特色社會主義道路前進的重要成就，是實現中華民族偉大復興的重要里程碑。一九七八年，當中國作出實行改革開放的戰略決策時，美國《時代》雜誌曾經質疑說：「他們的目標幾乎不可能按期實現，甚至不可能實現。」二〇〇八年，中國隆重紀念改革開放三十週年、成功舉辦北京奧運會，《時代》雜誌又發表文章說：「當奧運會主火炬點燃時，世界見證了一個確鑿無誤的事實。中國回來了——在榮譽的光環下。」

二、舉辦上海世博會

二〇一〇年四月三十日晚，舉世矚目的上海世界博覽會開幕式在上海世博文化中心隆重舉行，中華民族的世博夢想成為美麗的現實。上海世博會是繼北京奧運會後中國舉辦的又一國際盛會，也是第一次在開發中國家舉辦的註冊類世界博覽會。

世界博覽會不同於一般意義的國際貿易博覽會，它是由某一國家政府主辦，有多個國家或國際組織參加，以展現人類追求進步的手段在社會、經濟、文化、科技領域取得的成就為主要內容，提出人類社會的發展前景和尋求解決面臨的重大問題等的國際性大型展示盛會。

儘管首屆世博會上就有中國商人參展，但積貧積弱的中國始終徘徊在世博舞台邊緣；儘管一些有志之士百年前就提出在上海舉辦世博會，但在國力衰微的時代，那只是遙不可及的夢想……

新中國的成立，標誌著中國歷史實現了偉大轉折；改革開放的關鍵抉擇，意味著中國走向世界的腳步不可阻擋。一九九九年，上海市成立二〇一〇年世博會申辦工作籌備小組，並向中國國務院提出申辦二〇一〇年世博會的請示。同年十一月十八日，中國國務院批覆這一請示。二十天之後，中國政府駐國際展覽局首席代表在國際展覽局第一百二十六次大會上宣佈：中國政府支持上海申辦二〇一〇年世博會！

二〇〇一年五月二日，中國在向國際奧委會遞交二〇〇八年奧運會申辦報告三個半月後，正式向國際展覽局提交二〇一〇年世博會申請函。二〇〇二年一月三十日，中國駐法國大使代表中國政府，正式向國際展覽局遞交中國申辦二〇一〇年世博會的報告。中國成為第一個遞交申辦報告的國家。

對於渴望開放、渴望走向世界的中國人，申辦世博會是一件意義不凡的事情。二〇〇二年七月二日，《歐洲時報》發表的一篇社論稱，發展起來的中國，需要走向世界，世界也需要進一步瞭解中國。中國申辦二〇一〇年上海世博會，就是實現這兩個目標的最好途徑和機會。

經過三年的努力，二〇〇二年十二月三日，摩納哥蒙地卡羅，國際展覽局第一百三十二次大會決定：中國上海市獲得二〇一〇年世界博覽會舉辦權！

在相距不到六百天內，中國相繼取得奧運會和世博會兩大國際盛會的舉辦權。美國一份著名刊物就此評論道：「中國已經成為世界上綜合實力居前列的國家之一……中國將來的發展，必定會繼續讓人刮目相看……」

贏得世博會舉辦權的中國，將向世界交上怎樣的一份答卷？從申博成功那一天起，「辦好上海世博會」就成為中國人民的共同意願。這個意願寫入中國共產黨的十七大報告，列入國家「十一五」規劃綱要。二〇一〇年一月十五日，胡錦濤專程前往上海世博園區，實地考察籌辦工作情況，這樣闡述上海世博會的重要意義：

> 辦好上海世博會，對展示中華民族五千年燦爛文明、展示新中國六十年特別是改革開放三十多年的輝煌成就、展示中國各族人民為實現全面建設小康社會目標而團結奮鬥的精神風貌，對促進中國同各國各地區經濟文化交流、增進中國人民同各國各地區人民相互瞭解和友誼、促進世界經濟全面復甦，都具有重要意義……

四月三十日，位於上海世博會浦東園區的世博文化中心燈火通明。二十時十分，開幕式正式開始。來自全球一百八十九個國家和五十七個國際組織實際參展，創造了世博會一百五十九年歷史之最，世界

上海世博會開幕式大型燈光噴泉焰火表演

在中國上海實現空前大團聚。歷時一小時五十分鐘的儀式，伴隨著歡慶的文藝表演以及浦江上空綻放的璀璨煙花，映射出上海人民自信的微笑，他們張開雙臂向世界發出熱情的邀約。各國媒體也對這次盛會予以高度關注。

新加坡《聯合早報》認為：「上海世博會是繼二〇〇八年奧運外交、二〇〇九年金融外交之後，中國在短期內的第三場備受世人矚目的外交盛事。改革開放以來，中國的政經和國際

美國有線電視新聞網（CNN）網站報導二〇一〇年上海世博會。超過七千三百萬的觀眾參觀了上海世博會。和二〇〇八年北京奧運會一樣，上海世博會代表著中國又一次融入了全球

地位已經發生巨大變化，這場創意與文化的盛宴是以經濟實力為支撐的。屆時聯合國會員國幾乎全部到齊，盛況空前。」

法新社報導說：「週五晚，在來自多個國家的領導人和成千上萬觀眾們的注視下，上海世博會拉開帷幕。本次世博會是展示最新理念、各國文化和科技的盛會，預計將至少吸引七千萬觀眾。上海世博會無疑將給這個十九世紀興起、在網際網路時代已經顯得過時的展覽會重添光彩。」

「城市，讓生活更美好」，第一次以城市為主題的上海世博會，是各國人民創新、合作、交流的平台，它將打開未來城市的大門，引領新的生活方式，促進人與城市、自然相和諧，推動建設平安、文明、幸福的城市，促進人的全面發展。

二〇一〇年上海世博會中國國家館，以城市發展中的中華智慧為主題，表現出了「東方之冠，鼎盛中華，天下糧倉，富庶百姓」的中國文化精神與氣質。展館的展示以「尋覓」為主線，帶領參觀者行走在「東方足跡」、「尋覓之旅」、「低碳行動」三個展區，在「尋覓」中發現並感悟城市發展中的中華智慧

作為探討人類城市生活的盛會，它堪稱一曲以創新和融合為主旋律的交響樂，並將成為人類文明的一次精彩對話。在這片五．二八平方公里的世博園區裡，更是薈萃起世界文明的精華力作——巍峨聳立、凝紅莊重的中國館，懸浮空中的德國館，形如沙漠寶船的沙特館，漂浮於水準面的法國館，盡顯其大陸本色生命力與節奏感的非洲聯合館……

十月三十一日，為期一百八十四天的上海世博會大幕落下。在一百八十四天中，共有超過七千三百萬人次的海內外遊客入園參觀，刷新了世博會歷史紀錄。同時，上海世博會文化演藝活動突破兩萬場次，平均每天演出一百場，創下世博會歷史之最。

世博會，見證人類文明發展的重要驛站。中國百年世博圓夢之路，樹立起一座記載歷史的里程碑，刻寫著中國共產黨團結帶領全國各族人民，為民族獨立、國家富強、人民幸福而不懈奮鬥的一段偉大歷程。

第三節　戰勝天災人禍

英國哲學家弗朗西斯．培根說過這樣一句名言：「超越自然的奇蹟，總是在對厄運的征服中出現。」在全面建設小康社會，加快推進社會主義現代化，不斷開創中國特色社會主義事業新局面的征程中，我們遇到了汶川特大地震這樣的自然災害，也遇到了國際金融危機這樣的嚴峻考驗。但是，任何困難都難不倒英雄的中國人民，都動搖不了中國人民的意志。在重大的考驗中，中國共產黨總是能夠領導全國各族人民，攻堅克難，勇往直前，交出一份份出色的答卷，以峰迴路轉寫下絢麗篇章。

風雨中走過，風暴中挺立。我們不僅能夠戰勝天災人禍，而且能夠汲取經驗教訓，在破浪前行中闖過一關又一坎，創造出更加輝煌的成就。

一、抗擊汶川特大地震

二〇〇八年五月十二日，一個令中國刻骨疼痛的日子。

這一天十四點二十八分，向來平靜祥和的天府之國四川發生地震。剎那間，山川崩塌，道路阻塞，田舍損毀，江河破碎，生靈塗炭！八萬多鮮活生命驟然泯滅，千萬個溫馨家庭永失至愛。這就是新中國成立以來破壞性最強、波及範圍最廣、救災難度最大的四川汶川特大地震，也是人類進入工業化以來，發生在高山河谷及沿山地帶破壞十分嚴重的一次地震災害。這次地震，震源機制罕見，震級芮氏八．〇級，最大烈度十一度，災區面積四十四萬平方公里。震中位於汶川縣映秀鎮與漩口鎮交界處、成都市西北偏西方向七十九公里處。

汶川特大地震，撼動了四川，撼動了中國，撼動了大半個亞細亞！災情傳來的第一時間，新華社播發中共中央總書記胡錦濤重要指示：盡快搶救傷員，保證災區人民生命安全。駐災區的成都軍區六千多名官兵和武警四川總隊三千餘名官兵緊急出征，開赴災區一線。當晚，中共中央政治局常委會連夜召開會議，全面部署抗震救災工作，並宣佈成立抗震救災總指揮部。

在中共中央、國務院、中央軍委的堅強領導下，抗震救災工作迅速有效展開。一隊隊中國人民解放軍和武警、公安消防官兵，一支支醫療隊和專業救援隊，一家家新聞媒體記者，一群群志願者從四面八方向災區匯集。一場和時間賽跑的生死大營救，在滿目瘡痍的巴蜀大地轟轟烈烈上演。

以舉國之力拯救一切可以拯救的生命，成為了響徹中國的最強音。從南到北，從東到西，從城市到鄉村，從地方到部隊，從黨政機關到工礦企業，從黨員幹部到普通群眾，無論男女老少，都在關注著四川的災情，都在獻出同一顆愛心。在這場驚心動魄的大救援中，一個個身影穿梭在殘垣斷壁間，一雙雙大手扒開瓦礫和石塊，一副副擔架托起了生命的希望。

一百五十個小時，一百七十九個小時，一百九十六個小時，二十天！一個又一個生還者的紀錄被改寫，一個又一個不屈的生命奇蹟從廢墟中誕生。在緊張的抗震救災中，八萬四千零一十七名群眾被從廢墟中搶救出來，一百四十九萬名被困群眾得到解救，四三十多萬名傷病員得到及時救治。

一方有難，八方支援。災難面前，我們的人民空前團結，我們的民族空前凝聚。全國各地的人力、物力、財力源源不斷，向災區集結，為災區人民帶來了力量，帶來了信心，帶來了希望。香港特別行政區同胞、澳門特別行政區同胞、台灣同胞以及海外華僑華人和衷共濟、踴躍捐獻，眾多外國政府、國際組織和國際友人積極支援，也為抗震救災提供了寶貴幫助。

人民解放軍奔赴災區，展開救援

親歷抗震救災的美國志願者羅伯特・恩格爾，對這塊土地上堅忍不拔的人民、鋼鐵長城般的人民軍隊，以及全心全意為人民服務的各級政府，無不留下了深刻的印象。他回憶道：「滿載糧食、水、建材、藥品、帳篷等救災物資的卡車源源不斷地開進災區。如果你有需求，你總能找到能提供幫助的人。災區到處都能看到政府的賑災站點、醫療帳篷、四處奔波的政府官員以及無處不在的軍人。在我看來，中國政府的救災模式值得各國效仿。」

蜀川之殤，舉國同咽。人們把悲情的淚水，獻給那些災難中一個個無聲消逝的生命。中國國務院五月十八日發佈公告，決定二〇〇八年五月十九日至二十一日為全國哀悼日。在此期間，全國和各駐外機構下半旗志哀，停止公共娛樂活動，中國外交部和中國駐外使領館設立弔唁簿。歷史凝固在五月十九日十四時二十八分。汽車、火車、艦船鳴笛，防空警報鳴響，國旗半垂，江河嗚咽。這是共和國給予逝者最高的祭奠。國旗為蒼生而降，高高揚起的是生命的尊嚴和以人為本的執政理念。

同樣是在五月十八日，中共中央組織部下發《關於做好部分黨員交納「特殊黨費」用於支援抗震救災工作的通知》。廣大黨員踴躍自願交納抗震救災「特殊黨費」，不僅有力地支援了抗震救災和恢復重建工作，也充分顯示了中國共產黨的號召力和凝聚力。截至七月十七日，全國已有四千三百二十四萬五千名黨員參加交納「特殊黨費」活動，共交納「特殊黨費」九十億八千萬元。

這場地震大救援是一次特殊的大檢驗。在波瀾壯闊的抗震救災鬥爭中，我們用理想凝聚力量、用信念鑄就堅強、用真情凝結關愛，大力培育和弘揚了萬眾一心、眾志成城，不畏艱險、百折不撓，以人為本、尊重科學的偉大抗震救災精神。這是中華民族新的寶貴精神財富，必將成為全國各族人民開創中國特色社會主義事業新局面的強大精神力量。

對於「萬眾一心，眾志成城」，有人這樣比喻：再大的天災除以十三億也會變得渺小，再小的愛心乘以十三億也會無比強大。如果說此前「眾志成城」在一些人眼中還只是個褒揚之詞的話，中國人民面對巨災的心手相連已然表明，困境只會成為激發人性潛能的催化劑，我們的內心深處始終存有那份摯愛與堅韌。

五月二十四日，聯合國秘書長潘基文視察汶川映秀鎮救災現場後，對中外記者說，中國政府和中國領導人帶領中國人民迅速投入到抗震救災工作，讓國際社會深受感動和鼓舞。中國人民抗震救災的英勇事跡充分證明，中國人民是充滿力量、勇敢無畏、堅韌不拔、富有自助和合作精神的偉大人民。我們相信中國政府和人民一定能夠戰勝這場自然災害。

災難激勵著我們的精神，災難更給我們留下了無盡的啟示。二〇〇八年十月八日，胡錦濤在全國抗震救災總結表彰大會上強調：

自然災害給人類帶來磨難，同時又促使人類更加自覺地去認識和把握自然規律、增強抵禦自然災害能力，進而推動人類文明進步……一個善於從自然災害中總結和汲取經驗教訓的民族，必定是日益堅強和不可戰勝的。

只要我們堅定不移地走科學發展道路，鍥而不捨地探索和認識自然規律，堅持按自然規律辦事，不斷增強促進人與自然相和諧的能力，就一定能夠不斷有所發現、有所發明、有所創造、有所前進，就一定能夠做到讓人類更好地適應自然、讓自然更好地造福人類。

經過浴火的洗禮，我們可以「鳳凰涅槃」！地震過去不久，總投資達一兆元的國家災後重建計劃出台。中共中央政治局常務委員會召開會議，研究部署汶川地震災後恢復重建對口支援工作。會議決定：

為加快災後恢復重建，充分發揮社會主義制度能夠集中力量辦大事的政治優勢，按照「一省幫一重災縣」的原則，建立對口支援機制，組織有關省市對口支援災區加快災後恢復重建。隨即，災區各項恢復重建工作全面展開，各方全力以赴，進展順利。

涉及中國近三分之二省份的對口支援，在國際金融危機衝擊下支援災區「決心不變、力度不變、目標不變」，社會主義制度的巨大優越性再一次讓世人驚歎。美國《時代》週刊在對比了海地與汶川特大地震後，認為「強大的中央政府、經濟的高速發展、經濟較發達地區對災區的援建」是中國災後重建中的優勢所在。

在全國人民的大力支援下，災區人民在廢墟上快速重建自己的家園。以城鄉居民住所為例，震後十天，完成一千五百萬人的應急安置；震後一百天，北京奧運會開幕前，完成一千兩百萬人過渡性住房安置攻堅；震後一年內，三百五十多萬戶因災受損住房修復加固工作全面完成；震後一年半，一百五十多萬戶農房重建全部完成，農村受災群眾在新房中歡度虎年春節；震後兩年，二十五萬多戶城鎮住房重建基本完成。

在汶川特大地震一週年之際，聯合國人道事務協調辦公室發言人伊麗莎白・比爾斯就對新華社記者表示，救災期間，中國抗震救災專家訓練有素、經驗豐富，中國人民得到高度動員。面對如此規模的災害，「世界上任何國家政府都不可能做得更好」。她說，「我看到了災難所造成的破壞，但也同時看到了一年後今天的重建成果」，中國政府盡了一切努力，使災區民眾能夠盡快恢復基本正常生活，「如此巨大的悲劇不可能從記憶中抹去，但是中國政府正在嘗試幫助這些災區居民重建生活，重新樹立生活的信心，在災難之後重新開始」。

「唱羌歌謝大愛恆傳薪火，開新城記黨恩永昌福祉。」二〇一〇年一月三十一日，北川新縣城所在地永昌鎮舉行了成立大會，永昌鎮黨委、政府正式掛牌，新北川在永昌鎮初現雛形。這標誌著汶川地震後全國第一個震後整體異地搬遷的新縣城駐地永昌鎮正式成立。

一磚一瓦，重築災後家園；一鋤一犁，耕耘新的生活。一條條道路穿山越水，一座座校舍拔地而起，一間間安居房屋落成入住……到二〇一〇年九月底，汶川特大地震災後恢復重建的三年任務在兩年內基本完成。這是一個震撼世界的數字。一九九五年日本阪神大地震，重建用了近十年。二〇〇五年美國紐奧爾良遭受風災，六年過去，還有大量災民流離失所。

從「把群眾安頓好，把民生保障好，把災區建設好」，到基本實現「家家有房住，戶戶有就業，人人有保障，設施有提高，經濟有發展，生態有改善」目標，翻天覆地的變化，撫平的是傷痕，重塑的是希望，這一切告訴人們：美好的家園，又回來了。正如

汶川特大地震發生後，中共中央、國務院共投入恢復重建資金一兆零兩百零五億元。經過三年，地震災區城鎮、農村住房重建近兩百二十萬套，維修加固四百三十八萬套。圖為北川新城航拍照片

這首《汶川，我們抹不去的掛念》詩中所寫：

改天換地，恢復重建。
企業、學校、住房、街道、醫院，
三年任務兩年完，三年跨越三十年。
感謝國際社會的真誠關愛，
感謝十八個省市的傾力援建，
破碎山河換了新顏。
回頭看，如今的汶川、北川、青川，
成了快樂的天堂、幸福的家園。
地震嬰兒進了校園，牧歌又響跑馬山。

巍巍龍門山連綿逶迤，滾滾岷江水奔流不息。經過汶川特大地震的磨礪，中華民族更加成熟堅強。汶川災區一定會迎來更加美好的明天，中華民族一定會迎來更加美好的明天。

二、化解國際金融危機

二〇〇八年九月十五日，有著一百五十八年歷史、位列華爾街第四大投資銀行的雷曼兄弟公司，因不堪承受高達六千一百三十億美元的巨額債務，宣告破產。隨之，曾是全球證券零售商霸主的美林證券，也以五百億美元總價被美國銀行收購，尷尬地終結了近一百年的企業歷史。兩大投行的轟然倒下，迅速地拉開了由美國次貸危機引起的國際金融危機的序幕。

這場危機很快從局部發展到全球，從已開發國家蔓延到開發中國家，從金融領域擴散到實體經濟領域。衝擊和破壞，一浪高過一浪，致使世界經濟跌宕起伏、一片肅殺，為二十世紀三〇年代以來所罕見。受危機影響，美國二〇〇八年第四季度GDP負增長百分之六・八，創下二十七年來單季降幅最大紀錄；日本經濟出現三十五年來單季最大幅度的萎縮；歐元區、東歐經濟體、墨西哥等都陷入經濟衰退的困境；反映國際貿易的領先指數——波羅的海綜合運費指數，半年間從一萬一千六百八十九點「高台跳水」至六百六十三點。

這次金融危機，對中國也造成了很大的影響，可謂險象環生。外部需求明顯收縮，部分行業產能過剩，虧損企業和虧損行業增多，城鎮失業人員增加，整個經濟增長下行的壓力明顯加大，二〇〇九年第一季度GDP增速急劇下降到百分之六・一，為十七年以來的最低。特別是在出口型企業集中的珠江三角洲地區，許多企業因為訂單大幅度減少，陷入困境之中，有的不得不停工，甚至倒閉，眾多企業驚呼「冬天來了」。

在嚴峻複雜的局勢面前，中共中央統籌國內國際兩個大局，見微知著、準確判斷、果斷決策，迅速作出一系列保增長、保民生、保穩定，調結構、上水平、促改革的重

中國在這場金融危機中對世界經濟的復甦和發展貢獻最大。圖為反映中國參與國際金融救市的漫畫

大決策，啟動了一攬子經濟調控計劃。其中，最引人關注的是二〇〇八年十一月五日出台的十項措施，包括：加快建設保障性安居工程；加快農村基礎設施建設；加快鐵路、公路和機場等重大基礎設施建設；加快醫療衛生、文化教育事業發展；加強生態環境建設；加快自主創新和結構調整；加快地震災區災後重建各項工作；提高城鄉居民收入；在全國所有地區、所有行業全面實施增值稅轉型改革，鼓勵企業技術改造；加大金融對經濟增長的支持力度。

根據經濟形勢發展的需要，中央政府在推出十項政策措施後，還適時制定了一系列具體政策措施。比如，二〇〇八年十二月三十一日發佈的《國務院辦公廳關於搞活流通擴大消費的意見》規定，從二〇〇九年二月一日起，將家電下鄉從十多個省區市推廣到全國，同時把摩托車、電腦、熱水器（含太陽能、燃氣、電力類）和空調等產品列入家電下鄉政策補貼範圍。又如，從二〇〇九年一月中旬到二月底，中國國務院常務會議陸續通過了十大產業調整振興規劃，包括汽車產業、鋼鐵產業、紡織工業、裝備製造業、船舶工業、電子資訊產業、輕工業、石化產業、有色金屬產業和物流業。再如，中國國務院頒佈《珠江三角洲地區改革發展規劃綱要（二〇〇八—二〇二〇年）》，相繼批准重慶市統籌城鄉改革和發展；上海加快發展現代服務業和先進製造業，建設國際金融中心和國際航運中心；福建加快建設海峽西岸經濟區等多個區域振興規劃。

「著力在保增長上下功夫，把擴大內需作為保增長的根本途徑，把加快發展方式轉變和結構調整作為保增長的主攻方向，把深化重點領域和關鍵環節改革、提高對外開放水準作為保增長的強大動力，把改善民生作為保增長的出發點和落腳點……」一張應對國際金融危機衝擊、保持經濟平穩較快發展的藍圖，清晰地呈現在人們的面前。

在中共中央的堅強領導下，各地方、單位和部門理清發展思路、破解發展難題、創新體制機制，合力推動中國經濟總體回升向好，在全球率先走出危機的陰影。百分之十．六、百分之十．一、百分之九、百分之九．八、百分之六．一、百分之七．九、百分之八．九，二〇〇八年以來七個季度的GDP增幅充分表明，中國經濟以一道亮麗的「V」形曲線轉危為機，在世界經濟寒冬中一枝獨秀。更重要的是，由於這一系列強有力的政策不僅強調擴內需保增長，而且強調老百姓最為關注的就業、消費、社會保障、教育等民生改善問題，因而堅定了全國人民應對危機的信心。

出拳重、措施實、影響大、力度空前的「中國行動」，也讓世界為之側目。諾貝爾經濟學獎得主彭斯判斷指出，中國應對危機的力度最大、速度最快，應對危機的時間選擇正確，延遲幾個月就可能錯失良機。美國經濟學家斯蒂芬．羅奇也評價說，在經濟困難時期，中國的指揮和控制體系比其他市場經濟體系更有效。

更重要的是，應對金融危機的過程讓中國共產黨上下深刻認識到，這場危機是傳統發展模式之危、科學發展之機，只要我們堅持科學發展觀，就能夠變危為機、化危為機、轉危為機。胡錦濤反覆強調，要「把推進發展方式轉變和結構調整作為應對國內外環境變化、實現可持續發展的根本出路」，「把國際金融危機對經濟結構調整形成的壓力轉化為動力，變挑戰為機遇，加大產業結構調整力度，大力發展循環經濟，努力形成新的經濟增長點和新的競爭優勢」。

二〇〇八至二〇一一年世界主要經濟體國內生產總值增長率

國家／年份	世界平均	中國	美國	歐元區	日本	俄羅斯	印度	巴西
2008	2.83%	9.6%	0.44%	0.47%	-1.19%	5.62%	7.35%	5.14%
2009	-0.58%	9.2%	-2.44%	-4.07%	-5.2%	-7.9%	5.67%	-0.18%
2010	5.2%	10.4%	3%	1.9%	4.4%	4%	9.9%	7.5%
2011	3.8%	9.2%	1.8%	1.6%	-0.9%	4.1%	7.4%	2.9%

中國積極實施擴大內需戰略，有力應對國際金融危機。資料來源：國際貨幣基金組織、國家統計局

二〇一〇年二月三日，胡錦濤在省部級主要領導幹部貫徹落實科學發展觀加快經濟發展方式轉變專題研討班上，深刻分析判斷國際金融危機形勢、總結應對經驗後指出：

我們必須緊緊抓住機遇，承擔起歷史使命，把加快經濟發展方式轉變作為深入貫徹落實科學發展觀的重要目標和戰略舉措，毫不動搖地加快經濟發展方式轉變，不斷提高經濟發展質量和效益，不斷提高中國經濟的國際競爭力和抗風險能力，使中國發展質量越來越高、發展空間越來越大、發展道路越走越寬。

因此，應對國際金融危機，既是一場攻堅戰，也是一場持久戰。中國把應對危機作為一種機遇，順勢而為，著力培育新的經濟增長點，特別是戰略性新興產業，利用危機的壓力推動中國經濟發展方式的戰略轉型，提高中國經濟的國際競爭力和抗風險能力。

在應對國際金融危機的過程中，中國並沒有陶醉於「風景這邊獨好」，而是積極參與國際合作，為國際社會應對危機作出重要貢獻。經濟形勢的嚴重惡化，使很多國家自顧不暇，保護主義在全球抬頭，貿易、資金、技術等領域的國際競爭和摩擦加劇。在困難的局面裡，中國始終倡導世界各國同舟共濟、攜手共進的重要性。二〇〇八年十一月十五日，二十國集團領導人金融市場和世界經濟峰會在美國華盛頓舉行。胡錦濤在會上發表題為〈通力合作，共度時艱〉的重要講話，全面深入地闡明關於應對國際金融危機的三項重要主張，指出「為了有效應對這場金融危機，世界各國應該增強信心、加強協調、密切合作」，「國際社會的當務之急是繼續採取一切必要措施，盡快恢復市場信心，遏制金融危機擴散和蔓延」。

華盛頓金融峰會後，中國與有關國家和地區簽署了五千八百億元人民幣的雙邊貨幣互換協議，參與清邁倡議多邊化項下的貨幣儲備庫建設，參與國際金融公司貿易融資計劃，承諾向國際貨幣基金組織出資四百億美元，中美兩國進出口銀行洽談簽署了兩百億美元貿易融資協議……實實在在的舉措和「真金白銀」的支持，讓全世界人民都感受到了中國的真誠和溫暖。

一個充滿活力、更加開放的中國，為國際社會共同應對危機、促進世界和平與發展帶來了希望、信心和勇氣。國際金融危機之初，美國《時代》週刊預言，「中國已經開始經濟衰落，也許將比美國經濟還要惡化」，「中國難以繼續奇蹟」，它「只是個身陷囹圄的大國」。看到形勢的發展變化，《時代》週刊不得不感歎中國「幾乎成為照耀全球經濟信心的燈塔」。

二〇〇九年，中國對世界經濟增長的貢獻超過百分之五十，成為世界經濟觸底反彈的新引擎。這是第二次世界大戰以來全球首次出現的經濟新格局。也就是這年四月二日，在英國首都倫敦舉行的二十國集團領導人峰會新聞中心的牆上懸掛三個時鐘，分別顯示著「華盛頓時間」、「倫敦時間」和「北京時間」。小小的細節，從一個側面映射出世界經濟版圖中的「中國份量」：中國話語權不斷提升，並逐步躋身全球治理核心圈。

公道自在人心。二〇一〇年七月二十七日，國際貨幣基金組織發表有關中國經濟政策的評估報告，讚揚中國政府應對國際金融危機採取了「迅速、果斷、有效」的政策措施，不僅減輕了危機對中國經濟的影響，確保中國引領全球經濟復甦，而且對本地區及世界經濟產生「顯著且積極」的溢出效應。這種溢出效應主要通過兩大途徑體現：一方面，中國經濟復甦帶動對大宗商品的需求增長，推動國際商品市場價格反彈；另一方面，中國經濟復甦刺激進口需求，隨著出口增長放緩而進口大幅增加，中國的貿易順差迅速回落。

第四節 書寫中國傳奇

改革開放三十多年的發展，使中國成為一個世界工業大國，二〇一一年中國已有兩百二十種工業品的產量居全球第一。然而，一個不爭的事實是：中國佔據世界第一的產品基本是低端產品。「低科技含量、低附加值」是塊掛在中國製造業上的標籤，我們要出口八億件襯衣才能換來一架空中巴士 A-380！

為了應對全球性科技革命帶來的新機遇和新挑戰，中共中央把增強自主創新能力作為科學技術發展的戰略基點和調整產業結構、轉變增長方式的中心環節，大力提高原始創新能力、集成創新能力和引進消化吸收再創新能力，形成日益強大的競爭優勢，為推動國民經濟又快又好發展提供了有力支撐。其中，載人航天技術、深海潛水技術、高速鐵路技術的重大突破，可謂「可上九天攬月，可下五洋捉鱉，談笑凱歌還」。

一、「神舟」九天攬月

二〇一三年六月二十六日，經過為期十五天的太空之旅，並圓滿完成與天宮一號目標飛行器自動交會對接、首次開展中國航天員太空授課等活動，「神舟十號」飛船航天員聶海勝、張曉光、王亞平在內蒙古中部地區成功著陸，返回到地球家園。至此，中國已經成功發射了十艘飛船、一個目標飛行器，五次把航天員送上太空。

從無人飛行到載人飛行，從一人一天到多人多天，從艙內實驗到太空行走，從單船飛行到組合體穩定運行……中國載人航天工程一步一個腳印，不斷取得新突破，撐起一片屬於自己的宇宙空間。回望神舟飛天的壯麗航程，中國人民深深地體會到，正是中共中央的戰略決策，把中華民族千年夢想化作國家發展戰略，引領著中國開啟了壯麗的飛天征程。

一九五七年十月，蘇聯成功發射人造衛星的消息傳來，震動了擁有千年飛天夢想的中國人。一九五八年五月，毛澤東發出了「我們也要搞人造衛星」的號召。歷經千難萬苦，一九七〇年四月二十四日，西北大漠深處，中國成功地將自己的第一顆人造地球衛星「東方紅一號」送上了天。響徹全球的《東方紅》樂曲，宣告中華民族從此進入航天時代。

一九八六年三月三日，由王大珩、王淦昌等科學家撰寫的〈關於跟蹤世界戰略性高技術發展〉建議，呈送給了鄧小平。兩天之後，鄧小平就作出重要批示：「此事宜速決斷，不可拖延。」航天技術是「八六三計劃」七大領域中的第二領域。所以「八六三計劃」的出台，對中國載人航天探索起到了催化劑作用。經過技術、經濟可行性論證，航天專家們形成了「三步走」發展規劃：第一步，發射無人和載人飛船，建成初步配套的試驗性載人飛船工程，開展空間應用實驗；第二步，在第一艘載人飛船發射成功後，突破載人飛船和空間飛行器交會對接技術，並利用載人飛船技術改裝、發射空間實驗室，解決有一定規模、短

二〇一三年六月十一日十七時三十八分，中國長征二號F運載火箭在酒泉衛星發射中心載人航天發射場點火起飛，將「神舟十號」載人飛船發射升空。中國航天員聶海勝、張曉光、王亞平搭乘該飛船出征太空

期有人照料的空間應用問題；第三步，建造空間站，解決有較大規模、長期有人照料的空間應用問題。一九九二年是「國際空間年」。這一年九月二十一日，中共中央正式批准實施中國載人航天工程，代號為「九二一工程」，中國開始了圓夢九天的壯麗起飛。

經過七年的不懈奮鬥，一九九九年十一月二十日六時三十分，中國載人航天計劃中發射的第一艘無人實驗飛船「神舟一號」飛船，在酒泉衛星發射基地順利升空，經過二十一小時的飛行後順利返回地面。作為中國航天史上的一個里程碑，「神舟一號」試驗飛船的成功發射與回收，標誌著中國載人航天技術獲得了新的重大突破。

鮮為人知的是，「神舟一號」這枚載人航天工程的「先鋒官」，是由地面試驗用的電性能測試飛船簡化、改裝而成的。將初樣產品直接當成正樣產品使用，是一次打破常規的試驗，在中國航天史上尚無前例。時任中國載人航天飛船總設計師的戚發軔回憶起這個冒風險的抉擇，不無感慨地說：「這樣改裝的電性船性能與能飛太空的飛船相差很大，無疑風險也是巨大的。我們決定採用飛船最小配置進行首飛，確保飛船上得去、回得來。最小配置，就是凡是與上天和回來的系統都要，凡是不相關或者不關鍵系統都不在考核之列。」

二〇〇一年一月十日凌晨，中國第二艘無人飛船「神舟二號」發射成功，在太空飛行七天後成功返回地面。「神舟二號」是第一艘正樣無人飛船，由軌道艙、返回艙和推進艙三個艙段組成。其技術狀態與載人飛船基本一致。它的發射完全是按照載人飛船的環境和條件進行的，凡是與航天員生命保障有關的設備，基本上都採用了真實件。

二〇〇二年三月二十五日，「神舟三號」飛船發射升空，於四月一日返回地面。「神舟三號」飛船搭載了人體代謝模擬裝置、擬人生理信號設備以及形體假人，能夠定量模擬航天員呼吸和血液循環等重要生理活動參數。飛船工作正常，預定試驗目標全部達到，試驗獲得圓滿成功。

在「神舟一號」、「神舟二號」、「神舟三號」飛行試驗成功的基礎上，二〇〇二年十二月，「神舟四號」在經受了零下二十九攝氏度低溫的考驗後，於三十日成功發射，突破了中國低溫發射的歷史紀錄。飛行中，「神舟四號」相繼完成了對地觀測、材料科學、生命科學實驗和空間天文和空間環境探測等任務。

二〇〇三年十月十五日，中共十六屆三中全會閉幕的第二天，中國第一艘載人飛船「神舟五號」成功發射，中華民族終於實現了千年的「飛天」夢想。中國首位航天員楊利偉成為浩瀚太空的第一位中國訪客，結束了太空中沒有中國人足跡的歷史。回憶起這一激動人心的時刻，楊利偉說：「作為中國人第一次來到太空，當時的心情應該說非常激動。當我從舷窗能夠看到廣袤無垠的宇宙，看到我們美麗家園的時候，為我們自己的民族，為我們的國家，感到無限的驕傲和自豪。確實，它不單單反映了我們科技的、經濟的實力，更多的是展示了我們中華民族的綜合實力。當我向全世界人民去展示我們的國旗和聯合國旗幟的時候，也表達了我們造福全人類的這種美好的願望。」

「神舟五號」二十一小時二十三分鐘的太空行程，標誌著中國已成為世界上繼俄羅斯和美國之後第三個能夠獨立開展載人航天活動的國家。在太空中飄揚的五星紅旗，向世人彰顯著中國十三億人民邁向美好未來的信心和勇氣，昭示著中華民族走向偉大復興的光輝前景！十月十六日，中共中央、國務院、中央軍委在賀電中指出：

> 首次載人航天飛行的圓滿成功，是中國航天發展史上一座新的里程碑，標誌著中國已經成為世界上獨立自主地完整掌握載人航天技術的國家之一。這對於推動中國高科技事業的發展，增強中國的經濟實

力、科技實力、國防實力和民族凝聚力，激勵全黨、全軍、全國各族人民為全面建設小康社會而團結奮鬥，都具有重大的現實意義和深遠的歷史意義。這一偉大成就將莊嚴地載入中華人民共和國的光輝史冊。你們建立的這一歷史功勳，黨和人民永遠不會忘記。

二〇〇五年十月十二日，中國第二艘載人飛船「神舟六號」成功發射，航天員費俊龍、聶海勝被順利送上太空。十七日凌晨，在經過一百一十五小時三十二分鐘的太空飛行後，飛船返回艙順利著陸。「神舟六號」是中國第一艘執行「多人多天」任務的載人飛船，飛船進行了中國載人航天工程的首次多人多天飛行試驗，完成了中國真正意義上有人參與的空間科學實驗，為中國載人航天一期工程畫上了一個完美的句號。

二〇〇七年十月二十四日，中共十七大閉幕後的第三天，中國首顆探月衛星「嫦娥一號」發射成功。十一月二十六日，中國第一幅月圖完美亮相。中國首次月球探測工程的圓滿成功，是繼人造地球衛星、載人航天飛行取得成功之後中國航天事業發展的又一座里程碑，是中華民族在攀登世界科技高峰征程上實現的又一歷史性跨越。

《中國夢——國家富強》系列郵品

二〇〇八年九月二十五日，舉世矚目的北京奧運會、北京殘奧會結束後第八天，中國第三艘載人飛船「神舟七號」成功發射，航天員翟志剛、劉伯明、景海鵬順利升空。九月二十八日傍晚時分，飛船成功降落在內蒙古中部阿木古朗草原上。

「神舟七號」的主要任務是實施中國航天員首次空間出艙活動，同時開展衛星伴飛、衛星數據中繼等空間科學和技術試驗。二十七日，翟志剛身著中國研製的「飛天」艙外航天服，在身著俄羅斯「海鷹」艙外航天服的劉伯明的輔助下，進行了十九分三十五秒的出艙活動。雖然只有近二十分鐘，但它向世界宣告：中國已成為世界上第三個獨立掌握空間出艙關鍵技術的國家。

從「太空飛行」到「太空行走」，這是中國載人航天事業發展史上的又一重要里程碑，是中國人民攀登世界科技高峰的又一偉大壯舉，是中華民族為人類探索利用外層空間作出的又一卓越貢獻。對此，進行過兩次「太空行走」的俄羅斯宇航員托卡列夫認為，實現載人航天是航天史上的里程碑，它集中體現了國家整體科技發展水準，標誌著一個國家在世界航天領域的領先地位。中國目前已經掌握了先進的載人航天技術，而且中國有能力保持航天技術的飛速發展，向世界展示一個迅速崛起的中國。

二〇一〇年九月，中共中央批准載人空間站工程啟動研製建設工作，標誌著中國載人航天工程進入到一個新的歷史發展時期。中國載人空間站工程以空間實驗室為起步和銜接，按空間實驗室和空間站兩個階段實施。二〇一六年前，研製並發射兩個空間實驗室，突破和掌握航天員中期駐留等空間站關鍵技術，開展一定規模的空間應用；二〇二〇年前後，研製並發射核心艙和實驗艙，在軌組裝成六十噸級的載人空間站，突破和掌握近地空間站組合體的建造和運營技術、近地空間長期載人飛行技術並開展較大規模的空間應用。

二〇一一年九月二十九日，中國第一個目標飛行器和空間實驗室「天宮一號」成功發射，為建設探索太空的前哨——永久載人空間站邁出關鍵一步。二〇一一年十一月三日，在地面人員控制下，「天宮一號」實現與「神舟八號」的空間交會對接；二〇一二年六月二十四日，「天宮一號」與「神舟九號」實現手控交會對接，中國成為世界上第三個具備向在軌航天器運送人員和物資能力的國家；二〇一三年六月十三日，「天宮一號」與「神舟十號」完成自動交會對接……

自力更生，自強不息，自主創新，中國航天人走出了一條具有中國特色的載人航天工程發展道路，開啟了一個充滿光榮與夢想的航天時代。在新的歷史起點上，自信、自強、自立的中國人必將在更高的領域、更廣闊的空間，創造中國載人航天事業的新輝煌。

二、「蛟龍」五洋捉鱉

二〇一二年六月二十四日，中國「蛟龍」號深海載人潛水器在西太平洋的馬里亞納海溝試驗海區進行下潛試驗，首次突破七千公尺，成功下潛至七千零二十公尺深度並開展作業。這不僅創造了中國載人深潛的新紀錄，也是世界同類型的載人潛水器的最大下潛深度，標誌著中國具備載人到達全球百分之九十九．八以上的海底進行作業的能力，標誌著中國海底載人科學研究和資源勘探能力達到國際領先水準。「可下五洋捉鱉」的古老夢想，隨著「蛟龍」的探照燈光在這一刻照亮了深海大洋。

巧合的是，就在「蛟龍」號下潛至七千零二十公尺不到四小時後，「天宮一號」與「神舟九號」成功實現手控交會對接。先是「蛟龍」號潛航員在海底向「神舟九號」送上祝福：「祝願景海鵬、劉旺、劉洋三位航天員與天宮一號對接順利！祝願我國載人航天、載人深潛事業取得輝煌成就！」隨後，景海鵬又代表「神舟九號」飛行乘組說：「今天，在我們順利完成手控交會對接任務的時候，喜聞『蛟龍』號創造了中國載人深潛新紀錄，向葉聰、劉開周、楊波三位潛航員致以崇高的敬意，祝願中國載人深潛事業取得新的更大成就！祝願我們的祖國繁榮昌盛！」相隔萬里的海天互動，成了當天中國人最為難忘的一幕。因為這一刻，夢想既高且深，但它就在人們的身邊。

深海潛水器是海洋技術開發的前沿與制高點之一，體現著一個國家的綜合技術力量。開發利用深海能源資源，離不開深海裝載裝備。美國是較早開展載人深潛的國家之一，其建造於一九六四年的「阿爾文」號載人潛水器，可以下潛到四千五百公尺的深海。一九八五年，「阿爾文」號找到泰坦尼克號沉船的殘骸，引起各國的關注。幾十年間，「阿爾文」號先後進行過近五千次下潛，是當今世界上下潛次數最多的載人潛水器。世界最大的載人潛水深度則是美國的里雅斯特號深潛器創造，為一萬零九百一十六公尺。這個紀錄已保持了半個多世紀。

一九八九年，日本建成了下潛深度為六千五百公尺的深海六千五百潛水器，水下作業時間八小時，曾下潛到六千五百二十七公尺深的海底，創造了當時載人潛水器深潛的紀錄。而今，深海六千五百潛水器已經下潛了一千多次，對六千五百公尺深的海洋斜坡和大斷層進行了調查，並對地震、海嘯等進行了研究。

二〇〇〇年前後，國際海底區域競爭形勢越來越激烈。究其原因，在於大陸資源日益枯竭，海洋正在成為人類解決資源短缺、拓展生存發展空間的戰略必爭之地。有鑑於此，中國大洋協會組織各方專家以及政府部門負責人進行深入論證，達成研發載人深潛器的共識，形成了需求論證報告。二〇〇二年，科技部將「蛟龍」號深海載人潛水器研製列為「八六三計劃」重大專項，啟動了「蛟龍」號載人深潛器的研製工作。

在中國國家海洋局組織實施下，全國一百多家科研單位經過歷時七載的聯合攻關、自主設計、集成創新，「蛟龍」號潛水器相繼實現了耐壓結構、生命保障、遠程水聲通訊、系統控制等關鍵技術的突破。「蛟龍」號長、寬、高分別是八·二公尺、三·〇公尺與三·四公尺，在空氣中重量不超過二十二噸。它的外形像一條鯊魚，有著白色圓圓的「身體」、橙色的「頭頂」，身後裝有一個X形穩定翼，在X的四個方向各有一個導管推力器。它的有效負載是兩百二十公斤（不包括乘員重量）；最大速度為每小時二十五海里，巡航每小時一海里；載員三人；正常水下工作時間十二小時。

「蛟龍」號全部由中國工程技術人員自主完成，是一條地地道道的「中國龍」。相比國際上現有的大深度載人潛水器，「蛟龍」號在技術上有很多過人之處。它具有針對作業目標穩定的懸停定位能力，為完成高精度作業任務提供了可靠保障；具有先進的水聲通信和海底微地形地貌探測能力，可以高速傳輸

「蛟龍號」是中國自行設計、擁有自主知識產權的第一台深海載人潛水器

圖像和語音，探測海底的小目標；充油銀鋅蓄電池與國外同類潛水器相比，容量是最大的，從而保證了在水下的作業時間；配備了多種高性能作業工具，確保載人潛水器在特殊的海洋環境或海底地質條件下完成保壓取樣和潛鑽取芯等複雜任務。

從二〇〇九年八月開始，「蛟龍」號先後組織開展一千公尺級和三千公尺級海試工作。二〇一〇年五月三十一日至七月十八日，「蛟龍」號在中國南海三千公尺級海上試驗中取得巨大成功，共完成十七次下潛，其中七次穿越兩千公尺深度，四次突破三千公尺，最大下潛深度達到三千七百五十九公尺。超過全球海洋平均深度三千六百八十二公尺，並創造水下和海底作業九小時零三分的紀錄，驗證了「蛟龍」號在三千公尺級水深的各項性能和功能指標。

二〇一一年七月，「蛟龍」號成功進行多次下潛試驗。二十一日，「蛟龍」號達到四千零二十七公尺左右，突破去年創下的三千七百五十九公尺紀錄。二十六日，成功突破五千公尺水深，最大深度達到五千零五十七公尺。二十八日，最大下潛深度五千一百八十八公尺。三十日，「蛟龍」號完成下潛並在海底佈放中國大洋協會的標誌和一尊木雕的中國龍，然後順利返回到「向陽紅〇九」母船，歷時近九個小時的下潛取得圓滿成功。這幾次海上試驗，充分驗證了蛟龍號的各項功能和性能，展示了良好的應用前景，並鍛煉和培養了中國的深海研發試驗隊伍。

中國擁有一萬八千公里海岸線和三百萬平方公里的管轄海域。「蛟龍」號載人潛水器研製和海試成功，奏響了從「海洋大國」邁向「海洋強國」的序曲。它實現了中國深海裝備和深海技術的重大進步，是中國建設創新型國家的新成就，對於促進海洋科技發展，提升認識海洋、保護海洋、開發海洋的能力，推動中國從海洋大國向海洋強國邁進，將產生重大而深遠的影響。

「世上無難事，只要肯登攀。」二〇一三年六月十日，搭載中國「蛟龍」號載人潛水器的「向陽紅〇九」試驗母船從江蘇江陰蘇南國際碼頭起航，遠赴南海和太平洋開展為期一百一十三天、分為三個航段的試驗性應用航次任務：第一個航段赴南海執行任務，共四十三天，主要在南海特定海域開展長基線的定位系統的實驗；第二航段共四十二天，主要在東北太平洋多金屬結核勘探合同區進行海底調查和取樣；第三航段共二十八天，計劃在西北太平洋富鈷結殼資源勘探區開展近底測量和取樣。未來，「蛟龍」號的使命還包括運載科學家和工程技術人員進入深海，在海山、洋脊、盆地和熱液噴口等複雜海底有效執行各種海洋科學考察任務，開展海底高精度地形測量、可疑物探測和捕獲等工作，並執行水下設備定點佈放、海底電纜和管道的檢測以及其他深海探詢及打撈等各種複雜作業。這恰如「蛟龍」號海試團隊中傳唱的那首英國詩人約翰．梅斯菲爾德的詩歌：

我定要重返大海，
去實現那奔湧的潮汐所召喚的夢想，
那不羈的召喚、不爭的使命，無法違抗；
我只求海風勁吹、白雲翱翔，
我只求浪花跳躍、白沫翻飛、鷗鳥歡唱。

三、「高鐵」馳騁大地

進入改革開放新時期，中國交通運輸業快速發展。然而，隨著公路、水運、民航的崛起，長期在綜合交通運輸中佔骨幹地位的中國鐵路，卻一直低位徘徊。到了二十一世紀，列車平均時速僅為六十二公里，人均鐵路只有五．五公分，客車裝備製造水準也僅僅相當於已開發國家二十世紀七〇年代的水準。

於是，買票難、運貨難，似乎成為一種常態。

這個時候，德國、法國、日本等國高速鐵路已日臻成熟，但很多中國人並不知道高鐵為何物。在行業內部，對「中國要不要建設高速鐵路」、「用什麼技術修建高速鐵路」這樣的問題也充滿著爭論。一九九〇年，從京滬高速鐵路構想提出開始，各方唇槍舌劍，爭執了十餘年。

時間的推移，讓中國鐵路越來越難以滿足經濟社會發展的需求。「窮則思變」，中國鐵道部根據中共中央、國務院的要求，以破解運量和運力這個最主要矛盾為突破口，在二〇〇三年提出了跨越式發展的構想。二〇〇四年一月，中國國務院常務會議討論並原則通過歷史上第一個《中長期鐵路網規劃》，繪就了超過一萬兩千公里「四縱四橫」快

中長期鐵路網規劃圖

速客運專線網。

動車組是尖端技術的高度集成，涉及動車組總成、車體、轉向架、牽引變壓器、牽引變流器等九大關鍵技術以及十項配套技術，涉及五萬個零部件。二〇〇四年至二〇〇五年，中國南車青島四方、中國北車長客股份和唐車公司先後從加拿大龐巴迪、日本川崎重工、法國阿爾斯通和德國西門子引進技術，聯合設計生產高速動車組。

歷經三年磨礪，一百四十對時速兩百公里以上的國產動車組，終於在二〇〇七年四月十八日全國鐵路第六次大提速時首次閃亮登場，中國從此有了屬於自己的高速列車。隨後，時速三百至三百五十公里的動車組研製工作啟動。在兩年的時間裡，中國鐵路人依靠自己的聰明才智，在轉向架技術、空氣動力學技術、制動技術、牽引傳動技術、列車網路控制技術等方面實現了一項項突破，讓時速三百五十公里的高速列車在大地上風馳電掣。

二〇一一年六月七日，一列正在試運行的 CRH380B 京滬高鐵動車駛離上海虹橋站。當日零點起，京滬高鐵開始全線按照開通運營時刻表進行試運行

二〇〇八年二月二十六日，中國鐵道部和科技部簽署了《中國高速列車自主創新聯合行動計劃合作協議》，共同研發運營時速三百八十公里的新一代高速列車，最高運營速度將比德國、法國的高速列車快六十公里，比日本新幹線快八十公里，節能環保和綜合舒適性也高人一籌。這意味著，中國鐵路要衝擊世界高鐵的制高點。

二〇〇八年八月一日，京津城鐵開通運營。對從北京去天津的老百姓來說，有了兩種選擇。一是在北京站乘坐普通快車，一小時五十一分到天津。二是在北京南站乘坐京津城際高鐵，三十分鐘後到天津。八十一分鐘的時差和兩百多公里的速度差，是老百姓對高速鐵路最直觀的感性認識。

二〇〇九年十二月二十六日，武廣高鐵通車，使得武漢至廣州間旅行時間由原來的約十一小時縮短到三小時左右，長沙到廣州直達僅需兩小時。這條客運專線也以橋樑六百八十四座四百六十八公里、隧道兩百二十六座一百七十七公里的建設難度，創下了當時已建世界高速鐵路之最。

二〇一一年六月三十日，正線全長一千三百一十八公里的京滬高鐵正式開通運營，從北京到上海最短旅行時間僅四小時四十八分。它將京津冀和長三角兩個經濟圈快速聯繫起來，有助於兩大經濟圈的優勢互補，可以進一步加強長三角地區的經濟輻射作用，推動環渤海以及沿線地區的聯動發展。

二〇一二年十二月二十六日，京石、石武、武廣高鐵全線貫通，組成京廣高鐵，全程兩千兩百九十八公里，成為世界上運營里程最長的高速鐵路。它使北京到石家莊、武漢、廣州的列車運行時間分別縮短為一小時、四小時與八小時。「上午羊城看花，夜晚京城賞月」，不再遙不可及。這條大動脈連接的環渤海經濟圈、中原經濟區、武漢都市圈、長株潭城市圈、珠三角經濟區等區域，是中國經濟最活躍、人口密度最大的地區，形成了一條「高鐵經濟帶」。

京津、武廣、京滬、京廣……從無到有，不斷延伸的高鐵線不僅壓縮了時空，方便了群眾，也為沿線地區經濟社會快速發展創造了新的巨大可能。根據中國中長期鐵路網規劃，「四縱四橫」客運專線將成為連接大城市的快速通道。

四縱：

北京—上海客運專線，貫通京津至長江三角洲東部沿海經濟發達地區；

北京—武漢—廣州—深圳客運專線，連接華北和華南地區；

北京—瀋陽—哈爾濱（大連）客運專線，連接東北和關內地區；

上海—杭州—寧波—福州—深圳客運專線，連接長江、珠江三角洲和東南沿海地區。

四橫：

徐州—鄭州—蘭州客運專線，連接西北和華東地區；

杭州—南昌—長沙—貴陽—昆明客運專線，連接西南、華中和華東地區；

青島—石家莊—太原客運專線，連接華北和華東地區；

南京—武漢—重慶—成都客運專線，連接西南和華東地區。

短短幾年間，中國已經是世界上高速鐵路系統技術最全、集成能力最強、運營里程最長、運行速度最高、在建規模最大的國家。到二〇二〇年，中國高速鐵路總規模將達一萬八千公里。從北京出發，到絕大部分省會城市時間為一小時至八小時，上海、鄭州、武漢等中心城市到周邊城市僅半小時至一小時。

中國高鐵的大發展，也讓中國人民和世界人民真真切切地感受到了中國的發展變化。著名攝影師王福春曾經是一名鐵道工人。從一九七八年到二〇〇〇年二十多年間，他用自己獨特的視角和非凡的毅力，拍攝出一部《火車上的中國人》，跟蹤記錄了車廂裡的人生百態，引起了國際攝影界的關注。

二〇一四年一月十七日，由中國鐵建總承包建設的土耳其安卡拉至伊斯坦布爾高速鐵路二期主體工程宣告完工，中國企業在海外承建的第一條高速鐵路進入通車倒計時。圖為熱滑試驗列車快速通過土耳其安伊高鐵三十六號隧道

如今，中國高鐵正悄然改變著中國人的生活，中國鐵路也完成了一個華麗轉身，從一個不起眼的追趕者變成了世人關注的領跑者。截至二〇一〇年底，中國已和五十多個國家和地區建立了高速鐵路合作關係，總合同額達兩百六十億美元。二〇一一年一月二十五日，美國總統奧巴馬在二〇一一年度國情咨文中表示，中國正在建設比美國更快的鐵路和更新的機場，美國應把中國當作榜樣。

回望百年歷史，從詹天祐主持修建第一條由中國人自主設計施工與管理的幹線鐵路——京張鐵路開始，鐵路這個工業革命的產物在中國走過了一條不平凡的道路。從不知火車為何物，到自主修建製造自己的鐵路與機車，再到自主研發創造世界領先的「高鐵」，一部中國鐵路發展史，生動地見證了中國的復興進程。

一九七八年，鄧小平在日本考察高速

鐵路時，曾感慨地說：「像風一樣快，我們現在很需要跑！」這是一代偉人對鐵路發展、國家騰飛的期盼。如今，中國高鐵，中國速度，穿越時空，勇往直前，日夜兼程地書寫著奔向民族復興的光輝篇章。

對此，一位詩人這樣寫道：

長虹飛架，龍舞雲翔，
那動聽的汽笛啊，叩擊著多少人的心房，
歷經百年的中國火車，
今天啊，第一次跑在了世界的前方！

第十一章

共築夢想

歷史的車輪，總是在永不停息的奮進中留下人類社會發展新印記。

宏偉的事業，總是在一代代共產黨人的奮鬥中不斷開創出新局面。

中共十八大以來，以習近平為總書記的中共中央，圍繞堅持和發展中國特色社會主義，實現中華民族偉大復興的中國夢，提出了許多新思想、新觀點、新論斷、新要求，帶領中國共產黨和全國各族人民與時俱進、頑強奮鬥，繼續解放思想，堅持改革開放，推動社會主義經濟建設、政治建設、文化建設、社會建設以及生態文明建設和黨的建設取得新的豐碩成果，在中華民族偉大復興征途上鐫刻下新的歷史標注。

第一節 為實現中國夢而奮鬥

在中國改革開放和現代化建設踏上新徵程的重要時刻，在中國國家博物館這個中華民族歷史文化的殿堂，在參觀大型展覽《復興之路》這一極具象徵意義的活動中，中共中央總書記習近平向全世界莊嚴提出了中國夢。這個既生動形象又富有感召力的新概念一經提出，立即在國內外產生了重大的影響，人民群眾熱議中國夢，社會輿論聚焦中國夢，國際社會關注中國夢。

中國夢昭示著國家富強、民族振興、人民幸福的美好前景，表達了全體中華兒女的共同理想，點燃了億萬炎黃子孫的心中激情，成為中國走向未來的鮮明指引。在十二屆全國人大一次會議閉幕會上的講話中，習近平總書記進一步指出，實現中國夢必須走中國道路，必須弘揚中國精神，必須凝聚中國力量。這「三個必須」，為實現中國夢指明了方向。

一、最偉大的夢想

二〇一二年十一月八日，舉世矚目的中共十八大在北京召開。在《堅定不移沿著中國特色社會主義道路前進，為全面建成小康社會而奮鬥》這份政治報告中，胡錦濤向黨內外、國內外鮮明宣示，中國共產黨將舉什麼旗、走什麼路、以什麼樣的精神狀態、朝著什麼樣的目標繼續前進，這就是：「高舉中國特色社會主義偉大旗幟，以鄧小平理論、「三個代表」重要思想、科學發展觀為指導，解放思想，改革開放，凝聚力量，攻堅克難，堅定不移沿著中國特色社會主義道路前進，為全面建成小康社會而奮鬥。」

十一月十五日，中共十八屆一中全會結束後，新當選的中共中央政治局常委習近平、李克強、張德江、俞正聲、劉雲山、王岐山、張高麗會見中外記者。中共中央總書記習近平發表講話：「衷心感謝全黨同志對我們的信任。我們一定不負重託，不辱使命！」「我們的責任，就是要團結帶領全黨全國各族人民，接過歷史的接力棒，繼續為實現中華民族偉大復興而努力奮鬥，使中華民族更加堅強有力地自立於世界民族之林，為人類作出新的更大的貢獻。」

兩個星期後，十一月二十九日，中共新一屆中共中央政治局常委一起來到中國國家博物館，參觀《復興之路》基本陳列。這是他們走出人民大會堂、走出中南海的第一次集體亮相。這個具有象徵性意義的「第一次」，吸引了國內外的關注。

《復興之路》展覽生動詮釋了近代一百多年來中國人民追尋民族復興的歷史旅程。在參觀過程中，習近平用「雄關漫道真如鐵」、「人間正道是滄桑」、「長風破浪會有時」三句詩詞，精闢

二〇一二年十一月八日，中國共產黨第十八次全國代表大會在北京開幕

地概述了中華民族的昨天、今天和明天，並結合社會上熱議的「中國夢」。語重心長地說：「現在，大家都在討論中國夢。我以為，實現中華民族的偉大復興，就是中華民族近代最偉大的中國夢。因為這個夢想，它是凝聚和寄託了幾代中國人的夙願，它體現了中華民族和中國人民的整體利益，它是每一個中華兒女的一種共同期盼。」他強調：「空談誤國，實幹興邦。我們這一代共產黨人一定要承前啟後、繼往開來，把我們的黨建設好，團結全體中華兒女把我們國家建設好，把我們民族發展好，繼續朝著中華民族偉大復興的目標奮勇前進。」

「雄關漫道真如鐵」、「人間正道是滄桑」，分別出於毛澤東的《憶秦娥．婁山關》、《七律．人民解放軍佔領南京》，雖然前後的語境不同，但都表達了革命道路的艱難曲折，展現了共產黨人的頑強意志。習近平引用這兩句詩詞，既生動貼切，又寓意深遠。從中，我們可以領略共產黨人的光榮與夢想，可以體會共產黨人的從容氣度和豪邁情懷，也可以感受共產黨人對「長風破浪會有時」的堅定決心和勝利信心。

一八四〇年鴉片戰爭的炮聲，徹底粉碎了晚清王朝「天朝上國」的美夢。在帝國主義列強的鐵蹄踐踏下，中國逐步淪為半殖民地半封建社會，中華民族被視為「東亞病夫」任人宰割。國家山河破碎、戰

人民英雄紀念碑上的虎門銷煙浮雕

亂不已，人民飢寒交迫、備受奴役。爭取民族獨立、人民解放，並在此基礎上實現國家富強、人民富裕，成為中國人民必須完成的歷史任務，成為中華民族偉大復興的核心內容。

從孫中山第一個喊出「振興中華」的口號，並領導辛亥革命摧毀專制帝制，到毛澤東帶領中國共產黨和中國人民推翻「三座大山」，創建中華人民共和國、建立社會主義制度，再到鄧小平、江澤民、胡

一九四五年九月二日，泊於東京灣的美國戰艦密蘇里號上，在包括中國在內的九個受降國代表注視下，日本在投降書上簽字

一九四五年九月九日，中國戰區日軍投降簽字儀式在南京舉行

錦濤一代又一代共產黨人攻堅克難，開闢和發展中國特色社會主義……一部中國近現代史，迴響著中華民族偉大復興的最強聲。

「寶劍鋒從磨礪出，梅花香自苦寒來。」不懈的探索和追尋，無數的鮮血和汗水，光榮與夢想，責任與擔當，一代代中國共產黨人肩扛使命，立足實踐，把馬克思主義與中國實際相結合，開拓出中華民族的復興道路。沿著這條道路，中華民族已經實現了民族獨立和人民解放，中國人民已經實現了由溫飽到小康的歷史性跨越。

在新的歷史起點上，中共十八大提出了「兩個一百年」奮鬥目標：到二〇二〇年，在中國共產黨成立一百年的時候，實現國內生產總值和城鄉居民人均收入比二〇一〇年翻一番，全面建成小康社會；到本世紀中葉，也就是中華人民共和國成立一百年的時候，全面建成富強、民主、文明、和諧的社會主義現代化國家。

中國夢和「兩個一百年」奮鬥目標是緊密相連，有機結合在一起的。習近平在第十二屆全國人民代表大會第一次會議上指出：「實現全面建成小康社會、建成富強民主文明和諧的社會主義現代化國家的奮鬥目標，實現中華民族偉大復興的中國夢，就是要實現國家富強、民族振興、人民幸福，既深深體現了今天中國人的理想，也深深反映了我們先人們不懈追求進步的光榮傳統。」這告訴我們，中國夢的核心內涵是「中華民族偉大復興」，基本內涵是完成「兩個一百年」奮鬥目標，實現「國家富強、民族振興、人民幸福」。

國泰則民安，民富則國強。中國夢的最大特點，就是把國家利益、民族利益和每個人的具體利益緊緊聯繫在一起，體現了中華民族固有的「家國天下」情懷。中國夢的提出，既體現了中國共產黨高度的歷史擔當和使命追求，又反映了一代又一代中國人的美好夙願，從而指明了全黨全國各族人民共同的奮鬥目標，成為一面引領全國各族人民實現「兩個一百年」奮鬥目標的精神旗幟。也因為如此，中國夢成為國際社會觀察中國未來走向的關鍵詞彙，引發了來自各國政要、學者和媒體的「世界迴響」。

奈及利亞前總統奧巴桑喬說，中國夢不是政治口號，它勾畫出了一個完全可以實現的願景，很值得非洲學習。泰國前副總理功．塔帕朗西說，中共新一屆中央領導集體向世界顯示了帶領中國走向繁榮、實現民族復興的決心和能力。俄羅斯科學院遠東研究所中國政治研究中心高級研究員亞歷山大．拉林說，中國夢準確地闡釋了當今人類的理想與追求，具有普遍性。德國漢學家、民族學家南因果博士認為，中國夢是屬於世界的，也是由億萬個普通中國人的個人夢想匯集而成的。美國未來學家、《中國大趨勢》作者約翰．奈斯比指出，強大的中國領導層，以及受過良好教育的眾多黨員，正利用千載難逢的機會按照自己的想法打造中國夢。韓國中國政經文化研究院理事長李映周說，相信中國人民在新一屆領導人的帶領下，會更加團結，民族自信心會更強。比利時《華商時報》社長羅玉宏認為，中央領導集體重溫歷史，表明中國共產黨要銘記歷史、發憤圖強的民族責任感和堅定不移走中國特色社會主義道路的使命感。蘇丹國家電視台網站評論，中共十八大提出了中國向強國過渡的「路線圖」，而新任領導人的關鍵詞是「中華民族的復興」……

回望八十多年前的一九三〇年一月五日，當中國革命處在低潮、黨內存在悲觀思想時，毛澤東在《星星之火，可以燎原》中用詩一樣的語言展望革命高潮的到來：「它是站在海岸遙望海中已經看得見桅桿尖頭了的一隻航船，它是立於高山之巔遠看東方已見光芒四射噴薄欲出的一輪朝日，它是躁動於母腹中的快要成熟了的一個嬰兒。」

今天，我們在中國特色社會主義道路上闊步前進，「我們比歷史上任何時期都更接近中華民族偉大復興的目標，比歷史上任何時期都更有信心、有能力實現這個目標」。只要我們緊密地團結在以習近平為總書記的中共中央周圍，毫不動搖地堅持和發展中國特色社會主義，永遠保持逢山開路、遇水架橋的精神，頑強拚搏、紮實工作、開拓進取，就一定能夠實現中華民族偉大復興的中國夢。

二、堅持中國道路

二〇一三年六月二十五日，中共中央政治局就中國特色社會主義理論和實踐進行第七次集體學習。習近平總書記在主持學習時指出：「無論搞革命、搞建設、搞改革，道路問題都是最根本的問題。」「我們能夠創造出人類歷史上前無古人的發展成就，走出了正確道路是根本原因。」他還以深遠的歷史視野和寬廣的世界眼光，指出這條正確道路就是中國特色社會主義道路，強調實現中華民族偉大復興的中國夢，「最關鍵的是堅定不移走這條道路、與時俱進拓展這條道路」。

——中國特色社會主義道路是在改革開放三十多年的偉大實踐中走出來的。

中共十一屆三中全會後，以鄧小平為核心的第二代中央領導集體，深刻總結中國社會主義建設正反兩方面的經驗，同時藉鑑世界社會主義建設的經驗教訓，圍繞「什麼是社會主義、怎樣建設社會主義」的問題，深刻揭示了社會主義本質，確立了「一個中心，兩個基本點」的社會主義初級階段基本路線，吹響了走自己的路、建設中國特色社會主義的時代號角，成功地開闢了一條中國特色社會主義道路。

從十三屆四中全會到十六大的十三年間，以江澤民為核心的中共第三代中央領導集體，始終堅持黨的基本理論、基本路線，在國內外政治風波、經濟風險、自然災害等嚴峻考驗面前，成功地捍衛了中國特色社會主義。同時，依據新的實踐經驗，確立黨的基本綱領、基本經驗，創建社會主義市場經濟新體制，開創全面開放新局面，推進黨的建設新的偉大工程，進一步拓展了中國特色社會主義道路。

從十六大到十八大的十年時間裡，以胡錦濤為總書記的中共中央，抓住新世紀新階段的重要戰略機遇期，在全面建設小康社會進程中推進實踐創新、理論創新、制度創新，強調堅持以人為本、全面協調可持續發展，提出構建社會主義和諧社會、加快生態文明建設，推進黨的執政能力建設和先進性建設，形成中國特色社會主義事業總體佈局，成功地在新的歷史起點上拓展了中國特色社會主義道路。

十八大以來，以習近平為總書記的中共中央，把握時代潮流，立足國情實際，順應人民期待，對世界社會主義五百年歷史特別是中國建設社會主義的歷史進行了新總結，進一步回答了開創和發展中國特色社會主義的歷史必然性，強調要做到倍加珍惜、始終堅持、不斷發展中國特色社會主義道路。

「歷盡天華成此景，人間萬事出艱辛。」中國共產黨帶領全國各族人民開創的中國特色社會主義道路，正是中國

一九八二年九月，鄧小平在中共十二大上致開幕詞，提出「走自己的道路，建設有中國特色的社會主義」

走向富強、民主、文明、和諧之路。對此，英國智庫倫敦外交政策研究中心二〇〇四年五月發表的研究報告《北京共識：提供新模式》，認為中國通過努力、主動創新和大膽實踐，摸索出一個適合本國國情的發展模式。曾經提出「歷史終結論」的美國學者福山也改變了自己的觀點，認為「中國模式」的有效性證明，「西方自由民主並非人類歷史進化的終點。人類思想寶庫要為中國傳統留有一席之地」。

——中國特色社會主義道路是在中華人民共和國成立六十多年的持續探索中走出來的。

以十一屆三中全會為標誌，新中國的歷史可以分為改革開放前、改革開放後兩個時期。中國特色社會主義道路雖然是在改革開放後走出來的，但它與改革開放前的社會主義革命與建設並不是完全脫離的。相反，以毛澤東為核心的第一代中央領導集體，帶領全國各族人民建立新中國，繼而在千瘡百孔、一窮二白的爛攤子上，進行了社會主義改造，確立了社會主義基本制度，並艱辛探索符合中國實際的社會主義建設道路，為改革開放新時期開創中國特色社會主義道路提供了寶貴經驗、理論準備、物質基礎。

「艱難困苦，玉汝於成。」這是一切正義事業勝利的邏輯。從成功中吸取經驗，從失誤中吸取教訓，不斷開闢正確的道路，這就是中國共產黨從勝利走向勝利的邏輯。改革開放前後兩個歷史時期，雖然在進行社會主義建設的思想指導、方針政策、實際工作上有很大差別，但是從本質上說都是中國共產黨領導人民進行社會主義建設的實踐探索。前者為後者奠定了基礎，後者是對前者的飛躍。正因為如此，在一九八〇年起草中國共產黨第二個歷史決議時，鄧小平深刻地總結指出：「從許多方面來說，現在我們還是把毛澤東同志已經提出、但是沒有做的事情做起來，把他反對錯了的改正過來，把他沒有做好的事情做好。今後相當長的時期，還是做這件事。當然，我們也有發展，而且還要繼續發展。」

正確認識改革開放前後兩個歷史時期的辯證統一關係，要求我們決不能把它們彼此割裂開來，更不能把它們根本對立起來，而是要始終做到兩個不能否定：既不能用改革開放後的歷史時期否定改革開放前的歷史時期，也不能用改革開放前的歷史時期否定改革開放後的歷史時期。我們要堅持實事求是的思想路線，分清主流和支流，堅持真理，修正錯誤，發揚經驗，吸取教訓，在這個基礎上走好中國特色社會主義道路，把中國特色社會主義事業繼續推向前進。

——中國特色社會主義道路是在對近代以來一百七十多年中華民族發展歷程的深刻總結中走出來的。

十九世紀四〇年代，世界上發生了兩件大事：一件是一八四〇年鴉片戰爭爆發，中國走向衰落；另一件是一八四八年《共產黨宣言》發表，馬克思主義誕生。這兩件事在當時看來，似乎沒有多少聯繫，但後來卻與中國的命運密切相關。

面對鴉片戰爭後「千年未有之變局」，無數仁人志士開始了尋找救亡圖存、強國富民道路的漫長探索。然而，洋務運動、戊戌變法、辛亥革命相繼失敗，從西方引進的各種思想和主義都沒有成功。諸路皆走不通之後，中國的先進分子選擇了馬克思主義，匯集到社會主義旗幟下。從此，中國共產黨人把完成民族復興的歷史使命與實現馬克思主義的崇高理想結合起來，一步步艱辛而執著地走著，終於在苦難中創造了輝煌。

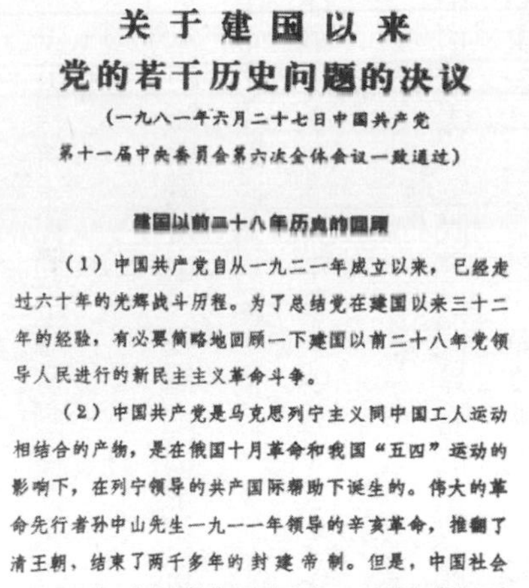
关于建国以来
党的若干历史问题的决议
（一九八一年六月二十七日中国共产党
第十一届中央委员会第六次全体会议一致通过）

建国以前二十八年历史的回顾

（1）中国共产党自从一九二一年成立以来，已经走过六十年的光辉战斗历程。为了总结党在建国以来三十二年的经验，有必要简略地回顾一下建国以前二十八年党领导人民进行的新民主主义革命斗争。

（2）中国共产党是马克思列宁主义同中国工人运动相结合的产物，是在俄国十月革命和我国“五四”运动的影响下，在列宁领导的共产国际帮助下诞生的。伟大的革命先行者孙中山先生一九一一年领导的辛亥革命，推翻了清王朝，结束了两千多年的封建帝制。但是，中国社会的半殖民地、半封建性质并没有改变。无论是当时的国民

—1—

一九八一年六月，中共十一屆六中全會通過《關於建國以來黨的若干歷史問題的決議》，實事求是地評價了毛澤東的歷史地位，充分論述了毛澤東思想作為黨的指導思想的偉大意義；肯定了十一屆三中全會以來逐步確立的一條適合中國情況的社會主義現代化建設的正確道路

歷史是最好的老師。從近代以來一百七十多年中華民族的發展歷程中，不難得出一個結論：「我們偉大的祖國經歷了刻骨銘心的磨難，我們偉大的民族進行了感天動地的奮鬥，我們偉大的人民創造了彪炳史冊的偉業。」這也啟示我們，一個政黨要興旺，一個國家要發展，一個民族要振興，都必須找到一條適合自己國情、符合時代要求、反映人民意願的發展道路。現在，我們所處的階段，比歷史上任何時期都接近民族復興的目標，同樣也是實現民族復興的關鍵時期。只要我們堅定不移地走中國特色社會主義道路，就一定能夠戰勝前進道路上的各種艱難險阻，就一定能夠在不久的將來實現民主復興的偉大目標。

——中國特色社會主義道路是在對中華民族五千多年悠久文明的傳承中走出來的。

馬克思說過一句名言，要瞭解一個限定的歷史時期，必須跳出它的局限，把它與其他歷史時期相比較。理解中國特色社會主義道路，我們也需要歷史和現實交匯的眼光，回溯五千多年連綿不斷的中華文明史，從中汲取營養，從中得到啟示。正如毛澤東在一九三八年六屆六中全會上所說：「今天的中國是歷史的中國的一個發展；我們是馬克思主義的歷史主義者，我們不應當割斷歷史。從孔夫子到孫中山，我們應當給以總結，承繼這一份珍貴的遺產。」

中華民族是具有非凡創造力的民族。在幾千年的滄桑歲月中，我們走出了符合國情的發展道路，創造了博大精深的中華文化，為人類文明進步作出了不可磨滅的貢獻。而且，與我們並稱為世界四大文明的古代埃及文明、兩河文明、印度文明，後來都中斷了，唯有中華文明五千多年來一脈相承從未中斷，一直延續到今天。

更重要的是，共同經歷的非凡奮鬥，共同創造的美好家園，共同培育的民族精神，共同堅守的理想信念，將中國五十六個民族十三億多人緊緊地凝聚在一起。這是中華文明的重要標誌，是中華民族的寶貴財富。當前，實現中華民族偉大復興的中國夢，昭示著國家富強、民族振興、人民幸福的美好前景，既深深體現了今天中國人的理想，也深深反映了我們先輩不懈奮鬥追求進步的光榮傳統。

俗話說，鞋子合不合腳，自己穿了才知道。一個國家的發展道路合不合適，只有這個國家的人民才最有發言權。正如一棵大樹上沒有完全一樣的兩片樹葉一樣，天下沒有四海皆準的經驗，也沒有一成不變的發展模式。始終堅持走自己的路，是中華民族的優良傳統，也是中華文明綿延不斷的重要原因。

道路連接過去，通向未來，指引方向，更決定命運。實現中國夢，必須走中國道路，這就是符合當代中國實際的發展道路——中國特色社會主義道路。同歷史上其他時期一樣，只要我們沿著這條道路堅定不移地走下去，用自己的勤勞和智慧為中國夢不懈奮鬥，就一定能夠夢想成真。

三、弘揚中國精神

一九三五年十二月，在民族危難、抗日救亡之際，毛澤東宣示：「我們中華民族有同自己的敵人血戰到底的氣概，有在自力更生的基礎上光復舊物的決心，有自立於世界民族之林的能力。」這樣的氣概，這樣的決心，這樣的能力，有一個強大的支撐，就是偉大的中國精神！何為中國精神？這就是以愛國主義為核心的民族精神，以改革創新為核心的時代精神。這種精神是凝心聚力的興國之魂、強國之魂。實現中國夢，必須弘揚中國精神，用中國精神振奮起全民族的「精氣神」，不斷增強團結一心的精神紐帶、自強不息的精神動力，永遠朝氣蓬勃邁向未來。

——以愛國主義為核心的民族精神，始終是把中華民族堅強團結在一起的精神力量。

在中華民族幾千年綿延發展的歷史長河中，愛國主義始終是激昂的主旋律，始終是激勵中國各族人民自強不息的強大力量。古人所說的「先天下之憂而憂，後天下之樂而樂」的政治抱負，「位卑未敢忘憂國」、「苟利國家生死以，豈因禍福避趨之」的報國情懷，「人生自古誰無死，留取丹心照汗青」、「鞠躬盡瘁，死而後已」的獻身精神等，都體現了愛國主義的民族精神，我們都應該繼承和發揚。

近現代以來，為了改變半殖民地半封建社會的地位，為了追求民族獨立和人民解放，一代又一代仁人志士前赴後繼，拋頭顱、灑熱血，靠的就是愛國主義的精神，為的就是實現報效祖國的理想。儘管他們也知道，自己追求的理想並不會在自己手中實現，但他們堅信，一代又一代人持續努力，一代又一代人為此作出犧牲，崇高的理想就一定能實現。二〇一四年九月三日，習近平在紀念中國人民抗日戰爭暨世界反法西斯戰爭勝利六十九週年座談會上指出：「古往今來，任何一個有作為的民族，都以自己的獨特精神著稱於世。愛國主義是中華民族精神的核心。近代以來，中國人民為爭取民族獨立和解放進行的一系列抗爭，就是中華民族覺醒的歷史進程，就是中華民族精神昇華的歷史進程。

可以說，愛國主義精神是中華民族強勁的內生動力，不管遇到多大的困難，人們都不會氣餒，而是繼續奮鬥，直到成功。正如學者柏楊在《中國人史綱》中寫道：「中國像一個巨大的立方體，在排山倒海的浪潮中，它會傾覆，但在浪潮退去後仍頑強地矗立在那裡，以另一面正視世界，永不消失、永不沉沒。」

中國共產黨自成立之日起就承擔起了爭取民族獨立、人民解放和實現國家富強、人民幸福的歷史任務。經過艱苦卓絕的鬥爭，終於推翻封建主義、帝國主義、官僚資本主義，結束舊中國一盤散沙的局面，實現國家統一和各民族空前團結，為振興中華打下堅實基礎。這充分體現了愛國主義的深厚情懷。

新中國成立後，在中國共產黨的領導下，全國各族人民積極投身社會主義現代化強國的建設洪流，湧現出了「高爐衛士」孟泰、「鐵人」王進喜、「兩彈元勳」鄧稼先、「知識分子的傑出代表」蔣築英、「寧肯一人髒，換來萬人淨」的時傳祥等一大批先進模範。為了迅速甩掉中國「貧油落後」的帽子，王進喜以「寧肯少活二十年，拚命也要拿下大油田」的氣概，帶領石油工人為中國石油工業發展頑強拚搏，「鐵人精神」、「大慶精神」成為激勵各族人民意氣風發投身社會主義建設的強大精神力量。

二〇一三年四月二十八日，習近平在同全國勞動模範代表座談時，強調「勞動模範是民族的菁英、人民的楷模」，「長期以來，廣大勞模以平凡的勞動創造了不平凡的業績，鑄就了『愛崗敬業、爭創一流，艱苦奮鬥、勇於創新，淡泊名利、甘於奉獻』的勞模精神，豐富了民族精神和時代精神的內涵，是我們極為寶貴的精神財富」，必須大力弘揚勞模精神、發揮勞模作用。

弘揚勞模精神、發揮勞模作用，最重要的就是像勞模那樣投身於現代化建設，為建設中國特色社會主義發揮積極作用。二〇一三年七月十七日，習近平在中國科學院考察工作時，進一步指出：「具有強烈的愛國情懷，是對我

在甘肅康縣國防教育基地，同學們在接受國防形勢教育

國科技人員第一位的要求。科學沒有國界，科學家有祖國。廣大科技人員要牢固樹立創新科技、服務國家、造福人民的思想，把科技成果應用在實現國家現代化的偉大事業中，把人生理想融入為實現中華民族偉大復興的中國夢的奮鬥中。」

二〇一三年十月二十一日，習近平在歐美同學會成立一百週年慶祝大會上，也用生動形象的比喻道出了愛國報國的重要性：「不論樹的影子有多長，根永遠紮在土裡；不論留學人員身在何處，都要始終把祖國和人民放在心裡。」「希望廣大留學人員繼承和發揚留學報國的光榮傳統，做愛國主義的堅守者和傳播者」，「始終把國家富強、民族振興、人民幸福作為努力志向，自覺使個人成功的果實結在愛國主義這棵常青樹上」。

——以改革創新為核心的時代精神，始終是鞭策我們在改革開放中與時俱進的精神力量。

「苟日新，日日新，又日新。」《大學》中的這句話，是商朝建立者商湯刻在浴具上的警辭，意思是：如果能每天除舊更新，就要天天除舊更新，不間斷地更新又更新。可以說，改革創新是中華民族最深沉的民族稟賦。回首中國改革開放走過的歷程，從建立家庭聯產承包責任制到創辦經濟特區，從第一個股份制企業到第一個上市公司，從第一個個體工商戶到第一個實行廠長負責制的工廠，都離不開改革創新精神。

二十世紀七〇年代末，美國《芝加哥論壇報》記者蒂姆與其他七位同行，成為新中國成立後第一批常駐中國的新聞工作者。三十年後，當蒂姆再次來到北京時，不僅發出這樣的感歎：美國的現代化發展用了一二百年時間，而中國僅在三十年的時間裡就變得足以讓世人驚訝！變化最大、最深刻的是每一個普普通通的中國人——這是一個開放、自信、自強、創新的民族。

無獨有偶，美國學者羅伯特・庫恩在對中國二十多個省份四十多個城市進行調研後寫道，在人類的歷史上，以前從未有過如此之多的人口以如此之快的速度過上這樣水準的生活。更重要的是，與他們漫長歷史中的任何一個時代相比，中國人都更開心、更自由、更有創造活力。

偉大時代孕育偉大精神，偉大精神塑造民族之魂。一九七八年底，美國《時代》週刊將鄧小平評為年度人物，其開篇標題是〈中國的夢想家〉。這位偉大的夢想家帶領中國走進改革開放新時代，為中國人實現自己的夢想開拓了新天地。一九七九年，這位夢想家在深圳畫了一個圈。從此，這個「十室九空人離去，村裡只剩老和小」的地方，一躍成為夢想家的樂園。從一九八〇年開始，深圳河邊的漁民村利用寬鬆的經濟政策，組建起運輸車隊、船隊，辦起了來料加工廠。只用了一年光景，漁民村戶均收入就達到三萬三千多元，成為深圳的第一個「萬元戶村」。

可以說，改革創新是我們大踏步趕上時代潮流的一個重要法寶。沒有這樣的精神，就不

深圳拓荒牛：力量的化身，改革創新精神的象徵

會有中國改革開放後日新月異的發展。

也正因為改革創新是如此重要，二〇一三年五月四日，習近平總書記在同各界優秀青年代表座談時，強調「創新是民族進步的靈魂，是一個國家興旺發達的不竭源泉，也是中華民族最深沉的民族稟賦」，「生活從不眷顧因循守舊、滿足現狀者，從不等待不思進取、坐享其成者，而是將更多機遇留給善於和勇於創新的人們」。

習近平還指出：「廣大青年要有敢為人先的銳氣，勇於解放思想、與時俱進，敢於上下求索、開拓進取，樹立在繼承前人的基礎上超越前人的雄心壯志，以青春之我，創建青春之國家，青春之民族。要有逢山開路、遇河架橋的意志，為了創新創造而百折不撓、勇往直前。要有探索真知、求真務實的態度，在立足本職的創新創造中不斷積累經驗、取得成果。」這是對青年人的要求，也是對每一個人的要求。

魯迅先生說過：「唯有民魂是值得寶貴的，唯有他發揚起來，中國才有真進步。」這告訴我們，實現中國夢，不僅要在物質上強大起來，也要在精神上強大起來。我們要大力弘揚以愛國主義為核心的民族精神、以改革創新為核心的時代精神，不斷振奮全民族的精氣神，不斷增強團結一心的精神紐帶、自強不息的精神動力，永遠朝氣蓬勃邁向未來。

「社會主義核心價值觀」公益廣告圖片

四、凝聚中國力量

「眾人拾柴火焰高。」中國夢反映了中華民族的「共同利益」、「共同理想」、「共同期盼」。實現中國夢，必須把黨內外一切可以團結的力量廣泛團結起來，把國內外一切可以調動的積極因素充分調動起來，實現全國各族人民大團結。何為中國力量？就是全國各族人民大團結的力量。

——全國廣大工人、農民、知識分子，要發揮聰明才智，勤奮工作，積極在經濟社會發展中發揮主力軍和生力軍作用。

歷史唯物主義告訴我們，人民是歷史的創造者，群眾是真正的英雄。人民群眾是我們力量的源泉，中國力量歸根到底是人民的力量。正如毛澤東所說：「中國的命運一經操在人民自己的手裡，中國就將如太陽升起在東方那樣，以自己的輝煌的光焰普照大地……」

工人階級是中國的領導階級，是中國先進生產力和生產關係的代表，是中國共產黨最堅實最可靠的階級基礎，是全面建成小康社會、堅持和發展中國特色社會主義的主力軍。實現中國夢，工人階級責無旁貸。二〇一三年四月二十八日，習近平在同全國勞動模範代表座談時，強調工人階級「要堅持以振興中華為己任，充分發揮偉大創造力量，發揚工人階級識大體、顧大局的光榮傳統，自覺維護安定團結的政治局面，始終做凝聚中國力量的中堅」。

伴隨著中國特色社會主義事業的發展，中國工人向全世界展示出自己的素質和力量。二〇〇九年，美國《時代》週刊揭曉的年度人物裡，「中國工人」作為榜單中唯一的群體榮登亞軍位置。《時代》週刊刊登了四名來自深圳的一家光電科技產品企業的中國女工的照片，向中國工人表達了自己的敬意。

實現中國夢，離不開農業的發展，離不開農民的力量。二〇一三年十二月，中共中央農村工作會議在北京舉行。會議全面部署了深化農村改革、加快推進農業現代化的重點任務，強調：中國要強，農業必須強；中國要美，農村必須美；中國要富，農民必須富。農業基礎穩固，農村和諧穩定，農民安居樂業，整個大局就有保障，各項工作都會比較主動。要堅持把解決好「三農」問題作為中國共產黨工作重中之重，堅持工業反哺農業、城市支持農村和多予少取放活方針，不斷加大強農惠農富農政策力度，始終把「三農」工作牢牢抓住、緊緊抓好。

二〇一一年九月二十一日，《人民日報》頭版頭條刊發評論文章〈向袁隆平致敬〉，祝賀這位「中國最著名的農民」的百畝試驗田畝產九百二十六・六公斤，再次刷新世界對雜交水稻的認識。從二十世紀六〇年代走上雜交水稻研究之路，袁隆平已經一身泥、一身水，在水稻田奮鬥了半個多世紀。從畝產四百公斤到六百公斤，再到八百公斤、九百公斤，他的腳步從來沒有停止過。古人常講，「洪範八政，食為政首」。當袁隆平的夢想成為現實，備受世人關注的「誰來養活中國」疑問，也有了清晰的答案。二〇〇五年底，聯合國世界糧食計劃署在北京宣佈，從二〇〇六年起停止對華糧食援助。這標誌著中國二十六年的糧食受捐贈歷史畫上了句號，中國開始成為一個重要的援助捐贈國。

——一切國家機關工作人員，要克己奉公，廉政勤政，關心人民疾苦，為人民辦實事。

辦好中國的事情，關鍵在中國共產黨。中國的革命、建設與改革的巨大成就，都是在中國共產黨的領導下取得的。實現中國夢，也離不開中國共產黨這個「主心骨」。關鍵在黨，就要確保黨在發展中國特色社會主義歷史進程中始終成為堅強領導核心。二〇一二年十二月三十一日，習近平在十八屆中共中央政治局第二次集體學習時指出：「改革發展穩定任務越繁重，我們越要加強和改善黨的領導，越要保持黨同人民群眾的血肉聯繫，善於通過提出和貫徹正確的路線方針政策帶領人民前進，善於從人民的實踐創造和發展要求中完善政策主張，使改革發展成果更多更公平惠及全體人民，不斷為深化改革開放夯實群眾基礎。」

四川省北川羌族自治縣原副縣長蘭輝，是國家機關工作人員的一位楷模。從汶川特大地震時的臨危受命開始，蘭輝便將失去親人的痛苦化為抗震救災及災後重建的動力，不辭辛勞、不畏艱苦、忘我工作。擔任副縣長三年多的時間裡，他堅持深入基層、深入一線，平均每天行程兩百多公里。二〇一三年五月二十三日，蘭輝在帶病進山檢查工作的路上，不慎摔下懸崖，因公殉職，年僅四十八歲。

九月二十二日，習近平總書記作出重要批示：「蘭輝同志始終把黨和人民的事業放在心中最高位置，是用生命踐行黨的群眾路線的好幹部，是新時期共產黨人的楷模。廣大黨員幹部要學習他信念堅定、對黨忠誠的政治品質，心繫群眾、為民盡責的公僕情懷，忘我工作、務實進取的敬業精神，克己奉公、敢於擔當的崇高品格，牢固樹立宗旨

袁隆平（左一）榮獲二〇一一年國際「馬哈地科學獎」

意識，自覺做到為民務實清廉，更好發揮表率作用，不斷做出經得起實踐、人民、歷史檢驗的實績。」

中共中央組織部決定，追授蘭輝「全國優秀共產黨員」稱號。廣大黨員幹部都要向蘭輝學習，自覺踐行全心全意為人民服務的根本宗旨，積極投身中國特色社會主義偉大事業，為實現中華民族偉大復興的中國夢貢獻力量。

——中國人民解放軍全體指戰員，中國人民武裝警察部隊全體官兵，要按照聽黨指揮、能打勝仗、作風優良的強軍目標，提高履行使命能力，堅決捍衛國家主權、安全、發展利益，堅決保衛人民生命財產安全。

中共十八大以來，習近平多次深入中國人民解放軍及軍隊院校和武警部隊，足跡遍及七大軍區，反覆強調要加強部隊全面建設和軍事鬥爭準備，不斷提高履行使命任務能力，要求廣大官兵牢記強軍目標，為實現中國夢提供堅強力量保證。

二〇一三年一月二十九日，習近平視察武警部隊時指出，武警部隊作為中國武裝力量的重要組成部分，在維護國家安全和社會穩定、保障人民安居樂業中肩負著神聖使命。必須加強戰鬥精神培育，教育引導廣大官兵繼承和發揚我軍大無畏的英雄氣概和英勇頑強的戰鬥作風，保持旺盛革命熱情和高昂戰鬥意志，確保部隊召之即來、來之能戰、戰之必勝。

二〇一三年四月九日，習近平視察海軍駐三亞部隊，檢閱南海艦隊五型十一艘新型主戰艦艇。他強調，當前和今後一個時期，部隊思想政治建設的一項重大任務，就是要教育引導廣大官兵牢記強軍目標，努力把個人理想抱負融入強軍夢，強化使命擔當，矢志扎根軍營、建功軍營。

二〇一三年十一月二十八日，習近平視察濟南軍區部隊時指出，要深入抓好強軍目標學習貫徹，引導廣大官兵堅定強軍信念，獻身強軍實踐。各級黨組織要管黨員、管幹部、管思想，基層帶兵幹部要知兵、愛兵、育兵。要充分發揮優秀傳統文化教化人、培育人的作用，塑造中國心、民族魂，助推中國夢、強軍夢的實現。

二〇一四年四月十四日，習近平到空軍機關調研時指出，空軍是戰略性軍種，在國家安全和軍事戰略全局中具有舉足輕重的地位和作用。要緊緊圍繞黨在新形勢下的強軍目標，全面加強部隊革命化現代化正規化建設，加快建設一支空天一體、攻防兼備的強大人民空軍，為實現中國夢、強軍夢提供堅強力量支撐。

——一切非公有制經濟人士和其他新的社會階層人士，要發揚勞動創造精神和創業精神，回饋社會，造福人民，做合格的中國特色社會主義事業的建設者。

不同地方、不同階層、不同領域、不同方面，大家會有不同想法。這是不可否認的事情。但是，只要我們把最大公約數找出來，做好各方面的工作，鞏固和發展最廣泛的愛國統一戰線，就可以最大限度團結一切可以團結的力量。

中國海軍的第一艘航空母艦遼寧號，二〇一二年九月二十五日正式服役。這是海軍裝備建設新的發展成果，標誌著中國沒有航母的歷史從此結束，對於提高中國海軍綜合作戰力量現代化水準、增強防衛作戰能力，發展遠海合作與應對非傳統安全威脅能力，有效維護國家主權、安全和發展利益，促進世界和平與共同發展，具有重要意義

回首歷史，中國共產黨在九十多年波瀾壯闊的光輝進程中，由小變大、由弱變強，一條基本經驗就是找出整合不同地方、不同階層、不同領域、不同方面的力量。從民主聯合戰線、抗日民族統一戰線，到人民民主統一戰線、愛國統一戰線，都為黨凝聚了最廣泛的人心，匯聚了最強大的力量。

中國夢意味著中國人民和中華民族的價值體認和價值追求，正是中華民族團結奮鬥的最大公約數。因此，各黨派團體和各族各界人士要切實把思想和行動統一到促進政黨關係、民族關係、宗教關係、階層關係、海內外同胞關係的和諧，最大限度調動一切積極因素，共同致力於實現中華民族偉大復興。

——全國廣大青少年，要志存高遠，增長知識，錘煉意志，讓青春在時代進步中煥發出絢麗的光彩。

為實現中華民族偉大復興的中國夢而奮鬥，是中國青年運動的時代主題。我們要用中國夢打牢廣大青少年的共同思想基礎，用中國夢激發廣大青少年的歷史責任感，為每個青少年播種夢想、點燃夢想，讓更多青少年敢於有夢、勇於追夢、勤於圓夢，讓每個青少年都為實現中國夢增添強大青春能量。

二〇一三年五月四日，習近平同各界優秀青年代表座談時強調，青年一代有理想、有擔當，國家就有前途，民族就有希望，實現我們的發展目標就有源源不斷的強大力量。中國夢是歷史的、現實的，也

位於北京五四大街二十九號的五四紅樓是五四運動的策源地，原為北京大學第一院，現為北京新文化運動紀念館

是未來的；是國家的、民族的，也是每一個中國人的；是我們的，更是青年一代的。中華民族偉大復興終將在廣大青年的接力奮鬥中變為現實。

一年後的二〇一四年五月四日，在五四運動九十五週年之際，習近平來到五四運動的策源地——北京大學。在和師生們座談時，習近平再次語重心長地寄語廣大青年：「每一代青年都有自己的際遇和機緣，都要在自己所處的時代條件下謀劃人生、創造歷史。青年是標誌時代的最靈敏的晴雨表，時代的責任賦予青年，時代的光榮屬於青年。廣大青年對五四運動的最好紀念，就是在黨的領導下，勇做走在時代前列的奮進者、開拓者、奉獻者，同全國各族人民一道，擔負起歷史重任，讓五四精神放射出更加奪目的時代光芒。」

總而言之，各族人民大團結的力量是克服各種困難、戰勝風險挑戰的決定性因素。只要我們緊密團結，萬眾一心，為實現共同夢想而奮鬥，實現夢想的力量就無比強大，每個人為實現自己夢想的努力就擁有廣闊的空間。生活在我們偉大祖國和偉大時代的中國人民，共同享有人生出彩的機會，共同享有夢想成真的機會，共同享有同祖國和時代一起成長與進步的機會。我們要牢記使命，心往一處想，勁往一處使，用十三億人的智慧和力量匯集起不可戰勝的磅礴力量。

第二節　把中國特色社會主義這篇大文章寫下去

歷史與現實表明，中國特色社會主義為實現中國夢提供了根本方向、根本動力和根本保障，中國夢為堅持和發展中國特色社會主義注入了強大正能量，奏響了時代最強音。

中國特色社會主義是中國共產黨領導全國各族人民九十多年奮鬥、創造、積累的根本成就。以毛澤東為核心的第一代中央領導集體為新時期開創中國特色社會主義提供了寶貴經驗、理論準備、物質基礎。以鄧小平為核心的第二代中央領導集體成功開創了中國特色社會主義。以江澤民為核心的第三代中央領導集體成功把中國特色社會主義推向二十一世紀。以胡錦濤為總書記的中共中央成功在新的歷史起點上堅持和發展了中國特色社會主義。以習近平為總書記的中共中央團結帶領全黨全國各族人民，接過歷史的接力棒，毫不動搖堅持中國特色社會主義，與時俱進發展中國特色社會主義，不斷豐富中國特色社會主義的實踐特色、理論特色、民族特色、時代特色。

經過改革開放三十多年的偉大實踐，中國已經形成包括經濟建設、政治建設、文化建設、社會建設、生態文明建設在內的中國特色社會主義事業「五位一體」總體佈局。在新的歷史起點上，我們要全面落實「五位一體」總佈局，堅定對中國特色社會主義的道路自信、理論自信、制度自信，並在實踐中堅持和完善中國特色社會主義，把中國特色社會主義這篇大文章寫下去。

一、把握「五位一體」

社會主義建設事業如何進行總體佈局，是一個重大戰略課題。從理論上看，它是對社會主義建設事業構成要素及其相互關係的認識和把握。從實踐上看，它是對社會主義建設實踐路徑的頂層設計和戰略規劃。

新中國成立後，以毛澤東為核心的第一代中央領導集體，領導中國人民消滅了剝削階級和剝削制度，走上了社會主義道路，進而對中國社會主義建設道路進行了艱辛探索，提出了實現農業、工業、國防和科學技術「四個現代化」的奮鬥目標，為中國特色社會主義事業總佈局的形成奠定了基礎。

中共十一屆三中全會後，以鄧小平為核心的第二代中央領導集體，總結新中國成立後社會主義建設的經驗教訓，把建設「四個現代化」、努力發展社會生產力確立為壓倒一切的中心任務。在設計「三步走」發展戰略的過程中，鄧小平提出「兩手抓」、「兩手都要硬」，強調社會主義不但要有高度的物質文明，還要建設高度的社會主義精神文明。

一九八六年九月，中共十二屆六中全會通過的《中共中央關於社會主義精神文明建設指導方針的決議》，首次提出總體佈局的概念，明確了「一個中心、三個堅定不移」的要求。這就是「以經濟建設為中心，堅定不移地進行經濟體制改革，堅定不移地進行政治體制改革，堅定不移地加強精神文明建設，並且使這幾個方面互相配合，互相促進」。

中共十三屆四中全會後，以江澤民為核心的第三代中央領導集體，提出了建設有中國特色社會主義政治文明的方針。中共十五大圍繞建設富強、民主、文明的社會主義現代化國家的目標，系統闡述了黨在社會主義初級階段的基本綱領，將經濟、政治、文化建設有機地統一起來，標誌著「三位一體」總佈局的初步形成。在中共十六大報告中，江澤民提出「政治文明」的科學命題，使經濟建設、政治建設、文化建設「三位一體」總佈局更加明晰。

實踐發展永無止境，認識真理永無止境，理論創新永無止境。中共十六大後，以胡錦濤為總書記的中共中央堅持以科學發展觀統領經濟社會發展全局，使社會建設開始擺在中國特色社會主義建設中更加突出的位置，並在十六屆六中全會上明確提出構建社會主義和諧社會的戰略思想和重大任務，強調「社會和諧是中國特色社會主義的本質屬性」，將中國特色社會主義事業總佈局由「三位一體」拓展為經濟建設、政治建設、文化建設、社會建設「四位一體」。

新世紀新階段，面對資源約束趨緊、環境污染嚴重、生態系統退化的嚴峻形勢，中共十七大根據十六大提出的全面建設小康社會要不斷增強可持續發展能力和促進人與自然的和諧的目標要求，明確地把「建設生態文明」確定為全面建設小康社會奮鬥目標的新要求。中共十七屆五中全會進一步提出，把建設資源節約型、環境友好型社會作為加快轉變經濟發展方式的重要著力點，提高生態文明水準。

中共十八大把生態文明建設提高到中國特色社會主義事業總體佈局的高度加以闡述和部署，第一次提出「樹立尊重自然、順應自然、保護自然的生態文明理念」的明確要求和「建設美麗中國，實現中華民族永續發展」的奮鬥目標，從而將中國特色社會主義事業總體佈局拓展為「五位一體」，強調促進現代化建設各方面相協調，促進生產關係與生產力、上層建築與經濟基礎相協調，不斷開拓生產發展、生活富裕、生態良好的文明發展道路。

一次拓展就是一種探索接力，一次拓展就是一次理論跨越。從「四個現代化」、「兩個文明一起抓」，到「三位一體」、「四位一體」，再到「五位一體」，中國特色社會主義事業總體佈局不斷豐富和完善。它集中體現了中國共產黨人對馬克思主義關於社會主義社會全面發展思想的繼承和發展，集中體現了中國特色社會主義建設理論既一脈相承又與時俱進的理論品質。

馬克思主義必定隨著時代、實踐和科學的發展而不斷發展，不可能一成不變，社會主義從來都是在開拓中前進的。二〇一三年一月五日，中共新進中央委員會的委員、候補委員學習貫徹黨的十八大精神

十八大報告指出，必須更加自覺地把全面協調可持續作為深入貫徹落實科學發展觀的基本要求，全面落實經濟建設、政治建設、文化建設、社會建設、生態文明建設五位一體總體佈局。圖為《時事報告》對「五位一體」的形象描述

研討班在中共中央黨校開班。習近平在開班式上強調，堅持和發展中國特色社會主義是一篇大文章，鄧小平為它確定了基本思路和基本原則，以江澤民為核心的第三代中央領導集體、以胡錦濤為總書記的中共中央在這篇大文章上都寫下了精彩的篇章。現在，我們這一代共產黨人的任務，就是繼續把這篇大文章寫下去。

「五位一體」總體佈局的確立，為當代中國共產黨人奪取中國特色社會主義新勝利，實現全面建成小康社會奮鬥目標指明了正確的發展路徑。按照「五位一體」總佈局，全面推進中國特色社會主義事業，必須正確認識和把握經濟、政治、文化、社會和生態文明建設的內在聯繫：五大建設互為條件、缺一不可，是相互聯繫、相互協調、相互促進、相輔相成的有機整體。經濟建設是根本，為中國特色社會主義事業提供物質基礎；政治建設是保證，為中國特色社會主義事業提供政治保證；文化建設是靈魂，為中國特色社會主義事業提供精神動力和智力支持；社會建設是條件，為中國特色社會主義事業提供有利的社會環境；生態文明建設是基礎，為中國特色社會主義事業提供發展載體。

「五位一體」總佈局符合中國特色社會主義建設規律，反映了廣大人民群眾的願望和期待，具有重大而深遠的戰略意義。只要我們堅持五個建設一起抓，推動「五個輪子」一起轉，中國特色社會主義事業就能又好又快地向前發展。

二、堅定「三個自信」

社會主義思想從提出到現在，經歷了六個時間段的歷史過程，包括空想社會主義產生和發展，馬克思、恩格斯創立科學社會主義理論體系，列寧領導十月革命勝利並實踐社會主義，蘇聯模式逐步形成，新中國成立後中國共產黨對社會主義的探索和實踐，中國共產黨作出進行改革開放的歷史性決策、開創

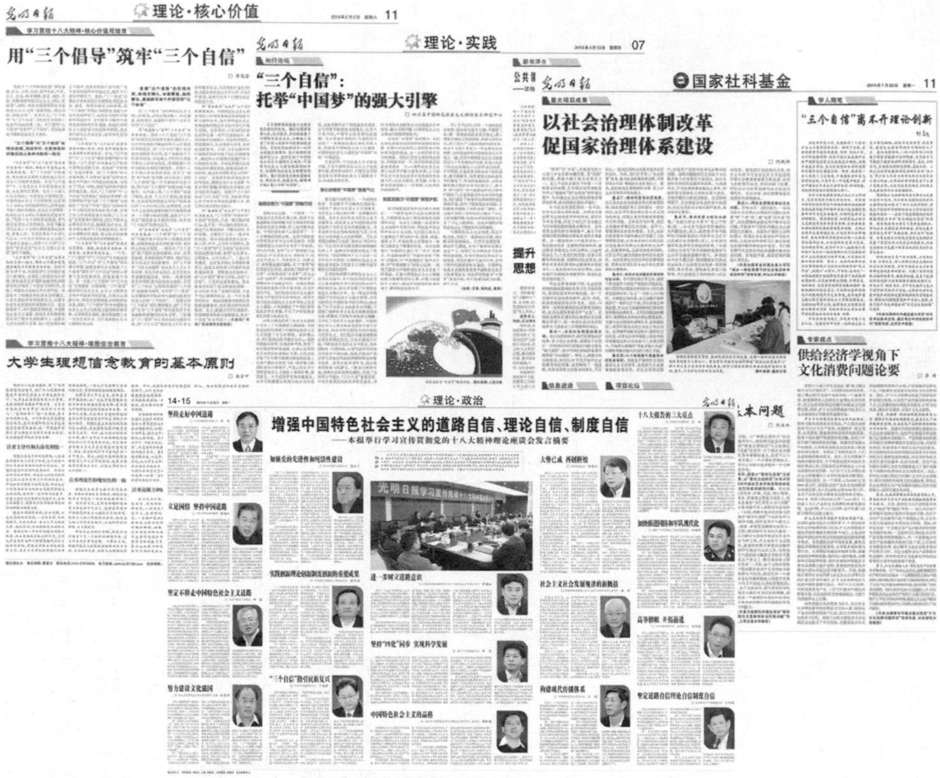

十八大報告提出「三個自信」引發各界學者廣泛關注

和發展中國特色社會主義。

一個國家實行什麼樣的主義，關鍵要看這個主義能否解決這個國家面臨的歷史性課題。歷史和現實都告訴我們，只有社會主義才能救中國，只有中國特色社會主義才能發展中國，這是歷史的結論、人民的選擇。

中國特色社會主義是由道路、理論體系、制度三位一體構成的。其中，中國特色社會主義道路是實現途徑，中國特色社會主義理論體系是行動指南，中國特色社會主義制度是根本保障，三者統一於中國特色社會主義偉大實踐。

道路、理論、制度的有機統一，是中國特色社會主義的最鮮明特色。二〇一二年十一月十七日，習近平在十八屆中共中央政治局第一次集體學習時強調：「中國特色社會主義特就特在其道路、理論體系、制度上，特就特在其實現途徑、行動指南、根本保障的內在聯繫上，特就特在這三者統一於中國特色社會主義偉大實踐上。」

中國特色社會主義道路，是實現中國社會主義現代化的必經之路，是創造人民美好生活的必然途徑。在革命、建設和改革的實踐中，中國共產黨緊緊依靠中國人民，把馬克思主義基本原理同中國實際和時代特徵結合起來，先後實現了三次歷史性轉變，即從半殖民地半封建社會到民族獨立、人民當家作主新社會的歷史性轉變，從新民主主義革命到社會主義革命和建設的歷史性轉變，從高度集中的計劃經濟體制到充滿活力的社會主義市場經濟體制、從封閉半封閉到全方位開放的歷史性轉變。三次歷史性轉變前後貫通，證明了一個真理：中國特色社會主義道路的必然性，就蘊含在中國近代以來社會歷史發展的內在邏輯之中。

堅定道路自信，必須在社會主義初級階段始終堅持「一個中心、兩個基本點」的基本路線。中國特色社會主義道路，既堅持以經濟建設為中心，又全面推進經濟建設、政治建設、文化建設、社會建設、生態文明建設以及其他各方面建設；既堅持四項基本原則，又堅持改革開放；既不斷解放和發展社會生產力，又逐步實現全體人民共同富裕、促進人的全面發展。我們必須堅信，無論前進路上還會遇到怎樣的艱難險阻，只要堅定不移地堅持和拓展中國特色社會主義道路，中華民族偉大復興的中國夢就一定會實現。

中國特色社會主義理論體系，是馬克思主義中國化最新成果，包括鄧小平理論、「三個代表」重要思想、科學發展觀，同馬克思列寧主義、毛澤東思想是堅持、發展和繼承、創新的關係。

堅定理論自信，必須始終堅持馬克思主義在意識形態領域的指導地位，必須一切從實際出發，理論聯繫實際，實事求是，在實踐中檢驗真理和發展真理。馬克思列寧主義、毛澤東思想一定不能丟，丟了就喪失根本。同時，我們一定要以中國改革開放和現代化建設的實際問題、以我們正在做的事情為中心，著眼於馬克思主義理論的運用，著眼於對實際問題的理論思考，著眼於新的實踐和新的發展。在當代中國，堅持中國特色社會主義理論體系，就是真正堅持馬克思主義。

中國特色社會主義制度，堅持把根本政治制度、基本政治制度同基本經濟制度以及各方面體制機制等具體制度有機結合起來，堅持把國家層面民主制度同基層民主制度有機結合起來，堅持把黨的領導、人民當家作主、依法治國有機結合起來，符合中國國情，集中體現了中國特色社會主義的特點和優勢，是中國發展進步的根本制度保障。

一個國家選擇什麼樣的社會制度，既由這個國家的國情和性質所決定，也由這個國家經濟社會發展的歷史進程所決定。二〇一四年九月五日，習近平在慶祝全國人民代表大會六十週年大會上的講話指出：

> 設計和發展政治制度，必須注重歷史和現實、理論和實踐、形式和內容有機統一。要堅持從國情出發、從實際出發，既要把握長期形成的歷史傳承，又要把握走過的發展道路、積累的政治經驗、形成的政治原則，還要把握現實要求、著眼解決現實問題，不能割斷歷史，不能想像突然就搬來一座政治制度上的「飛來峰」。政治制度是用來調節政治關係、建立政治秩序、推動國家發展、維護國家穩定的，不可能脫離特定社會政治條件來抽像評判，不可能千篇一律、歸於一尊。在政治制度上，看到別的國家有而我們沒有就簡單認為有欠缺，要搬過來；或者，看到我們有而別的國家沒有就簡單認為是多餘的，要去除掉，這兩種觀點都是簡單化、片面的，因而都是不正確的。

堅定制度自信，必須以保證人民當家作主為根本，以增強黨和國家活力、調動人民積極性為目標，積極穩妥推進政治體制改革，堅持和完善人民代表大會制度、中國共產黨領導的多黨合作和政治協商制度、民族區域自治制度以及基層群眾自治制度，堅持和完善中國特色社會主義法律體系，既積極藉鑑人類政治文明有益成果，又不照搬西方政治制度模式，堅定不移地發展社會主義政治文明。

隨著中國特色社會主義不斷發展，中國特色社會主義理論體系必將越來越豐富，中國特色社會主義制度必將越來越成熟，中國特色社會主義制度的優越性必將進一步顯現，中國特色社會主義道路必將越走越寬廣。二〇一三年一月五日，新進中央委員會的委員、候補委員學習貫徹黨的十八大精神研討班在中央黨校開班。習近平在開班式上強調：「我們就是要有這樣的道路自信、理論自信、制度自信，真正做到『千磨萬擊還堅勁，任爾東西南北風』。」

總之，中國特色社會主義是中國共產黨和中國人民團結的旗幟、奮進的旗幟、勝利的旗幟。在當代中國，堅持和發展中國特色社會主義，就是真正堅持社會主義。要全面建成小康社會、加快推進社會主義現代化、實現中華民族偉大復興，必須始終高舉中國特色社會主義偉大旗幟，堅定不移堅持和發展中國特色社會主義。我們之所以必須堅定對中國特色社會主義的道路自信、理論自信、制度自信，其根本原因就在這裡。

第十二章 戰略佈局

中共十八大以來，以習近平為總書記的中共中央從世情、國情、黨情出發，從人類社會發展規律、社會主義建設規律、共產黨執政規律出發，從堅持和發展中國特色社會主義全局出發，提出並形成了全面建成小康社會、全面深化改革、全面依法治國、全面從嚴治黨的「四個全面」戰略佈局。

「四個全面」戰略佈局第一次將全面建成小康社會定位為「實現中華民族偉大復興中國夢的關鍵一步」；第一次將全面深化改革的總目標確定為「完善和發展中國特色社會主義制度，推進國家治理體系和治理能力現代化」；第一次將全面依法治國論述為全面深化改革的「姊妹篇」，形成「鳥之兩翼、車之雙輪」；第一次為全面從嚴治黨標定路徑，要求「增強從嚴治黨的系統性、預見性、創造性、實效性」。「四個全面」戰略佈局的每一個「全面」，都是一整套結合實際、繼往開來、勇於創新、獨具特色的系統思想；四個「全面」有機結合、辯證統一，相得益彰、相互促進，是中國共產黨治國理政方略與時俱進的新創造、馬克思主義與中國實踐相結合的新飛躍。

「四個全面」戰略佈局，堅持問題導向，傾聽人民呼聲，立足中國實際，抓住改革發展穩定關鍵，統領中國發展總綱，既有目標又有舉措，既有全局又有重點，確立了新形勢下黨和國家各項工作的戰略方向、重點領域、主攻目標，勾繪出社會主義中國的未來圖景，為實現「兩個一百年」奮鬥目標、實現中華民族偉大復興的中國夢提供了理論指導和實踐指南。

第一節 全面建成小康社會

實現「小康」目標，是改革開放三十多年來中國共產黨領導的社會主義現代化建設最基本的實踐活動。中共十八大提出了「兩個一百年」奮鬥目標，並描繪了全面建成小康社會的美好藍圖。以習近平為總書記的中共中央承前啟後，繼往開來，提出實現中華民族偉大復興的中國夢，並第一次將全面建成小康社會定位為「實現中華民族偉大復興中國夢的關鍵一步」。這激起全民奮力奔小康的熱情，讓中國幾千年來的「小康」圖景照進了現實。

一、中國社會的理想圖景

「小康」是一個古老的詞彙，源出《詩經・大雅・民勞》「民亦勞止，汔可小康」，意思是說老百姓勞作不止，願望就是過上小康生活。千百年來，「小康」寄託著人們對衣食無憂、幸福生活的嚮往。一九七九年十二月六日，鄧小平會見來訪的日本首相大平正芳時，創造性地用「小康」概念回答了「中國將來會是什麼樣，整個現代化的藍圖是如何構思的」的提問：

> 我們要實現的四個現代化，是中國式的四個現代化。我們的四個現代化的概念，不是像你們那樣的現代化的概念，而是「小康之家」。到本世紀末，中國的四個現代化即使達到了某種目標，我們的國民生產總值人均水準也還是很低的。要達到第三世界中比較富裕一點的國家的水準，比如國民生產總值人均一千美元，也還得付出很大的努力。就算達到那樣的水準，同西方來比，也還是落後的。所以，我只能說，中國到那時也還是一個小康的狀態。

「小康之家」第一次把中國共產黨的戰略目標同人民群眾的生活密切地聯繫起來，從此成為中國人民對美好生活的期待。一九八二年九月，中共十二大報告正式把二十世紀末實現小康目標確定為中國經濟發展的戰略目標：從一九八一年到二十世紀末的二十年，力爭使全國工農業的年總產值翻兩番，即由一九八〇年的七千一百億元增加到二〇〇〇年的兩兆八千億元左右。人民的物質文化生活達到小康水平。一九八七年十月，中共十三大又圍繞「小康」目標，提出中國經濟建設「三步走」戰略部署：第一步從一九八一年到一九九〇年國民生產總值翻一番，解決人民的溫飽問題；第二步從一九九一年到二十世紀末，國民生產總值再翻一番，人民生活達到小康水平；第三步到二十一世紀中葉，人均國民生產總值達到中等已開發國家水準，人民生活比較富裕，基本實現現代化。

經過全黨全國各族人民的不懈努力，總體進入「小康」的戰略目標順利實現。到一九九五年，原定二〇〇〇年國民生產總值比一九八〇年「翻兩番」的目標提前完成；一九九七年，人均國民生產總值實現翻兩番的目標提前完成，「總量」和「人均」都提前實現了第二步戰略目標，由此也實現了由溫飽到總體小康的歷史性跨越。一九九七年九月，中共十五大報告首次提出二十一世紀初開始「進入和建設小康社會」，並對「三步走」戰略的第三步作出了具體部署：「第一個十年實現國民生產總值比二〇〇〇年翻一番，使人民的小康生活更加寬裕，形成比較完善的社會主義市場經濟體制；再經過十年的努力，到建黨一百年時，使國民經濟更加發展，各項制度更加完善；到世紀中葉建國一百年時，基本實現現代化，建成富強民主文明的社會主義國家。」

二〇〇二年十一月，中共十六大在深刻分析中國社會各領域發展狀況的基礎上，指出已經達到的小康「還是低水平的、不全面的、發展很不平衡的小康」，並鄭重提出在二十一世紀頭二十年全面建設小康社會的奮鬥目標，使全體人民都能夠更加充分、更加穩定地享受小康生活，為到二十一世紀中葉基本實現現代化打下堅實基礎。二〇〇七年十月，中共十七大根據國內外形勢的新變化，順應各族人民過上更好生活的新期待，在十六大確立的全面建設小康社會奮鬥目標基礎上，在經濟、政治、文化、社會建設以及生態建設等方面提出了新的要求，使二〇二〇年宏偉藍圖更加清晰完整。

二〇一二年十一月，中共十八大勝利召開。站在新的歷史起點上，中國共產黨鄭重宣言：「只要我們胸懷理想、堅定信念，不動搖、不懈怠、不折騰，頑強奮鬥、艱苦奮鬥、不懈奮鬥，就一定能在中國共產黨成立一百年時全面建成小康社會，就一定能在新中國成立一百年時建成富強民主文明和諧的社會主義現代化國家。」更重要的是，十八大報告根據經濟社會發展實際，在十六大、十七大確立的全面建設小康社會目標的基礎上，就全面建成小康社會提出了明確的要求：

——經濟持續健康發展。轉變經濟發展方式取得重大進展，在發展平衡性、協調性、可持續性明顯增強的基礎上，實現國內生產總值和城鄉居民人均收入比二〇一〇年翻一番。科技進步對經濟增長的貢獻率大幅上升，進入創新型國家行列。工業化基本實現，資訊化水準大幅提升，城鎮化質量明顯提高，農業現代化和社會主義新農村建設成效顯著，區域協調發展機制基本形成。對外開放水準進一步提高，國際競爭力明顯增強。

——人民民主不斷擴大。民主制度更加完善，民主形式更加豐富，人民積極性、主動性、創造性進一步發揮。依法治國基本方略全面落實，法治政府基本建成，司法公信力不斷提高，人權得到切實尊重和保障。

——文化軟實力顯著增強。社會主義核心價值體系深入人心，公民文明素質和社會文明程度明顯提高。文化產品更加豐富，公共文化服務體系基本建成，文化產業成為國民經濟支柱性產業，中華文化走出去邁出更大步伐，社會主義文化強國建設基礎更加堅實。

——人民生活水準全面提高。基本公共服務均等化總體實現。全民受教育程度和創新人才培養水準明顯提高，進入人才強國和人力資源強國行列，教育現代化基本實現。就業更加充分。收入分配差距縮小，中等收入群體持續擴大，扶貧對像大幅減少。社會保障全民覆蓋，人人享有基本醫療衛生服務，住房保障體系基本形成，社會和諧穩定。

——資源節約型、環境友好型社會建設取得重大進展。主體功能區佈局基本形成，資源循環利用體系初步建立。單位國內生產總值能源消耗和二氧化碳排放大幅下降，主要污染物排放總量顯著減少。森林覆蓋率提高，生態系統穩定性增強，人居環境明顯改善。

這五個方面的新要求，覆蓋了經濟建設、政治建設、文化建設、社會建設、生態文明建設五大系統，

從經濟發展指標看

實現國內生產總值和城鄉居民人均收入比二〇一〇年翻一番、進入創新型國家行列、國際競爭力明顯增強

從民主法治指標看

民主制度更加完善、依法治國基本方略全面落實、人權得到確實尊重和保障

從文化建設指標看

公民文明素質和社會文明程度明顯提高、文化產業成為國民經濟支柱性產業

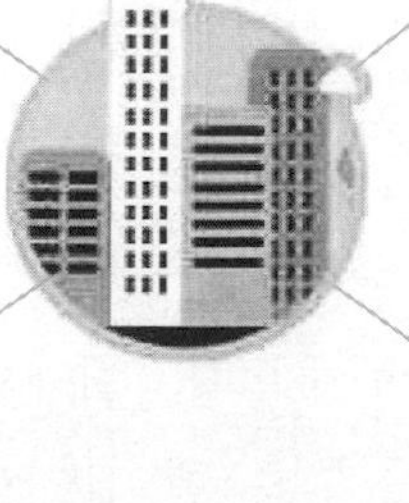

從人民生活指標看

基本公共服務均等化總體實現、收入分配差距縮小、社會和諧穩定

從資源環境指標看

主體功能區佈局基本形成，主要污染物排放總量顯著減少、人居環境明顯改善

全面建設小康社會圖解

不僅符合中國特色社會主義全面發展的內在要求，而且符合深化改革開放、加快轉變經濟發展方式攻堅時期的實踐需要。這些目標的最終實現，將使中國人民生活水準顯著提高，中國的綜合國力顯著增強，中國特色社會主義道路越走越寬廣，中國也將為世界經濟發展作出更大的貢獻。

全面建設小康社會的要求，怎樣轉化為現實？中共十八大以來，習近平結合實際情況，在不同場合提出：「人民對美好生活的嚮往，就是我們的奮鬥目標」；「我們的人民熱愛生活，期盼有更好的教育、更穩定的工作、更滿意的收入、更可靠的社會保障、更高水準的醫療衛生服務、更舒適的居住條件、更優美的環境，期盼著孩子們能成長得更好、工作得更好、生活得更好」；「小康不小康，關鍵看老鄉」；「全面建成小康社會，最艱巨最繁重的任務在農村，特別是在貧困地區」；「絕不能讓一個少數民族、一個地區掉隊，要讓十三億中國人民共享全面小康的成果」；我們要建成的全面小康，是「國家物質力量和精神力量都增強，全國各族人民物質生活和精神生活都改善」的全面小康，是「幹部清正、政府清廉、政治清明」的全面小康，是「望得見山、看得見水、記得住鄉愁」的全面小康……這些樸實的語言，描繪出全面小康的藍圖，道出了人民心中的夢想，表達出中國共產黨執政的宗旨信念和奮鬥情懷。

從一九七九年鄧小平提出「小康」，由「解決溫飽」到「小康水平」，由「總體小康」到「全面小康」，再由「全面建設」到「全面建成」，小康社會奮鬥目標的提出、發展和完善，體現了中國改革開放和社會主義現代化建設不斷開創新境界，步入新階段，彰顯出社會主義制度的優越性和中國共產黨領導的正確性。短短幾十年時間，在一個貧窮落後、人口眾多的國家全面建成小康社會，是人類發展史上的奇蹟。只要我們「繼續發揚篳路藍縷、以啟山林那麼一種精神，繼續保持空談誤國、實幹興邦那麼一種警醒」，就一定能夠創造奇蹟，將「小康」這個中國人千百年來的夢想變為現實。

二、牢固樹立「五大發展理念」

全面建成小康社會既前景光明，又面臨挑戰，特別是中國經濟社會發展還存在不平衡、不協調、不可持續問題，城鄉區域發展差距和居民收入分配差距依然較大，教育、就業、醫療、住房、生態環境、食品藥品安全、社會治安、執法司法等領域還存在一些突出矛盾。從國際大環境看，世界經濟在大調整大變革之中出現了一些新的變化趨勢，原有增長模式難以為繼，科技創新孕育著新的突破。這就要求進一步解決好實現什麼樣的發展、怎樣實現更好發展的問題。

二〇一五年十月，中共十八屆五中全會深入分析了中國發展環境的基本特徵，認為「十三五」時期是全面建成小康社會的決勝階段，現階段中國發展仍處於可以大有作為的重要戰略機遇期，也面臨諸多矛盾疊加、風險隱患增多的嚴峻挑戰。必須準確把握戰略機遇期內涵的深刻變化，更加有效地應對各種風險和挑戰，繼續集中力量把自己的事情辦好，不斷開拓發展新境界。據此，全會提出了全面建成小康社會新的目標要求：經濟保持中高速增長，在提高發展平衡性、包容性、可持續性的基礎上，到二〇二〇年國內生產總值和城鄉居民人均收入比二〇一〇年翻一番，產業邁向中高端水準，消費對經濟增長貢獻明顯加大，戶籍人口城鎮化率加快提高。農業現代化取得明顯進展，人民生活水準和質量普遍提高，中國現行標準下農村貧困人口實現脫貧，貧困縣全部摘帽，解決區域性整體貧困。國民素質和社會文明程度顯著提高。生態環境質量總體改善。各方面制度更加成熟更加定型，國家治理體系和治理能力現代化取得重大進展。

怎樣才能實現全面建成小康社會新的目標要求呢？十八屆五中全會通過的《中共中央關於制定國民經濟和社會發展第十三個五年規劃的建議》強調，關鍵在於牢固樹立並切實貫徹創新、協調、綠色、開放、共享的發展理念。這「五大發展理念」是建議的精髓和主線，也是改革開放三十多年來中國發展經驗的深刻總結，創造性地回答了新形勢下要實現什麼樣的發展、怎樣實現發展的重大問題，集中反映了中國共產黨對經濟社會發展規律認識的深化。

> 創新是引領發展的第一動力。必須把創新擺在國家發展全局的核心位置，不斷推進理論創新、制度創新、科技創新、文化創新等各方面創新，讓創新貫穿黨和國家一切工作，讓創新在全社會蔚然成風。

創新針對的是發展動力問題，為了讓經濟發展的新動力更加充沛。對此，習近平強調：「世界經濟長遠發展的動力源自創新。總結歷史經驗，我們會發現，體制機制變革釋放出的活力和創造力，科技進步造就的新產業和新產品，是歷次重大危機後世界經濟走出困境、實現復甦的根本。」「綜合國力競爭說到底是創新的競爭。要深入實施創新驅動發展戰略，推動科技創新、產業創新、企業創新、市場創新、產品創新、業態創新、管理創新等，加快形成以創新為主要引領和支撐的經濟體系和發展模式。」

> 協調是持續健康發展的內在要求。必須牢牢把握中國特色社會主義事業總體佈局，正確處理發展中的重大關係，重點促進城鄉區域協調發展，促進經濟社會協調發展，促進新型工業化、資訊化、城鎮化、農業現代化同步發展，在增強國家硬實力的同時注重提升國家軟實力，不斷增強發展整體性。

協調針對的是發展不全面不平衡問題，為了經濟社會持續健康發展。對此，習近平強調：「協調既是發展手段又是發展目標，同時還是評價發展的標準和尺度，是發展兩點論和重點論的統一，是發展平衡和不平衡的統一，是發展短板和潛力的統一。」「要學會運用辯證法，善於『彈鋼琴』，處理好局部和全局、當前和長遠、重點和非重點的關係，著力推動區域協調發展、城鄉協調發展、物質文明和精神文明協調發展，推動經濟建設和國防建設融合發展。」

綠色是永續發展的必要條件和人民對美好生活追求的重要體現。必須堅持節約資源和保護環境的基本國策，堅持可持續發展，堅定走生產發展、生活富裕、生態良好的文明發展道路，加快建設資源節約型、環境友好型社會，形成人與自然和諧發展現代化建設新格局，推進美麗中國建設，為全球生態安全作出新貢獻。

綠色針對的是人與自然和諧問題，為了讓天更藍、水更清、空氣更清潔。對此，習近平強調：「正確處理好生態環境保護和發展的關係，是實現可持續發展的內在要求，也是推進現代化建設的重大原則。」「在生態環境保護上一定要算大賬、算長遠賬、算整體賬、算綜合賬，不能因小失大、顧此失彼、寅吃卯糧、急功近利。」「我們既要綠水青山，也要金山銀山。寧要綠水青山，不要金山銀山，而且綠水青山就是金山銀山。我們絕不能以犧牲生態環境為代價換取經濟的一時發展。」

開放是國家繁榮發展的必由之路。必須順應中國經濟深度融入世界經濟的趨勢，奉行互利共贏的開放戰略，堅持內外需協調、進出口平衡、引進來和走出去並重、引資和引技引智並舉，發展更高層次的開放型經濟，積極參與全球經濟治理和公共產品供給，提高中國在全球經濟治理中的制度性話語權，構建廣泛的利益共同體。

開放針對的是內外聯動問題，為了使中國經濟深度融入世界經濟，構建廣泛的利益共同體和命運共同體。對此，習近平強調：「實踐告訴我們，要發展壯大，必須主動順應經濟全球化潮流，堅持對外開放，充分運用人類社會創造的先進科學技術成果和有益管理經驗。要不斷探索實踐，提高把握國內國際兩個大局的自覺性和能力，提高對外開放質量和水平。」「中國開放的大門不會關上。過去十年，中國全面履行入世承諾，商業環境更加開放和規範。中國將在更大範圍、更寬領域、更深層次上提高開放型經濟水準。」「我們要樹立人類命運共同體意識，推進各國經濟全方位互聯互通和良性互動，完善全球經濟金融治理，減少全球發展不平等、不平衡現象，使各國人民公平享有世界經濟增長帶來的利益。」

> 共享是中國特色社會主義的本質要求。必須堅持發展為了人民、發展依靠人民、發展成果由人民共享，作出更有效的制度安排，使全體人民在共建共享發展中有更多獲得感，增強發展動力，增進人民團結，朝著共同富裕方向穩步前進。

共享針對的是發展目的問題，為了實現社會公平正義。對此，

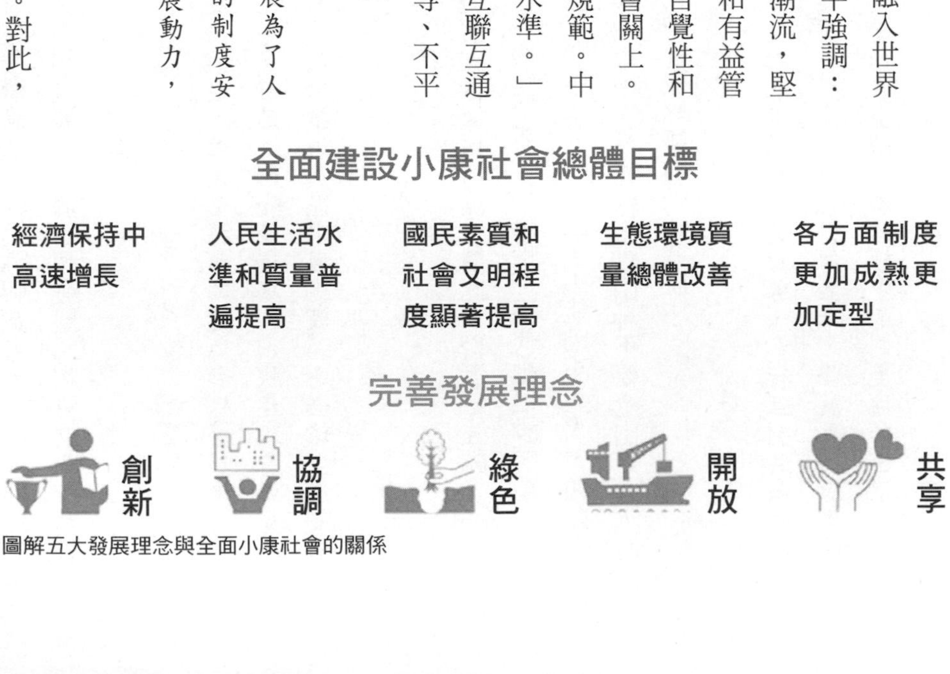

圖解五大發展理念與全面小康社會的關係

習近平強調：「要堅持以人民為中心的發展思想，這是馬克思主義政治經濟學的根本立場。」「中國執政者的首要使命就是集中力量提高人民生活水平，逐步實現共同富裕。」「生活在我們偉大祖國和偉大時代的中國人民，共同享有人生出彩的機會，共同享有夢想成真的機會，共同享有同祖國和時代一起成長與進步的機會。」

「理者，物之固然，事之所以然也。」理念是行動的先導，發展理念在經濟社會發展中管全局，管根本，管方向，管長遠。「五大發展理念」相互貫通，相互促進，是具有內在聯繫的集合體，是關係中國發展全局的一場深刻變革，是順應時代潮流、厚植發展優勢的戰略抉擇，是破解制約如期全面建成小康社會重點難點問題的重要指導思想，是更長時期中國發展思路、發展方向、發展著力點的集中體現。

第二節 全面深化改革

一九七八年十二月，中共十一屆三中全會作出把中國共產黨和國家的工作重心轉移到經濟建設上來，實行改革開放的偉大決策，開啟了改革開放歷史新時期。三十多年來，中國創造了人類社會發展的奇蹟。國內生產總值從一九七八年的三千六百四十五億元增長到二〇一三年的五十六兆九千億元，年均增速近百分之十；經濟總量躍居世界第二，人均國內生產總值超過六千六百四十四美元；城鎮化率達到百分之五十三．七；中國經濟對世界經濟增長的貢獻率超過了百分之二十……此後，每一次三中全會基本上都是以改革開放為主題。事實證明，改革開放是決定當代中國命運的關鍵抉擇，是中國共產黨在新的時代條件下帶領全國各族人民進行的新的偉大革命，是黨和人民事業大踏步趕上時代前進步伐的重要法寶。

一、決定當代中國命運的關鍵一招

改革開放是歷史賦予當代中國的重大命題，中國共產黨帶領人民進行改革開放，目的就是要解放和發展社會生產力，實現國家現代化，讓中國人民富裕起來，振興偉大的中華民族；就是要推動中國社會主義制度自我完善和發展，賦予社會主義新的生機活力，建設和發展中國特色社會主義；就是要在引領當代中國發展進步中加強和改進黨的建設，保持和發展黨的先進性，確保黨始終走在時代前列。

改革開放也是世界認知今日中國的鮮明標誌。誠如俄羅斯學者季塔連科所言：「我認為中國成功的根本原因在於中國共產黨能夠按照變化了的時代條件，及時平穩地調整黨和國家的發展政策，用不斷創新的中國化馬克思主義指導實踐。新中國的經驗，特別是改革開放的經驗，就是實行了最大限度地調動個人積極性的政策，這些政策對於實現國家的整體發展和現代化具有巨大的意義。」

中國過去的發展成就，靠的是改革開放；未來中國的發展，依然要靠改革開放。我們必須深刻認識到，中國仍處於並將長期處於社會主義初級階段的基本國情沒有變，人民日益增長的物質文

改革開放三十七年間，中國經濟持續快速發展

化需要同落後的社會生產之間的矛盾這一社會主要矛盾沒有變，中國是世界上最大開發中國家的國際地位沒有變。這「三個沒有變」，決定了改革發展仍是解決中國所有問題的關鍵。而且，走過三十多年的光輝歷程，中國改革已經進入攻堅期和深水區，剩下的都是「難啃的硬骨頭」。一方面，中國發展面臨一系列突出矛盾和挑戰，前進道路上還有不少困難和問題，比如科技創新能力不強，產業結構不合理，發展方式依然粗放，社會矛盾明顯增多等，需要繼續深化改革。另一方面，思想觀念的障礙，利益固化的藩籬，使人們對改革共識與困惑交織，期待與擔憂並存。

圍繞著要不要改革、應該怎樣改革的問題，習近平進行了深入的思考和研究。二〇一二年十一月十五日，他在中共十八屆一中全會上旗幟鮮明地指出：「改革開放是黨在新的歷史條件下領導人民進行的新的偉大革命，是決定當代中國命運的關鍵抉擇。中國特色社會主義之所以具有蓬勃生命力，就在於是實行改革開放的社會主義。我國過去三十多年的快速發展靠的是改革開放，我國未來發展也必須堅定不移依靠改革開放。只有改革開放才能發展中國、發展社會主義、發展馬克思主義。中國特色社會主義在改革開放中產生，也必將在改革開放中發展壯大。」

二〇一二年十二月，當選總書記不久的習近平首次離京，來到改革開放發源地廣東。他意味深長地說：「如果沒有鄧小平同志指導我們黨作出改革開放的歷史性決策，我們國家要取得今天的發展成就是不可想像的。可以說，改革開放是我們黨的歷史上一次偉大覺醒，正是這個偉大覺醒孕育了新時期從理論到實踐的偉大創造。中國發展的實踐證明，當年鄧小平同志指導我們黨作出改革開放的決策是英明的、正確的，鄧小平同志不愧為中國改革開放的總設計師，不愧為中國特色社會主義道路的開創者。」

在這裡，他的話語擲地有聲：

今後，我們要堅持走這條正確道路，這是強國之路、富民之路。我們不僅要堅定不移走下去，而且要有新舉措、上新水準。

改革開放是決定當代中國命運的關鍵一招，也是決定實現「兩個一百年」奮鬥目標、實現中華民族偉大復興的關鍵一招。

改革開放是當代中國發展進步的活力之源，是我們黨和人民大踏步趕上時代前進步伐的重要法寶，是堅持和發展中國特色社會主義的必由之路。

實踐發展永無止境，解放思想永無止境，改革開放也永無止境，停頓和倒退沒有出路。

我們要堅持改革開放正確方向，敢於啃硬骨頭，敢於涉險灘……

這是改革開放新的宣言書！這是改革開放新的動員令！這是改革開放新的進軍號！

二十多天後，二〇一二年十二月三十一日，中共中央政治局第二次集體學習。習近平總書記進一步闡釋了改革開放的重要性和緊迫性：「中國特色社會主義是與時俱進的事業。從這個意義上說，改革開放只有進行時沒有完成時。沒有改革開放，就沒有中國的今天，也就沒有中國的明天。現在，推進改革開放有了更堅實的基礎，但改革開放越往縱深發展，發展中的問題和發展後的問題、一般矛盾和深層次矛盾、有待完成的任務和新提出的任務越交織疊加、錯綜複雜。改革開放中的矛盾只能用改革開放的辦法來解決。」

經過調查研究與進一步思考，二〇一三年七月二十三日，在酷熱的江城武漢，習近平總書記提出了六個全面深化改革的重大課題：進一步形成全國統一的市場體系，進一步增強經濟發展活力，進一步提高宏觀調控水準，進一步增強社會發展活力，進一步實現社會公平正義，進一步提高黨的領導水準和執政能力。二〇一三年九月十七日，他在中共中央召開的黨外人士座談會上再次強調：「實現黨的十八大描繪的全面建成小康社會、加快推進社會主義現代化、實現中華民族偉大復興的宏偉藍圖，要求全面深化改革。堅持和發展中國特色社會主義，不斷推進中國特色社會主義制度自我完善和發展，進一步解放和發展社會生產力、繼續充分釋放全社會創造活力，要求全面深化改革。解決中國發展面臨的一系列突出矛盾和問題，實現經濟社會持續健康發展，不斷改善人民生活，要求全面深化改革。」可見，習近平對全面深化改革的思考是非常全面而深刻的。

二〇一三年十月七日，在印度尼西亞巴厘島，習近平在亞太經合組織工商領導人峰會上發表題為〈深化改革開放，共創美好亞太〉的主旨演講，透露出全面深化經濟體制改革的路線圖：中國要前進，就要全面深化改革開放。「中國正在制定全面深化改革的總體方案，總的是要統籌推進經濟、政治、文化、社會、生態文明建設等領域的改革，努力破解發展過程中出現的難題，消除經濟持續健康發展的體制機制障礙，通過改革為經濟發展增添新動力。」「我們將實行更加積極主動的開放戰略，完善互利共贏、多元平衡、安全高效的開放型經濟體系，促進沿海內陸沿邊開放優勢互補，形成引領國際經濟合作和競爭的開放區域，培育帶動區域發展的開放高地。」

二、推進國家治理體系和治理能力的現代化

進入改革開放歷史新時期，中國共產黨每一次三中全會基本上都是以改革開放為主題。一九八四年十月，十二屆三中全會通過《中共中央關於經濟體制改革的決定》，在商品經濟、價值規律等重大問題上，衝破「左」的思想束縛；一九八八年九月，十三屆三中全會通過《關於價格、工資改革的初步方案》和《中共中央關於加強和改進企業思想政治工作的通知》，為深化改革掃清道路；一九九三年十一

月，十四屆三中全會通過《中共中央關於建立社會主義市場經濟體制若干問題的決定》，勾畫了社會主義市場經濟體制的基本框架；一九九八年十月，十五屆三中全會通過《中共中央關於農業和農村工作若干重大問題的決定》，提出到二〇一〇年建設有中國特色社會主義新農村的奮鬥目標；二〇〇三年十月，十六屆三中全會通過《中共中央關於完善社會主義市場經濟體制若干問題的決定》，對完善社會主義市場經濟體制提出了新的思路和舉措；二〇〇八年十月，十七屆三中全會通過《中共中央關於推進農村改革發展若干重大問題的決定》，進一步深入推進農村改革。

沒有改革開放，就沒有中國的今天；離開改革開放，也沒有中國的明天。在新形勢下堅持和發展中國特色社會主義，必須以「明知山有虎，偏向虎山行」的勇氣，不斷把改革事業推向前進。

二〇一三年十一月，初冬的北京，中共十八屆三中全會會場氣氛熱烈。中國改革開放進程迎來又一個里程碑時刻——《中共中央關於全面深化改革若干重大問題的決定》獲得一致通過。

茫茫九脈流中國，縱橫當有凌雲筆。凝聚全黨智慧的十八屆三中全會決定，把「完善和發展中國

二〇一三年十一月十六日《人民日報》全文刊發〈中共中央關於全面深化改革若干重大問題的決定〉及習近平總書記《關於〈中共中央關於全面深化改革若干重大問題的決定〉的說明》

特色社會主義制度，推進國家治理體系和治理能力的現代化」作為全面深化改革的總目標，描繪了未來十年中國的改革藍圖。之所以確定這個總目標，在於中國特色社會主義制度儘管是特色鮮明、富有效率的，但還不是盡善盡美、成熟定型的。隨著中國特色社會主義事業不斷發展，中國特色社會主義制度也需要不斷完善。在一九九二年南方談話中，鄧小平就指出：「恐怕再有三十年的時間，我們才會在各方面形成一整套更加成熟、更加定型的制度。」中共十八大也強調，要把制度建設擺在突出位置，充分發揮中國社會主義政治制度優越性。因此，在新的歷史條件下，我們要堅持以實踐基礎上的理論創新推動制度創新，堅持和完善現有制度，從實際出發，及時制定一些新的制度，構建系統完備、科學規範、運行有效的制度體系，使各方面制度更加成熟更加定型，為奪取中國特色社會主義新勝利提供更加有效的制度保障。

根據「完善和發展中國特色社會主義制度，推進國家治理體系和治理能力的現代化」的總目標，十八屆三中全會決定對經濟建設、政治建設、文化建設、社會建設、生態文明建設以及黨的建設等各方面都提出了具體的改革要求：圍繞使市場在資源配置中起決定性作用，深化經濟體制改革；圍繞堅持黨的領導、人民當家作主、依法治國有機統一，深化政治體制改革；圍繞建設社會主義核心價值體系、社會主義文化強國，深化文化體制改革；圍繞更好保障和改善民生、促進社會公平正義，深化社會體制改革；圍繞建設美麗中國，深化生態文明體制改革；圍繞提高科學執政、民主執政、依法執政水準，深化黨的建設制度改革。

全面深化改革範圍之廣、力度之大、措施之實，都是空前的。歸於一點，就是要通過全面深化改革，著力解決中國發展面臨的一系列突出矛盾和問題，不斷推進中國特色社會主義制度自我完善和發展。這也預示著決定必將強有力地推動中國經濟社會各領域的深刻變革，成為中國共產黨在新的歷史起點上全面深化改革的科學指南和行動綱領。

十八屆三中全會決定贏得了國內社會的高度肯定，也贏得了外國政要、學者與媒體的高度關注和積極評價。

路透社報導認為，中共十八屆三中全會及公報預示了中國在經濟領域的控制和介入將逐年減少。這次會議是檢驗新領導層改革決心的一次重要會議，其他具體的改革細則將在未來幾年裡逐步揭曉。未來中國民營企業及外資企業將獲得更好的發展空間，而上海自由貿易區將是這些未來重要改革的試驗田。

美國《外交政策》評論說，本次全會已經傳遞出中國「正面、積極、持久和新穎的」改革之風，中國正在形成的「改革勢頭」將會對市場進行改革，不再只對「經濟數字」較真，這是民眾樂於看到的，中國政府正在尋求新的解決方案。

日本信金中央金庫海外業務支援部高級審議官露口洋介表示，十八屆三中全會決定繼續推動改革，這對中國進一步發展非常重要。會議提出的「到二〇二〇年，在重要領域和關鍵環節改革上取得決定性成果」和「中央成立全面深化改革領導小組」等內容，都顯示了中國共產黨推進改革的堅定決心。

韓國檀國大學政治外交系教授金珍鎬表示，與三十五年前中共十一屆三中全會召開時相比，中國目前的經濟發展和社會環境等都發生了巨大變化。在這樣一個新的歷史起點上，中共十八屆三中全會的召開充分體現出中國領導人對改革的信心和勇氣。中國全面深化改革的宏偉藍圖已經呈現在世界面前，接下來便是怎麼實現的問題。相信中國領導人一定能夠帶領人民全力推動中國經濟社會持續健康發展，為實現中國夢而奮勇前進。

新加坡南洋理工大學拉惹勒南國際問題研究院高級研究員胡逸山表示，中共十八屆三中全會向全世界展示了中國領導人銳意進取、深化改革的決心。此次會議提出了許多重要的綱領性政策，這些政策體

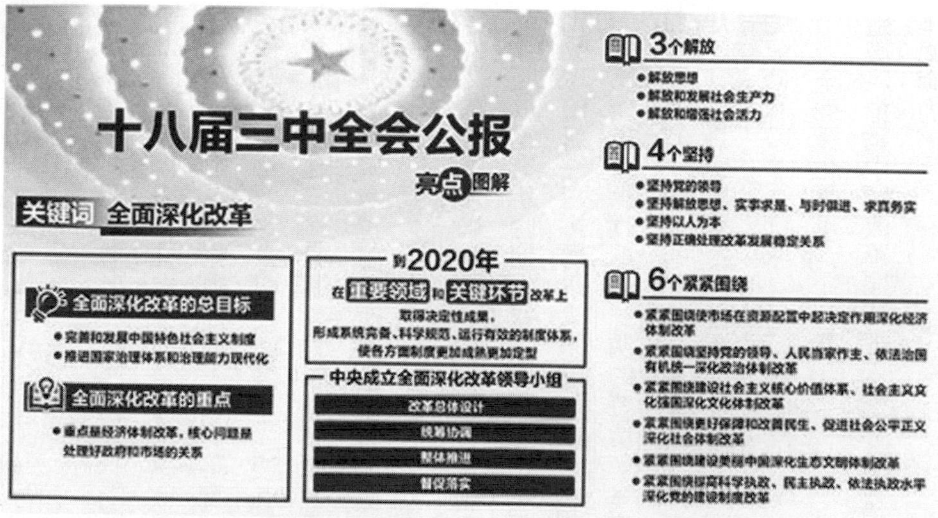

十八屆三中全會公報亮點圖解

現了中國繼續推動改革、保持經濟穩健發展的決心，也必將對東南亞經濟和全球經濟產生積極而深遠的影響。

歐洲智庫組織馬達里亞加基金會執行主任皮埃爾・德福安指出，中共十八屆三中全會勾勒出中國未來深化改革的重點和路線圖。中國的領導人具備這樣的能力：善於從大處著眼，規劃長遠，並在短期內對具體領域、具體問題作出改革嘗試。中國在關鍵問題上作出的選擇和確定的發展方向至關重要，中共十八屆三中全會將成為影響世界未來的一次會議。

二〇一三年十二月二十六日，習近平總書記在紀念毛澤東誕辰一百二十週年座談會上，再次回顧一代代共產黨人對民族復興的執著追求和艱苦奮鬥，堅定地指出：「站在新的歷史起點上，我們的事業崇高而神聖，我們的責任重大而光榮。要實現中華民族偉大復興，我們就必須堅定不移推進改革開放。沒有改革開放，就沒有中國的今天；離開改革開放，也沒有中國的明天。黨的十八屆三中全會吹響了全面深化改革的新號角。我們要不斷深化對改革開放規律性的認識，勇於攻堅克難，敢於迎難而上，堅決破除各方面體制機制弊端，奮力開拓中國特色社會主義更加廣闊的前景。」

為了把十八屆三中全會提出的各項改革舉措落實到位，二〇一三年十二月三十日，中共中央政治局召開會議，決定成立中央全面深化改革領導小組，由習近平總書記親自擔任組長，負責改革總體設計、統籌協調、整體推進、督促落實。二〇一四年一月二十二日，習近平在豬共中央全面深化改革領導小組第一次會議上強調：「要強化改革責任擔當，看準了的事情，就要拿出政治勇氣來，堅定不移幹。要充分調動各方面積極性，改革任務越繁重，我們越要依靠人民群眾支持和參與，善於通過提出和貫徹正確的改革措施帶領人民前進，善於從人民的實踐創造和發展要求中完善改革的政策主張。」

實踐發展永無止境，解放思想永無止境，改革開放永無止境。如果說，十一屆三中全會開啟了改革開放歷史新時期，改革開放成為當代中國最鮮明的特色；那麼，十八屆三中全會就開啟了全面深化改革的新徵程，而以更大的政治勇氣和智慧推進改革、用全局觀念和系統思維謀劃改革，就是中共十八大以來深化改革最鮮明的特徵。全面深化改革，根本在「改革」，關鍵在「深化」，重點在「全面」，其有「衝破思想觀念障礙，突破利益固化藩籬」的勇氣，有「敢於啃硬骨頭，敢於涉險灘」的決心，有「改革開放只有進行時沒有完成時」的堅韌，有「沒有比人更高的山，沒有比腳更長的路」的氣魄。

全面深化改革，不只為了應對挑戰，更是為了把握機遇；不只為了短期目標，更是為了圖之長遠。這必將推動中國改革開放進入一個全新境界，必將不斷拓展中國特色社會主義道路，成為實現中國夢的不竭動力。

第三節　全面依法治國

歷史證明，改革和法治往往相伴而生，體現出「破」和「立」的辯證統一。中共十八屆三中全會和四中全會，圍繞改革和法治兩個主題，形成兩份決定，可謂齊頭並進的姊妹篇。全面深化改革需要法治保障，全面依法治國也需要深化改革。兩者猶如「鳥之兩翼、車之兩輪」，推動全面建成小康社會事業不斷向前發展。

一、法治興則國家興

「國無常強，無常弱。奉法者強則國強，奉法者弱則國弱。」早在春秋時期，以管仲為代表的早期法家，就主張「援法而治」，提出了「威不兩錯，政不二門，以法治國，則舉措而已」的理念。可以說，法治和人治問題是人類政治文明史上的一個基本問題，也是世界各國在實現現代化過程中必須面對和解決的一個重大問題。

新中國成立後，制定了包括一九五四年憲法在內的法律法規千餘件，初步奠定了社會主義法制的基礎。但是，「文化大革命」的十年浩劫，使社會主義法制遭到嚴重踐踏。中共十一屆三中全會汲取慘痛的教訓，向全黨全國人民提出「健全社會主義法制」的偉大任務，要求「使民主制度化、法律化，使這種制度和法律具有穩定性、連續性和極大的權威」，並確立了「有法可依，有法必依，執法必嚴，違法必究」的十六字方針，為社會主義法制建設開啟了新征程。

為了落實十一屆三中全會的精神，剛剛成立的全國人大常委會法制委員會，在一九七九年的四個月內，陸續修改和起草了選舉法、刑法、刑事訴訟法等七部法律，留下了一段立法佳話。一九七九年九月九日，《中共中央關於堅決保證刑法、刑事訴訟法切實實施的指示》這份文件第一次使用了「社會主義法治」一詞。時任最高人民法院院長江華評價說：「我認為這個文件是建國以來，甚至是建黨以來，關於政法工作的第一個、最重要的、最深刻的、最好的文件，是我國社會主義法治建設新階段的重要標誌。」

一九八二年九月，中共十二大通過的新黨章規定，「中國共產黨領導人民發展社會主義民主……健全社會主義法制……鞏固人民民主專政」。「黨必須在憲法和法律的範圍內活動。黨必須保證國家的立法、司法、行政機關，經濟、文化組織和人民團體積極主動地、獨立負責地、協調一致地工作。」這樣，中國共產黨就以黨內「根本大法」對黨遵守法律作出了嚴格規定。幾個月後的十二月四日，五屆全國人大五次會議通過的現行憲法，也鄭重規定：「一切國家機關和武裝力量、各政黨和各社會團體、各企業事業組織都必須遵守憲法和法律。一切違反憲法和法律的行為，必須予以追究。」

進入二十世紀九〇年代，為了適應社會主義市場經濟建設的要求，法制建設進入快車道。江澤民明

改革開放以來「依法治國」路線圖

1978年 十一屆三中全會提出「有法可依，有法必依，執法必嚴，違法必究」16字方針。

1997年 十五大確立「依法治國」的基本方略。

2002年 十六大將「依法治國基本方略得到全面落實」列入全面建設小康社會的重要目標。

2007年 十七大提出加快建設「社會主義法治國家」。

2012年 十八大提出「全面推進依法治國」、「法治是治國理政的基本方式」。

2014年 十八大四中全會將「依法治國」定為會議主題。

改革開放以來「依法治國」路線圖

確指出：「社會主義市場經濟體制的建立和完善，必須要有法律作保障。法制是市場經濟運行的依託。沒有健全的社會主義法制，就沒有社會主義市場經濟的健康發展。經濟的發展離不開法制，只有法制完備，社會和經濟秩序井然，才能使經濟發展快、效益好，在激烈的國際競爭中站得住腳。」

一九九七年九月，中共十五大報告深刻總結社會主義民主和法制建設的經驗教訓，將「依法治國」確立為治國基本方略，將「建設社會主義法治國家」確定為社會主義現代化的重要目標。「依法治國，就是廣大人民群眾在黨的領導下，依照憲法和法律規定，通過各種途徑和形式管理國家事務，管理經濟文化事業，管理社會事務，保證國家各項工作都依法進行，逐步實現社會主義民主的制度化、法律化，使這種制度和法律不因領導人的改變而改變，不因領導人看法和注意力的改變而改變。」十五大報告還提出，「加強立法工作，提高立法質量，到二〇一〇年形成有中國特色社會主義法律體系」。

一九九九年三月，九屆全國人大二次會議通過的憲法修正案，將「依法治國，建設社會主義法治國家」載入憲法，標誌著中國共產黨在治國理政方式上實現了由過去主要依靠政策、依靠行政手段，向主要依靠法律手段的根本轉變。二〇〇四年九月，中共十六屆四中全會根據中共十六大讓「依法治國基本方略得到全面落實」的要求，提出中國共產黨要實行「科學執政、民主執政、依法執政」，以改進執政方式來促進依法治國。

在依法治國基本方略的指引下，中國在二〇一〇年基本形成了以憲法為統帥，以憲法相關法、民法商法等多個法律部門的法律為主幹，由法律、行政法規、地方性法規等多個層次的法律規範構成的中國特色社會主義法律體系。這個歷史任務的完成，是社會主義民主法制建設史上的重要里程碑，標誌著國家和社會生活各方面總體上實現了有法可依。當然，法律的完善，並不代表法治的施行。而法律的生命在於實施，法治的目標在於良政和善治的實現。也正因為如此，十八大報告進一步強調「全面推進依法治國」、「法治是治國理政的基本方式」。

中共十八大以來，習近平在不同場合反覆強調依法治國的重要性，提出了「建設法治中國」的治國目標，並將其定位為實現中華民族偉大復興的中國夢的重要內容。二〇一二年十二月四日，履新不到一個月的習近平，在首都各界紀念現行憲法公佈施行三十週年大會上莊嚴宣示：「依法治國，首先是依憲治國；依法執政，關鍵是依憲執政。」二〇一三年三月，剛剛當選國家主席的習近平，向全國人民鄭重宣誓：「我將忠實履行憲法賦予的職責。」兩個場景，一種態度：尊重法律、厲行法治，是必須把握好的施政之要。

二、拓展中國特色社會主義法治道路

歷數近年來的「四中全會」，黨建向來是主角，中共中央全會也從未專門聚焦法治話題。二〇一四年十月，以習近平為總書記的中共中央前所未有地把「全面推進依法治國」作為十八屆四中全會的主題，意義和影響不言而喻。

中共十八屆四中全會審議通過了《中共中央關於全面推進依法治國若干重大問題的決定》，強調依法治國是堅持和發展中國特色社會主義的本質要求和重要保障，是實現國家治理體系和治理能力現代化的必然要求，事關中國共產黨執政興國，事關人民幸福安康，事關中國共產黨和國家長治久安。全面建成小康社會、實現中華民族偉大復興的中國夢，全面深化改革、完善和發展中國特色社會主義制度，提高黨的執政能力和執政水準，必須全面推進依法治國。

在肯定法治建設成就的同時，十八屆四中全會決定指出當前存在的主要問題，包括：有的法律法規未能全面反映客觀規律和人民意願，針對性、可操作性不強，立法工作中部門化傾向、爭權諉責現象較為突出；有法不依、執法不嚴、違法不究現象比較嚴重，執法體制權責脫節、多頭執法、選擇性執法現象仍然存在，執法司法不規範、不嚴格、不透明、不文明現象較為突出，群眾對執法司法不公和腐敗問題反映強烈；部分社會成員尊法信法守法用法、依法維權意識不強，一些國家工作人員特別是領導幹部依法辦事觀念不強、能力不足，知法犯法、以言代法、以權壓法、徇私枉法現象依然存在。

十八屆四中全會決定規定全面推進依法治國的總目標是：「建設中國特色社會主義法治體系，建設社會主義法治國家。這就是，在中國共產黨領導下，堅持中國特色社會主義制度，貫徹中國特色社會主義法治理論，形成完備的法律規範體系、高效的法治實施體系、嚴密的法治監督體系、有力的法治保障體系，形成完善的黨內法規體系，堅持依法治國、依法執政、依法行政共同推進，堅持法治國家、法治政府、法治社會一體建設，實現科學立法、嚴格執法、公正司法、全民守法，促進國家治理體系和治理能力現代化。」圍繞這個總目標，全會明確了全面推進依法治國的重大任務，這包括：完善以憲法為核心的中國特色社會主義法律體系，加強憲法實施；深入推進依法行政，加快建設法治政府；保證公正司法，提高司法公信力；增強全民法治觀念，推進法治社會建設；加強法治工作隊伍建設；加強和改進黨對全面推進依法治國的領導。

總目標

建設中國特色社會主義法治體系，
建設社會主義法治國家。

必須堅持的原則

堅持中國共產黨的領導。
堅持人民主體地位。
堅持法律面前人人平等。
堅持依法治國和以德治國相結合。
堅持從中國實際出發。

全面推進依法治國圖解

十八屆四中全會內容豐富，亮點紛呈。比如，針對社會上關於黨和法關係的議論，強調中國共產黨的領導是中國特色社會主義最本質的特徵，是社會主義法治最根本的保證。把中國共產黨的領導貫徹到依法治國全過程和各方面，是中國社會主義法治建設的一條基本經驗。《中華人民共和國憲法》確立了中國共產黨的領導地位。堅持黨的領導，是社會主義法治的根本要求，是黨和國家的根本所在、命脈所在，是全國各族人民的利益所繫、幸福所繫，是全面推進依法治國的題中應有之義。黨的領導和社會主義法治是一致的，社會主義法治必須堅持黨的領導，黨的領導必須依靠社會主義法治。只有在黨的領導下依法治國、厲行法治，人民當家作主才能充分實現，國家和社會生活法治化才能有序推進。依法執政，既要求黨依據憲法法律治國理政，也要求黨依據黨內法規管黨治黨。

十八屆四中全會鮮明地提出，必須把宣傳和樹立憲法權威作為全面推進依法治國的重大事項抓緊抓好，切實在憲法實施和監督上下功夫。憲法是國家的根本法。法治權威能不能樹立起來，首先要看憲法有沒有權威。全會決定就此提出，完善全國人大及其常委會憲法監督制度，健全憲法解釋程序機制；加強備案審查制度和能力建設，依法撤銷和糾正違憲違法的規範性文件；將每年十二月四日定為國家憲法日；在全社會普遍開展憲法教育，弘揚憲法精神。

全面推進依法治國，關鍵是要堅持和拓展中國特色社會主義法治道路。習近平強調：「如果路走錯了，南轅北轍了，那再提什麼要求和舉措都沒有意義了。全會決定有一條貫穿全篇的紅線，這就是堅持和拓展中國特色社會主義法治道路。中國特色社會主義法治道路是一個管總的東西。」確立中國特色社會主義法治道路，進一步增強了全面依法治國的方向性、原則性、系統性和戰略性，拓展了全面依法治國理論和實踐的時代內涵。

十八屆四中全會決定公佈後，吸引了很多國外專家學者的關注。他們對改革開放以來中國在法治建設中取得的成就給予高度評價，對該決定所具有的理論創新和實踐意義予以充分肯定，對該決定所提出的堅定地走中國特色社會主義法治道路的政策主張表示充分理解和讚賞。

莫斯科國際關係學院分析中心高級研究員列昂尼德．古謝夫認為，中共十八屆四中全會給未來中國政治經濟的進一步發展指明了方向。全面推進依法治國還將弘揚社會主義法治精神和法治文化，將得到中國全社會及人民群眾的真心擁護，在保護人民生命財產安全的同時，也激勵他們投身於國家建設當中。

泰國亞洲日報社副社長錢豐表示，中國的改革進入了深水區，面臨很多矛盾和挑戰，只有堅持依法治國才能化解這些矛盾，保證中國社會持續健康發展。中共十八屆四中全會高舉依法治國大旗，有助於提高人民的法律意識，平衡社會利益，調節社會關係，規範社會行為，建設法治中國。

西班牙中國政策觀察室主任胡里奧．里奧斯表示，中共十八屆四中全會從中國法治建設實際情況出發，對現存法治領域的具體問題作出了全面部署，顯示了中國共產黨和中國政府堅定推進依法治國的決心。中共十八屆四中全會公報中的「法律的生命力在於實施」令人印象深刻，將憲法的實施落到實處必將加快依法治國建設，提升中國共產黨的執政水準。

「法者，治之端也。」中共十八屆四中全會就建設法治中國作出總體規劃，開啟了中國法治新時代。只要全社會都尊法、學法、守法、用法，把法治思維、法治方式貫徹到治國理政的全過程、落實到改革發展的大棋局，使法治成為中國前進的堅強保障，就一定能夠實現經濟發展、政治清明、文化昌盛、社會公正、生態良好。

第四節　全面從嚴治黨

偉大事業的推進，偉大目標的實現，要有根本的政治保證，中國共產黨的領導就是強有力的根本政治保證。中共十八以來，以習近平為總書記的中共中央從堅持治國必先治黨，治黨務必從嚴的認識出發，制定了一系列從嚴治黨的黨內法規，展開了一系列從嚴治黨的教育活動，實施了一系列從嚴治黨的重要舉措。從制定實施八項規定，開展群眾路線教育實踐活動，到開展「三嚴三實」專題教育，中國共產黨以堅定的行動踐行著永遠不變的宗旨與追求。

一、制定實施「八項規定」

二〇一二年十一月十五日，習近平同中外記者見面時就強調指出，「新形勢下，我們黨面臨著許多嚴峻挑戰，黨內存在著許多亟待解決的問題。尤其是一些黨員幹部中發生的貪污腐敗、脫離群眾、形式主義、官僚主義等問題，必須下大氣力解決」。必須「堅持黨要管黨、從嚴治黨，切實解決自身存在的突出問題，切實改進工作作風，密切聯繫群眾，使我們的黨始終成為中國特色社會主義事業的堅強領導核心」。

說到做到。僅僅過了十九天，改進作風的具體措施就出台了。十二月四日，中共中央政治局會議強調，領導幹部特別是高級幹部作風如何，對黨風政風乃至整個社會風氣具有重要影響。抓作風建設，首先要從中央政治局做起，要求別人做到的自己先要做到，要求別人不做的自己堅決不做，以良好黨風帶動政風民風，真正贏得群眾信任和擁護。要下大決心改進作風，切實解決群眾反映強烈的問題，始終保持同人民群眾的血肉聯繫。這次會議一致同意關於改進工作作風、密切聯繫群眾的「八項規定」：

——要改進調查研究，切忌走過場、搞形式主義；要輕車簡從、減少陪同、簡化接待。

——要精簡會議活動，切實改進會風；提高會議實效，開短會、講短話，力戒空話、套話。

——要精簡文件簡報，切實改進文風，沒有實質內容、可發可不發的文件、簡報一律不發。

——要規範出訪活動，嚴格控制出訪隨行人員，嚴格按照規定乘坐交通工具。

——要改進警衛工作，減少交通管制，一般情況下不得封路、不清場閉館。

——要改進新聞報導，中央政治局同志出席會議和活動應根據工作需要、新聞價值、社會效果決定是否報導，進一步壓縮報導的數量、字數、時長。

——要嚴格文稿發表，除中央統一安排外，個人不公開出版著作、講話單行本，不發賀信、賀電，不題詞、題字。

——要厲行勤儉節約，嚴格執行住房、車輛配備等有關工作和生活待遇的規定。

「其身正，不令而從；其身不正，雖令不從。」「八項規定」出台後，中共中央領導用實際行動，讓人們看到了新變化、新氣象：中共中央領導到外地考察，一路輕車簡從、減少陪同，不掛標語橫幅，不封山、不封路；座談會不念稿子，受邀群眾和專家直言問題和困難，講實在話；新聞報導的字數、時長都大為壓縮，媒體還運用微博等手段對中央領導考察活動進行「直播」……

越來越多的事例讓人們感受到中共中央從嚴治黨的決心，贏得了幹部群眾的好評：幹部離特權遠了，離群眾近了，黨風為之一變；機關裡花架子少了，幹實事多了，政風為之一變；奢侈浪費少了，勤儉節約多了，民風也為之一變。據中國國家統計局對三十一個省區市三萬一千名普通群眾的電話調查顯示，百分之九十六的受訪者對中共新一屆中央領導集體制定和執行中央「八項規定」持滿意態度，其中百分之五十三．五的受訪者表示「很滿意」，百分之八十八的受訪者相信中央「八項規定」能長期執行，百分之八十一點一的受訪者認為身邊黨員、幹部工作作風有改進。

「歷覽前賢國與家，成由勤儉敗由奢。」勤儉節約是中華民族的傳統美德，它代表的是一種進取精神，是一個民族奮發向上的精神風貌。遏制「舌尖上的浪費」，是落實「八項規定」的具體要求，也是貫徹「八項規定」的生動體現。

二〇一三年一月十七日，習近平在新華社一份〈網民呼籲遏制餐飲環節「舌尖上的浪費」〉的材料上作出批示，要求「厲行節約、反對浪費」。他指出，從文章反映的情況看，餐飲環節的浪費現象觸目驚心。廣大幹部群眾對餐飲浪費等各種浪費行為特別是公款浪費行為反映強烈。聯想到中國還有為數眾多的困難群眾，各種浪費現象的嚴重存在令人十分痛心。浪費之風務必狠剎！要加大宣傳引導力度，大力弘揚中華民族勤儉節約的優秀傳統，大力宣傳節約光榮、浪費可恥的思想觀念，努力使厲行節約、反對浪費在全社會蔚然成風。各級黨政軍機關、事業單位，各人民團體、國有企業，各級領導幹部，都要率先垂範，嚴格執行公務接待制度，嚴格落實各項節約措施，堅決杜絕公款浪費現象。要採取針對性、操作性、指導性強的舉措，加強監督檢查，鼓勵節約，整治浪費。

一月二十日，中共中央辦公廳發出通知指出，習近平的這一重要批示，是深入貫徹落實黨的十八大精神和中央政治局關於改進工作作風、密切聯繫群眾「八項規定」的新要求，反映了廣大幹部群眾的呼聲和願望，表明了中央厲行勤儉節約、反對鋪張浪費的鮮明態度和堅定決心，體現了中央關心群眾生活、注重改善民生的為民情懷。各地區各部門要充分認識狠剎浪費之風的重要性和迫切性，採取有力措

二〇一四年四月，湖北人民出版社推出的通俗理論讀物《八項規定改變中國》，通過年鑑式的記述，展示「八項規定」出台的背景及一年來國家之變、社會之變、民生之變、環境之變

施落實好習近平同志重要批示。

為了把「厲行節約、反對浪費」落到實處，中共中央又出台了「六項禁令」：嚴禁用公款搞相互走訪、送禮、宴請等拜年活動；嚴禁向上級部門贈送土特產；嚴禁違反規定收送禮品、禮金、有價證券、支付憑證和商業預付卡；嚴禁濫發錢物，講排場、比闊氣，搞鋪張浪費；嚴禁超標準接待；嚴禁組織和參與賭博活動。

「八項規定」、「六項禁令」出台後，細化的政策措施不斷推出：各級黨政機關五年內一律不得以任何形式和理由新建樓堂館所；制止豪華鋪張，提倡節儉辦晚會；堅決剎住中秋國慶期間公款送禮等不正之風；出台會議費管理新規，狠剎會議費支出；嚴禁公款購買印製寄送賀年卡等物品、嚴禁元旦春節期間用公款購買贈送煙花爆竹、煙酒、花卉、食品等年貨節禮……嚴肅紀律要求的「緊箍咒」越念越緊，強化作風建設的「組合拳」越來越密。

據不完全統計，二〇一三年一至十一月，中共中央和國家機關一百一十三個部門和單位，本級公務接待費、因公出國（境）費、公務用車購置及運行費與二〇一二年全年相比，下降幅度分別為百分之四十二．九、百分之三十八．一和百分之十．九；召開的全國性會議比二〇一二年全年下降百分之三十四．五，會議費下降百分之四十四．五；文件總數、簡報種類比二〇一二年全年分別下降百分之十五．二、百分之四十七．八。三十一個省區市省直單位，公務接待費、因公出國（境）費、公務用車購置及運行費與二〇一二年全年相比，分別下降百分之三十六．二、百分之三十二．七和百分之十五．三；召開的全省性會議與二〇一二年全年相比下降百分之二十八．四，會議費下降百分之三十四．九。

令在必行。各級紀檢監察機關積極加大明察暗訪力度，通過「敲木魚」、「拉袖子」、「踩剎車」、「舉棒子」等方式加強對幹部的教育提醒監督，嚴肅查處違規違紀案件。截至二〇一三年十二月三十一日，全國各級紀檢監察機關共查處違反中央「八項規定」精神問題兩萬四千五百二十一起，處理三萬零四百二十人，給予黨紀政紀處分七千六百九十二人。

作風建設永遠在路上。為了把貫徹落實「八項規定」精神進行到底，習近平強調「要抓住制度建設這個重點，以完善公務接待、財務預算和審計、考核問責、監督保障等制度為抓手，努力建立健全立體式、全方位的制度體系，以剛性的制度約束、嚴格的制度執行、強有力的監督檢查、嚴厲的懲戒機制，切實遏制公款消費中的各種違規違紀違法現象」。二〇一三年十一月二十五日，《黨政機關厲行節約反對浪費條例》發佈，表明加強作風建設已經上升到黨內法規的高度。條例共十二章六十五條，對經費管理、國內差旅和因公臨時出國（境）、公務接待、公務用車、會議活動、辦公用房、資源節約等作出詳盡的規定，對宣傳教育、監督檢查、責任追究等工作提出明確要求，成為黨政機關做好節約工作、防止浪費行為的總依據和總遵循。

二、開展群眾路線教育實踐活動

以習近平為總書記的新一屆中共中央領導集體，制定並帶頭落實關於改進工作作風、密切聯繫群眾的「八項規定」，有力地推動黨風政風改進，同時為開展黨的群眾路線教育實踐活動作了思想動員、工作準備和行動示範。

「意莫高於愛民，行莫厚於樂民。」歷史和現實告訴我們，群眾路線是中國共產黨的生命線和根本工作路線。堅持群眾路線，密切聯繫群眾，是中國共產黨性質和宗旨的體現，是中國共產黨區別於其他政黨的顯著標誌，也是中國共產黨發展壯大的重要原因。加強幹部作風建設，最重要的是要抓住保持同人民群眾的血肉聯繫這個核心問題。能否保持黨同人民群眾的血肉聯繫，關係黨的形象，關係人心向背，決定著黨的事業的成敗。

中共十八大審時度勢，決定圍繞保持黨的先進性和純潔性，在全黨深入開展以為民、務實、清廉為主要內容的黨的群眾路線教育實踐活動，目的就在於幫助廣大幹部特別是領導幹部進一步增強群眾觀點，解決脫離群眾的各種問題，提高做好新形勢下群眾工作的能力。

二〇一三年五月九日，中共中央下發《中共中央關於在全黨深入開展黨的群眾路線教育實踐活動的意見》，要求把貫徹落實中央「八項規定」精神作為切入點，進一步突出作風建設，堅決反對形式主義、官僚主義、享樂主義和奢靡之風，著力解決人民群眾反映強烈的突出問題，提高做好新形勢下群眾工作的能力，保持黨同人民群眾的血肉聯繫。

黨的群眾路線教育實踐活動的總要求，就是「照鏡子、正衣冠、洗洗澡、治治病」這四個方面十二個字。

——「照鏡子」，主要是學習和對照黨章，對照廉政準則，對照改進作風要求，對照群眾期盼，對照先進典型，查找宗旨意識、工作作風、廉潔自律方面的差距。

——「正衣冠」，主要是按照為民、務實、清廉的要求，嚴明黨的紀律特別是政治紀律，敢於觸及思想，正視矛盾和問題，從自己做起，從現在改起，端正行為，維護良好形象。

——「洗洗澡」，主要是以整風精神開展批評和自我批評，深入分析出現形式主義、官僚主義、享樂主義和奢靡之風的原因，堅持自我淨化、自我完善、自我革新、自我提高，既要解決實際問題，更要解決思想問題。

——「治治病」，主要是堅持懲前毖後、治病救人方針，區別情況、對症下藥，對作風方面存在問題的黨員、幹部進行教育提醒，對問題嚴重的進行查處，對與民爭利、損害群眾利益的不正之風和突出問題進行專項治理。

六月十八日，習近平在黨的群眾路線教育實踐活動工作會議上，用「三個重大」和「三個必然要求」對這次活動的重大意義作了進一步集中概括。「三個重大」強調它是中國共產黨在新形勢下堅持黨要管黨、從嚴治黨的重大決策，是順應群眾期盼、加強學習型服務型創新型馬克思主義執政黨建設的重大部署，是推進中國特色社會主義的重大舉措。「三個必然要求」強調它是實現黨的十八大確定的奮鬥目標的必然要求，是保持黨的先進性和純潔性、鞏固黨的執政基礎和執政地位的必然要求，是解決群眾反映強烈的突出問題的必然要求。

根據中共中央的安排，教育實踐活動從二〇一三年七月開始，自上而下分兩批開展，每批大體安排半年時間，二〇一四年九月基本完成。第一批為省部級領導機關和副省級城市機關及其直屬單位，中管金融企業、中管企業、中管高等學校，共有兩百七十四個中管單位和一百多萬個黨組織、一千七百多萬名黨員參加；第二批為省以下各級機關及其直屬單位和基層組織，共有三百三十多萬個基層黨組織、六千九百多萬名黨員參加。

在第一批教育實踐活動中，中央和領導幹部帶頭示範，堅持開門搞活動，突出問題導向，堅持標準，嚴格把關，取得了重要階段性成果，促使黨員、幹部得到了黨性鍛煉，剎住了「四風」蔓延勢頭，帶動了社會風氣整體好轉，得到黨內外的積極評價。

二〇一四年一月二十日，教育實踐活動第一批總結暨第二批部署會議在北京召開。習近平從戰略和全局的高度，充分肯定了第一批教育實踐活動的明顯成效，系統總結了第一批活動的成功經驗，並針對第二批涉及的單位和人員範圍更廣、領域更寬、數量更大，同群眾聯繫更直接、更緊密，涉及的矛盾和問題更加具體尖銳等情況，用「四個直接關係」闡述了搞好第二批教育實踐活動的意義：直接關係貫徹落實全面深化改革各項任務，直接關係夯實基層基礎、提高服務群眾能力和水準，直接關係有效解決群眾反映強烈的突出問題，直接關係推動整個教育實踐活動健康有序發展。

榜樣的力量是無窮的。在中國共產黨的歷史上，有很多堅持群眾路線、密切聯繫群眾的模範人物。被譽為「縣委書記的榜樣」的焦裕祿，就是家喻戶曉的一個典型。早在一九九〇年七月十五日，時任中共福州市委書記的習近平就用〈念奴嬌・追思焦裕祿〉這首詞，表達了他對焦裕祿的崇敬之情：

魂飛萬里，盼歸來，此水此山此地。
百姓誰不愛好官？把淚焦桐成雨。
生也沙丘，死也沙丘，父老生死系。
暮雪朝霜，毋改英雄意氣！
依然月明如昔，思君夜夜，肝膽長如洗。
路漫漫其修遠矣，兩袖清風來去。
為官一任，造福一方，遂了平生意。
綠我涓滴，會它千頃澄碧。

二〇一四年三月，習近平視察河南蘭考縣，指出焦裕祿精神與開展黨的群眾路線教育實踐活動的主題是高度契合的，要求把學習弘揚焦裕祿精神作為一條紅線貫穿活動始終。什麼是焦裕祿精神？習近平從貫徹黨的群眾路線的角度作了四個方面的概括。一是「心中裝著全體人民，唯獨沒有他自己」的公僕情懷；二是凡事探求就裡、「吃別人的饃沒味道」的求實作風；三是「敢教日月換新天」、「革命者要在困難面前逞英雄」的奮鬥精神；四是艱苦樸素、廉潔奉公、「任何時候都不搞特殊化」的道德情操。

焦裕祿是縣委書記的榜樣，也是每一位共產黨員的榜樣。習近平強調弘揚焦裕祿精神，講「三嚴三實」，就是要給中國共產黨樹立一個榜樣，提出一個高的標準，從而扎扎實實地搞好黨的群眾路線教育實踐活動，做到真改、實改、徹底改，努力根除作風頑瘴痼疾，確保取得人民滿意的實效。

到二〇一四年九月底，中國共產黨深入開展黨的群眾路線教育實踐活動基本結束。總體來說，活動進展有序、紮實深入，達到了預期目的，取得了重大成果。二〇一四年十月八日，習近平在總結大會上指出，通過這次活動，廣大黨員、幹部受到馬克思主義群眾觀點的深刻教育，貫徹黨的群眾路線的自覺性和堅定性明顯增強；形式主義、官僚主義、享樂主義和奢靡之風得到有力整治，群眾反映強烈的突出問題得到有效解決；恢復和發揚了批評和自我批評優良傳統，探索了新形勢下嚴肅黨內政治生活的有效途徑；以轉作風改作風為重點的制度體系更加完善，制度執行力和約束力得到增強；影響群眾切身利益的癥結難點得到突破，黨的執政基礎更加穩固。基於此，習近平高度評價這次活動使黨在群眾中的威信和形象進一步樹立，黨心民心進一步凝聚，形成了推動改革發展的強大正能量。

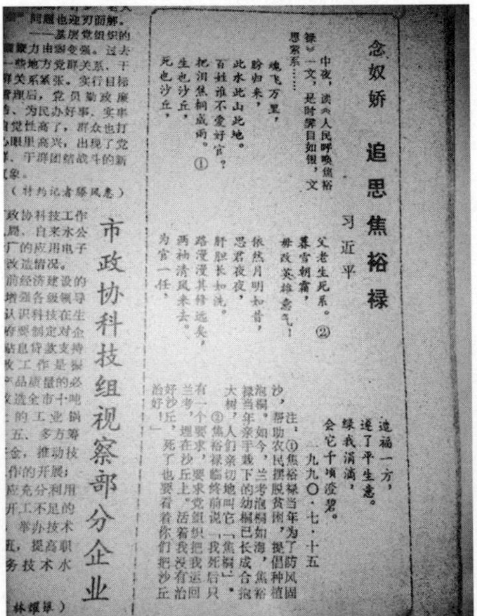
念奴娇 追思焦裕禄
习近平
中夜，读《人民呼唤焦裕禄》一文，是时霁月如银，文思泉涌……
魂飞万里，盼归来，此水此山此地。百姓谁不爱好官？把泪焦桐成雨。①生也沙丘，死也沙丘，父老生死系。②暮雪朝霜，毋改英雄意气！
依然月明如昔，思君夜夜，肝胆长如洗。路漫漫其修远矣，两袖清风来去。为官一任，造福一方，遂了平生意。绿我涓滴，会它千顷澄碧。
一九九〇·七·十五
注：①焦裕禄当年为了防风固沙，帮助农民摆脱贫困，提倡种植泡桐。如今，兰考泡桐如海，焦裕禄当年亲手栽下的幼桐已长成合抱大树，人们亲切地叫它"焦桐"。②焦裕禄临终前说："我死后只有一个要求，要求党组织把我运回兰考，埋在沙丘上。活着我没有治好沙丘，死了也要看着你们把沙丘治好！"

一九九〇年七月十六日，《福州晚報》一版刊發〈念奴嬌・追思焦裕祿〉

習近平在總結大會上還強調，教育實踐活動基本結束了，但貫徹黨的群眾路線、保持黨同人民群眾的血肉聯繫的歷史進程永遠不會結束。在新的歷史起點上堅持和發展中國特色社會主義，中國共產黨面臨的執政考驗、改革開放考驗、市場經濟考驗、外部環境考驗是長期的、複雜的、嚴峻的，精神懈怠危險、能力不足危險、脫離群眾危險、消極腐敗危險更加尖銳地擺在全黨面前。因此，全黨要以黨的群眾路線教育實踐活動為起點，在從嚴治黨上繼續探索、不斷前進，特別是要落實從嚴治黨責任，堅持思想建黨和制度治黨緊密結合，嚴肅黨內政治生活，堅持從嚴管理幹部，持續深入改進作風，嚴明黨的紀律，發揮人民監督作用，深入把握從嚴治黨規律。唯有如此，才能繼續打好黨風建設這場硬仗，以好的作風保障黨和國家各項工作順利開展，從而實現「兩個一百年」奮鬥目標、實現中華民族偉大復興的中國夢。

三、深入開展「三嚴三實」專題教育

二〇一四年三月九日，習近平在參加十二屆全國人大二次會議安徽代表團審議時，強調作風建設永遠在路上，各級領導幹部要發揚釘釘子精神，保持力度、保持韌勁，善始善終、善作善成，不斷取得作風建設新成效。就是在這次講話中，習近平第一次提出「三嚴三實」的重要論述，要求各級領導幹部既嚴以修身、嚴以用權、嚴以律己，又謀事要實、創業要實、做人要實，並對此進行了深刻闡釋：

嚴以修身，就是要加強黨性修養，堅定理想信念，提升道德境界，追求高尚情操，自覺遠離低級趣味，自覺抵制歪風邪氣。

嚴以用權，就是要堅持用權為民，按規則、按制度行使權力，把權力關進制度的籠子裡，任何時候都不搞特權、不以權謀私。

嚴以律己，就是要心存敬畏、手握戒尺，慎獨慎微、勤於自省，遵守黨紀國法，做到為政清廉。

謀事要實，就是要從實際出發謀劃事業和工作，使點子、政策、方案符合實際情況、符合客觀規律、符合科學精神，不好高騖遠，不脫離實際。

創業要實，就是要腳踏實地、真抓實幹，敢於擔當責任，勇於直面矛盾，善於解決問題，努力創造經得起實踐、人民、歷史檢驗的實績。

做人要實，就是要對黨、對組織、對人民、對同志忠誠老實，做老實人、說老實話、幹老實事，襟懷坦白，公道正派。

「三嚴三實」言簡意賅、內涵深刻，貫穿著馬克思主義政黨建設的基本原則和內在要求，體現著共產黨人的價值追求和政治品格，明確了領導幹部的修身之本、為政之道、成事之要。提出「三嚴三實」的要求，與黨的群眾路線教育實踐活動密切相關。群眾路線教育實踐活動的主題，「三嚴三實」的實質，都是為民、務實、清廉。如果說反對形式主義、官僚主義、享樂主義、奢靡之風「四風」，是抓作風建設的切入點，那麼踐行「三嚴三實」要求，則是為了固本培元，使好的作風成為黨員幹部的思想自覺和行動自覺。

作風方面存在的種種問題，往往都與修身、用權、律己不嚴，謀事、創業、做人不實有關。二〇一四年十月八日，習近平在教育實踐活動總結大會上，就針對社會上所謂「為官不易」「為官不為」的問題，指出：「黨的幹部都是人民公僕，自當在其位謀其政，既廉又勤，既乾淨又幹事。如果組織上管得嚴一點、群眾監督多一點就感到受不了，就要『為官不易』，那是境界不高、不負責任的表現。」領導幹部要嚴以修身、嚴以用權、嚴以律己，謀事要實、創業要實、做人要實，這些要求是「共產黨人最基本的政治品格和做人準則，也是黨員、幹部的修身之本、為政之道、成事之要」。「我們現在對黨員、幹部的要求是不是過嚴了？答案是否定的。很多要求早就有了，是最基本的要求。現在的主要傾向不是嚴了，而是失之於寬、失之於軟，不存在嚴過頭的問題。」

全面從嚴治黨，貴在馳而不息。為鞏固和拓展黨的群眾路線教育實踐活動成果，持續深入推進黨的思想政治建設和作風建設，中共中央決定二〇一五年在縣處級以上領導幹部中開展「三嚴三實」專題教育。二〇一五年四月，中共中央辦公廳印發《關於在縣處級以上領導幹部中開展「三嚴三實」專題教育方案》，要求聚焦對黨忠誠、個人乾淨、敢於擔當，著力解決「不嚴不實」問題，切實增強踐行「三嚴三實」要求的思想自覺和行動自覺，努力在深化「四風」整治、鞏固和拓展黨的群眾路線教育實踐活動成果上見實效，在守紀律講規矩、營造良好政治生態上見實效，在真抓實幹、推動改革發展穩定上見實效。

方案還強調，開展「三嚴三實」專題教育，要堅持從嚴要求，強化問題導向，真正把自己擺進去，著力解決理想信念動搖、信仰迷茫、精神迷失，宗旨意識淡薄、忽視群眾利益、漠視群眾疾苦，黨性修養缺失、不講黨的原則等問題；著力解決濫用權力、設租尋租，官商勾結、利益輸送，不直面問題、不負責任、不敢擔當，頂風違紀還在搞「四風」、不收斂不收手等問題；著力解決無視黨的政治紀律和政治規矩，對黨不忠誠、做人不老實，陽奉陰違、自行其是，心中無黨紀、眼裡無國法等問題，推動各級領導幹部把「三嚴三實」作為修身、做人、用權、律己的基本遵循與幹事創業的行為準則，爭做「三嚴三實」的好幹部。

二〇一五年九月十一日，中共中央政治局就踐行「三嚴三實」進行第二十六次集體學習。習近平在主持學習時強調，中共中央在部署這次專題教育時明確提出要以上率下，中央政治局這次集體學習以

「三嚴三實」為題，就是落實這一要求的行動。中共中央政治局每位同志都要以身作則，為全黨做好示範。「三嚴三實」是我們天天要面對的要求，大家要時時銘記、事事堅持、處處上心，隨時準備堅持真理，隨時準備修正錯誤，凡是有利於黨和人民事業的，就堅決幹、加油幹、一刻不停歇地幹；凡是不利於黨和人民事業的，就堅決改、徹底改、一刻不耽誤地改。習近平還強調，踐行「三嚴三實」，要立根固本，挺起精神脊樑；要落細落小，注重細節小事；要修枝剪葉，自覺改造提高；要從諫如流，自覺接受監督——

> 我們共產黨人的根本，就是對馬克思主義的信仰，對共產主義和社會主義的信念，對黨和人民的忠誠。立根固本，就是要堅定這份信仰、堅定這份信念、堅定這份忠誠，只有在立根固本上下足了功夫，才會有強大的免疫力和抵抗力。修身、用權、律己，謀事、創業、做人，貫穿領導幹部工作生活方方面面，嚴和實是一件一件事情、一點一點修為積累起來的，必須落細落小，多積尺寸之功，經常防微杜漸。每個同志都有改造自己、提高自己的職責，打掃思想灰塵、祛除不良習氣、糾正錯誤言行永無止境，永遠都是進行時。領導幹部踐行「三嚴三實」，靠自身努力，也靠黨和人民監督。我們黨有嚴密的組織性和紀律性，黨的根本宗旨是全心全意為人民服務，接受組織和人民監督天經地義。要總結經驗，健全體制機制，使各種監督更加規範、更加有力、更加有效。

辦好中國的事情，關鍵在黨。經過九十多年艱苦奮鬥，中國共產黨團結帶領全國各族人民，把貧窮落後的舊中國變成日益走向繁榮富強的新中國，中華民族偉大復興展現出光明前景。中國共產黨為什麼能？這裡面有多種原因，但歸根到底就是從嚴治黨。對於中國共產黨這樣一個擁有八千六百多萬黨員、在十三億多人口大國長期執政的黨，管黨治黨一刻不能放鬆。正如習近平指出的：「如果管黨不力、治黨不嚴，人民群眾反映強烈的黨內突出問題得不到解決，那我們黨遲早會失去執政資格，不可避免被歷史淘汰。這決不是危言聳聽。」只有把全面從嚴治黨不斷引向深入，才能使中國共產黨始終成為帶領全國各族人民前進的主心骨和中流砥柱，才能創造無愧於時代、無愧於歷史、無愧於人民的輝煌業績。

歷史是過去的現實，現實是未來的歷史。中共十八大以來，面對複雜多變的國際國內形勢和艱巨繁重的改革發展任務，以習近平為總書記的中共中央堅持黨要管黨、從嚴治黨，把全面從嚴治黨納入「四個全面」戰略佈局，謀小康之業，揚改革之帆，行法治之道，築執政之基，開創了黨的建設新局面和黨風政風新氣象，開創了改革開放和社會主義現代化建設的新局面，中國特色社會主義呈現出興旺發達的勃勃生機。

站在歷史與未來的交匯點，走向復興的偉大征程正在我們面前展開。中國的昨天，「雄關漫道真如鐵」；中國的今天，「人間正道是滄桑」；中國的明天，「直掛雲帆濟滄海」。中華民族偉大復興的中國夢，一定能夠實現！

參考文獻

1.當代中國研究所：《中華人民共和國史稿》第四卷，人民出版社、當代中國出版社二〇一二年版。
2.中共中央黨史研究室：《中國共產黨歷史．第二卷．（一九四九—一九七八）》（下），中共黨史出版社二〇一一年版。
3.中共中央文獻研究室編：《鄧小平年譜（一九七五—一九九七）》（上、下），中央文獻出版社二〇〇四年版。
4.中央電視台《復興之路》節目組編著：《復興之路》（中），中國民主法製出版社二〇〇七年版。
5.程中原、李正華、王玉祥、張金才：《新路——十一屆三中全會前後到十二大》，河北人民出版社、當代中國出版社二〇〇九年版。
6.中共中央文獻研究室《中國：一九七八——二〇〇八》編寫組：《中國：一九七八—二〇〇八》，中央文獻出版社、湖南人民出版社二〇〇九年版。
7.龐松、黃一兵編：《三十年：轉型與變遷》，廣東教育出版社二〇〇八年版。
8.中共中央黨史研究室第三編研部：《中國改革開放三十年》，遼寧人民出版社二〇〇八年版。
9.謝春濤主編：《轉折中國：一九七六—一九八二》，人民出版社二〇〇八年版。
10.武國友：《中華人民共和國史一九七七—一九九一》，人民出版社二〇一〇年版。
11.彭森、陳立等：《中國經濟體制改革重大事件》（上、下），中國人民大學出版社二〇〇八年版。
12.〔美〕傅高義：《鄧小平時代》，馮克利譯，生活．讀書．新知三聯書店二〇一三年一月版。
13.《江澤民文選》，人民出版社二〇〇六年版。

14. 〔美〕庫恩：《他改變了中國——江澤民傳》，談崢等譯，上海譯文出版社二〇〇五年版。
15. 金沖及：《二十世紀中國史綱》（全四卷），社會科學文獻出版社二〇〇九年版。
16. 鍾之成：《為了世界更美好：江澤民出訪紀實》，世界知識出版社二〇〇六年版。
17. 錢其琛：《外交十記》，世界知識出版社二〇〇三年版。
18. 本書課題組：《中國特色社會主義經濟發展道路：市場經濟篇》，中央文獻出版社二〇一三年版。
19. 本書課題組：《中國特色社會主義和平發展道路》，中央文獻出版社二〇一三年版。
20. 本書課題組：《實現共同發展，促進祖國統一》，中央文獻出版社二〇一三年版。
21. 陳君等編：《江澤民與社會主義市場經濟體制的提出》，中央文獻出版社二〇一二年版。
22. 羅平漢、陳雄章編著：《春天的故事》，廣西人民出版社二〇〇二年版。
23. 中共中央宣傳部《黨建》雜誌社編：《領導中國：一百二十人講述九十年的故事》，學習出版社二〇一一年版。
24. 《中國改革開放的故事》編委會編：《中國改革開放的故事》，香港瑞安集團、中國外文出版發行事業局、香港文匯報二〇〇四年版。
25. 全國政協辦公廳編：《改革開放的歲月》，中央文獻出版社二〇〇三年版。
26. 徐根初主編：〈三十人談三十年：紀念改革開放三十週年名人訪談錄〉，人民日報出版社二〇〇八年版。
27. 盧瑞華等編：《潮起南粵大地：廣東改革開放三十週年紀實報告》，人民出版社二〇〇九年版。
28. 王謹：《大門打開之後——中國改革開放大掃瞄》，光明日報出版社一九九三年版。
29. 姜文澤：《改變：回望中國改革開放的三十年》，中國華僑出版社二〇〇九年版。

30. 何五星、牧歌編著：《改革開放三十年三次浪潮全實錄》，河南文藝出版社二〇〇九年版。
31. 中共上海市委黨史研究室編：《改革開放親歷記》，上海教育出版社二〇〇八年版。
32. 林翰編著：《改革開放語錄：一九七七——二〇一二》，中國友誼出版公司二〇一二年版。
33. 袁殿池選編：《海外望神州：外國人眼中的中國改革開放》，人民文學出版社二〇〇八年版。
34. 馬立誠：《交鋒三十年——改革開放四次大爭論親歷記》，江蘇人民出版社二〇〇八年版。
35. 何東君主編：《聚焦中國：改革開放三十年重大事件回眸》，新華出版社二〇〇八年版。
36. 楊卓舒主編：《來自改革開放第一線的報告》，紅旗出版社一九九三年版。
37. 陶傳友、馬繼勝主編：《十三屆四中全會以來改革開放成就概覽》，中央文獻出版社二〇〇二年版。
38. 顧亞奇、常仕本、章曉宇：《偉大的歷程：中國改革開放三十年》，中信出版社二〇〇八年版。
39. 何平主編：《新華社記者筆下的中國改革開放歲月》，新華出版社二〇〇八年版。
40. 徐慶全編：《中國經驗：改革開放三十年高層決策回憶》，山東人民出版社二〇〇八年版。
41. 中共中央文獻研究室編：《十六大以來重要文獻選編》（上、中、下），中央文獻出版社二〇〇五、二〇〇六、二〇〇八年版。
42. 中共中央文獻研究室編：《十七大以來重要文獻選編》（上、中、下），中央文獻出版社二〇〇九、二〇一一、二〇一三年版。
43. 本書編寫組編：《十六大報告輔導讀本》，人民出版社二〇〇二年版。
44. 本書編寫組編：《十七大報告輔導讀本》，人民出版社二〇〇七年版。
45. 本書編寫組編：《十八大報告輔導讀本》，人民出版社二〇一二年版。

46. 中共中央宣傳部編：《科學發展觀學習綱要》，學習出版社二〇一三年版。
47. 中共中央宣傳部理論局編：《六個「為什麼」：對幾個重大問題的回答（二〇一三年修版）》，學習出版社二〇一三年版。
48. 《海闊天空好揚帆：黨的十六大以來以胡錦濤同志為總書記的黨中央治國理政紀實》，人民出版社二〇一二年版。
49. 任仲文主編：《十年中國：十六大以來改革發展歷程》，人民日報出版社二〇一二年版。
50. 謝國明主編：《十年中國：十六大以來重大戰略述評》，人民日報出版社二〇一二年版。
51. 柳建輝等：《十年輝煌：十六大以來中國共產黨治國理政紀實》，人民出版社二〇一二年版。
52. 新華社總編室：《領航中國：偉大歷程》，中共黨史出版社二〇一二年版。
53. 新華社總編室：《領航中國：紅旗飄飄》，中共黨史出版社二〇一二年版。
54. 新華社總編室：《領航中國：紅色啟示》，中共黨史出版社二〇一二年版。
55. 陳晉、黃宏總撰稿：《偉大的歷程（解說詞）》，中央文獻出版社二〇〇八年版。
56. 黃中平總撰稿：《輝煌六十年（解說詞）》，人民出版社二〇〇九年版。
57. 《旗幟——慶祝中國共產黨成立九十週年大型文獻紀錄片解說詞》，學習出版社二〇一一年版。
58. 中央文獻研究室《中國道路》課題組編：《中國道路：馬克思主義中國化經典文獻回眸》，中央文獻出版社二〇一一年版。
59. 中共中央宣傳部編：《中國特色社會主義學習讀本》，學習出版社二〇一三年版。
60. 中共中央文獻研究室編：《十八大以來重要文獻選編》（上），中央文獻出版社二〇一四年版。
61. 中國國務院新聞辦公室、中央文獻研究室、中國外文局編：《習近平談治國理政》，外文出版社二〇一四年版。
62. 中共中央宣傳部編：《習近平總書記系列重要講話讀本》，學習出版社、人民出版社二〇一四年版。
63. 中共中央文獻研究室編：《習近平關於實現中華民族偉大復興的中國夢論述摘編》，中央文獻出版社二〇一三年版。
64. 中共中央文獻研究室編：《論群眾路線——重要論述摘編》，中央文獻出版社、黨建讀物出版社二〇一三年版。
65. 中共中央文獻研究室編：《厲行節約，反對浪費——重要論述摘編》，中央文獻出版社二〇一三年版。
66. 中共中央文獻研究室編：《習近平關於全面深化改革論述摘編》，中央文獻出版社二〇一四年版。
67. 中共中央文獻研究室編：《習近平關於全面依法治國論述摘編》，中央文獻出版社二〇一五年版。
68. 中共中央紀律檢查委員會、中共中央文獻研究室編：《習近平關於黨風廉政建設和反腐敗鬥爭論述摘編》，中央文獻出版社、中國方正出版社二〇一五年版。
69. 中共中央文獻研究室編：《習近平關於協調推進「四個全面」戰略佈局論述摘編》，中央文獻出版社二〇一五年版。
70. 習近平：《做焦裕祿式的縣委書記》，中央文獻出版社二〇一五年版。
71. 中共中央紀律檢查委員會、中共中央文獻研究室編：《習近平關於嚴明黨的紀律和規矩論述摘編》，中央文獻出版社、中國方正出版社二〇一六年版。
72. 中共中央文獻研究室編：《習近平關於科技創新論述摘編》，中央文獻出版社二〇一六年版。

73. 中共中央宣傳部編：《百年潮・中國夢》，學習出版社二〇一四年版。
74. 中共中央宣傳部理論局編：《馬克思主義哲學十講（黨員幹部讀本）》，學習出版社二〇一三年版。
75. 中共中央宣傳部理論局編：《世界社會主義五百年（黨員幹部讀本）》，學習出版社二〇一四年版。
76. 中共中央宣傳部理論局編：《十八屆三中全會熱點問題權威解讀——中央有關部門負責人接受媒體訪談報道選》，學習出版社二〇一三年版。
77. 中共中央宣傳部理論局編：《辯證看，務實辦》，學習出版社、人民出版社二〇一二年版。
78. 中共中央宣傳部理論局編：《理性看，齊心辦》，學習出版社、人民出版社二〇一三年版。
79. 中共中央宣傳部理論局編：《改革熱點面對面》，學習出版社、人民出版社二〇一四年版。
80. 中共中央宣傳部理論局編：《法治熱點面對面》，學習出版社、人民出版社二〇一五年版。
81. 中共中央宣傳部理論局編：《全面小康熱點面對面》，學習出版社、人民出版社二〇一六年版。
82. 《在實現中國夢征途上昂揚奮進——以習近平同志為總書記的黨中央十八大以來治國理政紀實》，《人民日報》二〇一四年一月十日。
83. 中共中央文獻研究室：《為實現中華民族近代以來最偉大的夢想而奮鬥——學習〈習近平關於實現中華民族偉大復興的中國夢論述摘編〉》，《人民日報》二〇一三年十二月三日。
84. 聞言：《打好全面深化改革攻堅戰的指導性文獻——學習〈習近平關於全面深化改革論述摘編〉》，《人民日報》二〇一四年六月三日。
85. 聞言：《認真學習貫徹習近平總書記重要論述，切實把黨的群眾路線教育實踐活動開展好——學習〈習近平關於黨的群眾路線教育實踐活動論述摘編〉》，《人民日報》二〇一四年五月十五日。
86. 中央文獻研究室：《全面依法治國，開啟中國法治新時代——學習〈習近平關於全面依法治國論述摘編〉》，《人民日報》二〇一五年五月五日。
87. 中央文獻研究室：《培養造就一支高素質縣委書記隊伍，把協調推進「四個全面」戰略佈局落到實處——學習習近平〈做焦裕祿式的縣委書記〉》，《人民日報》二〇一五年八月二十八日。
88. 聞言：《新的歷史條件下治國理政方略——學習〈習近平關於協調推進「四個全面」戰略佈局論述摘編〉》，《人民日報》二〇一五年十月十四日。
89. 聞言：《全面從嚴治黨，重在加強紀律建設——學習〈習近平關於嚴明黨的紀律和規矩論述摘編〉》，《人民日報》二〇一六年一月十五日。
90. 《風帆高揚，向著偉大復興的光輝彼岸——黨的十八大以來以習近平同志為總書記的黨中央治國理政紀實》，《人民日報》二〇一六年一月四日。
91. 《鑄就中國特色社會主義事業的堅強領導核心——以習近平同志為總書記的黨中央全面從嚴治黨紀實》，《人民日報》二〇一六年一月十八日。
92. 學習時報編輯部：《制度文章變國風，萬古關河氣象雄——學習習近平大國治理戰略思想》，《學習時報》二〇一六年二月二十五日。

國家圖書館出版品預行編目 (CIP) 資料

從貧弱到富強 : 中國復興之路 . 卷三 , 改革 / 尹航 ,
武茂昌 , 王兵編著 ; 盧潔總主編 . -- 第一版 . --
臺北市 : 風格司藝術創作坊 , 2017.12
面 ; 公分
ISBN 978-957-8697-22-5(平裝)

1. 近代史 2. 現代史 3. 中國史

627.6 106024529

從貧弱到富強——中國復興之路 ・ 卷三：改革

作　　者：盧潔 總主編；尹航、武茂昌、王兵 編著
責任編輯：苗　龍
出　　版：風格司藝術創作坊
106 台北市大安區安居街 118 巷 17 號
Tel：（02）8732-0530　Fax：（02）8732-0531
http://www.clio.com.tw
總 經 銷：紅螞蟻圖書有限公司
Tel：（02）2795-3656　Fax：（02）2795-4100
地址：台北市內湖區舊宗路二段 121 巷 19 號
http://www.e-redant.com
出版日期：2018 年 6 月　第一版第一刷
定　　價：500 元